无终[2]

屠何[2]　　燕　无终[1]　令支　孤竹
　　　　　蓟

燕

鲜虞

田　太
　　行
　　山　　　　　河　　　河
卫　　　　　　水　　水
沫　卫[1]卫[2]卫[4]
（朝歌）　　帝丘
　　　　曹　楚丘
　　　　　葵丘
郑　　宋
新郑　商丘　宋
　　　许[1]
　　颍　陈　　许[3]
许[2.4]
蔡[1]
郕城　　蔡[2]
上蔡　　水　蔡[3]
　　　新蔡　　下蔡
楚[2]
　　黄　蒋
水[3]　随　　大
　　　　别
　　　　山　　水

海

东　莱

齐
临淄
济　　齐
水　　▲泰山
鲁　鲁
曲阜　郯　沂
薛　　莒
　　郯
泗　钟吾
　　淮
徐　夷
　　邘
　　沟
吴
江　吴
　　五湖

海

会稽　越

越　东
　　夷

罗[3]

为了人与书的相遇

A History of China

02

讲谈社·中国的历史

从城市国家到中华：殷周 春秋战国

图一

图一　陕西韩城周代芮国文物——芮桓公夫人所佩戴的梯形牌饰，复原长度达到 1 米左右，是目前发现的等级最高的组玉佩饰。2005 年出土于陕西韩城梁带村周代芮国墓地。梁带村遗址被认为是周代芮国国君的墓葬群，其中诸侯级大墓就有七座。芮是中国古代两周时期众多诸侯国之一，公元前七世纪，因秦国的一场征伐，芮国由此湮灭于岁月的长河之中。芮国墓地的各种遗迹、遗物保存完整，出土有大量青铜器、金器、玉器、象牙器、漆木器等随葬品。

图二

图二　芮桓公的玉剑和镂空龙纹金剑鞘——陕西
韩城梁带村周代芮国墓地出土。

讲谈社·中国的历史

从城市国家到中华

殷周 春秋战国

【日】平势隆郎 著

周洁 译

广西师范大学出版社

·桂林·

目　录

书，涉及对历史的解说和史籍的辨析。不了解这一点，就难以透彻地解读本书。

重视史料的辨析及出土文献的运用，也是本书的一个特点。平势先生说，想要弄清楚战国时代的史书中"被记录"的"事实"到底是什么，汉代史书中"被记录"的"事实"到底又是什么，需要对所有史书的成书背景进行探索和研究，相信这会是最好的方法吧。所以书中有不少对史书"事实"的分辨，多体现了作者这一治学思想。同时，本书也很注意考古资料和出土文献，尤其是新资料的运用，如《容成氏》，是上海博物馆藏战国楚竹书中的一篇，发表不久，就被本书所引用。

总之，平势隆郎先生所著《从都市国家到中华》一书，具有新的视角、新颖的结构，注意引导读者分辨史籍中的"事实"，重视新资料的运用，比较集中地反映了平势先生本人及其他日本学者的一些历史视角。兼具学术性和可读性，雅俗共赏，是一部有品味的历史著作。

罗运环
武汉大学历史学院
2013 年 7 月

述，放到第五章。第六章讲"春秋的史实"。第七至九章，讲战国的历史文化。第十章，是对全书的总结。讲"史实"，并非面面俱到，而是选择重要内容，研讨性地讲述。由于正文内容是选择性、研讨性的，附录的重要性自然就增强了。本书附录为：主要人物略传、历史关键词解说、参考文献、历史年表。都与正文密切关联，是正文的补充内容。至此可见，全书结构新颖，形式活泼，有机性强。

全书还体现着一种新的视角，即上面所提到过的"文化地域"。平势先生说，传统观念中认为夏商周三代曾经都是统治天下的王朝，不符合事实，是后世的虚构。他认为，"天下"包括若干新石器时代以来的文化地域。虽然每个文化地域的范围随着时代变化也多少有些扩大或缩小，但是基本的范围是固定的。夏商周三代王朝统治的疆土基本上也只能算是一个文化地域而已。虽然也有通过陪都之类的方式将统治区域扩张到其他文化地域的情况，但是基本上一个王朝统治的是一个文化地域。战国时代的领土国家就不同了，虽然是在其文化领域的基础上成立，但各有各的中央政权，并在各自的中央政权下开始了官吏统治。支撑着这一官吏统治制度的是文书行政制度，而文书行政制度的背后则是不断完善的法律制度。秦始皇兼并六国，将秦律施行于天下，成为唯一的皇帝，才有了跨越新石器时代以来的各文化地域的统一"天下"。基于此，平势先生将夏、商、西周、春秋时期称之为前文书行政（或领土国家）时代。这种观念贯穿全长期以来的主要学术成就。同时，也吸收了日本学界以及中国学界的相关重要学术成果，这从书后所附录的参考文献也可以明确看出。

全书正文共十章，另有前言和附录两个部分。前言，重点讲了本书新视角："文化地域所拥有的历史特性"。正文十章：第一章讲"本书所涉及的时代"，强调了史料的价值问题及用法。第二至五章，是关于夏商周（西周）三代的历史。其中，第三、四章写法比较特别，作者的意图是利用各国成书于战国的史籍（作者所考定的），考察各国在战国时代站在自己的立场上，带着主观性，追溯其在夏、商、周（指西周）三代的历史渊源的内容。用平势先生的话说：

> 战国时代……各国将自己国家的领土置于特殊的位置上，同时追溯历史，从而提出领域支配正统性的主张。在这些历史中被提及的便是夏王朝、商王朝、周王朝这三代……各国的主张都有各自的不同之处，然而，在这些主张里有一个共同点：在建立一个超越周王朝的新王朝之际，创造出一个可以继承周王权威的"形式"。（详见第五章开头语）

其中也顺便写了汉王朝对三代的继承"形式"。因为各国都企图继承周王权威的"形式"，出于行文需要，将"周王朝的史实"提到第二章先行讲述；将"夏王朝、商王朝的史实"置后讲

推荐序

平势隆郎先生，为东京大学东洋文化研究所教授，国际汉学名家，我的至友。早在 20 世纪 80 年代我们已开始交往，后来，又应邀作我主持的中国教育部重点研究基地重大项目"出土文献与楚史研究"（08JJD770095）的外聘专家，并聘为武汉大学中国传统文化研究中心兼职教授（2009 年 6 月至 2011 年 12 月）。我们合作愉快，相互间了解更深。现今，广西师大出版社理想国翻译出版平势隆郎先生所著《从都市国家到中华》一书的中文版，约我在书前写序，作为中国先秦史学会副会长和平势先生的至友，责无旁贷，应当写点东西，就算读后感吧！

平势隆郎先生所著《从都市国家到中华》一书，属于日本讲谈社《中国的历史》第二卷（殷周、春秋战国部分），与全套书风格相同，本书图文并茂，雅俗共赏，可读性强。说其雅，指具有学术性；说其俗，娓娓道来，活泼通俗。也就是说，不仅适合大众的口味，相关学者也会感兴趣。平势隆郎先生是当代日本学者研究先秦史最有代表性的专家之一，全书比较集中地融入了其

春秋列国图

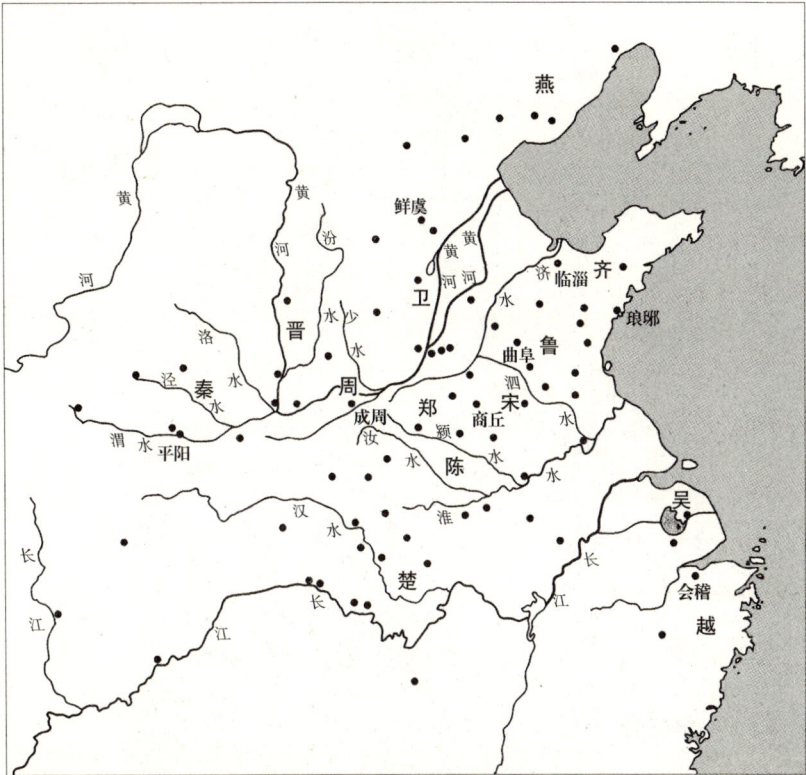

1 春秋列国图 ● 表示春秋时各国的都城。各都城位置是根据谭其骧主编的《中国历史地图集》第一册（中国地图出版社，1982年）标注的。《史记》从这些大小诸国中选出了记录较多的十二个国家，称之为"十二诸侯"。除这十二诸侯外，还给予周和鲁特别的定位，编写了《十二诸侯年表》。十二为地数六的两倍（天数为九，人数为八）

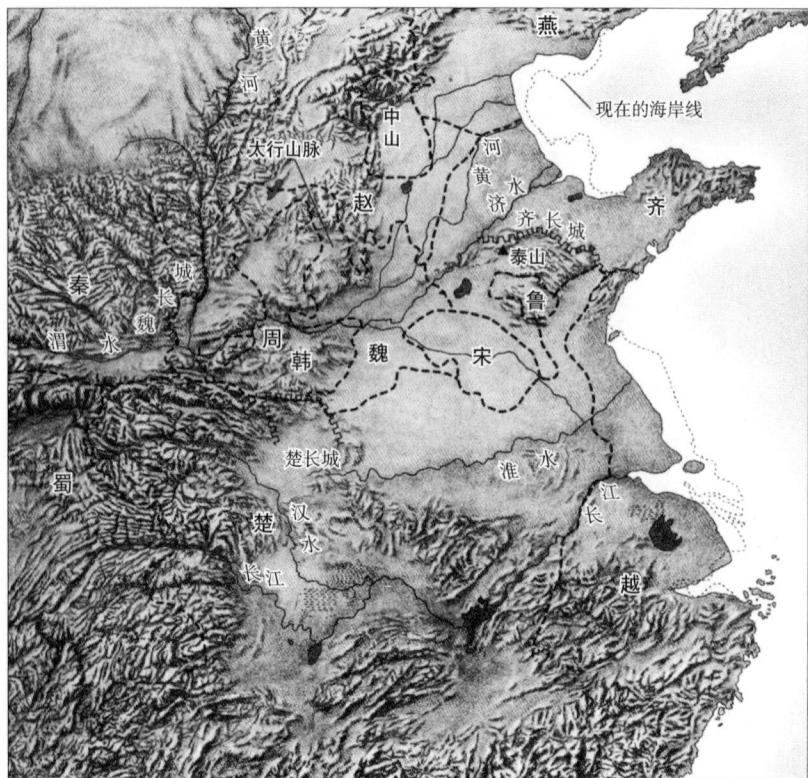

战国诸国图

2 **战国诸国图**（根据谭其骧主编的《中国历史地图集》第一册制作，有部分变动）三晋的领土形状非常有趣，这主要是山峦和峡谷的地形造成的。除了鲁君称侯、蜀国未入汉字圈之外，所有君主均称为王（卫这类小国暂且不论）。《史记》从这些国家中选出了六国，并给予周和秦特别的地位，编写了《六国年表》。六为地数

前　言

文化地域所拥有的历史特性

**新石器时代以来的
文化地域**

在各位阅读本书之前，首先需要明确一件事。这就是本书中所讲的中国史与一般意义上的中国史有些不同，它是从另一些视角来进行观察的。

本书中将以新石器时代以来的文化地域为重点，试图对中国历史进行分析。

新石器时代的文化地域历来是众所周知的，但是这些文化地域拥有怎样的历史特性，还没有多少人注意到。经历了幻影般的夏王朝、商王朝和周王朝，战国时代的领土国家都是在新石器时代以来的文化地域母体的基础上建立起来的。

一般认为幻影般的夏王朝及商王朝、周王朝是"天下"的王朝。这个"天下"是新石器时代以来的多个文化地域的集合体。

然而实际上，夏王朝、商王朝、周王朝统治的疆土基本上也只能算是一个文化地域而已。虽然也有通过陪都之类的方式将统治区域扩张到其他文化地域的情况，但是基本上一个王朝统治的是一个文化地域。

因此，战国时代的领土国家是在文化领域的基础上成立的这一点，自然而然就引出了这样一个结果，即这些领土国家都是以历来存在争议的领域为基础建立的。

战国时代的领土国家各有各的中央政权，并在各自的中央政权下开始了官吏统治。支撑这一官吏统治制度的是文书行政制度，而文书行政制度的背后则是作为法律制度的律令制度（之后不断得到完善）。秦始皇将秦律施行于天下，在唯一的皇帝、即唯一的中央政权之下开始了官吏统治制度。秦始皇的这一统一举措与文化地域之间的关系，并没有太多人注意到。

由于这一关系被忽视，导致了历史观开始出现扭曲。

在商王朝或周王朝所统治的范围，在大国商与周之下，还有许多附属小国存在。而战国时代以后的国家体制是大国将吞并的小国改设为郡县，并在中央政权的主导下派遣官吏至地方实施统治。这和商周时期的国家体制在本质上有着天壤之别。而这也是众所周知的事实。

但是，大国统治小国的体制到底覆盖了多大范围？当我试着弄清楚这一问题时，发现它在很大程度上受到新石器时代以来的文化地域范围的制约。这一范围并没有秦始皇统一的天下那么大。

　　战国时代的诸国就是在这样的历史观之下，对之前的夏王朝、商王朝、周王朝进行了论述。而关于战国时代的诸国所论及的夏王朝、商王朝、周王朝，问题就在于这三个朝代都统治过新石器时代以来的文化地域。对于这点，如果我们查阅战国时代成书的史书，只需确认史书内容，就能立刻明白"事实"。这一"事实"虽然不可否认，但却鲜为人知。

　　我们传统观念中的夏王朝、商王朝、周王朝曾经都是统治天下的王朝，而这一"天下"等同于公元前221年秦始皇所统一的领域。导致这个观念形成的原因在于汉王朝继承了秦朝的天下，之后有《史记》的成书，而《史记》的记载给我们一个观念，即夏王朝、商王朝、周王朝是天下的王朝。这也是《史记》中所记载的"事实"。然而这一"事实"与战国时代史书所示的"事实"却明显不同。而令人吃惊的是，这一点却也鲜为人知。

　　"天下"包括若干的新石器时代以来的文化地域。虽然每个文化地域的范围随着时代变化也多少有些扩大或缩小，但是基本的范围是固定的。并且这一文化地域从面积而言，基本相当于现在的日本那么大；而从直线距离而言，则足足能将从关东到九州的空间含入其中。（参考图3）

　　因此，从新石器时代以来到战国时代的中国历史，与日本历史的展开有着非常相似的地方。即：

　　（1）地域内存在多个农村的时代。

（2）形成带有城墙的城市（小国），农村附属于这些城市而存在的时代。

（3）在小国中出现小国不得不依附大国的时代。

（4）大国的中央政权吞并小国，并开始派遣官吏、施行文书行政的时代。

在经历了以上这四个时代后，秦始皇吞并了各地，统一了天下。天下统一则意味着将若干与日本国土差不多大的地区统一置于一个中央政权之下。秦始皇的天下之大，可以与现在的欧盟媲美了。

而统一后的历史都可见于本书以外的论著，但是即使在这样的时代，新石器时代以来的文化地域也作为军事区或监察区，发挥着一定的功能。秦始皇将天下分为三十六郡，在郡下设置许多县，而这些县就相当于以前的那些小国。从战国时代天下有七个大国可知，郡是对新石器时代以来的文化地域进行分割后形成的行政单位。

郡下所设的县，皆为过去所灭的小的城市国家的后裔。要是在日本寻找这类后裔，则有江户时代的大小藩，或律令时代的国、郡等。半径20公里左右的面积是个问题。日本以前虽然没有带有城墙的城市，但却有集若干聚落而成的小国。也有人认为环有沟濠的聚落是国的中心。我们暂且将其作为比较对象。

本书所涉及的就是前文中（3）和（4）的时代。邪马台国与大和朝廷统治日本国内诸国的时代相当于（3）的时代，而到制定自己的律令为止的时代相当于（4）的时代。因此，把日本的时代作为比较对象来阅读本书更有益于对内容的理解。

从商到周的时代也是汉字在商或周王朝的中央地区广泛使用的时代。当时地方诸国的事情尚不清楚，我们似乎很难断言汉字已经扎根于商周以外的各国。

在日本，律令时代撰写的书籍总会对过去的时代有所记载。中国也一样。战国时代各国所著的书籍都有对先朝的记载。而描述前朝的态度和立场则受到成书时代的制约。不仅在记录上受制约，这些书中甚至会添加一些子虚乌有的内容。哪些是被后世添油加醋虚构出的历史？而哪些又是如实记录的事实？

到了这个时代，曾经被口头传承的一些简单的历史已经可以用汉字来记录；而这些文字记录中有后世添加的内容。原本简单的事实是怎样变得"丰满"的？作为原型的简单历史中所不曾有过的虚构的世界究竟是什么样的？

我们在提及日本历史时，中国史书能给我们提供很多帮助。对照中国史书，我们能细致地研究、甄别日本史书传承内容的真伪。然而说到中国历史，当我们回溯到传承内容的真伪被质疑的时代后，我们却无从寻找可作为参照物的外国史书文献。

我们以外国史书作为参照物，对本国后世史书所记录的"事实"真伪进行鉴别。对日本学者而言，这是理所当然的研究方法。而在研究中国史时，我们应该如何来实践这一方法呢？

在中国也有以批判的眼光来研究历史的悠久传统。然而，对于我们用这个方法来做研究，即把新石器时代以来的文化地域作为重点来研究的这一方法，至少目前还没有人用其来研究战国时代以前的历史。

而本书的重点将放在新石器时代以来的文化地域上，试图对秦始皇之前的中国史进行分析和研究。

正如日本也有若干势力相互对峙的时代，中国在（3）（4）的时代，其文化地域上也有若干势力相互对峙。此外，中国也有像（3）的周朝这样若干文化地域臣服于一个王朝受其统治的时代。

大国的中心城市在其统治领域内被赋予独特的地位。包含了这种特殊城市的领域在其文化地域中被看做是畿内。如果在同一个文化地域中的多个大国相互对峙的话，那么这个文化地域中也存在多个畿内。

战国时代史书所记载的"事实"

本书在体裁上也下了一些工夫。我将会选取一些古书的"原文"进行翻译，并在必要的时候进行一些说明。

如果没有译文，则尽量避免对"原文"进行介绍。相反，我会通过解释和说明来向读者传递信息。不过，对于本书将要讲述的内容，如果只按这种方法来展开，可能大家对于过去的历史记述到底出了什么问题就更加不得而知了。

在记录秦始皇统一天下以前的历史典籍中，有些原始史料的"原文"真伪是有问题的。这些"原文"中，既有统一以前的战国时代成书者，也有汉代以后成书者。我们所熟悉的历史普及读物几乎都是根据后者，即根据汉代以后的史书为基础展开历史论述的。本书则与之相反，试图用前者，即战国时代的史书为基础展开说明。其结果就是，本书中将出现与历史普及读物截然不同的"事实"。既然与传统观念相悖，我自然会展示充足的证据，以免读者对历史产生一些不必要的误解。

尽管如此，说到史料的译文，其质量优劣也是一个问题。因此希望各位读者擦亮双眼，以辨真伪。如果各位认为译文的精准度非常重要，那我也只有拜托各位适时地参考原文。不过，若蒙各位姑且信任，耐心将本书文字阅读完毕，实属鄙人之万幸。

我将在介绍"原文"时，适时用我自己的语言进行简单解释和补充。这种对读者的良苦用心也是理所应当的。因此，或许也会有这样的意见，即认为只要有补充说明的文字则不看"原文"也无妨。这也是很正常的。只是如果省略掉"原文"，大家可能就无法弄清楚传统历史观为何谬误、而我口中的"事实"为何值得相信。我的解释文字变成对"被记录"的"事实"的介绍文字后，本书的体裁就会变得非常难懂。因此本书也注意尽量少用解释文字。

话虽如此，本书中实际引用介绍的"原文"并不太多。况且读者只需阅读"原文"的补充说明文字即可明白其内容。所以阅读时直接跳过"原文"，只看说明文字的方法多少能节约一点时间。但是如此一来，对于传统历史观已经先入为主的读者而言，恐怕会产生一种"这是真的吗"的怀疑。何况就算跳过"原文"不读，恐怕实际上也节约不了多少时间吧。因此，在大家产生疑惑之前，我还是建议大家静下心来读一读"原文"。

大家所熟知的历史普及读物中所介绍的内容与战国时代的史书所记载的"事实"大相径庭。这是因为这些书籍都忽视了战国时代的"事实"。而在众多事实中，本书能介绍的也只是冰山一角而已。但是我仍然希望读者能近距离接触这些战国时代史书中记载的"事实"，亲自去确认到底什么是"被记录"的"事实"。

本书中所介绍的"被记录"的"事实"是由战国时代的领土国家编撰的。这些领土国家的国家领域，正如前文所述，皆是以新石器时代以来的文化地域为母体而形成的。集合这些文化地域而形成的"领域"就是所谓的"天下"。秦始皇统一了这个天下。而战国时代的理论作为更广大的天下理论被重新归纳理解。

夏王朝、商王朝、周王朝就是以战国时代的理论为基础来记录的。这些王朝的时代，实际上是大国统治小国体制形成的时代；而对这些时代进行记录的战国时代，其国家体制已经变成完全不同的形态了。战国时代的国家体制是将曾经的小国变为县，并派遣官吏进行管理，而由中央政权直接对其进行统治。因此，战国时代的史书所描绘的夏王朝、商王朝、周王朝，在不知不觉之中就变成官吏统治的体制了。

对于后世史书的记录深信不疑并加以使用的行为是很危险的。就像我们看古装电视连续剧的时候一样，大家很容易把电视中呈现的东西当成事实。这是很危险的。这时候就需要我们冷静地观察，并且拥有分辨真伪的判断力。

古装剧很有趣，而且也易懂。古装剧的材料也是人为"写"出来的。大家想要融入古装剧氛围中的心情也是很好理解的。那里有幻想出来的美妙世界。古装剧的好处就在于它能满足人们穿梭往来于虚幻和现实之间的愿望。

但是转念一想，沉浸在游戏等的空想世界中，最后做出"杀人"的举动，这类悲剧也不是一天两天的事了。人们在追求有趣的太虚幻境时，应该创造一个警告的场所告诫人们不要在虚拟的世界沉迷太深而无法自拔。

夏王朝、商王朝、周王朝这三个王朝被称为"三代"。在记载三代历史的著作中，到处都是后世的人们创造出来的虚构世界。哪些地方在什么意义上是虚构的？让我们耐心观察，拭目以待。

"大国"的势力圈　　本书所涉及的商王朝（公元前 16 世纪—公元前 1023 年）、周王朝（公元前 1023—公元前 255 年）都是作为"大国"，在比较长的时间内都威慑到了周围的城市。商的势力波及以河南为中心的地区；而周则在陕西一带以镐京为首都，在河南一带以雒邑为陪都，威震周边诸地。虽然大家只关注使用汉字的商和周，但商周时代，其他文化地域也有"大国"存在。是否使用汉字并不是问题的关键，问题的关键在于青铜器文化的形态。

商王朝之前的夏王朝时代并没有发现汉字。夏王朝的都城是考古学逐步弄清楚的几个大城市中的哪一个，目前还没有定论。关于夏王朝的有力观点，可参考《中国的历史》第一卷宫本一夫所写的《从神话到历史》。商朝以前的时代是有考古学上已探明的"大国"的。然而，哪一城市才是"大国"夏王朝的首都，目前决定性的材料还不充足，有待进一步研究。何况可能还有未发现的城市遗迹，这点也不得不纳入考虑范围。

周王朝于公元前8世纪被迫放弃王都镐京，并将一直以来只做陪都使用的雒邑定为新的首都，到秦始皇统一天下（公元前221年）为止，这段时间被分为春秋时代（公元前770年—公元前5世纪）与战国时代（公元前5世纪—公元前221年）来研究。

春秋时代，周作为河南一带的"大国"存在，而最终在这片土地上，山西出现了"大国"晋，山东出现了"大国"齐，陕西出现了"大国"秦，长江中游流域出现了楚，以及长江下游地区出现了吴与越（参考图1"春秋列国图"）。这些国家都是以新石器时代以来的文化地域为基础而建立的"大国"。

用官吏来管理这些"大国"势力范围的统治方法，从春秋时代起就逐步开始实行了。铁器的普及正好加速了这一变化。某个城市成为"中央"，而灭亡的城市变成了"地方"。然后从这个中央开始派出官吏到地方进行管理。进入战国时代后，这个变化则成为不可阻挡的潮流。在曾经的那些"大国"的势力范围内，战国时代的领土国家在不断成长。

众所周知，日本古坟时代也是诸"国"林立。这些"国"保留下来并聚集成"大国"。从这个时代开始，这些"国"便逐渐进入了被派遣官吏的律令时代。同样的变化也发生在中国的土地上。

这些战国时代领土国家的史官笔下的历史自然也是站在新石器时代以来的文化地域的基础上，以大国统治下的势力范围、即以成为战国时代国家领土的基本地域为前提，来描述过去的历史的。如果在曾经的大国的势力范围内，一个国家发展起来，就会产生将其国家领域给予特别地位的理论；如果曾经的大国的势力范围内有多个国家都发展起来，就会产生把这些国家的领域，即新石器时代以来的文化地域给予特别地位的理论。

在给予新石器时代以来的文化地域特别定位的理论中，如何对夏、商、周三代进行历史定位就是战国时代各国所讨论的三代的历史内容。

关于三代的历史事实，学者们一向是根据考古遗物来进行研究的。至今为止，这些研究也有了相当的积累和成就。但是这里有个巨大的陷阱，那就是我们到现在为止都受以"天下"为框架的史书《史记》的影响太深。一旦把视点太过置于"天下"，眼睛就会模糊不清。如果眼睛被蒙蔽，则原本清楚的事实也会看不真切。很多人都是带着这种先入为主的偏见来看待考古遗物的。

对于各位读者而言，究竟受那样的束缚有多深？大家不妨以本书为一个小小契机来一探究竟。到底什么才是"事实"？战国时代的史书中"被记录"的"事实"到底是什么？汉代史书中"被记录"的"事实"到底又是什么？本书会像赌徒揣摩对手的心思一样，对所有史书的成书背景进行探索和研究。相信这会是最好的方法，可以保护各位读者纯洁的灵魂不被污染。

杞人忧天　那么，要是恶魔披着天使的外衣来到，各位读者会怎么办呢？恶魔非常喜欢糖。天使也喜欢糖，但往往也会带着一些苦口良药到来。

分辨的方法有很多。事物都是有来龙去脉的，所以我们不能武断行事。但是对于简单易懂的"糖果"的珍视与对于冷静观察"事实"的这种"苦口良药"的珍视，是不能混淆的，需要我们仔细考虑。从仔细考虑开始，人们才能找到辨别真伪的良方。至少我个人是这么认为的。我不可能模仿天使，我能做的大概只有提醒大家，要判断情况的不同，并且深思熟虑。

所谓简单易懂到底意味着什么呢？恐怕以人们公认为常识的历史观为基础，去理解所谓的事实，其结果就变成了非常浅显易懂的东西吧。但是，如果我们以非常识的历史观为前提来展开话题，估计大家就会发现到处都有和常识格格不入的地方。

用事实适应常识，这种适应的方法是比较快乐的（最多也就做做比较而已），也容易被人们接受。挑拣重要的关键词也很容易，快速阅读也不困难。因为简单便过于信任和依赖常识，结果只能有意识地曲解事实。虽然这是断然不行的，但却也是一种有效的叙述方法。

此外，即使有难以否认的"事实"，还是有人有方法完全无视其存在。采用这一方法，对于书写者而言的确比较轻松。对相互矛盾的"事实"视而不见，对缺乏根据的"事实"放任自流，也许这对读者也是快乐的。然而，虽然虚幻的梦境都是很好描述的，但是如果我们稍加调查，便能立刻发现推翻它的证据（这些证据无论如何都是事实，而不是空想出来的）。因此不加以考证的做法是很危险的。

另一方面，由于不能无视"事实"，因此在这一前提下，就会留意非常识性的历史映像，如此一来，在那样的历史映像下如何朴实地记述事实，思考这一问题是件恼人的苦差事，对读者而言也不是件容易的事。如果是一知半解地速读，就会积累一些以"常识"为铺垫的误读，事实与事实间就会演奏出不和谐的音符。这样的话，就越发感到"难以理解"。

有些人恐怕是这么认为的："大国统领小国的体制，这个问题我懂。第二次世界大战后不久，学者将大小城市称为邑，他们将这种国家体制称为邑制国家。商周作为邑制国家的顶点，周边诸邑（国）为其势力范围。这点也知道。"

尽管我们假设这种常识存在，本书还是一本"难懂"的书。为什么这么说呢？因为按照常识来说，许多人都认为不存在与商王朝相对抗的其他文化地域和大国，也不存在与周王朝分庭抗礼的其他文化地域和大国。甲骨文和金文中有不少关于商周与其他地域之间战争的记载，这说明不同文化地域的政治性统合体之间分别发展到了各自的顶点。而我们的常识中并没有这一概念。因此在这样的常识下，大家必然也没有意识到商周各自所在的文化地域其实也是不尽相同的。这种常识不仅将夏、商、周看做天下统一的王朝，在面对下面这个问题时，更是无法向我们交出满意的答卷——秦统一天下后，新石器时代以来的文化地域为什么还以监察区或军区之形而发挥一定的功能？

在考古学中，人们经常讨论的对象是"威信财"（威望物，prestige goods）。"威信财"是承担祭祀的核心功能并维持政治权利的重要工具。学者具体论及的威信财主要是青铜器和玉器。围墙聚落发挥着军事作用，它们根据大型建筑的形态及面积的大小而社会性地统合着周围从而成为大国城市。在社会性地统合方面，威信财发挥着机制作用。被统合的范围有大有小，规模不一，但基本上都是以新石器时代以来的文化地域为母体形成的。这样的政治性的统合体至今也没有发现文字。在使用汉字的商王朝与周王朝的文字记录中，作为战争对象的地方外族的地域中也形成有政治性的统合体。如果邑制国家的理论中包含了这一点，那它与本书论点有基本相通之处。然而，至今为止，尚未有人这么讨论过。

因此，所谓的"了解大国与小国之间的关系"这一认识，其实是在无视不同文化地域存在这一事实的前提下成立的。这样一来，本书就会变得更加"难懂"了。因为本书仅仅是将作为这种政治性统合体之一的商王朝和周王朝的政治秩序作为问题来讨论的。此外，原本只不过属于被限定的城市的汉字，却变为使用横跨几个政治性统合体的广大地域之中，进而作为维持文书行政制度的工具而发挥着作用。这之后的政治秩序的构造到底与商、周王朝的政治秩序构造有何不同，这点也是本书想要进行讨论说明的。

无论如何，我相信实际上许多读者看书时都不仅能速读，更能准确把握前后文关系，正确理解文义。所以，以上赘述也许仅仅是我个人的杞人忧天罢了。

也不知各位读者在阅读本书时作何感想。

第一章

本书所涉及的时代

所谓古代的"事实"为何物

众所周知的"事实"　　本书所涉及的时代是所谓的"三代"——夏王朝、商王朝、周王朝，以及春秋战国时代。夏王朝为公元前 16 世纪以前的朝代，商王朝则是其后的王朝。公元前 221 年秦始皇统一天下，战国时代随之落幕。

按照大多数人熟悉的历史观，夏王朝、商王朝、周王朝皆始于英明神武的真命天子，最终毁于昏庸无道的亡国之君。西周末期，昏庸无能的周幽王断送了西周王朝，其子周平王迁都至现今的洛阳一带，自此春秋战国时代便拉开了序幕。周王朝的权威一落千丈，诸侯割据，群雄争霸。这个时期就是大家所说的春秋战国时代。

根据这个历史观，夏王朝始于禹。大禹之德不仅恩泽中华，还远播周边的野蛮之地。这个天下的王朝也渐渐衰败，直至暴君夏桀出现，夏王朝灭亡。推翻夏桀，建立了新王朝的人是商王朝的成汤。成汤的圣德不仅恩泽中华，也远播到周边的野蛮之地。而这个天下的王朝也日益衰败，直到出现了残暴的纣王，最终商王朝走向灭亡。夏桀和商纣后来成为无道暴君的代名词，"桀纣"一词也广为人知。

推翻商纣统治，建立新王朝的人是周武王。在武王之前得天命的是周文王。此后，文王、武王之德恩泽中华，还惠及周边野蛮之地。然而这个天下的王朝也逐渐没落，出现了昏庸无道的周幽王，周王朝也走向毁灭之路。

周幽王被杀之后，周平王将王都东迁。都城东迁之后，周王朝恢复了短暂的威望，但大势已去，没能改变不断衰亡的命运。代替周王朝统领诸侯的是各大霸主：齐桓公、晋文公、楚庄王、吴王阖闾、越王勾践，即赫赫有名的春秋五霸（说法之一）。然而这些霸主皆行霸道，未兴王道。最后以此霸道统一天下的是秦始皇。

说明上的遗漏 相信以上事实对于许多读者而言都是耳熟能详的，然而前文的说明中有着很大的遗漏。

第一，很多人都没有注意到其中有这样一个时代：联系中央与地方的文书行政开始出现，而支撑这一制度的律令也在不断成熟完善——这个时代就是战国时代。在此之前，中央政权与地方政权之间尚无文书行政的联系，更不用提支撑这一制度的律令存在了。也许许多人都在无意识中想象这种制度的存在，并在这一前提下谈及夏王朝、商王朝、周王朝。然而三代并非这样的社会。

战国时代催生出了新的社会形态，其原因在于铁器的普及。铁器出现的时间其实还更早一些，不过说到普及还是从这个时代开始的。我们从出土文物的形态和城市增加的状况可以看出这点，但大家对于这一点还普遍认识不足。

直到春秋时代为止，中央政权与地方政权都是独立存在的"国家"（城市国家）。不断有物资从地方小国纳贡到中央大国，而成为中心的大国与地方小国在军事上也是同盟关系。中心大国口头发令，而附属国则盟誓效忠。

第二，战国时代所谓的天下之中，有多个中央政权并存。人们对此存在着误解。这些若干中央政权都是以新石器时代以来的文化地域为母体形成的。这些文化地域都有着与日本国土差不多广阔的范围。日本有绳纹文化与弥生文化。正如弥生文化与续绳纹文化并行存在一样，这些文化地域也有着一定的广度及其界限。正如日本形成了以邪马台国与大和朝廷为中心的体制一样，中国的这些若干文化地域中，也出现了以"大国"为中心的体制。商就是这类"大国"之一，周也一样。商的领土范围是中原地区东部这一文化地域。周从中原地区西部崛起，将比邻的商所统治的领地纳入了自己统治之下。

由于很多人不了解这个情况，在他们的印象中商周的领土脱离了实际，变得无比广袤。因此便产生了一种误解并流传开去，即认为商周的疆域可以和现在的欧盟相媲美，是将天下收于囊中的大王朝。然而，实际情况却如上所述，商周只不过是作为一个大国将周边小国纳入统治范围，其疆土只是天下的一部分。其大小也只不过跟日本等现代的国家领域差不多而已（尽管如此，这个范围还是很大的）。

形成于这种文化地域母体上的则是战国时代的领土国家。这些领土国家在规模不及商周疆土的领域内，把小国变成县，开始实施了官吏统治制度。

征服了多个这种规模的文化地域，有史以来第一次建立统一帝国的是秦始皇。这时"皇帝"这一君王的专称首次出现，开始使用。这是公元前221年发生的事。

如果大家对上述内容不能充分理解，则会对以下事实感到迷茫。例如，秦的爵位在秦国盘踞陕西一带时分为十七个等级，在秦统一天下的过程中，爵位被重新制定，增加到了二十级。正是由于统治疆土的规模范围的扩大，爵位制度才不得不进行重新修改。

另一方面，在秦始皇的统一战争过程中，据说有数十万人被斩首处死。如果我们不从文化地域相异导致了激烈抵抗这点来考虑，则无法理解这一现象。

第三，汉字最初只是城市中使用的文字。对于这个毋庸置疑的事实，很多人都没有充分理解。

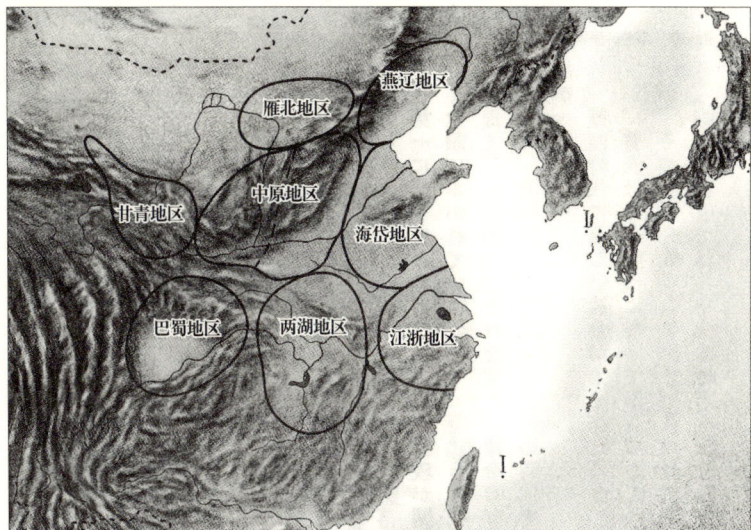

3 新石器时代的文化地域 这些文化地域都非常广阔，完全可以和日本、韩国这些现代的国家领域相媲美了。我们也可以把中原地区分为东西两部分来考虑。请参考严文明的《农业发生与文明起源》（科学出版社，2000 年）、西江清高的《从史前时代到初期王朝时代》（松丸道雄等合编的《世界历史大系　中国史 I》，山川出版社，2003 年，第 1 章）

　　商的文字——汉字得到周王朝的继承，逐渐传播到各诸侯国，最后传遍了全天下。我们通过对系谱资料保留情况以及各诸侯国君主在位年代的记录进行研究，可以得知汉字圈开始急速扩张是在春秋时代。直到西周时代，汉字圈大小也仅仅停留在一个还谈不上广袤的范围内。因此周以外的系谱资料都明显缺少对具体年代的记录。

　　就像汉字是从商传到周一样，商的汉字也当是从某国传来的。但到底是不是从夏传来的，就不得而知了。而汉字是如何从

华北 / 华中（新石器时代文明分布年表）

年代	时代区分	燕山以北	黄河上游流域	黄河中游流域	黄河下游流域	长江中游流域	长江下游流域	长江上游流域
B.C. 8000	新石器时代			南庄头		玉蟾岩　仙人洞		
7000								
6000		兴隆洼		老官台　裴李岗　磁山	后李	彭头山　城背溪		
5000		赵宝沟			北辛		河姆渡　马家浜	
4000		红山	仰韶	半坡　后岗一期　庙底沟	大汶口	大溪	崧泽	
3000		小河沿	马家窑　石岭下　半山　马厂	庙底沟二期　陶寺　中原龙山	山东龙山	屈家岭　石家河	薛家冈　良渚	宝墩
2000	"夏"	夏家店下层	齐家	二里头	岳石	二里头	马桥	三星堆
	商	魏营子	辛店	二里岗（商前期）　殷墟（商后期）　花园庄		二里岗	吴城　湖熟	
1000	西周	西周	寺洼	西　周				十二桥
500	春秋战国（东周）	夏家店上层		春　秋				巴蜀
				战　国				
秦	秦			汉　　秦				
	汉							

4 新石器时代的各个文明　各具特色的文明在不同文化地域上百花齐放。西周、春秋、战国时代的具体情况由本书来进行说明。请参考《世界美术大全　东洋篇 I》（小学馆，2000年），西江清高的《从史前时代到初期王朝时代》（松丸道雄及其他人合编的《世界历史大系　中国史 I》，山川出版社，2003年，第1章）

商或周传到其他国家，这点实际上也并不清楚。

如果大家不能正确理解这一事实，就会对前文"第一"的内容中提到的文书行政开始的时间产生错误理解。人们认为传说中的夏王朝、商王朝、周王朝的时代早已开始了文书行政制度。之所以有这个错误认识，是因为他们误以为文字一出现后就自动地、迅速地传遍天下的各个角落。

第四，随着战国时代开始施行文书行政制度，汉字的属性就发生了一百八十度大转换。很多人还没有认识到这一点。

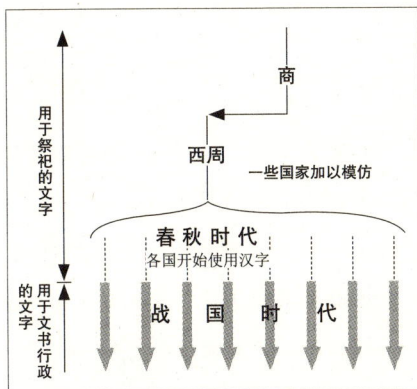

5 汉字的继承与传播　汉字到底是在哪里发明的？至今也无人知晓。商代后期，就已经开始将汉字用于祭祀。在山东等地虽然发现了一些刻有汉字的甲骨，但数量还是很少，无法证明汉字在山东等地已生根发芽。也许是跟随商王田猎的某个负责祭祀的官员成为俘虏，才把汉字带到了这么偏远的地方。周克商之后，继承了商的汉字。周天子将刻有汉字铭文的青铜器赠与诸侯，渐渐地诸侯也对汉字熟悉起来。西周末年，局势动乱，把汉字铸刻到青铜器上面的特殊技术也随之流传到各地。其结果就是春秋时代出现了将黄河流域与长江流域包含在内的广袤的汉字圈。历史的车轮继续向前，铁器普及，耕地激增，城市也迅速增加。在这样的历史背景下，有些国家灭亡，变成了别国的县。战国时代便开始了文书行政制度。列国以各自君主为最高权力，制定了律令法律体系，以此解决由文书行政制度引发的种种问题

汉字作为城市的文字，最早用于祭祀活动。与此相对，自从文书行政制度开始后，文字就成了行政的工具。自从文字成为行政工具后，便有了史书的出现。

祭祀是城市国家的祭祀。文书行政是用来联系领土国家中央与地方之物。因此史书中所论及的是领土国家的历史，绝不可能是城市国家的理念。

领土国家是以新石器时代以来的文化地域为母体建立的。因此史书赋予这些文化地域特别的定位，以其为天下之中，并加以讨论。天下就是汉字圈。

如果我们以上述内容为前提来谈历史，则此历史绝非彼历史也。

"清楚"的时代与"不清楚"的时代

汉字记录保留的情况　　　　本书中所涉及的夏王朝、商王朝、周王朝三代均为"不清楚"的时代。与此相对，其后的春秋时代则为"清楚"的时代。

那么，何谓"清楚"，何谓"不清楚"呢？

春秋时代是一个"清楚"的时代。这个时代，在新石器时代以来的文化地域中，"大国"的兴亡盛衰是如何上演、如何落幕，这些都是很清楚的。与此相对，夏王朝、商王朝、周王朝的时代则是"不清楚"的时代。

那么，为何"清楚"，又为何"不清楚"呢？

原因就在于汉字的有无。汉字最早是商王朝所使用的，即所谓的甲骨文和殷金文。其他的城市国家也发现了汉字传入的痕迹，但汉字却未曾在当地生根发芽。

到了周王朝的时代，刻有西周金文铭文的青铜器被赠与各诸侯国。然而，由于铸刻技术被周王朝独自把持，其余各国都无法独自将文章刻在青铜器之上。异国的文字未必会引起人的兴趣和关注，而且即使有诸侯国对汉字感兴趣，最终也未能达到使用自如的地步。

有汉字的地方留下了汉字记录，然而没有汉字的地方则无从留下记录传于后世。这是理所当然的事。因此，商王朝和周王朝时代的汉字记录大多仅限于对商周之事的记载。

周王朝将刻有铭文的青铜器赠与诸国。这些铭文中必会言及诸侯各国之事。因此与商代相比，诸侯国的历史应该还是得以留存了。但是，这些铭文都是站在周王朝的立场来谈及各诸侯国的事情，并且内容也非常零散。

综上所述，在商王朝、周王朝的时代，商周以外的各国状况都是"不清楚"的。

我们绝不能把"不清楚"的事情说得好像很"清楚"似的。在《史记》的时代，史官必然比我们亲眼看到了更多的"事实"，这是毋庸置疑的。然而，在说明太古以来的天下等内容时，使用刻意编选的"事实"和简单地说"清楚"，是截然不同的两种态度。

通过甲骨文和金文，我们有时反而能获得记载得更详细的资料。但是，这些甲骨文和金文也都是站在商周的角度来记录事件的，因此关于商周以外的各国状况，我们也只能从商周的立场来推测。况且甲骨文和金文的记录也非常零散，所以仍然有许多"不清楚"的地方。

商代以前的所谓的夏王朝还没有发现文字记录，因此我们很多时候也只能说这也是个"不清楚"的时代。

不过，到了春秋时代，汉字远播各国，被广泛使用。这不仅不是个战乱纷争的年代，从汉字发展史的角度看，还是广域的汉字圈形成的时代，具有划时代的意义。

正因如此，在春秋时代，记录各国历史的材料较多地得以存留下来。其结果就是，到了这个时代，各国的状况忽然变得异常"清楚"起来。

其后的战国时代则是一个更加"清楚"的时代了。

那么，何谓"清楚"？为何"清楚"呢？

战国时代，铁器的普及成为社会构造变化的基石，官吏制度逐渐成熟固定下来。每个文化地域上，出现了一个乃至两三个领土国家。被这些领土国家从中央派遣到地方的官吏们开始对以前的"国"进行统治。

文字摇身一变，成为支撑官吏制度的工具。支撑这一制度的法律体系，即律令（制度）也逐渐完善。

然后他们通过文字这一工具留下各种各样的记录。中国历史上第一部史书也成书于这个时代。每个领土国家都有各自的史书。因此我们就有了从不同视角记录的各种史实可供参考。这个时代就成了一个各种事情都更"清楚"的时代。

在这个时代，生根发芽于春秋时代的汉字摇身一变，成为文书行政的工具。这个时代对于汉字发展史而言也是具有划时代意义的。战国时代绝不应被描述成一个昏天黑地、战火弥漫的时代。

战国时代之后便进入了帝国时代。从帝国的视角而言，拥有新石器时代以来数千年历史的文化地域，其自身的独特性就变成了一个非常麻烦的东西。因此这些独特性被掩盖，并用了一些晦涩难懂的形式来进行记录。《史记》就是这种视角观察下的产物。

然而，我们通常阅读的历史普及读物称之为上三代的夏、商、周时代，正是在《史记》的这种视角基础上被描述的。把"不清楚"的部分说得好像非常"清楚"，这绝不是对"事实"客观的描述，而只是从汉代的视角所留下的记录罢了。

被描述得貌似"清楚"的过去

我们已经讲过，在商周时期，每个文化地域上都孕育着各自的"大国"。在四川省，这一文化地域独特的青铜器文化也开出了绚烂的花朵。其中之一就是大家熟悉的三星堆遗迹。留下这一遗迹的"大国"究竟如何，由于没有文字记载，还有很多事情都"不清楚"。但是我们仍然可以通过具体的器物，了解它的城市文化与物资集中的状况。

然而汉代的视角却无视这一事实的存在，把商王朝、周王朝都描绘成一个以广大的汉字圈（虽然当时并没有这种汉字圈）为

6 河南省安阳殷墟的侯家庄1001号墓　在商代大墓中，墓道在四面各有一条，形状像汉字"亞"，因此被称为亚字形墓。亚字形墓在商代墓葬中是规格最高的。从这里我们可以看出造墓时投入了巨大的劳动力，也能从中管窥大国统治阶层的权势和威风

背景的统治天下的王朝。上述的四川之地也成了战国时代的天下（汉字圈）的一部分，甚至到了秦始皇的时代，广东、福建也被收编到天下之中。西汉的前半期也有南越和闽越的存在，到汉武帝时灭亡。而商王朝、周王朝就是根据汉武帝以后的观点被描绘成一个天下的王朝。

诸国之事分明"不清楚"，却讲得好像很"清楚"。其结果就是商王朝、周王朝被描绘成与这些国家毫无关联的存在。明明毫无关联，人们还是产生一种误解，即"把他们治理得很好"。人们就假设出一个天下太平的时代。甲骨文和金文中明明记录了许许多多的战争，而大家却对这个事实视而不见。其原因就在于大家用来观察考古遗物的眼睛已经受到汉代以后观点的影响，变得"模糊"了。

频见于春秋时代的战乱纷争，在商王朝和周王朝也是经常发生的。而春秋时代的"大国"也同商王朝、周王朝一样，扮演着统领者的角色。然而，春秋时代的大国之君被称为"霸"而非"王"。这种差别对待，仔细想想，也是非常可笑的。

再者，战国时代的领土国家所编写的史书中都添加了各自的说明。这些说明文字反映出来的是以自身数千年传统为骄傲的文化地域的独特性。因此这些国家所讲述的过去各有不同，对夏王朝、商王朝、周王朝的定位也不同。

如果我们将"清楚"的"事实"追查下去，就能发现不同。这是无法否认的。但是很多人却没有发觉这些差异。这也是因为他们看待史书的眼光已被汉代以后的观点所影响，变得模糊了。

此外，在这些战国时代的史书中，我们还能清楚地看到史官将自己所在的文化地域作为世界的中心来进行论述。因此与汉代以后的史书相比，虽然这些书的确要好些，但书中记录的"事实"也绝非客观史实。

呈现在读者眼前的许多史料，有不少是应该去除的附加之物。

接下来，我将在尽量使文字简单易懂的基础上，加上一些说明，去除这些附加物。

也正因如此，我们在论及夏、商、周王朝的历史的时候，还需请出战国时代时不时上

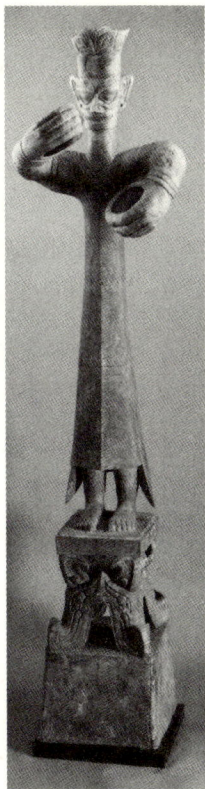

7 三星堆遗址出土青铜立人像（三星堆博物馆藏）三星堆遗址是三星堆文化的代表。独具地方特色的青铜器文化绽放了鲜艳的花朵。虽然未使用汉字，但我们仍可从物资的集中状况判断出大国与小国的关系。一般认为该遗址属于当时威震蜀地的大国

台露下脸。正如前文所述，史书成书于战国时代，并且这些史书中所讲述的是领土国家的理论，而非城市国家的理论。所以，我将会适时地穿插一些战国时代的东西，并向大家说明这一时代的史书中所记之事并不完全都是事实。

虽然我也可以忍痛割爱，省去这些有意识的说明不谈，但是本书还是想尽量地多做些说明和解释。因为如果不这么做，就会如前文所述，大家就很难理解我们习以为常的认知与战国时代史书中的"事实"之间的矛盾。这对探明事实真相会产生极其不好的影响。

《史记》记载的虚构"事实"已经深入人心，相信大家都对此深信不疑了。因此我们现在所处的环境让我们轻易就认为历史本来应该还有更多清楚的事实才对。然而实际上历史是个挤满许多"不清楚"事件的大杂烩。

本书不会把断定为虚构之物的"事实"当做事实来讲。事实是以扎实的研究为前提的。因此，我会提示很多含糊不清的内容，而非虚构"事实"所显示的明确说法。无中生有最是危险，我尽量把握好尺度。

战国时代领土统治正当性的主张

当我们翻查战国时代的史书回顾历史时，有一点值得注意，那就是各国撰写自己的史书时，都会在书中强调自己国家的正统性和对领土统治的正当性。

　　然而，对于我们这些现代人而言，战国时代各诸侯国的主张总是用一种很难理解的形式表现出来的。正如前文所述，汉朝以后的史书及其注释是造成这种晦涩难懂现象的元凶。我们现在所了解的常识就是建立在这些元凶的基础上。

　　例如，如果提及领土统治正当性的主张这一问题，大家首先想到的必然是"天下统一"。而在该常识的背后有一种设定，即天下自形成之初就一直在等待有人来统一。

　　秦始皇统一中国以来，天下在很长时间内都处于统一的状态，因此这种设定好像也颇有些道理。

　　事实上在秦始皇统一中国之前，与天下这一概念相匹配的广大领域从未被统一过。换而言之，数千年来，天下从未苦苦等待谁来统一。

　　本书讲述的是秦始皇统一中国之前的历史。因此我也不能以天下统一为前提进行说明。

　　到了战国后期，秦国统一天下的形势也初见端倪。不过这也是后话了。即使在秦国统一天下的局势初见端倪的时代，对于秦国以外的其他诸国而言，天下统一也并非讨论问题的前提。

　　战国时代列国林立，许多领土国家都是建立在新石器时期以来的文化地域母体之上。延续数千年的文化地域使得各国必然强调其领土统治的正当性。

战国时代"天下"中的特别地域及作为历史的三代

春秋时代广域的汉字文化圈成形，战国时代以新石器时期的文化地域为母体的领土国家建立。这些领土国家都把包括本国领土在内的地域定义为特定地域，除此之外的天下皆为野蛮之地。

人们用诸如"中国"或"夏"的词汇表示这一特别地域。"中国"一词最初指周王朝的王都一带。而其他国家也用这个词来表示自己国家的特别地域。因此不同国家话语中的"中国"所指地域是不同的。

"夏"则是来源于夏王朝的一种称呼。战国时代不同国家所称之"夏"，其具体范围也不尽相同。这也导致了后世无法确定夏王朝到底曾在何处。

"中国"一词现在是中华人民共和国的简称，在历史上也被广泛理解为汉族人居住地的代名词。然而当我们追溯到战国时代就会发现，"中国"一词的意义其实并非如此，它指的是"天下"中的某个特定地域。

"夏"与"华"可通用，将"中国"与"夏"融合后便有了"中华"一词。在本书所涉及的时代，"中华"还没有成为一个固定词汇广泛流传。

战国时代，虽然领土国家都用"中国"一词来界定沿袭自新石器时代的文化地域，但各国的领土或控制范围也并未局限在这一文化地域中。

就像西周灭商，从中原西部将东部也纳入其版图之下，战国时代各诸侯国对与自己接壤的文化地域的关注度也非同一般。

为什么战国时代各诸侯国如此关注与自己接壤的文化地域？因为将邻接地区置于自己的统治之下，这就意味着物资调配水平可以取得长足进步。迁都雒邑（洛阳）后的周王朝就具备较高的物资调配水平，同时传承了有魅力的汉字文化。周王朝从商王朝继承汉字文化，并将其传播到天下各诸侯国。正因为有了这样的历史因缘，周朝在迁都雒邑后也积累了丰富的经验。同时周王朝所在地河南也是一个物资汇集的场所。诸侯各国皆需仰仗周王朝丰富的物资和繁荣的文化积淀，于是各国给予周特别的定位。

商王朝在以河南为中心的地区威慑力较强。周王朝定都镐京（又称宗周，今西安），影响陕西一带，而后迁都雒邑（成周，今洛阳），对商朝故地影响力较大。殷商灭夏的传说也流传于世。

文书行政正式始于战国时代，施行该文书行政制度的大领域称为"天下"。其中各国将包括自己国家领域的地域定义为特别的地域。而留下汉字记录的商朝和周朝，以及传说中的夏朝皆在"大国"之中有着特殊的地位。

因此，战国时代各诸侯国在定位包括自己国家领域的地域时，总会不厌其烦地通过各种形式让自己的历史与夏、商、周三朝相关联。

正因如此，如果在包含了自己国家的特别地域中正好有夏王朝或商王朝的故地，该国就给这些故地进行历史定位，然后主张自己对这个特别的地域享有正当的统治权。此外，如果在包含了自己国家的特别地域正好与这些王朝的故地接壤，该国就会想方设法把其接壤的先朝故地纳入包含自己国家领域的特别地域中。如果本国与先朝故地有着明显的文化差异，他们就会将该地区定位成比包含自己国家领域在内的特别地域略低一等的地区。例如，楚对夏商周三代的历史评价就是消极的。

横跨多元文化地域的汉字圈出现

用于祭祀的文字　　接下来我们来仔细研究一下汉字传播的问题。

如前文所述，汉字并不是在刚开始出现时就被广泛使用。汉字最早只在一部分城市中被使用。当然这一点也不限于汉字。除汉字以外，一些原始文字也相继出土。然而这些原始文字都逐渐失传，唯有汉字是个例外，一直传承到现在。

然后汉字在不断被继承的过程中，逐渐被应用于更多的场合中。

最早发明汉字的城市在哪里，目前还不得而知。这个城市是如何传承文字的，也不得而知。只是，直到发现了许多甲骨文后，我们才开始知道汉字曾在商王朝被使用过。

商王朝分为前期、中期、后期。在后期（公元前 14 世纪—

公元前 1023 年）的遗迹中，我们发现了大量刻有文字的甲骨。经过研究，我们可以确认这些刻字就是汉字的祖先，也知道了按其特点可以分为五期。学者们还靠它复原了商王的系谱，也确认这个和《史记》中所记载的内容基本是一致的。

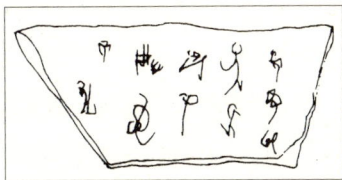

8 汉字出现之前的文字　本图所示为被称为丁公陶片的刻文（松丸道雄临摹，引自松丸道雄《汉字起源问题の新展开》）。这是与汉字不同体系的文字。该文字已经发展到了靠多个文字的排列来表达意思的文字阶段，而非只记录单一文字的符号阶段

这些汉字得到周的继承，然后传播到周统治范围内的各诸侯国，进而传播到长江流域的各国。汉字的传播是进入春秋时代（公元前 770 年—公元前 5 世纪）才正式开始的。

在同一时期，"天下"的雏形，也就是汉字圈的雏形渐渐形成。"天下"的雏形是在春秋时代才成形的。到了战国时代，这一雏形被赋予特殊的地位。它的

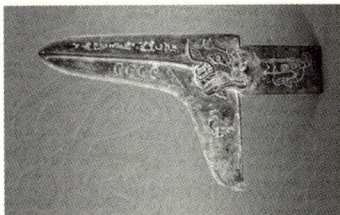

9 刻有巴蜀文字的虎纹铜戈（局部　郫县独柏树战国土坑出土　四川省博物馆藏）在战国时代被秦征服的巴蜀之地上，有着靠近秦的蜀国与临近楚的巴国。两者合二为一，则是我们常说的"巴蜀文化"。巴蜀之地有自己的记录符号。这些符号多以单字的形式出现，但图中所示文字已形成了句子。由此我们可以看出当地的符号已经进化到了文字阶段

基础是通过派遣官吏统治地方，即文书行政制度的推广。

"天下"的地位虽然不及在新石器时代以来的文化地域雏形基础上形成的特别地域，不过它仍然是被定位为特殊存在的地域。

春秋时代仍旧是城市国家，即周的诸侯国与周结成政治关系的时代，同时也是可与周相抗衡的势力构建相似体制的时代。这些不同势力集团视为根基的东西，就是新石器时代以来的文化地域。不同的文化地域存在不同的"大国"，这些"大国"都各自称霸一方。

首先我们要说的是汉字。汉字传到了周的势力范围，并且渐渐向其他地方传播开去。这时各国都把汉字用于祭祀活动。派遣官吏统治地方的文书行政制度尚未开始。汉字首先是城市国家的文字。但是，由于各国开始使用相同的汉字，人们也开始用汉字记录国与国之间的关系。

国与国之间的关系在很长时间内都是通过使用各自的祭祀场所来进行确认的。从文字尚未出现的时代开始，各国就通过向神祈祷的行为确认相互关系，遏制违背约定的行为。确认这一相互关系的东西就是所谓盟誓。因此盟誓可以定义为一种祭祀仪式。在还没有文字的时代，即使有盟誓的存在，也没有记载盟誓内容的盟书可考。

当汉字传到各国祭祀场所后，被定义为祭祀礼仪之一的盟誓也开始使用汉字来进行，并且各国将盟誓内容以证据文书的形式保留下来。这种文字的运用恰恰将若干国家联系在一起。这一方法也成为传达意见的基本手段，后来从中衍生出了一种新的手段，即从中央下达到地方的命令也靠文书来记录传递。这正是文书行政，即派遣官僚对地方进行统治的开端。

在文书行政开始之前，各个城市国家是文字独立的适用场所。因此我们可以认为春秋时代一切记录和话题的中心是城市。与此相对的是到了战国时代，形成于新石器时代以来的文化地域母体上的领土国家取而代之成为中心。这个地方城市服从中央政权的体制，就是由文书行政制度在后面作为支撑。因此，我们可以认为战国时代的议论是以若干并列存在的领土国家为中心展开的。

许许多多的城市以各自城市为中心来思考和论及其他地方的时代是春秋时代。大大小小的领土国家以各自国家为中心来思考和讨论其他国家的时代则是战国时代。

即使汉字相同意思也不同

在成书于战国时代的典籍中，特别领域及其向外延伸的世界被定义为天下。因此，见于这些典籍的天下观念不能原封不动地用于春秋时代。直到春秋时代为止，外部世界的范围还是在一个有限的范围内，比战国时代的天下要小。那时候的外部世界指的是新石器时代以来的文化地域及其周边接壤的地区。

所有儒家典籍都是将汉字圈视为天下的。在本书中我们追溯到广域的汉字圈刚刚形成的春秋时代，或进一步追溯到广域汉字圈尚未形成的商代、西周的时候，说明内容肯定是不一样的。我们必须在这个前提下来讨论问题。

"天下"这个词很危险，集中了许多能招致误解的因素。这个词在战国时代基本上等同于汉字圈，而到了汉代，这个词汇的定义基本上原封不动地被使用。但是战国时代的"天下"之中有若干中央政府存在，相应也有个若干个特别地域的存在。到了汉代，汉字圈开始被整体定位为特别地域。在这个巨大的特别地域中，新石器时代以来的若干文化地域便不得不将其独特性隐藏起来。

战国时代与后世，即使汉字相通，其含义也不同。"國"（国）就是一个很好的例子。

当我们认真整理出土史料后就会发现，"國"在西周时代是"或（域）"字。我们给这个"或"字加上个国字框后便成了"國"字，给它加上土字旁后便成了"域"字。我们可以认为城市国家时代的"域"到了领土国家时代就演变成了"國"。也就是说，从城市向外延伸的一定范围叫做"域"，而到了以文书行政来统治城市的领土国家时代，这个"域"都成了被外面的疆域包围的存在了。因此便产生了"國"这个字。

关于这点，也正如前文所述，在周王朝的时代，围绕着王都的一带被称作"中或（域）"。到了战国时代，人们用来称呼陕西一带的词汇就变成了"中国"。在其他国家，他们把别的领域称为"中国"。这个"中国"到了汉代以后演变成了天下的意思。

为了诽谤其他"正统"王朝而诞生的"夷狄"

相信各位对"夷狄"这个词并不陌生。只要我们翻阅古代典籍或注释，时不时地会看见这个词汇。"夷狄"用我们现在常用的一个词来说就是"野蛮人"。

"夷狄"一词很少单独使用，它经常与"中国"一词同时使用。如果说文明开化、文化繁荣的地域是"中国"，那么与此相对的野蛮之地便是"夷狄"的地方。

可能大家对此都有所误解，那就是在战国时代人们的观念中，这个"夷狄"之地是包含在"天下"领域之中的。成书于战国时代的《战国策》等古籍中留下了许多各国往来人士的故事。我们能从中看出，他们观念中天下的领域是战国时代群雄割据的国家领土的总和。

"中国"是文明开化、文化繁荣之地，也是各国主张其领土统治正当性的地域。"夷狄"是野蛮之地，是与"中国"相对的地域。这一地域便是与自己国家相对抗的其他诸国的领域。如果我们要强调汉字圈的存在，那么野蛮之地也包含在汉字圈之中。

虽然这些地域还没有成为自己的领土，但总有一天会将其纳入自己的版图之下。这是对领土统治正当性的一种主张。战国时代各国所构想的特别地域就是以这一对领土统治正当性的主张为前提的。它比各国实际统治的疆域还要更广阔一些。而这就是新石器时代以来的文化地域。这里设定的地域与新石器时代以来的文化地域多少有些不同。新石器时代以来的文化地域其实也时不时地在扩张或缩小。

正如不同国家所讨论的"中国"或"夏"各不相同，"夷狄"这个词汇也因国而异。它有很多种说法，例如"东夷"、"狄"、"蛮夷"、"戎"等。而且，尽管各国都使用同样的语言（汉字），但其话语中的对象也因国家不同而不同。这是值得注意的。

汉代以后视点的特殊性

前面我们讲了记录了夏王朝、商王朝、周王朝历史的史料，在战国时代由于国家不同内容也不相同。

接下来我们总结一下汉代以后的各种观念。虽然我们的历史常识都来源于此，但其中还是有许多不为人知的"事实"。

秦始皇吞并了敌对诸国，终于在公元前221年完成了"天下统一"大业。自此，"天下"是由秦始皇的各级官吏来治理，秦律令与秦历法传遍天下。这时候全部都是特别地域。

也就是说，原本只是"天下"的一部分的"中国"或"夏"，这时候终于变成真正的天下了。以前的典籍里写着"天下"之下尚有"夷狄"存在。这些典籍也不再适用了。因为秦始皇已将敌对国全部歼灭，纳入其疆土范围了。

但是，新的"中国"之外自然还存在一些不能归入"中国"版图的地方。这些地方就变成了野蛮人生息的土地。

如果我们不对天下与"中国"、"夏"同"夷狄"的关系重新梳理说明的话，有些典籍便无法使用。而这一状况之后也将持续一段时间。

这点有些脱离本书主题，所以此处就不加赘述了。巧妙地对天下与"中国"、"夏"以及"夷狄"之间的关系进行梳理、让典籍变得可以使用，已经是西汉末年王莽的时代了（我有时也直接将这一时代称为东汉）。此后，人们开始使用儒家经典中的说明，用儒家理论论述"中国"这一等同于天下的特别地域与其他野蛮人所居住的地域之间的关系。此后，人们是把作为汉族聚居地的"中国"（这时，该词汇为主流）与其他地方的关系当成以中国皇帝为权力顶点的体制的一部分来从理论上把握的，这也是"东亚册封体制"的开端。上述观点是由西嶋定生首次提出的。

成功是成功了，然而这一成功的背后除了需要注释，还需要另一个工具。这就是新的典籍。儒家的典籍称为"经"，但正如"经纬"这个词，经是纵线，而纬是横线。有经则必应有纬。就在这一理论的影响下，古人将新的典籍总称为"纬书"，并且编撰了许多的"纬书"。这些新编撰的书籍就主动承担起为新的"天下"、"中国"、"夷狄"之说正名的职责。

当这一理论固定下来后，纬书的使命也就告终了。纬书便成为无用之物。此外，纬书之说都是按照汉王朝的要求所作，以后也未必都能满足后世王朝的需求。纬书不仅不能帮后世王朝自圆其说，甚至还是个巨大的隐患。因为如果说汉王朝是正统，那么其他王朝便是非正统的了。也由于这些原因，纬书逐渐退出了历史舞台。利用纬书之说而存留在注释之中的新的解释和观点便慢慢地为天下人所接受。

在新的说明中，古人用了很模糊的概念来诠释"天下"。既然"天下"之中有"中国"，则"天下"不仅包括皇帝的国家，其范围还不断向外延伸。因此，根据这一说明来看，"天下统一"是不可能的事，有的也只是"中国统一"。

与此相对，我们可以将"天下"定义为需要被统一的地域。这样一来，"天下"原本是处于分裂状态的，有了这个前提，我们才能讨论"天下统一"的问题。

这样才真的分清楚了。

在论及"东亚册封体制"的时候，一个重要的问题就是儒家经典中的"中国"与"夷狄"（中华与夷狄）的关系。

如果我们要无视儒家理论来论及国家关系，那就不需要等到王莽的时代了。如果单纯以军事优劣而言，我们也可以说在汉王朝初期，汉与匈奴之间是汉王朝为弟、匈奴为兄的关系。

我们也不是不可以用册封关系来讨论春秋时代以来的"大国"与"小国"的关系。册封的"封"是"封建"的"封"。如果从语源的角度来看，这个词汇原本就受了周王朝与诸侯的关系，即封建关系的影响。

这个"东亚册封体制"是根据儒家理念而构想出来的。

"东亚册封体制"与德化　　如果重新解释一下之前所述的内容，那就是汉字的传播意味着通过汉字对其他地区进行"同化"。汉字所到之处，人们都使用同一种表达方式，即用汉字作文。尤其是到了战国时代，文书行政制度正式确立后，这一共同的表现方式便成为官吏们的共同财产。所谓的汉族，或者说是把汉字汉文作为共同财产的民族便在这时形成了。

有的城市没有文字，有的即使有文字也不是汉字，或者有的使用自己特有的符号作为文字。恐怕它们的语言都千差万别，各有不同。"大国"靠军事力量将这些城市置入其势力范围之下。在这些"大国"的势力统治下，到底产生了怎样共通的语言，我们不得而知。这些城市都在文书行政制度下被统一管理，由官吏对各个城市行使职权。在这种政治体制下，汉字汉文便作为一种共同财产，不断渗透到地方。

朝鲜和越南曾经也在汉帝国的统治之下，而这两个国家最后是拒绝了被汉族同化。那么拒绝同化的地域和以同化为前提的地域之间的政治关系又是何时开始的？为了讨论这个问题，我们不得不使用一个已经提及的词汇，即"东亚册封体制"。

虽然这个时代已经超出本书所涉及的范围，不过作为有关联的话题，在这里先做简单的说明。

通过再次解释得出了一个新的"形式"。在这个"形式"下，皇帝直接统治的"中国"与其他国家的政治关系得以建构，并且人们引用儒家经典来讨论这一关系。儒家经典中记载着特别地域与野蛮之地之间的关系。特别地域由帝王君临天下，以德治之。野蛮之地则受其德之感化，进而这些地区的人也服从于帝王之圣德。这个特别地域便得以扩大。

古人用"德化"或"德泽"之类词汇表示帝王圣德远播四方。他们站在特别地域统治者的位置来描述其圣德是如何惠及自己的子民与野蛮之地的。如果能有效利用儒家经典对作为特别地域的大领域与野蛮之地的关系进行很好的说明，则圣德所及的范围便能为之扩大。

所谓德，在商代原本是指佑助征伐的灵力。大国要谋求对小国的控制，需要毅然地进行征伐，而支配征伐的灵力就是德。所谓的"德化"、"德泽"的"德"是不用征伐也行遍天下。与此相对，商代、周代的"德"是靠征伐来实现的。当时大国与小国之间是城市与城市的关系。因此为了使统治永久化，有时征伐则变得不可或缺。然而，对于形成于战国时代的领土国家而言，大半的小国都被吞并变成了县。大国往各个县派遣官吏，则从此无需征伐也能治理这些地方了。因此，帝王之德无需征伐而惠及万民。对立的两个领土国家之间如果发生战争，就算可以占领对方的一些城市（被吞并的小国变成的城市），通常也不可能将敌对的领土国家全部占领。因此，古人在论及敌国人民的时候，便开始与本国子民一视同仁，认为帝王之德无需征伐而惠及万民。就在这时候，出现了无需征伐而惠及万民的德。

而这一观点随着上述特别地域的扩大，甚至波及了战国时代的典籍都未曾提到过的外族之地。

能够理解这一新的德化内容的是汉族的官僚们。

没有被汉族同化的人们，是没有被置于能够理解这一内容的状况下的。

不过有一个例外，即与汉族保持着紧密关系的"通译"。当然这些"通译"必然是对汉族的文化了如指掌的人。但是那些未被汉族同化、具有压倒性多数的外族人还是对汉族的文化知之甚少。

因此中国皇帝的国家与周边国家之间的关系就是通过"翻译"来建立的。这种关系就是"东亚册封体制"。

"通译"所处环境的不断完善,最终连周边的国家都发展到了拥有自己律令体系的阶段。占据这些"通译"主流的是所谓的"归化人"。他们的影响也波及日本和朝鲜半岛上的"国"的祭祀场所。至于是以什么形式传入的,目前尚不清楚。在中国的春秋时代,作为汉字在各国生根发芽的结果,盟书随着各国之间盟誓活动的开展而问世。但是在日本或朝鲜半岛还没有发现这种盟书。

在日本发现的是稻荷山铁剑铭,以及七支刀铭。其内容简单,无非是系图之类的东西,且内容也未超出西周金文的所示内容。这些铭文与其说是这些小"国"自己铸刻的,不如说更像是来自大和朝廷的赐品。

日本也出土了许多中国制造的铜镜及其仿制品。上面皆刻有汉字。但是这些内容并未超出在中国本土制造的铜镜铭文的范围。被认为是邪马台国或大和朝廷赐品的三角缘神兽镜,就是这些铜镜的代表。其铭文内容与中国铜镜并无二致。

可以想象当时的状态距离可以实施文书行政制度的环境还相差甚远。

根据学者们的论点,文书行政制度完备的中国与文书行政制度尚未开始的周边国家之间的"东亚册封体制"是从王莽时期开儒家经典的原文产生于下图11所示时代。王与圣人之德惠及人民。经典的注释产生于图12的时代。"东亚册封体制"产生于图12的时代。在图11与12之间，人们对经典进行了重新编订。儒家经典中所述述的德所惠及的范围在图12的观念形成的过程中被人为观念性地扩大了。官吏的本质发生变化后，圣人的含义也发生了改变

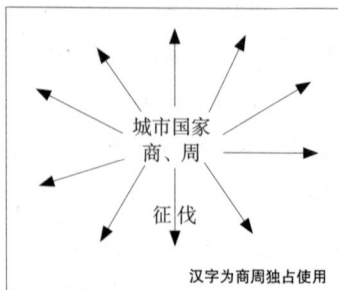

汉字为商周独占使用

10 城市国家时代的德 在城市国家时代，征伐是靠德（征伐的魔力）来佑助的。大国所征伐的是敌对的城市。城市国家与领土国家不同，很容易被征服

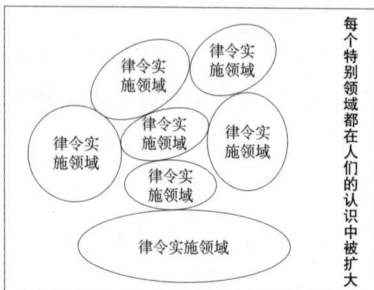

每个特别领域都在人们的认识中被扩大

11 领土国家时代的德 在领土国家的时代，圣德自然而然惠及万民，甚至也惠及他国子民。天下（汉字圈）的内部成为问题的焦点。战争变成了领土国家之间的对抗行为，即使征服一些城市，也没有领土国家被征服。因此德便不再以征服为前提，逐渐变成了不包含征服含义的德

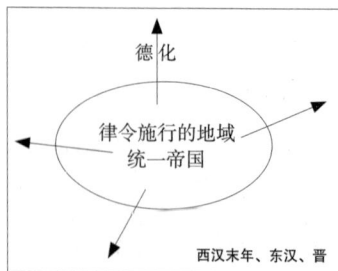

西汉末年、东汉、晋

12 统一帝国时代的德 在天下统一的帝国时代，汉字圈的内部和外部都成为问题的焦点。德自然而然地惠及汉字圈内的所有百姓，还开始惠及汉字圈外的人民。普遍观念中的德治如此图所示

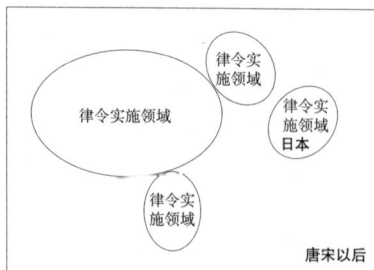

唐宋以后

13 律令时代的德 律令为以皇帝为权力顶点的体制提供法律支持，以维持其秩序。这些律令在周边国家生根发芽，为周边各国的统治提供了法律支持，以维持其秩序。这些律令实施领域都将自己国家立于理论的中心来论及德治。每个国家都将自己置于权力顶点，制定规则，于是这些国家之间的权力顶点就发生了冲突，文书的交换就成了为国家关系带来隐患的种子。解决这一问题的方法之一就是不去干涉其他国家的祭祀问题

如果我们将图12中的特别地域缩小，那就是图11所示的领土国家的观念。正如本书将在文后所总结的那样，图12是人们在观念上将每个律令实施领域扩大后的结果。图13中汉字圈有所扩大。若干个大大小小的领土国家的观念都混杂在一起。日本将自己的律令实施领域称为"中国"。在中国皇帝统治下的正史中，人们是以图12的观念来描述图11和图13的情况，并将汉族人聚居的特别地域称为"中国"、与"外国"区分开来。虽然与上述观念不太相同，在中国正史中，中国与周边国家的关系就成了宗主国与附属国（中国把一部分的"外国"看做附属国）的关系

始的。记录王莽时期的书籍成书于东汉时代。因此书中并未提及王莽之德惠及万民，远播野蛮之地。虽然没有被提及，但是儒家经典中的"德泽"等词语（作为成功地对儒家经典重新阐释后得出的结果）没有被讨论到也是不自然的。

我们可以将王莽时期看做是东亚册封体制的基础成形的时期。此外——虽然有些重复——在周边国家，支撑这一体系的正是各国的"翻译"们。周边国家有它们各自的主张。可以认为它们因为有着各自的发展历史，所以认为自己是特别的存在。但是这些国家越是成功地强调自己的理论，汉字就越难在这些国家生根发芽。

周边国家的文字文化 "东亚册封体制"终于迎来了一次巨大的转机。汉字传入周边国家，这些国家也开始接受汉字文化的影响。但是这些国家并未被汉族同化，而是开始将汉字作为自己国家的文字来使用。

正如前文所述，汉字在中国是靠着青铜器铭文的方式传播开来的，其结果就是到了春秋时代，形成了一个广域的汉字圈。汉字在日本的传播过程中是靠铜镜和铁剑来抓住人心的。这是一个非常有趣的现象。

在春秋时代，使用相同的汉字这一共通性并没有被当做什么特别的事情。同样在日本，使用汉字是有特别意义的这一点好像也没有得到理解。

终于日本也开始实行文书行政制度，引入了律令制。在日本，能够正确理解儒家经典的人才辈出。这些人之所以能够理解儒家经典，原因是他们懂汉语。汉语使所有人的语言变得规范和统一后，这些人就被汉文化同化了。但是在日本、朝鲜半岛及越南并没有变成这样。

日本发明了万叶假名，然后出现了假名，最后开始了训读。这种训读的方式使得汉字在汉族以外的民族发挥了文字的功能。

"训读"和万叶假名的鼻祖应该在朝鲜半岛，然后传入日本。后来，日本开始固定地使用万叶假名，用"训读的方式来念汉字"。在朝鲜半岛，"训是用来表示字义的"。此后，朝鲜半岛用新的规则发明了韩国文字，而越南人则将汉字无法表记的词汇用越南汉字——字喃来表记。

中国周边国家除了上述文字以外，还出现了西夏文字、契丹文等与汉字形似的文字，起源于梵文的文字也在这时传入。

在"东亚册封体制"下，中国的周边国家开始将汉字或其他文字作为自己本国的文化文字来使用。"东亚册封体制"便迎来了一个新的时期。因为这些国家使用汉字或其他文字来表述将自己国家视为世界第一的理论。

"东亚册封体制"的变质　在一般我们理解的"东亚册封体制"中，中国皇帝是站在权力的顶点。但这一意义上的体制也只在周边国家开始使用汉字实施文书行政制度之前成立。当时周边国家尚未掌握汉字，也无法理解通过汉字为这一体制的理论进行争辩，他们也不会用汉字来争辩自己是世界第一的地位。周边国家开始文书行政实施律令后，便以此自封为"文化国家"，开始用汉字来阐述中国并非世界第一的理论。

其实律令法体系出现于中国的战国时代时原本就是以王为尊的法律体系，到了天下一统后，这个法律体系便成了以皇帝为尊的体系。这一体系被引入周边国家，就意味着这些国家也开始采用与中国具有相同性质的法律体系了。正如前文所述，把自己定义为第一的观念有很多。有人把自己的村子定义为第一，有人把统领这些村子的城市——在日本就相当于古坟时代的酋邦——定义为第一，也有人把统治这些城市的领土国家定义为天下第一的存在。后来人们通过律令法体系的"形式"将这一观念表现了出来。这一法律体系规定了以领土国家为第一的"形式"，也规定了从中央派遣官吏到地方进行管理的"形式"。这一规定为文书行政提供了坚实的后盾。

众所周知，这种"形式"传到了日本，最后被架空，成了有名无实的制度。尽管如此，这种"形式"本身还是得到了继承，并在江户时代变身为支撑幕藩体制的"形式"。

如此这般，由于中国周边也出现了律令国家，所以虽说都是"汉字的传播"，但其内涵却有本质区别。

有无"东亚册封体制"中的"册封"就成了一个问题。所谓册封，是指皇帝将周边国家作为自己的臣国，并加以排序来确认双方关系的一种行为。因此如果不在中国皇帝的统治下对双方关系进行确认，则不能算是被册封。然而这也是很容易被误解的地方。史官在编写中国皇帝国家的史书时，不管实际上对某国有无册封，史官都会给这个国家排个序，顺带写上几句，好像双方都已经确认册封关系了一样。

例如，虽然丰臣秀吉并未受过明朝册封，但《明史》中却记录了日本"自古"就有"王"，王的大臣中地位最高的职位称为关白。不仅如此，书中还介绍了织田信长和丰臣秀吉的事情。相信大家一看便能注意到《明史》中并未提到有关"天皇"的事情。按照日本律令体系的规定，日本是以"天皇"为尊的"形式"。尽管法律体系空有外壳、形同虚设，但"形式"本身还是得以存留。然而《明史》中记录的是"自古"有"王"。就像这样，册封关系跟实际是否册封并无任何关系，只是在史书中以这种"形式"记录下来而已。但是它描述的只是一个理念，而非事实。

同样的情况也发生在中国的战国时代。战国时代的列国，各有各的律令，自成一派，并互称他国为夷狄。

在《史记》和《汉书》中可以看到汉与南越（秦始皇死后汉族在广东一带建立的国家）之间互换文书的记载。将两者做一比较之后，就会发现在《汉书》成书的东汉时代，以汉皇帝为尊的对外文书的形式非常完善。《汉书》中明确的形式在《史记》成书的西汉中期还没有确立。正因如此，《史记》中介绍的文书与《汉书》中介绍的文书按理说必然是同一物，但实际上其形式和

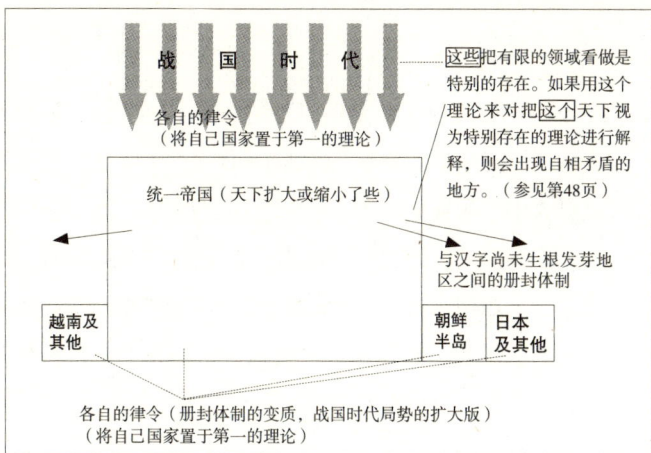

战国时代

各自的律令
（将自己国家置于第一的理论）

这些把有限的领域看做是特别的存在。如果用这个理论来对把这个天下视为特别存在的理论进行解释，则会出现自相矛盾的地方。（参见第48页）

统一帝国（天下扩大或缩小了些）

与汉字尚未生根发芽地区之间的册封体制

越南及其他

朝鲜半岛

日本及其他

各自的律令（册封体制的变质，战国时代局势的扩大版）
（将自己国家置于第一的理论）

14 律令实施领域出现以及东亚册封体制　在战国时代，若干个以新石器时代以来的文化地域为母体的领土国家形成，这些国家都构建出了以本国君主为权力顶点的法律体系。我们将这些独立的律令实施领域加在一起，便形成了汉字圈这个天下。继承了文化地域范围的领域被视为特别地域，而汉字圈之外的世界被视为野蛮之地。古代经典中有一种观点，即汉字圈是由特别地域和野蛮之地组成的。但这一观点随着汉字圈的统一，逐渐退出了历史舞台。到了东汉时代，人们开始把野蛮之地重定义为汉字圈之外的地域，并对古代经典进行重新解释。在东汉的这些注释形成的过程中，人们以这种理念为基础，建构了中国皇帝与周边国家之间的政治关系。这就是东亚册封体制。这一体制是通过中国皇帝的官吏机构与周边国家的"翻译"共同作用而成。周边国家引入律令法体系，创造了将自己的君主置于权力顶点的法律体系。此后，不同的法律体系相互冲突摩擦，东亚的舞台上好戏再次登场

语句相差甚远。这也是与"东亚册封体制"的确立相关的一个话题。

战国时代，游说家将某国的意志传达给其他国家。此时，他们称撰写文书之国的王为"大王"，而称呼敌对国的君主时，则用其地域或城市名来称呼他们，例如"荆王"、"梁王"等。在这

类文书中也记录了敌对国君主的言行。这些言行内容作为一种形式固定下来后，便有了我们在《汉书》中所见的对外文书形式。这些文书最后被定义为"国书"。

正因如此，与国书形式的关系不同，"东亚册封体制"开始变质。周边国家自己也开始实施联系本国中央政权与地方政权的文书行政制度。曾经在战国时代存在的若干中央相互对立的构图，如今在一个更大的领域中得以再现。

"战国时代"这一名称　　我们被"战国时代"这个时代名称误导，总觉得商周时代是个和平的年代。其实不尽然。正如前文所述，商代与西周同样都是战乱纷争的年代。

我们大致可以把这些战争分为两类。一类是在新石器时代以来的某一文化地域内上演的战争，另一类是这些文化地域之间的战争。

前者是城市国家之间的战争，而后者则是至少有一个文化地域，其内部的大国连同小国一起与其他文化地域之间的争斗。

这些战争都是实际发生过的。不过自从战国时代形成了以新石器时代以来的文化地域为母体的领土国家后，前者便明显减少，而后者即领土国家之间的战争则日益增多。

只要我们仔细观察，便能发现，进入帝国时代以后的战争和战国时代的战争性质相同。很多帝国内部发生的战争则是不同文化地域之间的战争。

秦始皇驾崩后的战争如此,项羽与刘邦的争霸如此,汉代黥布等人的叛乱如此,吴楚七国之乱亦如此。

也就是说,"战国时代"这一名称容易让人觉得战国时代之前和之后的情况与之不一样。汉代也同样发生了战国时代曾经发生过的类似的战争。另一方面,在战国时代,城市国家之间的战争不断减少。中央与地方城市之争往往都是在叛乱的名义下记录和处理的。我们很少有人注意到这点。

至于"战国时代"这个名称的来历,也往往为人所误解。大家都知道"春秋时代"的名称来源于《春秋》一书。我们能看到很多人受此影响,认为"战国时代"来源于《战国策》一书。然而,事实并不尽然。《史记》成书的时代,《战国策》尚未问世,这点可能很多人都会有些误解。《战国策》是成书于西汉末年的。

汉朝的时候,战国时代被称为"六国之世"。汉将自己定义为至高无上的存在,为此就需要让最早出现皇帝的秦充当配角。通过这个配角,汉将周定义为正统王朝,并创造了一个汉继承周之正统王朝的"形式"。为了使其他国家有别于这个特别的配角秦,汉人将其他六个大国(楚、齐、燕、韩、魏、赵)称为"六国"。将战国时代与天下统一的秦朝分别开来,称之为"六国之世"。这个"六国之世"也沿用了很长时间。

汉代也有"战国"一词。例如成为书名的《战国策》。《战国策》是西汉末年将战国时代以来的《长短书》等文献的内容进行再次编排而成。这本重新编排而成的书就叫做《战国策》。

还有一种说法是"战国之世"。但"战国"作为时代的名称并没有固定下来。在没有必要对秦特别对待以后，人们便将秦融入"六国"中，改称"七国"。这个"七国"的称呼也渐渐取代了"六国"，成为主流。其后一直到了清代，人们才固定用"战国"一词来称呼这个特定的时代。

　　这是从天下的视点来讨论统一，从尚未统一的角度来讨论"战国"这一时期。这点也是值得注意的。

第二章

周王朝的史实

从伐殷到克殷——《逸周书》与《史记》

《逸周书·世俘解》　　公元前 1023 年，周作为陕西一带的"大国"歼灭了与其接壤的河南"大国"商。

　　周灭商的历史，《史记》中有所记载；但是接下来要向大家介绍的是比《史记》更古老的记录，这就是成书于战国时代的《逸周书》。一般认为《逸周书》所收之事本为周人所做，而后被春秋时代的晋所继承，到了战国时代，被魏所继承（它与后文将提到的《竹书纪年》出土于同一墓葬）。

　　每当我们说到周克商时，大家总有一种感觉，好像周是一下子就把商给灭了。实际上周克商还是花了较长的一段时间的。周伐商（伐殷）至最终灭商（克殷），时间上还很有问题。这在《逸

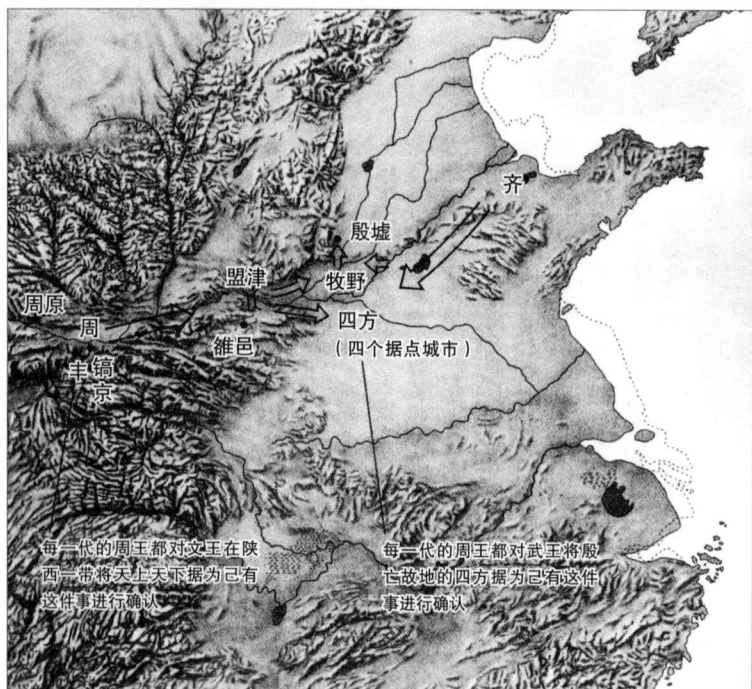

15 周灭商　商有四个据点都市，称为"四方"。周灭商，继承汉字。此后，周朝代代都言及对这个"四方"的领有权。周灭商时，获得了齐的帮助，携手东西夹击。周军从雒邑北部的盟津，横跨北部，在牧野之地大败商军

周书·世俘解》中是有记录的。

　　如果大家稍加注意，就能发现文章的开头有"四方"这个词语。而"四方"这个词后面紧接着是"通殷命有国（域）"（向奉殷之命而形成的地域〔的各国〕发出通告）。从中我们可以看出，"四方"并不是所谓的东西南北的方位词，而是从属于殷商的方国（诸侯国）。《逸周书》将具有代表性的四个诸侯国称为"四

方"。在西周时代的青铜器铭文中，古人提及武王伐纣时也会时不时出现征伐"四方"的话题。周人会用"率怀不廷方"（使不来朝贡的方国〔诸侯国〕臣服于自己）（出自西周晚期青铜器"毛公鼎"的铭文），或"亦则殷民"（使殷民服从于自己）（出自青铜器"师询簋"）的表达方式来进行记录。

下面介绍的文章稍稍偏长，而且文章的体裁也比较古老。不过我们可以通过它看到周灭殷过程中的一些具体史实。文章的开篇是对所述内容的简明阐释，接下来则是具体介绍事情的来龙去脉。

维（武王十二年〔前1023〕）四月乙未日，武王成辟，四方通殷命有国。

惟（原本武王九年的）一月丙辰旁生魄（既生霸。参考图16），若翼日丁巳，王乃步自于周，征伐商王纣（而一度撤回）。越若来（武王十一年〔前1024〕）二月既死魄（既死霸。意为月之盈缺，指下弦月之后的状态，据推算为庚申），越五日甲子朝，至，接于商。则咸刘商王纣，执天恶臣（谄媚奸臣）百人。

大公望命御方（殷之诸侯）来，丁卯，望至，告以馘、俘。戊辰，王遂御，循自祀文王。时日，王立政。吕他（人名）命伐越戏方（殷诸侯之一），壬申，荒新（诸侯）至，告以馘俘。侯来命伐靡集于陈。辛巳，（诸侯）至，告以馘俘。甲申，百弇以虎贲誓，命伐卫，告以馘、俘。辛亥，荐俘殷王鼎。武王乃翼矢珪、矢宪，告天宗（主）上帝。王不格服，格于庙，秉语治庶国，篇人（官名）九终。王烈祖自太王、太伯、王季、虞公、文王、邑考以列升，维告殷罪。篇人（官员）造，王秉黄钺（斧头）正国伯。壬子，王服衮衣（丧服），矢琰，格庙。篇人造，王秉黄钺正邦君。癸丑，荐殷俘王士百人。篇人造，王矢琰，秉黄钺，执戈。王奏庸大享一终，王拜手稽首（深深低头，手掌心向上，高举过头顶）。王定，奏其大享三终。甲寅，谒我殷于牧野。王佩赤白旃（旗的一种），篇人奏《武》，王入，进《万》献《明明》三终。乙卯，篇人奏《崇禹生开》（音乐名）三钟终，王定。庚子，陈本命伐磿，百韦（国之军）命伐宣方，新荒（国之军）命伐蜀。乙巳，陈本命新荒蜀磿至，告禽霍侯、俘艾佚侯小臣四十有六，禽御八百有三百两，告以馘俘。百韦至，告以禽宣方，禽御三十两，告以馘、俘。百韦命伐厉，告以馘、俘。武王狩，禽虎二十有二，猫二，糜五千二百三十五，犀十有二，氂七百二十有一，熊百五十有一，罴百一十有八，豕三百五十有二，貉十有八，麈十有六，麝五十，麋三十，鹿三千五百有八。武王遂征（殷之）四方，凡憝国九十有九国，馘魔亿有十万七千七百七十有九，俘人三亿万有二百三十。凡服国六百五十有二〔上文"九十九国"之后的数字为虚数，夸张之用〕。

时四月（前1024）既旁生魄（既生霸）越六日庚戌，武王朝至燎（一种祭祀礼仪）于周。维予沖子绥文。武王降自车，乃俾史佚（人名）繇书于天号。武王乃废于纣矢恶臣人百人，伐右厥甲小子鼎（等人）大师。伐厥四十夫家君鼎帅，司徒司马（官名）初厥于郊号。武王乃夹于南门用俘，皆施佩衣衣，先馘入。武王在祀，太师负商王纣悬首白旂，妻二首赤旂，乃以先馘入，燎于周庙。若翼日辛亥，祀于位，用籥（之乐）于天位。越五日乙卯，武王乃以庶祀馘于国周庙，翼予冲于，断牛六，断羊二。庶国乃竟，告于周庙曰："古朕闻文考（父）修商人典，以斩纣身，告于天、于稷。用小牲羊、犬、豕于百神水土，于誓社。"曰："惟予冲子绥文考，至于冲子，用牛于天、于稷五百有四，用小牲羊、豕于百神水土社二千七百有一。"商王纣于南郊。

时（武王于其十一年〔前 1024〕十二月戊午率军自盟津渡黄河后，公元前 1023 年的）甲子夕，商王纣取天智玉琰，璕身厚以自焚。凡厥有庶告焚玉四千。五日，武王乃俾于千人求之，四千庶则销，天智玉五在火中不销。凡天智玉，武王则宝与同。凡武王俘商旧玉亿有百万。（参黄怀信、张懋镕、田旭东撰《逸周书汇校集注》，上海古籍出版社，2007 年版）

以上文中所记载的内容多少有些夸张。如生祭俘虏共一亿一十万七千七百七十九人，俘虏共三亿一万二百三十人，臣服六百五十二国，或玉石数量多达一亿一百万个，这些数字都太夸大，不符合实际。

但是我们除去这些夸张部分，追溯事件的基本发展过程后，就能发现"甲子"之日出现了两次。每朝每代的史书都会时不时地提及周克商之事，而每次提及此事，必然会讨论"甲子"之日。如果翻查《史记》，我们会发现里面解释得好像事情只发生在某一天。然而，从上文我们能很清楚地看出这里有两个不同的"甲子"之日。如果我们误以为这两个"甲子"是同一天，则整个事件的长度就会缩短，给人的感觉从"伐殷"到"克殷"只是在很短的时间内完成的。

但实际上这两个"甲子"一个是武王十一年（前1024）三月的甲子，另一个是武王十一年十二月戊午之后（前1023）的甲子。在前一个时间点上，牧野之战还未发生，且同年四月武王也尚在周，而非他处。

其实如果我们仔仔细细地逐字逐句阅读《史记》的《周本纪》，我们就能准确理解整个事情发生的经过。《史记·周本纪》中记载"十一年（前1024）十二月戊午，师毕渡盟津（率军从盟津渡黄河）"。在这一时间点上，周王之军还未突击到殷的大本营。

《逸周书·克殷解》　　《逸周书》中亦有《克殷解》篇，如下所记，这篇的内容与之前介绍的《世俘解》内容为互补关系。不过《克殷解》对事情的发展有更详细的记载，在此向大家做个简单介绍。

　　周车三百五十乘陈于牧野，帝辛（纣王）从。武王使尚父（太公望）与伯夫致师。王既以虎贲戎车［从盟津横渡黄河］驰商师，商师大败。商辛（帝辛）奔内，登于廪台之上，屏遮而自燔于火。

　　武王乃手太白以麾诸侯，诸侯毕拜，遂揖之。商庶百姓，咸俟于郊。群宾佥进曰："上天降休。"再拜稽首。武王答拜，先入，适王所，乃克射之，三发而后下车，而击之以轻吕，斩之以黄钺（斧头）。折，县诸太白。适二女（一为妲己，一为婢妾）之所，乃既缢。王又射之三发，乃右击之以轻吕，斩之以玄钺（斧头），县诸小白。乃出场于厥军。及期，百夫荷素质之旗于王前；叔振奏拜假，又陈常车；周公把大钺（斧头）、召公把小钺以夹王。泰颠、闳夭，皆执轻吕以奏王，王入，即位于社太卒之左。群臣毕从。毛叔郑奉明水，卫叔傅礼。召公奭赞采，师尚父牵牲。尹逸筴曰："殷末孙受，德迷先成汤之明，侮灭神祇不祀，昏暴商邑百姓，其彰显闻于昊天上帝。"周公再拜稽首，乃出。立王子武庚，命管叔相。乃命召公，释箕子之囚，命毕公、卫叔出百姓之囚。乃命南宫忽振鹿台之财、巨桥之粟；乃命南宫百达、史佚迁九鼎三巫；乃命闳夭封比干之墓。乃命宗祀崇宾，飨祷之于军。乃班。（参黄怀信、张懋镕、田旭东撰《逸周书汇校集注》，上海古籍出版社，2007年版）

　　根据《世俘解》记载，武王十一年（前1024）布阵于牧野的军队接受了武王的检阅，其后周军为了压制商的四方国花了一些时间。在这段时间内，武王一度返回都城，之后再回到牧野。《克殷解》中记录的就是这之后的事情。

武王第二次来到牧野后，商军溃如决堤，商纣王也引火自焚。

《世俘解》中记录了武王祈祷希望能将商纣王首级悬挂于白旗，将其妻二人首级悬挂于赤旗。《克殷解》中武王的这一祈愿变成了现实。

《史记·周本纪》中的克殷记录

《逸周书·世俘解》记录中的"时甲子夕商王纣自焚"一事在《史记·周本纪》中也有记载。但是这一记载中有容易招致误解的部分。前文所述"甲子"的相关部分就是其中之一。以前查阅历史，我们大都参考《周本纪》，所以在此也为大家做一下介绍。

①二月甲子昧爽，武王朝至于商郊牧野，乃誓。武王左杖黄钺，右秉白旄，以麾。曰："远矣西土之人！"武王曰："嗟！我有国冢君，司徒、司马、司空，亚旅、师氏，千夫长、百夫长，及庸、蜀、羌、髳、微、纑、彭、濮人，称尔戈，比尔干，立尔矛，予其誓。"王曰："古人有言'牝鸡无晨。牝鸡之晨，惟家之索'。今殷王纣维妇人言是用，自弃其先祖肆祀不答，昏弃其家国，遗其王父母弟不用，乃维四方之多罪逋逃是

崇是长，是信是使，俾暴虐于百姓，以奸轨于商国。今予发维
共行天之罚。今日之事，不过六步七步，乃止齐焉，夫子勉哉！
不过于四伐五伐六伐七伐，乃止齐焉，勉哉夫子！尚桓桓，如
虎如罴，如豺如离，于商郊，不御克奔，以役西土，勉哉夫
子！尔所不勉，其于尔身有戮。"

　　②誓已，诸侯兵会者车四千乘，陈师牧野。

　　③帝纣闻武王来，亦发兵七十万人距武王。武王使师尚父
与百夫致师，以大卒驰帝纣师。

　　④纣师虽众，皆无战之心，心欲武王亟入。纣师皆倒兵
以战，以开武王。武王驰之，纣兵皆崩畔纣。纣走，反入登
于鹿台之上，蒙衣其殊玉，自燔于火而死。武王持大白旗以麾
诸侯，诸侯毕拜武王，武王乃揖诸侯，诸侯毕从。武王至商
国，商国百姓咸待于郊。于是武王使群臣告语商百姓曰："上天
降休！"商人皆再拜稽首，武王亦答拜。遂入，至纣死所。武
王自射之，三发而后下车，以轻剑击之，以黄钺斩纣头，县大
白之旗。已而至纣之嬖妾二女，二女皆经自杀。武王又射三发，
击以剑，斩以玄钺，县其头小白之旗。武王已乃出复军。（参司
马迁撰《史记·周本纪》，中华书局，1982 年版）

　　对于上文的①和②，我们可以对照《世俘解》来理解。对于
③和④，则可以对照《克殷解》来理解。不过，如果我们对④中
的"武王驰之，纣兵皆崩畔纣"这部分理解有误，则这时的"武

王驰之"就变成了①中所述内容了。所以我们也可以将①和④理解为与《克殷解》所述事实相同，而②和③则是与《世俘解》所及内容相同。

这是因为在《史记·周本纪》中只出现过一个"甲子"。

《史记》的文章是用汉代的语言重述历史而成，相对简单易懂。其语言的简易性本身是非常值得欢迎的。然而，如上文所述，其中到处都是一些如果我们不睁大眼睛仔细阅读就会产生误解的事实。因此我们才需要先阅读早于《史记》而成书的《逸周书》的《世俘解》和《克殷解》，充分理解事情发展的来龙去脉后再阅读《史记·周本纪》以为参考。

但史书自有的后世性是个无法解决的问题，所以我们通过史书来解释历史的时候必须非常慎重。因此为了慎重行事，在阅读研究《周本纪》之前，我们还必须先研究其他相关史料。

顺便一提，在《史记》的记录中，我们还能看到一些在《逸周书》的《世俘解》与《克殷解》中看不到的语句。这就是周的大本营被称为"西土"的部分。这种认识应该形成于周的"东迁"，即迁入中原地区之后。这种认识也得到了汉王朝的继承与认同。而当时周王朝自其大本营陕西一带出发灭了东面的商。周在刚刚给商王朝画上句号时就自称陕西一带大本营为"西土"，这的确是件神奇的事情。

另一方面，《逸周书·世俘解》中有"（武王九年）惟一月丙辰，旁生魄（既生霸）"。我引文中"王乃步自于周，征伐商王纣

（而一度撤回）"，括号中的内容为作者补充的部分，原文中并未写明。这一部分在前面的引文中并未出现，但《史记》中有很长的一段记录："九年，武王上祭于毕。东观兵，至于盟津。为文王木主，载以车，中军。……乃还师归。"这里明确写出了"（武王）九年"。而上述《逸周书·世俘解》引文中参考了《史记》的这段，加注了"原本武王九年的"。原文则是开门见山地写了"一月丙辰旁生魄"而已。在有问题的部分之后记录的是武王十一年的事情。"一月丙辰旁生魄"这一天象，就我所知是不可能出现在武王十一年的。于是我们顺藤摸瓜，发现武王九年（前 1026）才有这一天象。因此我在《逸周书·世俘解》的引文中加注了"武王九年"。于是，我就明白了《世俘解》中所记之事就是《史记》中所述的"武王九年"之事。关于我所知的天象问题，接下来会在介绍西周王朝历代君王在位年代时做进一步详细的介绍。

综上所述，《史记》中也有些可以弥补《逸周书》不足的地方。所以说，早于《史记》的史书不是只有《逸周书》而已。《史记》仍然为我们提供了许多宝贵的历史记载，只是《史记》中哪些记录原原本本地保留了自古以来的历史真相，哪些是《史记》编者杜撰的"事实"，很多时候我们仅看《史记》一书是很难做出判断的。正因如此，我们才需要把《逸周书》这种公认（我们可以从天象方面的相关联系与文章表达方式来进行判断）的古书与《史记》做比较研究才行。

关于西周王朝起源与灭亡的传说

周的祖先传说　　　　　　哪些是自古传承下来的说法，哪些又是后人加入的新内容？这个问题也存在于周王朝的祖先传说中。

周的祖先传说在《史记·周本纪》的开篇就有所记载。关于这篇文章，相信许多读者都看过，下面就做一简单介绍。

下文中殷商的祖先传说与鸟卵相关，而周的祖先传说则与巨人相关。《史记·周本纪》开篇如是记载：

　　周后稷，名弃。其母有邰氏女，曰姜原。姜原为帝喾元妃。姜原出野，见巨人迹，心忻然说，欲践之，践之而身动如孕者。居期而生子，以为不祥，弃之隘巷，马牛过者皆辟不践；徙置之林中，适会山林多人，迁之；而弃渠中冰上，飞鸟以其翼覆荐之。姜原以为神，遂收养长之。初欲弃之，因名曰弃。弃为儿时，屹如巨人之志。其游戏，好种树麻、菽，麻、菽美。及为成人，遂好耕农，相地之宜，宜谷者稼穑焉，民皆法则之。帝尧闻之，举弃为农师，天下得其利，有功。帝舜曰："弃，黎民始饥，尔后稷播时百谷。"封弃于邰，号曰后稷，别姓姬氏。

这段文字的最后是"别姓姬氏"，而我们知道所有人是到战国时代才都拥有属于自己的氏，春秋时代首领拥有自己的姓。随着城市之间人口流动加剧，使用汉字的人口也不断增多，到春秋中期以后逐渐产生了氏。在周的时代，氏还没有出现。因此这部分描述肯定不是自古传承下来的说法。此外，那些先于夏王朝时代的帝王传说皆是战国时代以后才出现的。这些帝王的相关事迹也不是自古传承下来的。

接下来谈谈"姓"与"氏"的问题。在汉字不断传播的过程中，城市国家的首领称为侯。人们用来称呼这些首领的就是"姓"。同姓诸侯被看做是同族人。比如被看做与周同族的诸侯（我们先不管他们是否真是同族）都被称为"姬"。

铁器的普及给春秋战国时代带来了空前的社会变动。耕地激增，城市数量也急剧上升。城市之间的人口流动日益频繁，形成了一种与传统人际联系方式不同的新秩序。城市里聚集了不同出身的人，这些人将各自的出身称为氏。氏在城市居民之间越传越广，最后所有人都有了自己的氏。

正因如此，将姬氏说成姓，这种说明方法本身就是姓与氏已经没有区别、混为一谈的时代的产物。这应该是周朝以来的诸侯灭亡以后的事了，估计是汉代以后才有的说明方法了。

当我们将这些后世加入的部分剔除干净后，剩下的就只有周的祖先受精于巨人这点，以及周的祖先具有与生俱来的神性并掌管农业这点了。这些内容很有可能是自古传承下来的。

褒姒的传说

后稷的母亲踩到巨人足迹，于是生了后稷。但是后稷刚出生时，据说被认为是不祥之物。有一个与这个不祥相关的传说据说跟西周的灭亡有关。这段记载也是脍炙人口的故事，相信很多人都知道，下面做一下简单的介绍。

公元前781年，幽王即位。幽王宠爱褒姒，生了伯服。周幽王打算废太子而立伯服。于是祸起萧墙，引发了内乱。人们都认为内乱是因褒姒而起。关于褒姒，有以下这样一段传说，记录于《史记·周本纪》。

昔自夏后氏（夏王朝一族）之衰也，有二神龙止于夏帝庭而言曰："余，褒之二君。"夏帝卜杀之与去之与止之，莫吉。卜请其漦而藏之，乃吉。于是布币而策告之，龙亡而漦在，椟而去之。夏亡，传此器殷。殷亡，又传此器周。比三代，莫敢发之，至厉王之末，发而观之。漦流于庭，不可除。厉王使妇人裸而譟之。漦化为玄鼋，以入王后宫。后宫之童妾既龀而遭之，既笄而孕，无夫而生子，惧而弃之。宣王之时童女谣曰："檿弧箕服，实亡周国。"于是宣王闻之，有夫妇卖是器者，宣王使执而戮之。逃于道，而见乡者后宫童妾所弃妖子出于路者，闻其夜啼，哀而收之，夫妇遂亡，奔于褒。褒人有罪，请入童妾所弃女子者于王以赎罪。弃女子出于褒，是为褒姒。当幽王三年，王之后宫见而爱之，生子伯服。

同样都是弃婴，但男婴后稷成了周王朝的开朝始祖，女婴褒姒却成了导致西周灭亡的妖妇。

自古红颜多祸水，美女成了亡国的罪魁祸首。类似的还有商纣（帝辛）宠爱妲己的传说。《尚书·牧誓》中有批判纣王的内容，如"惟妇言是用"。《左传》中也有晋叔向欲娶美女为妻却遭遇其母阻拦一事（昭公二十八年）。晋叔向想娶的那个美女曾经害死了三位夫君、一位国君、一个小孩。

这里我并不是想谈论男女关系发展的各个时期，只是想说我们将男女关系与亡国联系在一起讨论，其前提是君主的权力发展到了足够强大的阶段。这一时期通常认为是战国时代。

看来褒姒的传说也是比较新的东西了。

说到新，我们不得不注意这个传说中出现了两条龙。关于这两条龙的故事，我们将在后文进行介绍。因为这两条龙与汉王朝开国皇帝刘邦有着某种联系。这就是刘邦之母刘媪的祖先刘累的故事。

龙的漦（涎沫）没有完好存于箱中传到汉代，因为周厉王打开了它。所以事情就很奇怪了。与龙扯上关系的应该是汉高祖刘邦（此后汉王朝日益兴旺繁荣），而非周厉王（此后周王朝日益衰敝）。这一汉代的主张可在此窥见一斑。

周公与共和

被理想化的人物与制度 追溯历史，我们会发现即使对于因社会形态迥异而产生的不同王朝，人们都能将这一王朝理想化来为己所用。持续到战国时代的周王朝对于战国时代的诸国而言，无疑是各国想直接继承其权威的对象，同时也是各国希望扳倒其权威的对象。

说到打倒周王朝的理由，各国只要搬出世道衰敝这个理由即可。但是若是说到继承其权威，各国就不得不摆出证据来证明周王朝是如何具有这个权威的。为了达到这个目的，就需要被理想化的人物与制度，并将其置于周王朝的发端之时与中兴之年。各国需要的设定是周王朝一度衰敝而复中兴，但最终逃脱不了国运日下的命运。

战国时代各国打着各自的算盘，因此它们推崇周王朝的形式也各不相同。有的国家推崇周王朝的开国之际，而其他国家则极力鼓吹周王朝的中兴之年。

战国时代的知识分子最后奉为经典的是周公旦的摄政时期，也是共和摄政时期。构成社会结构的基本关系从"大国"与"小国"之关系转型为领土国家的中央与地方之关系后，位于中央权力顶点的王权继承问题也被重新书写。这时王位继承权的判断标准不再是单一的血脉关系。由于这时许多成为王者的人直到春秋时代都还是一国的下臣，因此他们就需要一些更具有革命性的理论。所谓摄政，原本是指某一集团的长老遵从王的血缘集团的邀请，辅佐王及其一族。然而在具有革命性的理论中，摄政需要判断登基伊始的王者是否有德以治其国。因为有德，王才能在位执政，而非依靠血缘关系取得王位。

汉王朝也由于其奉为开国始祖的刘邦为庶民出身，所以与摄政时期相关的话题被大肆利用。

据《史记·周本纪》记载，周武王死后，由于成王年幼，周公旦开始摄政。时逢殷之余党叛乱，周公旦将之镇压。成王成人后，周公还政于成王。成王尚未长大之时，由周公旦与召公奭共同辅佐成王。

其后，到了周厉王的时代。周厉王暴虐无比，因此诸侯联合起来驱逐了周厉王，立其子为太子，让召公（召公奭的子孙）与周公（周公旦的子孙）共同辅佐之。召公与周公共同执政，故号"共和"。这是《史记·周本纪》中的记载。

以上内容为汉代的说明。正如前文所述，这一说明中被认为加入了一些原本并非事实的东西。但问题并不仅限于此，因为这个对"共和"的解释与战国时代史书所记内容相互矛盾。

据战国时代魏国编年体史书《竹书纪年》记载，所谓共和，实际是人名，是一个叫做"共伯和"的人。厉王被驱逐后，执掌朝政的人正是他。

在西周时代的青铜器铭文中，我们也能找出这个人的名字。

共伯和在金文中记录为"子龢父"（龢 = 和）。《史记》记述为谬误，而《竹书纪年》所传所述才是正确的。

战国时代各国的说明比较零碎，但我们也能从若干制度的利用状况看出周宣王时期被认为是理想的时代。而剥去这一理想化的外衣，我们看清了事实，即曾经有个叫共伯和的人物存在。

金文研究表明，共伯和执掌朝政的年代只有"元年"。因为不久以后周王朝恢复了被驱逐的周厉王的年号。这段时间，周宣王长大成人，周厉王被置于隐退状态下。因此这时仅仅恢复了周厉王的年号而已。

摄政时期的象征：后世所推崇的"成"与"宣" 应支撑周王朝的一族之邀请，武王去世后，由周公旦摄政，周厉王被驱逐后由共伯和摄政。这一事实改头换面成了另一种说法。即摄政是为了养育年幼君主，并判断其是否具有君王之德行。

在这一说法的变化过程中，为了证明战国时代诸国之王具有正统性的"形式"也逐步形成。周王朝本身与此却无丝毫关系。

然而由于这个"形式"的关系，周公旦被奉为圣人，共伯和的时代也为人们所称道。对此，我们不能将其作为史实来加以论述，而是应当将其置于战国时代人们的理论构造中去讨论。

首位在战国时代称王的国家是魏。魏国创造了一种"形式"，即模仿成王在周公旦辅佐之下即位。即便是现在，那些效仿古人名号的事情也屡见不鲜。作为战国时代的知识分子，他们认为周武王克商，周王朝的奠基人武王之父文王和将周治理得国泰民安的周公旦都是特别的存在。而蒙受周公养育之恩登基为王的成王更是特别的存在。因此魏国便效仿文王、武王、成王与周公的"形式"，产生了魏文侯、武侯，及后嗣的惠成王。

也许文侯、武侯仅仅是想模仿周王朝的开国之君文王、武王的名字而已。但是，其后的魏侯在作为诸侯即位后，便开始效仿上文的文王、武王、成王的"形式"了。当时，周王和诸侯都有许多名号。例如，如果既是惠侯又是成侯，便合称为惠成侯。诸侯在其为数众多的名号中选用了"成"，又创造出"被养育成王"的"形式"。如此一来，原本作为侯即位的人到了中途忽然就变成了"王"。这就是惠成王（惠王加成王）。

这种"形式"强调一点，即周"文王"、"武王"之权威由"成王"继承。于是在此基础上就出现了一种论调，即魏的惠成王继承了周的权威。

紧随魏王之后的是齐。宣威王（威王加宣王）继承了桓武厉公（桓公加武公加厉公）之位。这是模仿周宣王继承周厉王的王位，才起了相似的名字。

魏抢先创造了这样一种好用的"形式"。为了与之对抗，其他诸侯国也绞尽脑汁创造出另一种"形式"。为此春秋时代的五霸之一齐桓公被推上神坛，而他的"战国版"则是战国时代的桓公（桓武厉公）。桓武厉公之子以诸侯（公）身份即位后摇身一变成了"宣王"。这就是齐国创造出来的新"形式"。

此后各国之王皆用"成"、"宣"的王号来称建国之君。也有模仿得露骨的人直接效仿"文王"、"武王",用"文""武"称之。

就像这样,战国时代出于各国的需要,周王朝的王名就这么被人随意地模仿使用了。其结果就导致周王朝原本清楚的史实变得晦涩模糊。于是历史记载就变了,周公旦的子孙周公与召公奭的子孙召公共同摄政的时期就成了共和时期。《史记》里面记载的就是这样的内容。

这虽然不是事实,但却堂而皇之地成了我们古典修养的基础中的基础。也正因如此,到了近代才出现"共和国"一词,而这个词语中所包含的是历代知识分子论及周王朝时的理想。

金文中的西周时代

西周金文的月相　　　　前文讲了从战国时代到汉代人们所论及的"形式",但实际上西周时代拥有与之不同的历史。这也是毋庸置疑的。

为我们解开西周时代历史神秘面纱的重要材料就是金文(青铜器铭文)。

如果认真研究金文中某些具有特点的记述内容,我们就能还原西周王朝历代君王的确切年代。关于历法,我们回溯历史便能清楚它从原始到发达的演变过程。西周时代的历法从某种程度而言已经相当发达，不过跟后来的历法相比还是很原始的。这点我们接下来会具体说明。

众所周知，二十四节气是划分季节的重要标志。冬至、立春之类的词语至今仍是人们的话题。如果月亮圆缺十二次正好是太阳历的一年，那么说一年十二个月应该没有什么问题；但实则不然。月亮圆缺十二次的周期与太阳历的一年相比，还差11天，所以如果按照阴历计算，即以月亮圆缺为标准制定的历法而言，每年的阴历一月一日在太阳历上的日子并不是固定的。

正因为阴历与阳历并不完全吻合，我们就不能用阴历的几月几日来作为划分季节的标志。然而二十四节气却不同。它从冬至开始计算，正好可以把太阳历的一年二十四等分。所以只要知道二十四节气，管他阴历是几月几日，我们都能保证每年以相同的标准来了解季节的变化。

古人使用二十四节气，最早是从战国时代开始的。

在这之前，人们使用的历法是类似二十四节气的历法。因为是类似二十四节气的历史，所以当更为准确的二十四节气出现后，这种历法便渐渐退出了历史舞台。

这种旧的方法就是以月亮圆缺周期为一个月，将一个月分为四段，每段时间为七至八天。人们可以计算经过了多少个七至八天的时间段，将其作为标准来划分季节。当正南方的太阳降至最低点时，冬至来临。古人从新石器时代起便开始将这一天作为历法计算的起点。人们以冬至为起点，将每个月四分，每段为七

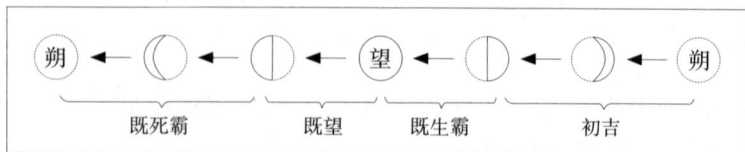

朔 ← (月相图) ← (月相图) ← 望 ← (月相图) ← (月相图) ← 朔

既死霸 　　 既望 　　 既生霸 　　 初吉

16 将月亮的盈缺四等分　月亮完成 12 次阴晴圆缺要花一年时间（从冬至到次年冬至），但准确而言要少 11 天左右、不足一年。正是这 11 天之差，使得月亮圆缺与季节变换的关系无法确定下来。于是周人想到了一个方法，将一个月分成四段，每段单位期间为 7—8 天，用这个单位期间的日数与月数来调整季节的。他们将朔日到下一个朔日的时间分为初吉、既生霸、既望、既死霸。由于这个方法主要是用来调整季节，因此当更为准确的二十四节气历法出现后便退出了历史舞台。而朔与望（满月）所涉及的问题是某个特定的日期（定点），因此继续沿用

至八天，然后计算经过多少个这样的时间段（大概计算经过几个月与几个时间段），以此计时。

将每月四分，每段为七至八天，这种方法所表现的是月亮的四种状态。到第一个半月出现为止是"初吉"，此后是"既生霸"，然后是"既望"，最后是"既死霸"。这种变化一言以蔽之曰"月相"。

关于西周时代的"月相"，还有与上文不同的说法。但是这种不同的说法不能准确解释月相因何而生，又为何在二十四节气出现后退出了历史舞台（也不知道将来能不能给出个让人信服的解释）。此外，研究表明在西周时代以前，商王朝的时代，商朝末期帝乙、帝辛的时代留下了许多有利于复原旧时历法的祭祀活动的记录。如果我们收集这些祭祀活动记录，将其与现实历法日历进行对照，就必须把这一结果与另一结果对照进行比较，看看时间是否吻合。这另一个结果就是将收集到的西周时期的月相

记录与日历相对照的结果。根据与本书相异的说法，我们找不到这种一致性（至于将来能否找到，还真是说不清楚），而且我们也无法将商朝末期的材料与历法日期相对照（至于将来是否能对得上也不好说）。由于现状如此，接下来介绍月相之说，就不再对这一异说另行赘述了。

周王的在位年份　　月相中有满月或新月（上弦月）等表示月亮特定形状（特定时间点）的说法。"初吉""既生霸""既望""既死霸"是一个月的四个时间段，因此并不表示某个特定的时间点。所谓的月相——"初吉""既生霸""既望""既死霸"（将每月四分）与望（满月）、朔等特定的时间点（月亮特定的形状）相比，原本各自的作用就不同，在历法计算上也各司其职。

如果再次重复前文，那就是"初吉""既生霸""既望""既死霸"所强调的并非月亮的形状，它的作用是将每个月分成四段，通过计算段数来划分季节，是一个标准。与此相对，望（满月）、朏（上弦月）、朔等特定时间点的第一要务则是表示月亮的形状。

因此，当出现二十四节气这种更为准确的季节划分标准后，"初吉""既生霸""既望""既死霸"便退出了历史舞台，而扮演不同角色的望（满月）、朏（上弦月）、朔等特定时间点仍然继续沿用。

前文已经介绍过月亮的盈缺与太阳历一年的对应关系每年都不同。我们对这种关系加以利用，适当地对比君王在位的年份、月相、日干支，就可以重筑西周时代的日历，并确定西周时代历代君王在位时间对应的是公历的公元前哪一年了。

阴历与阳历的对应关系年年相异，加之需要研究的对象是君王的在位年份、月相、日干支三者的结合体，因此日期的对照条件非常苛刻，绝不能随意排列对照。实际排列对照后便知道，如果我们什么都不考虑就胡乱排列一通，则必然会中途卡住，面对剩下的资料只能束手无策。

不过我很幸运地将手中的所有资料都用得干干净净，成功地确定了西周历代君王的在位年份。

现在周朝君王级别的墓葬不断出土，考古学家对出土文物的研究也不断深入。我的假说自发表以来已经历十年时间。这十年间，考古学不断有新的发现，而我的理论也不断吸收这些新发现，一直发展到现在。在不断总结这些新发现的过程中，我的研究结果将经受时间的考验。我的假说或得以证明，成为定论；或对部分内容进行修正；或对更多的部分进行修正。

根据我目前的研究结果，加上东迁时期的携王与平王，西周诸王的在位年份如下所示。

文王（公元前 1058 年—公元前 1034 年）

武王（公元前 1034 年—公元前 1022 年）

周公（公元前 1022 年—公元前 1010 年）

成王（公元前 1009 年—公元前 1002 年）

康王（公元前 1002 年—公元前 993 年）

昭王（公元前 993 年—公元前 985 年）

穆王（公元前 985 年—公元前 940 年）

共王（公元前 940 年—公元前 903 年）

懿王（公元前 903 年—公元前 876 年）

孝王（公元前 876 年—公元前 863 年）

夷王（公元前 863 年—公元前 854 年）

厉王（公元前 854 年—公元前 827 年）

共伯和元年（公元前 841 年）

宣王（公元前 826 年—公元前 781 年）

幽王（公元前 781 年—公元前 772 年）

携王（公元前 772 年—公元前 759 年）

平王（公元前 770 年—公元前 720 年）

这个世系排列顺序也正好与下文将提及的《逸周书·小开解》中文王三十五年正月丙子的满月等记录相吻合。对见于《逸周书·世俘解》和《克殷解》的日期，我们也可以确定那是发生在公元前 1026 年、公元前 1024 年及公元前 1023 年的事。

我们也知道在西周时代以前，商朝末期帝乙、帝辛的时代留下了许多有利于复原旧时历法的祭祀活动记录。我收集商代末期的资料，并与现实的历法相对照，不仅提出了包容性最大的排列方式，也成功地使之与上述诸王在位时间的排列相吻合。

西周的灭亡　　　我们已经介绍过周幽王之后褒姒。在前文中，褒姒是个导致西周灭亡的罪恶妖妇。关于褒姒，除了已经介绍的传说之外，还有下面的这些传说。这是《史记·周本纪》所记录的内容。

　　幽王二年，西周三川皆震。伯阳甫曰："周将亡矣。夫天地之气，不失其序；若过其序，民乱之也。阳伏而不能出，阴迫而不能蒸，于是有地震。今三川实震，是阳失其所而填阴也。阳失而在阴，原必塞；原塞，国必亡。夫水土演而民用也。土无所演，民乏财用，不亡何待！昔伊、洛竭而夏亡，河竭而商亡。今周德若二代之季矣，其川原又塞，塞必竭。夫国必依山川，山崩川竭，亡国之征也。川竭必山崩。若国亡不过十年，数之纪也。天之所弃，不过其纪。"是岁也，三川竭，岐山崩。

　　三年，幽王嬖爱褒姒。褒姒生子伯服，幽王欲废太子。太子母申侯女，而为后。后幽王得褒姒，爱之，欲废申后，并去太子宜臼，以褒姒为后，以伯服为太子。周太史伯阳读史记曰："周亡矣。"

　　……当幽王三年，王之后宫见而爱之，生子伯服，竟废申后及太子，以褒姒为后，伯服为太子。太史伯阳曰："祸成矣，无可奈何！"

　　褒姒不好笑，幽王欲其笑万方，故不笑。幽王为烽燧大鼓，有寇至则举烽火。诸侯悉至，至而无寇，褒姒乃大笑。幽王说之，为数举烽火。其后不信，诸侯益亦不至。

　　幽王以虢石父为卿，用事，国人皆怨。石父为人佞巧善谀好利，王用之。又废申后，去太子也。申侯怒，与缯、西夷犬戎攻幽王。幽王举烽火征兵，兵莫至。遂杀幽王骊山下，虏褒姒，尽取周赂而去。于是诸侯乃即申侯而共立故幽王太子宜臼，是为平王，以奉周祀。平王立，东迁于雒邑，辟戎寇。

　　我想西周的诸侯不至于那么单纯吧，光凭这区区烽火戏诸侯恐怕不可能如此轻易地点燃他们心中的愤怒之火。事实上，这段文字是有人为了诋毁周王朝而精心设计的。

　　那么事情的真相到底如何？有些资料可以帮我们揭开谜底，那就是前文提到过的《竹书纪年》。这本编年体史书所记之事与按照金文所记载的周王在位年份、月相、日干支排列出的时间完全吻合，而且就连日食的记录也收录其中。

　　《竹书纪年》这个值得信任的编年体史书中所记载的关于褒姒，或褒姒作为皇后所侍奉的幽王被杀的事件，以及平王即位于洛阳之地的来龙去脉都如下所记。

　　《汲冢竹书纪年》:（褒姒之子伯盘）与幽王俱死于戏。先是，申侯、鲁侯及许文公立平王于申，以本大子，故称天王。幽王既死，而虢公翰又立王子余臣于携。周二王并立。（参方

诗铭、王修龄《古本竹书纪年辑证》，上海古籍出版社，1981年2月第1版）

《史记》中所记载的是"东迁"，即平王将王都迁至东边的洛雒（洛阳）。但历史的真相却是王都镐京的携王与雒邑的平王平分天下，二王并立。

名为"东迁"的分裂时期的历史发展

携王的纪年是以公元前772年为元年，平王的纪年则是以公元前770年为元年。如果我们对金文所记的日期进行考证，则会发现这两位周王的纪年都出现在其中。通过金文，我们就能大致还原分裂时期历史发展的全貌。

在名为"兮甲盘"的青铜器上记载了"佳五年三月既死霸庚申"这一日期，这大概是公元前766年的平王五年。

这篇铭文记载了平王的势力为了与西面抗衡、需要进行物资的周转，于是平王要求淮夷一带支援物资、并向诸侯发出呼吁的事情。

佳（唯）五年三月既死霸庚寅，王初各伐允（玁狁）于（余吾），兮甲从王，折首执讯，休亡敃（愍），王易（赐）兮甲马四匹、驹车，王令甲政（征）司（治）成周四方责（积）至于南淮夷，淮夷旧我帛晦（贿）人，毋敢不出其帛、其责

（积）、其进人其贾，毋敢
不即次即市，敢不用命，
则即刑扑伐，其佳我诸
侯、百姓，厥贾，毋不即
市，毋敢或（又）入蛮宄
贾，则亦刑。兮伯吉父作
盘，其页（眉）寿万年无
疆（疆），子子孙孙永宝
用。（参中国社会科学院

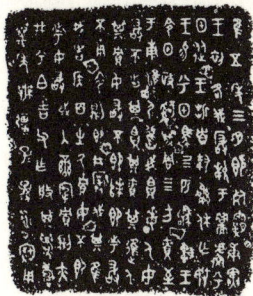

17 兮甲盘与其铭文（出自《图说中国历史》）

考古研究所编辑《殷周金
文集成释文》第一卷，香港中文大学中国文化研究所，2001
年，编号 10174）

虢季氏子组盘中的记录则使用了与东之平王敌对的西之携王
的纪年。如下所记：

　　佳（携王）十又一年正月，初吉乙亥（公元前 762 年二月
七日癸酉朔月第三日），虢季子组乍宝盘。子子孙孙，万年无
疆。

这段内容很简单，只记录了子组做了个青铜器。但是如果我
们将它与下面的青铜器的铭文进行对照，非常有趣的历史真相就

地图标注：
- 灭周携王的中心人物
- 晋（文侯）
- 宗周 小虢
- ［镐京］［虢季氏］
- （携王）
- 虢 成周
- ［雒邑］
- （平王）
- 四方
- 南淮夷
- 虢氏一族的动向左右了东西周的命运

18 周王朝的分裂——所谓东迁的历史发展过程．公元前772年，携王于王都镐京即位后，反对其即位的诸侯便于公元前770年在陪都雒邑拥立平王即位。在东西周对立的局势下，扮演着决定性角色的就是虢氏。虢氏一族中的虢季氏最初拥护携王，但后来倒戈拥护平王。此后局势变得有利于平王，平王凭压倒性优势打败了携王。兮甲盘的铭文中记载了平王为对抗携王，下令各国支援战争用的物资。成周（雒邑）的"四方"之外有个南淮夷。这个"四方"就是形成于商朝的"四方"（以四个主要城市来表示的地区）

会浮出水面。

这个青铜器就是虢季子白盘。该青铜器铭文如下所记：

佳（唯）十又二年正月初吉丁亥（公元前759年二月三日乙酉朔月第三日），虢季子白乍（作）宝盘，不（丕）显子白，壮于戎工，经维四方。搏伐严犹（原本为外族名称，现指代携王势力），于洛之阳。折首五百，执讯五十，是以先行。超超子白，献馘于王。王孔加子白义，王各周庙，宣廟爰乡。王曰"白父，孔□又光"。王赐乘马，是用左王。赐用弓，彤矢其央；赐用戊，用政蛮方。子子孙孙，万年无疆。

　　虢季氏子组的铭文提及的时间是携王十一年（前762），虢季（氏）子白的铭文中提及的时间为平王十二年（前759年）。子组与子白同为虢季一族。从文献可知，虢之一族分为宗家与旁支。旁支在文献中为"小虢"。虢季氏子组盘与虢季子白盘中所记载的"虢季"就是这个文献中所见之小虢。

　　虢的宗家一系与旁支一系的地理及政治关系从图18可知，它们位于西周（宗周镐京）与东周（成周雒邑）之间。根据《竹书纪年》的记载，拥戴平王的是申侯、鲁侯与许文公，而拥戴携王的是虢公翰。公元前762年，虢季氏的子组使用携王纪年的原因也正是如此。然而到公元前759年，虢季的子白却用了平王的纪年"十二年"。这说明虢季氏一族倒戈投奔了平王。

　　这一年，也就是平王十二年（前759），东周平王歼灭了西周携王。参看图18我们就能知晓，对于虢氏一族的倒戈，西周是无可奈何的。加上携王本身就是由于虢的拥戴而登上王位的。所以虢氏一族一旦倒戈，西周也就回天乏术，走向了灭亡之路。

　　通过将兮甲盘、虢季氏子组盘、虢季子白盘的铭文相互对照研究，我们才终于弄清楚平王与携王的关系，发现了历史的真相。

与此相对，大家熟悉的《史记》中并没有明确告诉我们周王朝东西分裂的历史具体是如何发展的。此外，由于上述青铜器的排序有误，被归入了其他年代，所以无法发现它们之间的联系。

以上所述的西周王朝与《史记》所载内容出入很大，而同样的情况也发生在被西周取代的商王朝上。

《史记》中也有关于"虚幻的"夏王朝的相关记录。而夏王朝是否真实存在至今还没有定论。关于商王朝与周王朝，有很多甲骨文和金文（青铜器铭文）这类同时代的史料可供参考。但关于夏王朝，目前还没法指望有这样的史料出现，自然而然地我们就只能在《史记》之类的史书中寻找历史事实的痕迹。至于那里等待我们的是怎样的陷阱，接下来，我们将尝试进行一些讨论。

第三章

"华夏"的源流与夏商周三代

韩的神话

文化地域中的夏商周三代

战国时代，中原到山西的土地上有韩、魏、赵三国。这些国家都是由春秋时代晋分裂而成，三家分晋后不断扩张各自疆土，在这片土地上形成了三国鼎立的状态（参考图1"春秋列国图"和图2"战国诸国图"）。春秋时代，晋是山西汾水流域的大国，后来扩张到了河南大国周的附近。包围着周的土地就是韩的领土。

中原地区是新石器时代以来的文化地域之一。韩、魏、赵三国在这一文化地域中努力试图将自己的历史跟夏王朝、商王朝以及从陕西入主中原的周王朝联系起来。

在汉王朝的史书中，汉人将夏王朝、商王朝、周王朝看做天

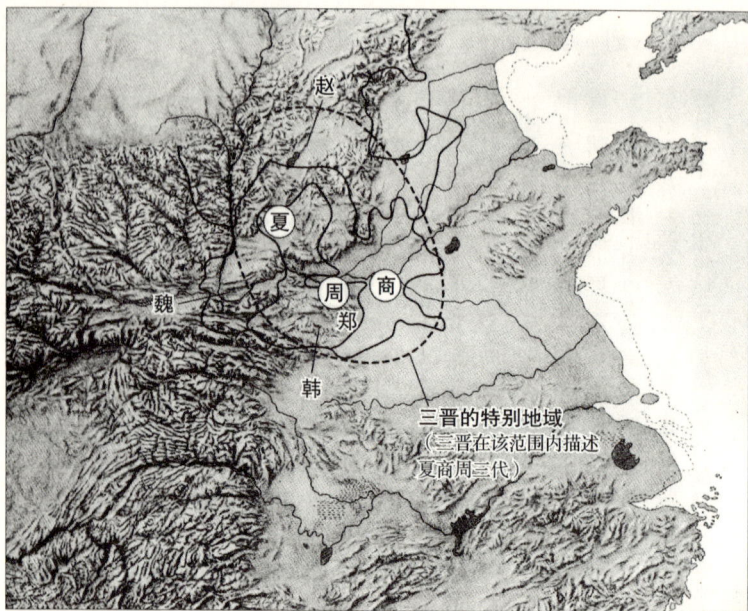

19 夏、商、周三代与三晋　三晋（韩、魏、赵）由春秋时代的晋国三分而成。图中国境线是公元前350年左右之物，摘自谭其骧的《中国历史地图集》第一册。当时春秋时代晋的势力范围被看做特别地域，三晋便是在这个特别地域的范围内来给夏王朝、商王朝、周王朝做出历史定位的

下统一的王朝，并处心积虑地证明自己与这三代历史的传承关系。这和韩、魏、赵三国正好形成对比。在新石器时代以来的文化地域母体基础上产生的战国列国在所处的文化地域范围内寻求与先朝的历史传承关系，而统一天下的汉王朝则在被统一的天下范围内寻找与先朝的历史传承关系。

相信许多读者都接触过白话版的《史记》。相信许多人也认为因为《史记》是有名的史书，故所载内容皆为"事实"。但是这

些事实却是被许多附加物重重包裹下的事实。我们从这样的《史记》中所阅读的"事实",其实与战国时代史书中所记的"事实"是有不同的。

说这个可能有些跑题,日本有史书《古事记》和《日本书纪》。前者是总结神话而成,后者是以史书体裁写成,两者都是讲述神话时代以来的日本众神故事。两书成书时日本刚进入律令时代,相当于城市国家的各"国"皆有神灵,这些神灵被改编写入史书改变了形式。这些各"国"之神原本都是应该作为各国守护神而独立存在的。

中国也有类似的情况。有本书叫《山海经》,其中囊括了居住在各处仙山的各色神灵。该书成书于战国时代。而受到书中各色神灵庇佑的则是它们管辖之下的新石器时代以来的城市国家。

战国时期,随着加强中央统治地方的文书行政不断发展,也出现了一些中央的神灵对地方神灵进行管辖。我们以这个中央的神灵为中心来描述众神的故事,就有了《古事记》这样的书籍。战国时代的领土国家面积广大,可以媲美日本或韩国的疆土面积。即使将交通线所及考虑在内不做计算,那些领土国家也有半个日本那么大(参考图2)。这些领域都创造了各自独有的神话。

战国时代所成之书在领土国家灭亡的过程中失传。秦始皇焚书坑儒,项羽灭秦时烧毁,许多历史事件造成这些书籍的失传。因此史料保存状况比较严峻。就连类似《古事记》的神话也只有部分流传下来。不过,如果我们留心收集,就肯定会在各种史料文物中发现"事实"的影子。

例如关于韩的神话就可见于史书《左传》。

韩国统治三晋之地的正当性

汉代人努力撰写天下史书。在这个时代《左传》被定义为解释《春秋》而作的传。《春秋》本是战国时代齐国所作的编年体史书，重点记录了齐鲁两国历史，同时还有周边小国的记录。成书不久，该书便被传为是孔子奉齐国田氏之命而作。用来阐释《春秋》之微言大义的便是《公羊传》。《春秋》记录过于简单，因此即使加些东西也难免捉襟见肘。记录简单反而难懂。因此为了展开论述，就需要一个进行解释的典籍（不是在《春秋》中展开论述）。到了汉代以后对《春秋》逐渐产生了新的说明，如撰写《春秋》的齐国田氏和孔子之间，齐国田氏的部分变得越来越模糊不清，《春秋》变成是由孔子一个人撰写的了。而这一观点被后人继承，成了定论。原本孔子这个贤人只在战国时代齐国等一部分国家受到大肆赞扬，而在其他国家而言多是讽刺或部分褒扬。到了汉代后，孔子却成了普天下的贤人了。

《左传》则是战国时代韩国对齐国做法的一种反击。韩国对齐国所著的《春秋》与《公羊传》这一组合进行诋毁，用以牙还牙的方法来证明韩统治三晋之地的正当性。但到了汉代，韩国统治的正当性的说明内容变得越来越模糊，人们开始加入新的说明。在这一过程中，《左传》就逐步沦为了为解释《春秋》而存在的附属品。所谓"传",指的是由于经典书籍内容晦涩难懂,为了对其进行说明阐释而产生的文章。

《公羊传》是对齐国田氏统治的正当性的说明。与此相对,《左传》将其说明内容加以变化,制造了韩氏才是正统的说明。这种对韩氏正统性的说明在《左传》中比比皆是。这些就是"被记录"的内容。而这些"被记录"的"事实"之一(仅仅只是其中之一),就是下面要为大家介绍的韩的神话故事。

韩氏原本是春秋时代雄踞山西的大国——晋侯的一族。韩氏假托于晋,讲述神话传说时代以来历史的来龙去脉,然后赋予自己统治三晋之地的正当性。这一主张就记录在《左传》之中。首先要介绍的是下面《昭公元年》这一节。《左传》对于《春秋》中所示零碎的年代的记录进行了一些具体说明。这些说明中大量引用了在《左传》成书的年代就已经妇孺皆知的一些故事。接下来要说明的就是这些故事。

实沈与大夏、台骀与汾水 　　《左传·昭公元年》一节是从晋侯抱恙,子产询问其病因开始。

　　　　晋侯有疾,郑伯使公孙侨(子产)如晋聘,且问疾。叔向问焉,曰:"寡君之疾病,卜人曰:'实沈、台骀为祟。'史莫之知,敢问此何神也?"

接下来是郑国子产的发言内容。他介绍说古代圣人高辛氏（帝喾）之子阏伯移居商丘（战国时代宋国都城所在之地），因此商人将心宿（天蝎座的一部分）看做是自己的星星。

子产曰："昔高辛氏有二子，伯曰阏伯，季曰实沈，居于旷林（具体地点不明），不相能也。日寻干戈，以相征讨。后帝不臧，迁阏伯于商丘，主辰（基准星宿）。商人是因，故辰为商星。

接下来记述了与阏伯相争的高辛氏另一子实沈移居于大夏（在《左传》中大夏具体地点不明），将参宿（猎户座的一部分）作为自己的主辰。然后讲到周初的唐叔虞得到唐地（春秋时代晋国都城）之后，人们开始祭祀参星。

迁实沈于大夏，主参（猎户座的一部分）。唐人是因，以服事夏、商。其季世曰唐叔虞。当武王邑姜方震大叔（唐叔虞），梦帝谓己：'余命而子曰虞，将与之唐，属诸参，而蕃育其子孙。'及生，有文在其手曰'虞'，遂以命之。及成王灭唐而封大叔焉，故参为晋星。由是观之，则（后帝曾主宰参宿）实沈，参神也。

紧接着介绍了圣人金天氏（少昊）的子孙台骀治理汾水与洮

水有功，于是周的后稷分封汾水流域给他，沈、姒、蓐、黄诸国守其祀。

　　昔金天氏有裔子曰昧，为玄冥师，生允格、台骀。台骀能业其官，宣汾、洮，障大泽，以处大原。帝用嘉之，封诸汾川。沈、姒、蓐、黄，实守其祀。今晋主汾而灭之矣。由是观之，则台骀，汾神也。

然后指出晋侯抱恙与实沈、台骀皆无关系。

　　抑此二者（实沈，参宿之神；台骀，汾水之神），不及君身。山川之神，则水旱疠疫之灾，于是乎禜之。日月星辰（太阳、月亮及基准星宿）之神，则雪霜风雨之不时，于是乎禜之。若君身，则亦出入饮食哀乐之事也，山川星辰之神，又何为焉？侨（子产）闻之，君子有四时：朝以听政，昼以访问，夕以修令，夜以安身。于是乎节宣其气，勿使有所壅闭湫底，以露其体。兹心不爽，而昏乱百度。今无乃壹之，则生疾矣。侨又闻之，内官不及同姓，其生不殖，美先尽矣，则相生疾，君子是以恶之。故《志》曰："买妾不知其姓，则卜之。"违此二者，古之所慎也。男女辨姓，礼之大司也。今君内实有四姬焉，其无乃是也乎？若由是二者，弗可为也已。四姬有省犹可，无则必生疾矣。

韩国神话的意义

《左传》中所用史料多成于战国时代。战国时代，在苍穹闪烁的星辰中，一些醒目的星宿受到古人的关注，天与地之间的联系被人们广泛讨论。古人喜欢讨论地上的某个区域是由天上的某些星宿主宰。在这些无数的繁星中，心宿（天蝎座的一部分）与参宿（猎户座的一部分）成为基准星宿。星宿不过也就占据了浩瀚苍穹的一小部分而已。因此，星宿主宰大地某个区域的想法也是以地上被分割成相同的几个部分的想法为前提的。

商所属的星宿与夏所属的星宿各不相同，这就暗示了一个道理：正因主宰的星宿不同，所以它们各自在地上的统治领域也不相同。

天蝎座与猎户座，如果前者出现在东面天空，则后者不久就将从西面天空沉入地平线以下。这两个星座的相对位置与现在略有不同。与现在相比，古代人有时能看到两个星座同时出现在天空，特别是冬至时分黎明之前，两者就呈现这种位置关系。东面天空可见心宿，而西面可以看见参宿。在参宿下沉的过程中，人们便迎来了黎明的光辉。因此东面上升的心宿是商所属的星宿，而西面下沉的参宿则是夏所属的星宿。这也暗示着夏王朝是被商王朝所灭的。

在商王朝、夏王朝的星宿之中，联系汾水上游的唐与夏王朝古都大夏的参宿成为晋的星宿，而晋的星宿后来被韩氏继承。

首先，这里暗示了作为继承晋的国家，韩氏对夏之故地具有正当的统治权。正因如此夏王朝的故地还包括了流传着晋治水传说的汾水一带。这就是韩国的认识，史书中也是这么记录的。

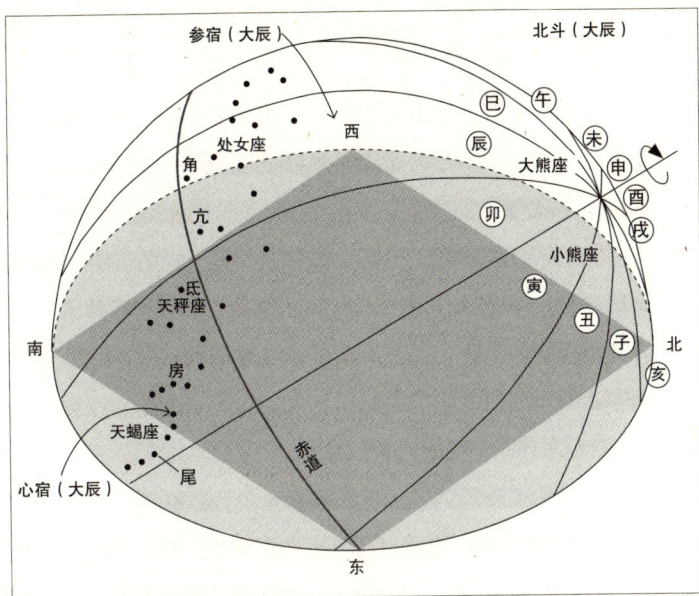

20　公元前350年左右冬至黎明前的星空　在天空可见西面地平线附近的参宿（猎户座的一部分。夏王朝的星宿），东面地平线附近的心宿（天蝎座的一部分，商王朝的星宿）。天顶可见北斗。古人认为这些都是天空的基准星宿（大辰）

韩宣子与夏王朝、商王朝

韩宣子与夏王朝的祭祀

　　前文中的传说指出周成王灭唐国后，在此地封了一族之大叔，并在星宿领域从属于参宿。但是如果仅把这点作为问题讨论，韩氏为何拥有统治夏王朝故地的正当理由还是不清楚。其补充说明的文字就是文下所列《左传·昭公七年》的一节。

在这一节中，郑国贤人子产也讲述了世间的道理和历史。后来韩宣子听从了子产的建议，到夏王朝的郊外进行了祭祀，晋侯的病不久就痊愈了。

《左传》中，韩氏受到了特别的对待。《左传》中一般称代表晋国血亲一族的人物为"某子"，下文中会出现的"韩子"一词就意味着《左传》认为韩宣子是整个春秋时代韩氏的代表人物。请大家在看下文时一定不要忘了这点。

> 郑子产聘于晋。晋侯疾，韩宣子逆客，私焉，曰："寡君（晋侯）寝疾，于今三月矣，并走群望，有加而无瘳。今梦黄熊入于寝门，其何厉鬼也？"对曰："以君之明，子为大政，其何厉之有？昔尧殛鲧于羽山，其神化为黄熊，以入于羽渊，实为夏郊，三代祀之。晋为盟主，其或者未之祀也乎？"韩子祀夏郊，晋侯有间，赐子产莒之二方鼎。

鲧是传说中夏王朝开朝之君大禹的父亲，因此夏王朝、商王朝、周王朝三代都祭祀鲧。而韩宣子祭祀鲧以后，晋侯的病情就开始好转了。

关于晋侯的病，前文的《昭公元年》一节已有介绍。他生病的原因并不是因为山川星辰的众神所致。君子原本应节制自身以涵养元气，不应让自己元气不足而使身体变弱。但晋侯因为自己的"气"淤积于一处而生病。原本女官应该避免同姓女子，却娶了四位同姓妻妾。在夏王朝故地的郊外进行祭祀的也是旁系的韩宣子，而非这个已初见亡国之兆的晋国君主。韩宣子祭祀鲧以后，晋国君主的病也好了。

通过描述祭祀夏王朝与韩宣子之间的关系，古人巧妙地将韩氏将来必会匡复夏王朝的含义表达了出来。这里面也包含了晋所得之汾水流域也是韩的正当统治范围这一主张。

正如前文所述，在这里我们能隐约看到夏王朝的统治地域范围。虽然这只是战国时代《左传》的认识，仅能看到一些蛛丝马迹，但书中也的确提到了夏王朝的地点所在。

《左传》中也可见"夏墟"（定公四年）一词。据说这里是晋国第一位君主唐叔虞受封所得之地。这里是夏王朝古都遗迹。河南省安阳是"殷墟"所在之处，这点已由甲骨文记载得到确认。虽然与此相似的"夏墟"的位置还未得到确认，但在《左传》中确实有"夏墟"的记载。

夏墟包含了晋所继承的汾水、洮水一带，是唐叔虞受封立国之地。并且，晋的登场被描述成继承夏王朝故地的历史产物。

另外，有种说法认为唐叔虞被分封之地可在现在的太原附近找到。关于这种说法，我们在前文介绍的《左传·昭公元年》一节中已见"大原"一词，有人就认为这个词与山西"太原"（《左传》中为"晋阳"）有关。可是，西周时代的晋国君主墓葬多是从山西省曲村出土的，因此"太原说"就显得有些牵强。所以我们不妨这么考虑，即现在我们讨论的故事是以晋侯墓出土的曲村以及后来晋都所在的侯马附近（《左传》中所言之"绛"地）为舞台，构想出了一个"夏墟"。

在《左传·昭公元年》中有关于"夏郊"（夏王朝的郊外）的记载。在春秋时代，山西一带被模糊地设定为"夏"，其郊区叫做"夏郊"。这一带恐怕也是韩氏统治的地区，因此韩宣子才能立即起身祭祀于"夏郊"。

在接下来要论述的内容中，我们会发现战国时代的秦国也自称为"夏"。人们论述"夏郊"时都会涉及晋都或韩氏，这说明秦并未包含在"夏"之中。而这个问题跟另一个问题有关。即刚刚称王的秦并未将中原一带划到"夏"的范围之内来讨论。

韩宣子为郑国诸氏所尊敬

《左传》特别留心的问题除了夏王朝故地的继承问题，还有商王朝故地的继承问题。关于夏王朝，前文的说明中已经得出答案了。说到商王朝的故地，我们就不得不讨论一下韩氏，特别是韩宣子。

战国时代史书中有一种共同的"形式"，即必然有一个被置于政治中心位置的人物及辅佐他的圣人形成一个组合，而在史实的汪洋中，这个辅佐者总会重复一些重要的发言。《左传》中被置于政治中心地位的就是前文提过的韩宣子。韩宣子的子孙后来自称为王，就是与韩宣子同用"宣"字的"宣惠王"。像"宣"这类字的使用方法，古人还是非常讲究的。

《左传》中常常成为话题的是郑国的子产。在《左传》中，子产被定位为辅佐韩宣子的圣人。

春秋时代的郑国与同时代的晋国是两个不同的国家。因此作为历史事实而言，作为晋国臣子的韩宣子与作为郑国臣子的子产，他们的关系如果不是某年某地"同釜而食"（例如两人同时外派到周王朝为官，交情匪浅），或如果两人不是亲戚关系，则《左传》中所示的二人关系难以成立。但实际书中假设的二人关系并不是那么密切。

尽管如此，读完《左传》后大家都会发现一个问题，即子产到处发表人物评论，且言辞犀利，却不知为何唯独对韩宣子特别照顾，百般褒扬。前文已经向各位介绍了《左传》中有不少将韩氏置于特别地位的"形式"。子产对韩宣子特别关照，这也是《左传》中所设计的"形式"之一。子产发表的评价多数都是《左传》编者所为，并非史实。

子产所在的是春秋时代的郑国，与同时代的晋国是两个不同的国家，但是到了战国时代却成了韩国的都城。春秋时代晋国的大家族中，韩氏、赵氏、魏氏不断壮大，到了战国时代后便三家分晋，各自为政，形成了三个独立的领土国家。三家之中，韩氏最终灭郑，定都于郑。

因此现在我们讨论的这段故事中设定了一个特别的舞台。即在未来将成为韩国都城的郑地上，洞悉未来的圣人子产特别关照韩王祖先韩宣子。这就是《左传》所创造的"形式"。

韩王祖先韩宣子与郑国子产，这二人编织的对话中出现了许

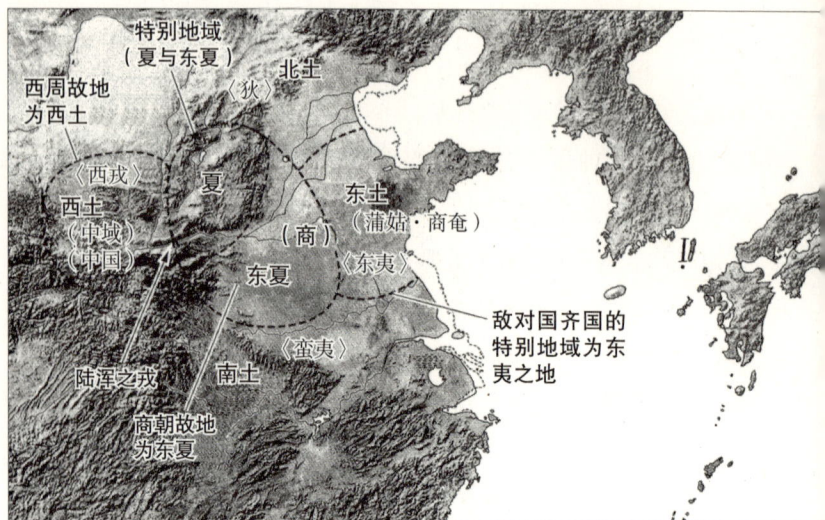

21 韩国《左传》中的特别地域"夏"、"东夏"与蛮夷之地 《左传》成书于战国时代的韩国。书中记录了人们当时的认识，即在春秋时代，西周故地的中国（中域）是在西戎的统治之下。《公羊传》中将"中国"称为东土，并将其视作东夷之地。周的诸侯对夏民与商民进行统治。晋国所得到的夏之故地及通过神话建立联系的殷商故地都由特别的大夫韩氏继承

多预兆，而历史便是应验这些预兆而发展的。这种设计，为的就是让人们清楚韩王是作为至高无上的正统权力而出现的。

那么商王朝之故地由谁来继承？这个问题的答案也在《左传》设计的韩宣子与子产的组合中。

《左传·昭公十六年》的一节

《左传·昭公十六年》中的一节讲到了郑国大夫都特别尊敬韩宣子。这一节大概可以分为三段。

第一段讲的是韩宣子作为晋国使者，来到郑国。需要注意

的地方是平时只会批判他人的郑国子产在这里对韩宣子表达了
敬意。

三月，晋韩起（韩宣子）聘于郑，郑伯（郑国君主）享之。
子产戒曰："苟有位于朝，无有不共恪。"孔张后至，立于客间。
执政御之，适客后。又御之，适县间。客从而笑之。事毕，富
子谏曰："夫大国之人，不可不慎也，几为之笑而不陵我？我皆有
礼，夫犹鄙我。国而无礼，何以求荣？孔张失位，吾子之耻也。"
子产怒曰："发命之不衷，出令之不信，刑之颇类，狱之放纷，
会朝之不敬，使命之不听，取陵于大国，罢民而无功，罪及而弗
知，侨（我）之耻也。孔张，君之昆孙，子孔之后也，执政之嗣
也，为嗣大夫，承命以使，周于诸侯，国人所尊，诸侯所知。立
于朝而祀于家，有禄于国，有赋于军，丧祭有职，受脤、归脤，
其祭在庙，已有著位，在位数世，世守其业，而忘其所，侨焉得
耻之？辟邪之人而皆及执政，是先王无刑罚也。子宁以他规我。"

第二段的话题是围绕韩宣子的玉环展开的。不知为何韩宣子
有一个玉环，而与之成双成对的另一个玉环现在商（商为殷之自
称，而周称之为殷）之遗族手中，他们想把这两个玉环合二为一。
最后的结论是为时尚早。

宣子有环，有一在郑商。宣子谒诸郑伯，子产弗与，曰：

"非官府之守器也，寡君不知。"子大叔、子羽谓子产曰："韩子亦无几求，晋国亦未可以贰。晋国、韩子，不可偷也。若属有谗人交斗其间，鬼神而助之，以兴其凶怒，悔之何及？吾子何爱于一（个玉）环，其以取憎于大国也，盍求而与之？"子产曰："吾非偷晋而有二心，将终事之，是以弗与，忠信故也。侨闻君子非无贿之难，立而无令名之患。侨闻为国非不能事大字小之难，无礼以定其位之患。夫大国之人，令于小国，而皆获其求，将何以给之？一共一否，为罪滋大。大国之求，无礼以斥之，何餍之有？吾且为鄙邑（穷乡僻壤），则失位矣。若韩子（韩宣子）奉命以使，而求玉焉，贪淫甚矣，独非罪乎？出一玉以起二罪，吾又失位，韩子成贪，将焉用之？且吾以玉贾罪，不亦锐乎？"韩子买诸贾人，既成贾矣，商人曰："必告君大夫（子产）。"韩子请诸子产曰："日起请夫环，执政弗义，弗敢复也。今买诸商人，商人曰，必以闻，敢以为请。"子产对曰："昔我先君桓公，与商人皆出自周，庸次比耦，以艾杀此地，斩之蓬蒿藜藋，而共处之。世有盟誓，以相信也，曰：'尔无我叛，我无强贾，毋或匄夺。尔有利市宝贿，我勿与知。'恃此质誓，故能相保，以至于今。今吾子以好来辱，而谓敝邑（我国）强夺商人，是教敝邑背盟誓也，毋乃不可乎！吾子得玉而失诸侯，必不为也。若大国令，而共无艺，郑，鄙邑也，亦弗为也。侨若献玉，不知所成，敢私布之。"韩子辞玉，曰："起不敏，敢求玉以徼二罪？敢辞之。"

第三段的内容是郑国的圣人们异口同声地大肆赞扬韩宣子。郑国圣人向来喜欢说人坏话，可是这里却是个特例。

夏四月，郑六卿饯宣子于郊。宣子曰："二三君子请皆赋，起亦以知郑志。"子齹赋《野有蔓草》。宣子曰："孺子善哉！吾有望矣。"子产赋郑之《羔裘》。宣子曰："起不堪也。"子大叔赋《褰裳》。宣子曰："起在此，敢勤子至于他人乎？"子大叔拜。宣子曰："善哉，子之言是！不有是事，其能终乎？"子游赋《风雨》，子旗赋《有女同车》，子柳赋《萚兮》。宣子喜曰："郑其庶乎！二三君子以君命贶起，赋不出郑志，皆昵燕好也。二三君子，数世之主也，可以无惧矣。"宣子皆献马焉，而赋《我将》。子产拜，使五卿皆拜，曰："吾子靖乱，敢不拜德？"宣子私觐于子产以玉与马，曰："子命起舍夫玉，是赐我玉而免吾死也，敢藉手以拜？"

商朝故地的继承

商朝故地统治的正当性 第一段中描写了郑国子产对韩宣子表达了极其崇高的敬意。接下来第二段话题围绕玉环展开，韩宣子所持玉环与殷人所持玉环原本是成双成对的。对话中暗示这两个玉环迟早会合二为一的。最后的结论是目前还不能合二为一，为时尚早。郑后来成了韩的都城。这就意味着还需要等一段时间才能将郑并入韩的疆土。郑成了韩的都城后，殷人所持的玉环自然也就是韩人的囊中之物了。这段话用很含蓄委婉的表达方法来通过郑所继承的殷人之物，来证明韩国对殷之故地的统治具有正当性。

《左传》中有许多篇幅都在力图证明韩对商朝故地之统治的正当性。这里所引用的一节是最能让大家看清楚问题的所在。

第三段中讲的是郑国的六位圣人都对韩宣子赞不绝口。

这段文字特别从《诗经》各国国风中选取了郑风六首进行介绍。但是以"郑风"的形式直接记录在文中的只有与子产相关的部分，而总结其他几首的时候采取了"郑志"的形式。六位圣人的诗都是为赞美韩宣子之事而唱。

第一段讲的是宴请韩宣子的宴会场景中有人行为失礼。但是韩宣子展示了其宽大的胸怀，表示对此毫不在意。

第二段中围绕玉环的话题，子产对韩宣子进行教谕，韩宣子对此表示感谢。这里用了"韩子"来表示韩宣子。这个词在《左传》中属于韩宣子的专属叫法。这样就形成一个有趣的构图，即韩宣子作为"韩子"代表韩氏历代宗主，而圣人郑国子产对其说教。这里就创造了一个"韩子"由圣人子产培育而成的"形式"。这很容易让人联想起周初的故事，即周成王由周公旦培育而成王的"形式"。

那些赠与"韩子"期待之诗的六个郑人都被韩宣子称为"君子"。《左传》中曾明确定义"君子"为能洞悉未来、高瞻远瞩之士。因此，事情就变成了能够洞悉未来的"君子"都对"韩子"交口称赞。

正如前文所述，子产及其他君子在谈论其他氏族时非常尖刻，他们极少称赞他人，有时即便有些溢美之词，也是看似赞美实为贬低。唯独对韩宣子赞美有加。这也是《左传》中创造出的一种"形式"。

例如《左传》同一年的一节中有以下记载："九月，大雩，旱也。郑大旱，使屠击、祝款、竖柎有事于桑山。斩其木，不雨。子产曰：'有事于山，蓺山林也，而斩其木，其罪大矣。'夺之官邑。"顺便一提，这段讲的其实是惩罚对韩宣子不敬者。

这里需要大家注意的一点，即殷之故地是包含了郑在内的有限的一片地域。正如前文所述，殷商之地是属于天的一部分——心宿管辖。既然心宿在天上是有限的区域，那么殷之故地自然也只能是相应的有限区域了。

郑与宋、陈属于大火的辖区

关于殷之故地的话题还远及不此。下面我们要讨论的传说就是由殷商之星心宿的主星，即心宿二（天蝎座 α 星）所引发的故事。

心宿二是一颗红色耀眼的星星。它的颜色很容易让人联想到火，因此中国古人称之为"大火"。从字面就能看出其意，"大火"即很大的火，即火灾。发生大火灾，因大火而生并属于大火管辖的诸国就是问题讨论的焦点。这些成为问题的国家所在的地域就是殷之故地。这片领域最终会被纳入韩国的统治范围之内。历史是这样设定的。

《左传·昭公十七年》中有如下一节，这一节中预言了宋、卫、陈、郑（参考图56）将会发生火灾。在展开说明的过程中，一些很重要的话题也被牵出。按照文中的说明，宋、陈、郑在天之星宿的版图中皆属于大火的辖区，而卫是大水营室宿的辖区。

大火（心宿二）是心宿（天蝎座的一部分）的主星。正如前文所述，心宿是商王朝的星宿。大家在阅读时一定要记住这个事实。

冬，有星孛于大辰，西及汉。申须曰："彗所以除旧布新也。天事恒象，今除于火，火出必布焉。诸侯其有火灾乎？"梓慎曰："往年吾见之，是其征也，火出而见。今兹火出而章，必火入而伏。其居火也久矣，其与不然乎？火出，于夏为三月，于商为四月，于周为五月（讲的是以冬至为第一个月起算的第五个月。夏王朝是以冬至后的第三个月为正月，商王朝则是以第二个月为正月，而周王朝是以冬至月为正月。不过这些历法都是战国时代的人依托古人之名而编的）。夏数得天（这里在暗示到了战国时代，夏王朝的历法夏正成为了君王正式的历法）。若火作，其四国当之，在宋、卫、陈、郑乎？宋，大辰之虚也（参考子产论晋之衰亡的《左传·昭公元年》的那一节）；陈（风姓诸侯之祖），大皞之虚也；郑，（帝喾高辛氏时担任火正之职的）祝融之虚也，皆火房也。星孛天汉（银河），汉，水祥也。卫，

（三皇五帝之一的）颛顼之虚也，故为帝丘，其星为大水（营室宿），水，火之牡也。其以（十天干中之火为丙，十二地支中水为子，两者重合之日）丙子若（十天干中水为壬，十二地支中火为午，两者重合之日）壬午作乎? 水火所以合也。若火入而伏，必以壬午，不过其见之月。"郑裨竈言于子产曰："宋、卫、陈、郑将同日火，若我用瓘斝玉瓒，郑必不火。"子产弗与。

在刚才描述与韩宣子相关内容的一节中，讲了郑与殷人之间的关系，并在文字中暗示要把与商王朝关系匪浅的玉环收入囊中还为时尚早。作为与商王朝有着千丝万缕联系的地域，文中提到了一些国家，这些国家都与将大火作为主星的心宿息息相关。它们就是宋、陈、郑三国。

这片有限的地域作为殷商故地成为讨论的话题。

宋国是商之后裔受周王之分封而建立的国家。与宋国同属于一个星宿分野的还有郑国。这个郑国到战国时代变成了韩的国都。然后又讲到郑为祝融（在帝喾高辛氏在位时担任火正之官）之墟。最后暗示在宋、陈、郑三国当中，郑国之地才是最有资格统领大火诸国的国家。

战国时代，田氏在山东地区建立了领土国家齐国。田氏所出之地就是陈。文中讲到了这个陈国没有统领大火分野的资格，但是郑国却有。属于大火分野的各国领土不仅仅是韩国想要收入囊中的宝地，也是诸国虎视眈眈的一片区域。齐国以其所出之陈为立足点，对这一带也垂涎已久，伺机而动。而《左传》则要从正当性的层面对其进行否定。

上述这些国家之中只有卫国不属于大火的分野，而是属于大水的营室宿（或称荧惑星）。这也与商王朝的一些故事相关。

殷商灭亡后，卫国继承了旧商都的土地。金天氏后裔、水官之子台骀治理汾水流域，变成了山川之神。这在前文介绍的《左传·昭公元年》的一节中有所记载。因为汾水流域是晋国的统治领域，因此作为与"水"相关的话题，卫国与晋国就有了神话层面的联系。

换句话说便是：包括殷商后裔所建之国宋国在内的这片土地由郑国来统治，对于殷墟则是通过水官的故事来证明其统治的正当性。因此无论如何，殷商故地最终难逃落入韩国之手的命运。

与周的关系　　如上文所示，《左传》中有些篇章将"夏"王朝与取其而代之的"商"王朝作为话题，论述与这两朝的关系，证明领域统治的正当性。

大家仔细阅读相关传说便可知在这一正统性的主张中，缺少了"周"王朝的内容。

我们之前已经讲过，夏王朝的基准星宿为参宿，商王朝则是以心宿为基准星宿（大辰）。读到这里，相信某些机敏的读者会想到"北辰"（北面天空的基准星宿，也称为"大辰"）——北斗星是否就是周王朝的象征。然而在《左传》中，"北辰"根本就没有作为话题被论及过。实际上我们说参宿、心宿与北斗是"大辰"，这是研究其他书籍得出的结论。《左传》中明确提到的"大辰"，其实只有心宿而已。由此可看出在讨论天空基准大辰的问题时，与夏王朝相比，《左传》给予商王朝更高的评价。但是我们无法从这些评价中看出《左传》对周王朝的定位。

战国时代出现了超越周王朝的王朝。当时的韩国编撰了《左传》，接下来我们就来看看《左传》中是如何对周王朝进行特别定位、并创造了一个超越周王朝权威的"形式"的。

首先，在《左传·昭公九年》中，古人借周詹桓伯之言而论"天下"。所谓"天下"，既是执行文书行政的场所，也是汉字圈。执行文书行政领域意义上的"天下"形成于战国时代。春秋时代，广域的汉字圈的范围扩展到了所谓的"天下"。《左传》中所述之"天下"描写的并非春秋时代的实际状态，而是以战国时代对领土国家的认识为前提来进行描写的。

> 我自夏以后稷，魏、骀、芮、岐、毕，吾西土也。及武王克商，蒲姑、商奄，吾东土也；巴、濮、楚、邓，吾南土也；肃慎、燕、亳，吾北土也。

这里的西土、东土、南土、北土皆为战国时代的"天下"范围内。战国时代，西土为秦所统治，南土为楚所支配，北土为燕之势力，东土为齐之疆土（参考图21）。

西土的"魏、骀、芮、岐、毕",东土的"蒲姑(齐)、商奄(鲁)",南土的"巴、濮、楚、邓",北土的"燕、亳"所围成的地域在《左传》的其他地方也被称之为"夏"或"东夏"。

"东夏"的具体领域可见于《左传·昭公元年》与《昭公十五年》。《昭公元年》中有"(韩宣子为晋之宰相,晋为盟主)服齐、狄,宁东夏,平秦乱,城淳于"。《昭公十五年》有"(霸王晋文公)以有南阳之田,抚征东夏"。这里所示之"东夏"相当于前文所述之"殷之四方"一带。这其中有"殷虚"的存在(《左传·定公四年》)。而关于"夏",《左传·定公四年》中有"(将晋国的唐叔)封于夏虚"的记载。正如前文所述,唐叔虞被封建于山西之地,因此一般认为"夏虚"位于山西之地。并且"夏"加上"东夏"的这片领域就是由西土、东土、南土、北土所围成的地域。

周是以陕西省为大本营的大国,周灭了河南大国殷商之后将其统治领域扩大到了河南。《左传》以此历史经纬为基础发明了一种理论,即周是从别的地方来的。周人都是"外地人"。

"诸姬"一族虽为"外地人",却复兴了夏王朝。这就是韩氏总结出来的乍一看充满矛盾的关系。"外地人"的姬姓诸侯,即"诸姬",统治殷之民与夏之民,这是不变的构图。这时的殷民与夏民的级别估计都已降到"大夫"以下。"大夫"层以下克上,将诸侯取而代之,这也是不变的真理。但是这些"大夫"都必须是特别的存在。具有特殊意义的"大夫"是在"诸姬"一族中出现的。

具有特殊意义的"大夫"出自"诸姬"一族,取代宗家一系的"诸姬"诸侯，将政权收入囊中。虽然从"形式"上而言是以下克上，但政权仍由"诸姬"继承的色彩也非常浓厚。因此，在《左传》中人们并没有特别热衷于讨论以下克上的内容。接下来我们要讨论的齐国《公羊传》却热衷于强调以下克上的内容，与《左传》大相径庭。

这群具有特殊意义的"大夫"属于"外地人"的"诸姬"一族，因此在证明其自身对于商民与夏民有正当统治权的时候，他们就不得不通过神话的形式来进行阐释。

如果从《左传》的理论来看，韩氏虽为"外地人"，却是个特别的存在。韩宣子祭祀夏郊之后，晋侯的病就好了。晋国靠着神话时代以来的传承关系，在夏王朝灭亡后继承了与夏王朝举行祭祀相关的土地。这片地域的统治权后来由晋国的一族韩氏继承了。以上虽然严格来说是用暗示的方法表现出来的，但这一暗示的背后却是有史书编撰者所期待的"事实"。

统治夏地与商地　　这里需要再次注意的是周王朝的定位。

《左传·昭公九年》，周的詹桓伯接下来的言论如下：

> 伯父惠公归自秦，而诱（陆浑之戎）以来，使逼我诸姬，入我郊甸，则戎焉取之。戎有中国（中域），谁之咎也？后稷封殖天下，今戎制之（诸姬），不亦难乎？

这里讲到了"使逼我诸姬，入我郊甸，则戎焉取之"和"今戎制之（诸姬）"。从文章前后语境能看出这里的"戎"就是"陆浑之戎"。与"陆浑之戎"有关的地域则是前文所述之西土、东土、南土、北土中西土的东端的土地（参考图21）。

《左传》在对外族进行评价时，将秦定义为西戎的霸王（文公三年），在讲到"师出于陈、郑之间"时，提到了"观兵于东夷"（僖公四年），讲述了秦（西）、狄（北）、齐（东）、楚（南）皆为强国（成公六年），楚与吴使用蛮夷的语言（成公七年）。从上文可见，在《左传》对外族的认识中，西土为戎或西戎，南土为蛮夷，东土为东夷，北土为狄。并且，从文中我们可以看出戎即是秦，蛮夷为楚或吴越，东夷为齐，狄则是燕。

这些都是《左传》成书的战国时代的韩国对敌对国家统治领域的一种贬低方式，即皆称之为野蛮之地。春秋时代秦国的势力范围为战国时代变成领土国家的秦国所统治的陕西一带。陕西一带在西周时代曾是王都镐京的所在地，是周王朝势力圈的大本营。首都是一国的中心，因此首都镐京一带被称为"中域"。这个"中域"出现在《左传》中，并在西戎的统治之下。时至汉代，为避汉高祖刘邦名讳，人们不得使用"邦"字，"域"便写成了"國（国）"字。因此我们在《左传》中看到的不是"中域"而是"中国"。

因此在上述《左传·昭公九年》一节中，中国在戎的统治范围之下。这里需要注意的是陕西之地，即西周故地以"中国"来表示，而秦国作为春秋时代的大国、战国时代的领土国家，对当地享有支配权。《左传》的文字中,具体话题还涉及"陆浑之戎",这个陆浑之戎也是属于戎的。因此西土就是包含陆浑之戎在内的西戎之地。

在"中国(中域)"属于西戎统治下这一认识中,原本应该是外地人的"诸姬"成了西戎虎视眈眈的中原区东部的居民。也就是说,这里提到的"诸姬"是作为前文所述之特别地域"夏""东夏"的居民来讨论的。

"夏"是夏虚的所在地,"东夏"是殷虚与殷商的四方之国所在的地方,而支配这些地方的是"诸姬"。然而,从"戎有中国(中域)"这种恋恋不舍的叙述中我们可以看出,周原本的领域"中国"是陕西一带,"诸姬"是从"中国"而来的"外地人"。

在所谓的东迁之后,周的王都从陕西镐京移到了河南雒邑。如果站在雒邑的角度来论述周,则我们需要讨论的中心就成了整个中原区东部。这里不仅有夏王朝、商王朝,周王朝也包括在内。

基准星宿与王朝交替　我们在前面讲到了基准星宿,也讲了在《左传》中,只有心宿被作为"大辰"提及过。这到底意味着什么呢?

相信大家如果参考图 19 与图 20 就能清楚了。战国时代的韩国都城为郑,而这个郑恰好在夏王朝都城遗址"夏虚"以东、商王朝都城遗址"殷虚"以西的位置上,刚好在两个王朝遗址的中间。将这个郑看做天极,这是古人在观察东面天空的心宿与西面天空的参宿的位置上做了文章。东面天空可见心宿，西面天空可见参宿。这一星宿位置关系可见于冬至的黎明前的夜空。在这时，北斗星正好在天顶上。

北斗七星虽然在天顶上，却也只是个围绕天极旋转的星宿而已。如此一来，北斗作为周王朝的星宿，其地位就变得比位于天极的郑（战国时代韩国都城）地位低了。

冬至黎明前，沉入西边地平线的参宿象征着夏王朝，从东面升起的心宿象征着商王朝，天极附近的北斗则是周王朝的象征。但是北斗象征的并不是周朝本身，而是与西周的陪都相关。当参宿沉入西边地平线后，心宿在天空中向西运行，最终沉入地平线之下。在夏王朝的参宿再次升上东方天空之前，人们只能看见北斗。

以上的天象正好用一种可以凭肉眼可观察到的"形式"，向大家展示了夏王朝、商王朝、周王朝三代的王朝交替，而终于东面天空又再升起夏王朝的参宿。新的夏王朝再次出现，夏王朝的制度复活。这种看法是站在天极立场上的观察方法，而站在这个立场上的人就是韩王。

特别地域为"夏"（夏虚）和"东夏"（殷虚），周则是外地人。《左传》之所以只把商王朝的心宿作为大辰来描述，恐怕其意图是暗示在即将到来的时代，夏王朝之参宿将成为大辰。

以上就是三代王朝交替与大辰的相互关系。在《左传》中还有另外一种占卜方法，即以天极为中心将夜空十二等分，并赋予其名称，以此表示木星的方位，用于占卜。关于这十二等分的方位所包含的星宿，后来产生了将春秋时代的各国匹配到不同星宿的想法。按照这一匹配方法，在发生日食时，太阳在哪个方位（古人在讨论这个问题时用的是"分野"一词）就表示相对应的那个国家会受其影响。

无论是《左传》的论述，还是后世的阐释，无论哪种观点都有一个共同点，即都会讨论星宿与国家的关系。但是在《左传》中主要论述了三代的王朝交替与基准星宿（大辰）之间的关系。与此相对，后世的论述将春秋时代的各国与十二方位相匹配，并以此论述各国方位的影响。如果我们把《左传》的论述与后世的说明混为一谈，就会产生一种过于放大《左传》"后世性"的观点了。

这类观点（对于《易》的论述亦同）在慎重讨论史书"后世性"的时候，很容易造成误解，因此需要大家引起足够警惕。

第四章

战国诸国各自讲述的夏商周三代

秦、齐的领土主张与三代

**秦国领土统治
正当性的主张**

正如前文所述，天下的土地被古人们分割成特别地域及其之外的野蛮之地。特别地域是由各诸侯国设定划作自己地盘的土地。由于这些特别地域的设定与各国的正统夷狄观息息相关，因此很自然地，这些国家在设定特别地域之外的野蛮之地时，也贯穿这一观念。

如果撇去这些国家各自的正统观念不谈，仅从客观的视角来看，我们会发现同一个地域有时被定义为特别地域，有时却又沦落成了野蛮之地。即使是对同一个野蛮之地，不同国家也有不同的叫法。

在《左传》中，秦国被称为西戎的霸者。但是当时秦国并不会像这样把自己想成夷狄。野蛮人必然不会妄自菲薄地说"在下是野蛮人"。如果非要承认自己是野蛮人不可，其理论恐怕也应该是"不过现在还是野蛮人比较了不起"。

要讨论秦国的主张，最快捷的方法还是通过秦国之著书来研究。但是，秦国所著的此类书籍仍然流传至今的，最早也是成书于战国后期的了。战国中期，秦国在"天下"的范围中尚未发展成为一个称霸一方的强国。但进入公元前 3 世纪后不久，秦国的领土就占据了"天下"的半壁江山。如此一来，秦一统天下之日也就为期不远了。

秦国著有《吕氏春秋》一书。该书成书于秦国统一天下、大势已定的时期。因此在这书中我们看不见《左传》中那种将某个限定的区域看做是一个领土国家所统治的领域的主张（参考图 23）。

不过幸而战国中期秦人所铸造的青铜器仍流传于世。该青铜器为秦公镈（不是本书 401 页所讲的新出土文物，接下来我要论述的是更加古老的秦公镈）。其铭文为长文，并且从文中能看出秦人对其领土统治正当性的主张。

秦国的特别地域是陕西之地。这片土地是秦人在西周王朝分崩离析后武力得手的势力范围。秦人将这一带定义为特别地域，并将东面邻接的领域定义为比自己地位低的地域。

在秦国整理的律法（律令）当中，有律法规定秦国女子所生之子为"夏子"。这种规定的前提就是假设秦国女子所嫁之处为秦国之外的人家。由此可见,秦国将自己的特别地域称之为"夏",所以秦国女子所生之子皆为"夏子"。站在这个立场上,秦人称东方之地为"蛮夏"。这种说法可见于下面的秦公镈铭文。

秦公曰:丕显朕皇祖,受天命竈有下国,十又二公,不坠在上,严䣞夤天命,保鰲厥秦,虩事蛮夏。(参中国社会科学院考古研究所编辑《殷周金文集成释文》第一卷,香港中文大学中国文化研究所,2001年,第238面,编号270)

公(秦公)及王姬曰:余小子(虽刚刚即位为王,类似的说法还出现于青铜器中山王鐢鼎),余夙夕虔敬,朕祀,以受多福,克明厥心,鳌龢胤士,咸畜左右趩趩,允义翼受明德(秦公目前为止的功绩。实际成果)。以康奠协朕国。盗百蛮,俱即其服。(参中国社会科学院考古研究所编辑《殷周金文集成释文》第一卷,香港中文大学中国文化研究所,2001年,第237面,编号269)

这里所谓的"下国"是指受天命而统治的地区,是由天命约定的秦国之领域。这段铭文讲了秦国统治"下国"是受之于天命,使"蛮夏"之地臣服于自己的权力。

"下国"的"国"曾经是用"域(或)"字来表现的,指的是包围城市的一定的领域。秦公镈中的"国(國)"就是由"域"和偏旁的国字框组成的。其中"域"代表领土国家的国家领域,国

22 秦的特别领域"夏"与略逊一等的"蛮夏" 在《左传》中被看做是"中国"的陕西一带在此被称为"秦",而《左传》中的"夏""东夏"在这里则被称为"蛮夏",其地位也略逊一等。"下国"是由"秦"与"蛮夏"共同组成的。我们从秦律规定中可知"秦"即是"夏"

字框则表示这一领域是由国境线所包围而成（围"域"即成"國"。"国"是简化字）。这个字就是随着领土国家的形成而出现的。

从铭文的字句间我们可以看出"下国"是秦国与"蛮夏"的结合体。秦在西周末期从西部东进，平定混乱的西周之地后将其置于自己的统治之下。秦国的野心不仅如此，还想继续东进，秦人对中原地区虎视眈眈，将其设定为"下国"。

这个"下国"与西周当年统治的地域相重合。周人当年坐拥陕西之地，武王克商后将其军事据点扩大到了中原一带。

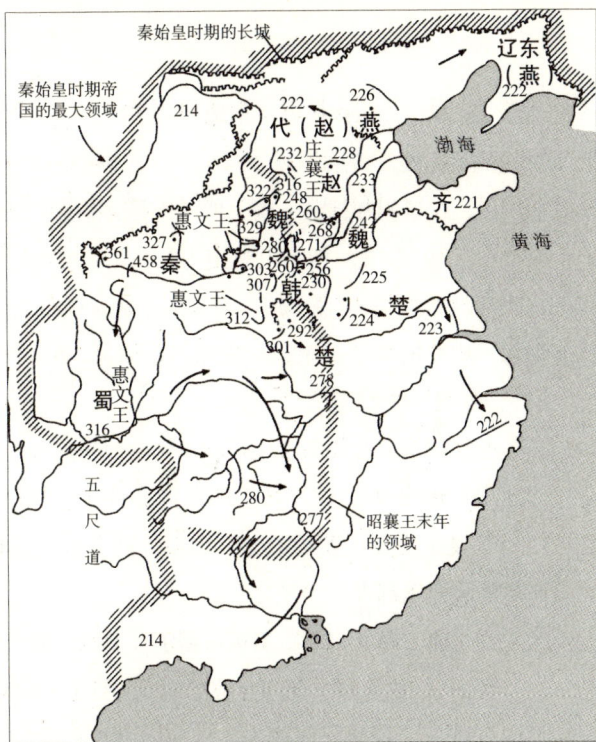

23 秦国家领域的扩张　成功实现国富兵强的秦国也成功实现了领土扩张。到了昭襄王（前307—前251）末年，当时半壁江山已是秦国的囊中之物。秦国国家领域的扩大同时也是特别领域"夏"的扩大

　　"下国"之中被称为"蛮夏"的地方在《左传》中是"夏"、"东夏"之地。西周时代，周将其陪都建于雒邑，封晋于山西之地进行统治。铭文讲述了统治"下国"是受之于天命，那些曾经受周的政治影响力波及的地域都应该由自己来统治。

在《左传》中被作为特别地域的中原之地，到了秦人眼中就降级成了略逊一等的地域。在《左传》中被贬低为西戎之地的陕西一带，在这里却摇身一变，成了具有独特地位的特别地域。

不仅如此，《左传》中被定为"诸夏"之地的中原一带，到这里却被秦人称作"蛮夏"。因为秦才是真正的"夏"，而非中原地区。中原的那些国家擅作主张，自称为"夏"。但其实他们不过是"蛮夏"之流而已。

说到新石器时代的文化地域，从陕西东部到中原一带属于中原龙山文化的地区。《左传》的论点是将这一文化领域东部的山西一带设定为夏王朝的故地，而秦人的主张则是将该文化领域西部的陕西东部设定为夏之故地。

公元前279年以后，秦国占据了天下的大半壁江山（参考图23）。前文所述秦国女子所生之子皆为"夏子"的规定就适用于秦国东进后取得的邻国疆土。即使同为特别领域，周朝故地被视为"畿内"，其地位之独特也可见一斑。

齐国对领土统治正当性的主张　　就在秦人铸造出秦公镈的同时，山东的齐国也铸造了承载着相似观点的青铜器叔尸镈（叔夷镈）。

叔尸镈是由齐国的威宣王所铸。叔尸就是威宣王，其铭文中随处可见对田氏先祖的极力盛赞。接下来让我们一起来看下这段铭文是怎么讲的（以下为作者的释文）。

　　我（名叫）尸（夷）向先祖及最初成为诸侯的高祖寻求典范，留下光辉灿烂之名的祖先，殷之汤王（成汤）恭敬地在"帝"（上帝）身边，汤王独占天命，征伐夏王朝之际，击败其灵军。又有宰相伊尹的辅佐，汤王领有九州，定居所于初代夏王禹的遗迹之处。殷的子孙宋国君主穆公，继承那个赫赫有名的穆公血统的襄公。从襄公的分支中有一族的女子嫁给了（某国的）成公，两人的女儿嫁到这里，生了叔尸。（以上记述了叔尸的母系祖先是商王，这个商王定居于夏王朝的故地，统领九州，即天下）

　　作为齐侯而即位，恭敬其灵力如虎，努力行政。在父亲桓武灵公（齐威宣王之父桓公）灵前祈祷请示，于是桓武灵公赋予了青铜材料的武器灵力。所以要铸造宝器，迎接祖父、祖母、母、父之灵。祈祷能带来幸运，灵命寄于此器，不老。（讲述了他继承了父亲桓公之灵）。

　　这段铭文的内容是商汤王定居于夏王朝的原址之上，而自己则是继承了商王血统的人。这里齐人通过继承血脉这一方法巧妙地论述了自己对于与夏王朝、商王朝相关领域具有正当的统治权。

　　当时古人一般认为血统传承是父系系统，但是这里说的却是母系的血统。这点与汉王朝开山始祖刘邦继承母氏的论述（见后文）有相似之处。如果说从父系血统中找不到相应证据，则一切理论都无从谈起。所以人们从母系血脉中找到了血统高贵的证据，并展开了论述。这就是齐人对齐国最初称王的威宣王身世的论述。

齐威宣王命人撰写的《春秋》与《公羊传》

商王朝与夏王朝的故地是与齐国接壤的一片土地。齐国定都于山东北部，受封于西周初期。齐自从与周王朝建立密切关系以后逐渐发展成为东方的大国，称霸一方。在齐国历代统治领域的西南方向是殷商故地，西北方向则是夏之故地所在。夏、商两代的故地有相互重叠的地方，那就是商汤定居的夏王朝初代大禹的遗迹所在之地。

战国时代的齐桓公偶然成功迎娶了继承宋国血统的妻子，于是他开始到处宣称其子威宣王是宋之血统的继承者。

威宣王将旁边的殷商故地与自己的统治领域看做一个整体，并称之为"中国"。"中国"一词原本是西周时代周天子用来表示王都镐京地带的。《左传》也承袭了这一观点。齐人把这个词用来表示自己统治下的特别领域。

被视为殷商故地的一带，我们已经在介绍《左传》时进行了说明。《左传》中也宣称对这一带的正当统治权。其中提到了宋、卫、陈、郑。宋是商王朝后裔受周天子之分封而建立的国家。卫是被分封于商都故地而建立的国家。陈则是战国时代齐国王族田氏所建之国。

郑是韩国定都之所，对于齐国而言，把郑纳入特别地域从理论上很难论述，因此郑被踢出了"中国"。然后齐人将夏之故

地称为"诸夏"，定义其地位略逊"中国"一等，随后将郑收入了
"诸夏"的范畴之中。

殷商故地与山东之地变成了"中国"，然后还有一个需要大
家注意的地方，即山东还有一个鲁国。鲁国有圣人孔子，鲁国的
孔氏是宋国的望族逃亡至鲁国的后人。

孔子的时代，齐国权势最大的是田氏。田氏是陈国君主的族人
逃亡到齐国的后人。之后田氏权倾朝野，将西周、春秋时代的齐国
君主架空，成为实质的掌权者。后来田氏终于自称为齐国君主，最
终自称为王。孔子时代，田氏的宗主（一族的代表人物）为田成子。

战国时代，首位称王的齐国君主为威宣王。在他的政权下，
其祖先田成子与鲁国的孔子备受重视，威宣王将自己的祖先推向
政治的最高位，将鲁国的孔子定义为天下第一圣人，然后借孔子
之口讲述历史的规律并预言未来的王者。

《春秋》与《公羊传》就是这样被编撰出来的。前者是编年
体史书，后者是其说明书。编年体史书将前一任君主驾崩的第二
年定为元年，并开始按照年代来记录历史。公元前338年，齐国
采用的就是这个方法。之所以编写鲁国君主的编年体史书，是因
为要以鲁国的记录与齐国的记录为重点来编写，同时还因为齐人
想要利用鲁国圣人孔子之口来展开理论。

史书中罗列了许多事实。这些事实中隐藏了历史发展的规
律。《公羊传》就是为了解说这一规律而存在的，而不是由《春
秋》来进行解说。同时解说者也绝不能是平凡之人。

24 齐国《公羊传》中的特别领域"中国（中域）"与地位略逊一等的"诸夏"与野蛮之地

《公羊传》成书于战国时代的齐国。战国时代，齐国用周人使用的"中国（域）"一词表示自己统治下的特别领域。这个"中国"里面包含了殷商故地，夏之故都（具体地点尚不清楚）也包含在内。东迁之后的周成了诸夏之地，西周故地沦为夷狄。《公羊传》中所论述的春秋时代的"中国"已经开始出现"革命"的预兆。这就是大夫阶层出身的田氏最终将成为君主，进而作为正统成为王。由于只有"中国"的田氏所引发的革命是特别的，被打倒的诸侯就算自称"中国"也不被《公羊传》视为"中国"。其统治的国民也是经过甄选的。风姓诸国的子民一律不算"中国"的子民。而殷商故地陈国出身的田氏与宋国出身的孔氏一族的孔丘（孔子）则受到特别对待

　　于是后来受命编撰史书的人就成了"君子"，受命编撰史书的人是圣人孔子。这就是《公羊传》的结尾所总结的"形式"。

　　其后，有许多国家反对这一"形式"，进行了无数的论述说明"事实并非如此"。前文介绍的《左传》和秦国青铜器则属于"事实并非如此"的阵营。例如有人认为孔子是鲁国人，其所思所虑

皆应以鲁国为中心，而非以齐国为中心思考。这种说明并不是对齐国所著的《春秋》进行的说明。

"孔子为鲁国圣人，其所思所虑皆以鲁国为中心"一说一直从秦朝延续到汉朝，在后世流传了很长时间。汉代采用了这一说法，是因为正好可以为其所用。汉代将孔子作为鲁国人而论之，使其作为一个圣人独立于战国列国而存在。在此之上，汉代还有了另一种理论来暗示汉武帝与东汉第一个皇帝光武帝（东汉）是至高无上的存在。

其结果就是原本齐国的主张被新的注释"封印"起来了。

《公羊传》的开篇部分 我们仔细阅读《公羊传》的文本就能知道齐国本来的"形式"，就是被汉代封印了的"形式"。

我们对《公羊传》的文本继续进行说明。《公羊传》开篇部分有这样的论述，在论述中集中向人们展示了齐国是如何对其统治的正统性进行说明的：

> 元年，春，王正月（《春秋》经文）。元年者何？君之始年也。春者何？岁之始也。王者孰谓？谓文王也。曷为先言王而后言正月？王正月也。何言乎王正月？大一统也。公何以不言即位？成公意也。何成乎公之意？公将平国而反之桓（鲁桓公）。曷为反之桓？桓幼而贵，隐（鲁隐公）长而卑，其为尊卑也微，

国人莫知。隐长又贤，诸大夫扳隐而立之。隐于是焉而辞立，则未知桓之将必得立也。且如桓立，则恐诸大夫之不能相幼君也，故凡隐之立为桓立也。隐长又贤，何以不宜立？立适以长不以贤，立子以贵不以长。桓何以贵？母贵也。母贵则子何以贵？子以母贵，母以子贵。

"元年，春，王正月"，这是《春秋》的开篇部分。其中提到了中国独有的元年纪年方法，即逾年称元法。这个制度始于公元前338年的齐国。逾年称元法是指不把上一任君主驾崩、新君主即位的那一年称为元年，而是转过年（称之为"逾年"。"逾"意为"跨越"）从第二年正月起称元年的做法。

由于《春秋》采用了这种方法，因此我们可以判断出该书成书于此时的齐国。鲁国没有使用这种方法。直至公元前257年灭亡，鲁国都是在前一任君主驾崩、新君主即位后就开始称元年。这种方法叫做立年称元法。这里的"立"是指"位"，意为即位。对于昭和、平成都是从年中开始称元的日本人而言，立年称元法应该是非常熟悉的方法了。这个方法在中国也被普遍使用。与此不同的逾年称元法则是从公元前338年才开始使用的。

在前文所举例的《春秋》开篇部分中，最后提到了"子以母贵，母以子贵"。在前文所介绍的叔尸镈铭文中也有关于叔尸（威宣王）继承了母系的高贵血统的记载。

此外，文中对于隐公用了"隐"，对于桓公用了"桓"，对贤人用了"贤"来表示。这并不是单纯的省略，而是通过省略来引起别人的注意，是为了将学者们的意见都收入其中的一种特殊的表达方式。

具体来说则是鲁隐公即位，鲁桓公继承其位。古人利用这个事实，其真正意图是要制造出一个与齐国君主相关的"形式"，是为了要利用历史才对历史进行整理的。学者都知道"桓公"的"桓"字包含武的意思（因此有了"桓武"一词），所以才用了这个"桓"字。古人知道"隐"字通常没有附带的含义，所以才将文人作为圣人，论述其实"隐"就是"贤"。文中展示了鲁国武之桓公继承了文之贤人隐公的"形式"，并暗示这就是历史发展的规律。但这也并非单纯的暗示。前文所述的逾年称元法便是最好的说明。因为这是高贵的周文王的制度（"王者孰谓？谓文王也"）。

如此一来文中想要展示的规律就是：继承周文王，名字中含有武的意思，母亲身份高贵的人成为王，并开始使用逾年称元法。预言的对象就是下一个王者——齐国的威宣王。

"母亲高贵"一说也并非只是在论述其母亲的问题。论述的中心在于未来的王者，即齐国的威宣王从母亲那里继承了商人的血统。因此，可以说威宣王对于殷商故地享有正当的统治权，并在文中不厌其烦地重复"母亲高贵"。

"叔尸镈"与夏之故地 叔尸镈的青铜铭文中记述了"虩虩成唐，
有严在帝所。尃受天命，剗（克）伐后敚
厥灵师。伊小臣唯辅。咸有九州，处禹之都"。这是齐国对于夏
王朝、商王朝历史的认识。这里还展示了一种见解，即继承商之
领域也就等同于继承了夏之领域。

这一主张与《左传》中所记录的对于夏王朝、商王朝的领域
观有些出入。《左传》中夏商两代的领域从地理空间来说是相互
独立、没有重叠的，因此书中搬出了星宿分野的说法。与此相对
的，齐国在自己的观点中强调了商王朝是定都于夏王朝最早的都
城之上的。齐人认为正是因为商王统治了包括夏都遗址的地域，
才对九州有了统治权。至于九州的范围有多大，看看叔尸被赐予
的领域有多大即可知晓。

该青铜器铭文有 80 行，492 字，内容不少。铭文最初的
地方讲述了被称为"皇君""公"的神格赐予了齐国军事权，
即广大领域的统治权。这个"皇君""公"是在春秋时代晋国
所作的侯马盟书中也可见到的类似神格（其中使用了"丕显皇
君晋公"）。

在具体记述这个广大领域的统治权的部分，有"县三百"的
记载。如果从战国中期的县的规模而言，我们可以断言这个设定
是比以山东一带与中原一带为中心的地区稍大一些的领域。即图
24 所示的"中国"及略逊一等的"诸夏"所组成的领域。

齐国之所以一边论述其对殷商故地拥有正当的统治权，一

边还在强调商都与夏都在地理空间上是重叠的，这是因为齐国有征服"诸夏"的野心，所以才会强调对其统治的正当性。但是齐国暂时还没有将野心付之于行动的能力。这就是齐国对战国时代中期局势的认识。齐国之所以有征服"诸夏"的野心，是因为田氏出身的陈国祖先就是夏朝始祖大禹的后人。田氏与夏的血统还有这样的传承关系。

魏国的《竹书纪年》与三代

《竹书纪年》与"夏"及革命

魏与前面所讲的韩国相同，都是春秋时代的大国晋国在领土国家化过程中分裂而成的国家。

魏与韩不同的是，战国时代魏王的祖先——春秋时代的魏氏与韩氏不同，他们与晋不是同族的。魏氏原本是晋侯的臣子，后来才成了诸侯，最终获得权力称王的。

于是在这个国家就需要大夫阶层取代诸侯的下克上理论。魏氏与韩氏一样将中原地区定义为特别地域，同时魏氏还编撰了自己的史书用来论述魏国的正统性。

魏国将中原一带的特别地域定为"夏"，自称大夫阶层的自己是"夏"的子孙，得新天命而掀起"革命"，以此来否定周王的权威，自称"夏王"。

魏国的领域横跨太行山山脉。太行山东面是都城大梁，太行山西侧则是晋国曾经的都城绛。我们在讲述《左传》的时候提到的夏之故地与殷商故地都在魏国国境内。

　　魏国所著的史书原本名称不详，应该是在秦统一天下的过程中失传了。直到公元3世纪从战国时代的魏国墓葬中出土为止，这本编年体史书都不为人所知。史书出土后被命名为《竹书纪年》，才为世人所知。

　　这部《竹书纪年》的成书年代早于齐国所著的《春秋》《公羊传》和韩国所著之《左传》。

　　《竹书纪年》从传说中的五帝纪开始，记录了夏纪、殷纪、周纪、晋纪，最后是魏纪。

　　这部编年史书之所以早于其他诸国史书，是因为当时魏国掌握了春秋时代晋国古都一带。由于这个关系，魏国利用了晋国流传下来的编年史书自制了《竹书纪年》。

　　晋国的编年体史书是《竹书纪年》的原型。简单地说就是，这部史书关于西周及以前的记述，是在两周之际的混乱时期传入晋国的。当时晋国君主为文侯，文侯在分裂的周王朝中作为东周的旗头活跃于历史舞台。《竹书纪年》中就能看到文侯歼灭分裂的西周的记录。

　　西周的混乱局面并未因其灭亡而结束，这种混乱一直持续到秦国东进。在这段混乱时期，一直为周所独占的技术也扩散到了各地。这种技术就是将铭文铸刻到青铜器上的技术。随着这一技术的广泛传播，各国都逐渐学会了铸刻青铜器铭文，也学会了使用汉字。

在西周时代的晋国，除了口耳相传外，几乎没有任何记录。然而在《竹书纪年》中，我们能看到相当丰富的商周记录。这是因为以前被周独占的信息传到了晋国。

晋人开始利用这些信息编撰了属于战国时代的新的编年体史书，即《竹书纪年》。

这部《竹书纪年》到了宋代后一度失散。不过由于唐代之前留下的许多注释中引用了《竹书纪年》内容，所以后人将这部史书进行了大概的复原。另外还出现了一部与这种学术性复原手段不同的明代伪作《竹书纪年》。不过，这本书虽然名为《竹书纪年》，内容却完全不同。近代的王国维等许多学者对这本伪作进行了讨论。我仔细阅读后也发现此书是参照了六朝时代的晋朝的一本书与宋代以后的多本书后编写而成的。原本满怀期待，希望能从此书中挖掘出被隐藏的史料，可是读完后再次确认了这本书是个彻头彻尾的伪作。我们将复原的《竹书纪年》称为古本《竹书纪年》，将伪作的《竹书纪年》称为今本《竹书纪年》，以示区分。

正如前文所述，魏国的国土东西横跨太行山脉。东侧是都城大梁，西侧则是晋国古都绛（参考图25）。因此，魏国也可以利用《左传》中使用的晋国神话。然而，《左传》中是通过强调说明晋都附近的汾水和洮水一带来对夏王朝的故地进行论述，与此相对应的是魏国对在太行山脉东面的一些夏王朝都城进行论述。

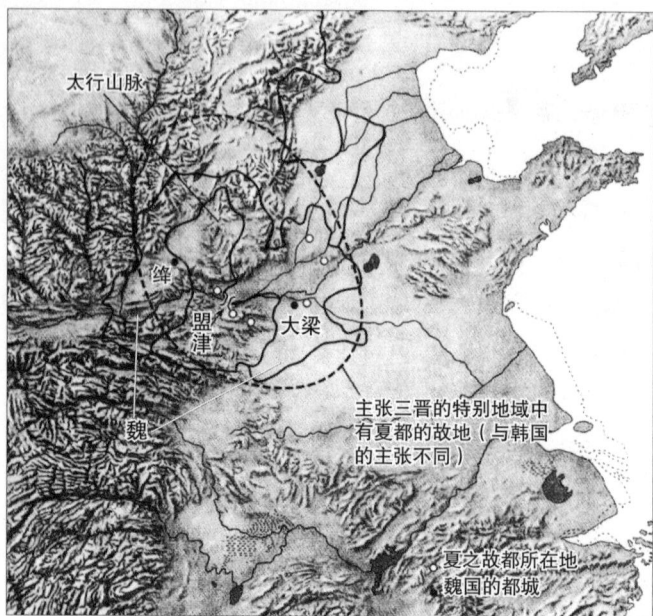

25 三晋与夏都　三晋之中，魏国都城大梁与晋国古都绛的位置由（●）表示。三晋的国境线（公元前350年左右）与夏王朝的古都用（○）表示。出自谭其骧主编的《中国历史地图集》第一册

　　《竹书纪年》中所示的地名具体对应着现在的哪些地方，尚需进行严密的考证和论述。不过在这里我们还是先把大多数学者认为可能性较大的地点在图25中标示出来以供参考。

　　韩国认为自己继承了晋国，因此对夏王朝的故地具有正当统治权。与此相对，魏国的史书则是顺着诸夏的大夫以下克上、成为诸侯、最终称王的历史发展而展开。只不过魏国将许多夏王朝的故地都设定到了自己的领土范围内。

夏王朝与商王朝的故地在魏、赵、韩三国共同视为"诸夏"之地的特别领域当中，而非完全属于这三个国家中的任何一个。因此，这三国在追溯历史的时候，都会准备一些对其他两国不利但对自己有利的理论，在史书中翻来覆去地强调。这种思维的不同点体现为《左传》与《竹书纪年》中所强调的夏之故地的不同。

《竹书纪年》中体现出的对周朝权威的继承

当我们翻开复原的《竹书纪年》（这里讲的自然是古本），我们会发现书中创造了一种直接继承周王朝权威的"形式"。传说中五帝的时代被总结在一个纪年中，接下来是夏纪、殷纪、周纪，即所谓的三代。周纪之后则是晋纪。晋是魏氏与韩氏、赵氏三分天下的国家。晋纪之后紧接着就是魏纪。晋纪是作为诸侯的晋的编年史，魏纪也是从魏作为诸侯后开始记录的编年史，并且魏纪从半途开始就变成了王的编年史。

魏王的纪年开始时采用的是逾年称元法。逾年是转过年的意思。换句话说，即是前一任君主驾崩的那一年暂不称元年，新君王要等到第二年的元旦才开始使用新纪年，始称元年。

逾年称元法是战国中期，即公元前4世纪才开始进入人们视野的一种称元法。不过我们也可以从历史来追本溯源，找出其最早的原型。这就需要追溯到周王朝的时代。周武王死后，成王即位。在那个时代就有了这个"形式"。武王驾崩后，周公旦开始执政，年幼的成王在周公的养育下逐渐长大成人。过了一定时间后才重新即位称王。成王即位后，新的元年便是从正月元旦开始的。周公执政时期和成王即位时期是两个不同的时期，这两个时期有各自不同的年号。这个事实到了战国时代被后人重新加以解释并用来充实自己的理论。

周公执政原本是应周王朝的权力集团要求才开始的，但是这段历史到了战国时代就被加上了新的解释。战国时代已经进入了通过官僚统治地方的文书行政的时代。这个时代需要对非继承血缘而享有的权威进行解释和说明。新即位的王必须是不因血缘关系而即位的王。那么，新的王凭什么能够继承王位呢？古人给出的答案是有德。能看清此人是否有德的就是圣人贤者。得到了圣人的认证后，新的元年就从正月元旦开始了。新元年的开始一般是在上一年宣布的。宣布新元年后，转过年，从元旦起正式开始新的元年。正如前文所述，跨年被称为"逾年"，这种称元法被称为"逾年称元法"。

这种逾年称元法就这样始于战国时代，然后被世世代代继承下去。

魏惠成王作为魏侯即位，并在中途宣布改元登上王位，次年开始了新的元年。惠成王是惠王加成王。就像惠成王这样，王号是由多个字组成的。

由于惠成王是惠王加成王，所以他的名称与以前的周成王相同，如此一来就出现了一个"形式"，即同样名称的王开始使用同样的逾年称元法。

　　作为编年史的"形式"，魏国的惠成王即位称王之前的历史也要写得与周成王的情况相同。周王朝在武王时灭商。武王之前为文王，但文王是追封的谥号。文王生前的时代仍然是商王朝的亡国之君商纣的时代。周纪从武王开始，武王之后是周公，周公之后则是成王。魏纪也是从武侯开始的。武侯之前是文侯，文侯的时代仍然是晋纪记录的年代。武侯之后是诸侯惠成王的时代，后来变成了作为王的惠成王的时代。

　　这里惠成王并不是简单地即位称王，而是很明显地走了一个追溯文、武来复兴周王权威的"形式"。

　　继承周王的权威就必须要对周王朝进行否定，也就是需要革命。继承与革命并存于"形式"当中。《竹书纪年》中所展示的文、武、成继承的"形式"是想说明周之文、武的权威被魏国的成继承，这是在否定周王朝称王的意义上对革命进行了说明。

**魏的惠成王与
夏王朝的权威**

　　惠成王否定周王朝的"形式"中重叠着复兴夏王朝的影子。

　　《战国策·秦策四》中有下面这段话：

　　魏伐邯郸，因退为逢泽之遇，乘夏车，称夏王，朝为天子，天下皆从。齐太公闻之，举兵伐魏，壤地两分，国家大危。梁王身抱质执璧，请为陈侯臣，天下乃释梁。郢威王闻之，寝不寐，食不饱，帅天下百姓以与申缚遇于泗水之上，而大败申缚。

同样的故事在《齐策五》中也有记载，并与上文形成相互补充的形式。

　　昔者，魏王拥土千里，带甲三十六万，其强而拔邯郸，西围定阳，又从十二诸侯朝天子，以西谋秦。秦王恐之，寝不安席，食不甘味。令于境内，尽堞中为战具，竟为守备，为死士，置将，以待魏氏。卫鞅（商鞅）谋于秦王曰："夫魏氏其功大，而令行于天下，有十二诸侯而朝天子，其与必众，故以一秦而敌大魏，恐不如。王何不使臣见魏王，则臣请必北魏矣。"秦王许诺。卫鞅见魏王曰："大王之功大矣，令行于天下矣。今大王之所从十二诸侯，非宋、卫也，则邹、鲁、陈、蔡，此固大王之所以鞭箠使也，不足以王天下。大王不若北取燕，东伐齐，则赵必从矣；西取秦，南伐楚，则韩必从矣。大王有伐齐、楚心，而从天下之志，则王业见矣。大王不如先行王服，然后图齐、楚。"魏王说于卫鞅之言也，故身广公宫，制丹衣柱，建九斿，从七星之旗。此天子之位也，而魏王处之。于是齐、楚怒，诸侯奔齐，齐人伐魏，杀其太子，覆其十万之军。魏王大恐，跣行按兵于国，而东次于齐，然后天下乃舍之。当是时，秦王垂拱受西河之外（黄河西面），而不以德魏王。

然后《秦策五》中还有下面这一段。

> 梁君（魏王）伐楚胜齐，制赵、韩之兵，驱十二诸侯以朝
> 天子于孟津，后子死，身布冠而拘于秦。

魏国压制了诸国并举行庆典。"会于孟津"与"逢泽之遇"说的是同一件事。逢泽是黄河流域的一个地名，孟（盟）津是黄河的渡口。周武王举兵伐纣，曾从那里横渡黄河，是个非常具有象征意义的地点。

魏王之所以选了这个地方举行庆典，是想要逼迫周让出权威。因此周围的诸国团结起来攻打魏国。

这里魏王称"夏王"，逼迫周让出权威。这是复兴夏王朝与否定周王朝两个论点组合而成的"形式"。

魏国还开始使用新的历法，并说明这个历法是与夏王朝息息相关的。齐国与韩国也采用了相同的历法。虽然国家不同，具体内容多少有些出入，这是迫于主张独立性的需要，但是大家都用了同一个说明方法，即所使用的历法都与夏王朝关系密切。

至于魏国有没有利用神话进行论述，这点尚不清楚。不过前面也已经介绍了，魏国的神话利用状况要么与《左传》中的晋国神话相同，要么是使用了类似的方法论述。之后，为了对"革命"进行论述，魏国就有必要排除作为"外地人"的"诸姬"（姬姓诸侯），复兴被奴役的"诸夏"。因此魏王才自称为"夏王"。

魏氏与编撰《左传》的韩氏不同，他们并不是"诸姬"的后裔。因此，就像齐国的田氏热心于宣扬下克上理论，魏氏在中原

地区也积极推广相同的下克上理论。魏氏把《左传》中将"诸姬"看做"外地人"的理论推到了前面，在此基础上，他们在"诸夏"之地论述了下克上的理论，排演了一出夏王朝复兴的大戏。

楚国的祖先神话与三代

与传说中的帝王之间的关系

前面提到的战国诸国将夏王朝与商王朝的故地设定为中原一带，各自论述了自己的国家如何对这些地方享有正当的统治权。就在这时，盘踞在长江流域的大国楚国也开始总结自己独有的祖先神话。

楚国也努力让传说中的帝王与自己的祖先产生联系，只不过与祖先产生联系的并不是夏王朝和商王朝，而是祝融这个传说中的帝王，以及更早一些的传说中的帝王颛顼。

楚国的这类传说在很多书中都有部分记载。《史记·楚世家》中有一段完整的记录。不过在《史记》成书的西汉中期与战国时代之间，还有秦始皇死后陈胜吴广的叛乱，还有项羽的时代，并且到了汉代后还有黥布的叛乱。这些人都是效仿了楚继承正统的"形式"。

后来楚国攻下了东方，将越国置于统治之下。越之故地有时被称为"楚"，有时又被追溯至"越"。

直到汉武帝时，有个叫南越（越帝的国家，大本营在广东）

26 战国中期楚国领域与对领土统治正当性的主张　出自谭其骧主编的《中国历史地图集》第一册，有部分修改。①为新石器时代以来的文化领域中的两湖区，春秋时代的楚首先确立其大国地位的地方。②为春秋时代楚国势力扩张，与中原势力、吴、越争夺领土的地方。③是以②为原型加上神话后，楚国想要纳入统治范围的地域。④是楚国争夺②时攻破越（吴）大本营企图纳入统治范围的领域

的国家与汉对立。这个国家所标榜的"越"其实是继承了被楚国所灭、受其统治的越国故地。

　　这些战国时代到汉代为止的各国所采用的传说极有可能混杂在《史记》之中，这个是大家需要注意的。

　　前文讨论过《左传》中也有楚国祖先神话的记载。《左传·僖公二十六年》就记载了楚国和与其同族的国家夔之间的摩擦。造

成摩擦的问题是是否祭祀两国共同的祖先祝融与鬻熊。书中提到了夔国的主张，即自从"先王熊挚"逃到夔国之后，楚国与夔国就断了国交。《史记·楚世家》中记录了熊挚之弟熊延弑兄夺位之事。《左传》中虽没有"逃"的记录，但实际上从系谱来讲还是吻合的。

《楚辞》是公认的与楚国相关的诗集，《离骚篇》就是以"帝高阳（颛顼）之苗裔兮"这句开篇的。《楚辞》是假托屈原之名而做的诗集，这也表示了屈原的祖先是颛顼。《史记·楚世家》中也有关于颛顼是祝融祖先的记载。

接下来我将为大家介绍与传说有关的"层累说"，这就需要大家发挥一下想象力了。这种观点认为传说的年代经过后世的不断累加，在时代愈后的史书中，其传说的古史期愈长。

江户时代的富永仲基也提出过类似的理论，只不过他论述的对象与顾颉刚先生不同。关于他的理论，内藤湖南的介绍是比较有名的。

因此，如果我们介绍那本是那样，这本书里是这样，按一加一再除以二的方法进行说明，后世累加的东西会以一种奇怪的状态，变形之后再保留下来，也会变成一种非常奇怪的解释。

关于夏王朝、商王朝、周王朝的论述是在战国时代才开始的。后来人们又在这三代之前加上了以尧、舜为代表的圣人政治的故事。在另一个系统中，战国时代的各国都有关于自己祖先的讨论。以祝融为祖先讨论祖先神话的楚国又将历史往前推，从颛顼开始说起。楚国传说中的颛顼比尧、舜还早。为了证明自己的历史更悠久，其他国家或王朝便主张在颛顼之前还有黄帝的存在。这就是魏国与齐国。前者从黄帝说起，论及五帝之历史，后接夏王朝。后者则是标榜自己是黄帝的子孙。黄帝的子孙是周代的陈国人，而田氏就是陈国君主一族的分支。

《左传》中记载的楚国祖先

神话故事不断地被后人添油加醋，日渐丰富和完善，到了《左传》的时候，能添加的东西也所剩无几了。于是在《左传》中出现了分支，即颛顼的子孙中出现了圣人贤者与痴傻愚者。《左传·文公十八年》中有这样的记载：高阳氏（颛顼）有才子八人，天下人称赞他们为"八恺"（八恺分别是苍舒、𬪩敳、梼戭、大临、尨降、庭坚、仲容、叔达）。高辛（帝喾）氏有才子八人，天下称之为"八元"（八元分别为伯奋、仲堪、叔献、季仲、伯虎、仲熊、叔豹、季狸）。尧帝时未能启用这些才子，舜帝时，这些才子才得到重用。然而，帝鸿氏、少皞氏、颛顼氏都有不才之子。这三个氏族由于他们的不才之子，世世代代积累了不少恶名，到了尧帝的时代这一现状也没能得到改善。这三个不才子加上缙云氏的不才之子，就是人们所称的"四凶"。后来舜重用前面的十六位才子，"举十六相，去四凶"，放逐了四凶，留下了巨大的功绩，受到人民拥戴。

《左传》所载的颛顼的子孙之中，被舜帝放逐的不才之子后来成了楚的祖先。《左传》中是有这样的暗示的。

《左传》在介绍楚王事迹时，费尽苦心想让大家知道"楚子"就是"楚王"。《左传》引用的材料中还有很多地方原本是用"楚王"这个词。《左传》并没有直接使用这些引用材料的表述方法，而是混用"楚王"和"楚子"，实际上就是为了让读者知道书中的"楚王"就是"楚子"。

相应的，书中对于楚王之子也不称其为"王子"，而是一律称"公子"。这点与其称周王之子为"王子"的表述方法形成了鲜明的对比。

在《左传》的引用材料中，有些场景只把"楚王"作为"楚子"来介绍。例如有名的楚庄王向周"问鼎之大小轻重焉"（《左传·宣公三年》）的情节。这段记录中一次都没有出现过"楚王"的表述。并且，既然是将权威作为问题来讨论，其话题本来应该是德才对，但是没想到"楚子"居然只问了个没有实质意义的问题，即问一个鼎的大小轻重如何。

就像这样，《左传》是戴着有色眼镜来看待楚王的，所以阅读时必须仔细分析才能看出哪些内容是客观描述的，哪些内容是在故意贬低楚王的。《左传》在反驳某种正统论时所用的方法就是叙述一些对那种正统理论不利的"事实"。《左传》的记录中有很多的"事实"。若我们对这些"事实"进行改写或添加的话，就会引起内容的逆转，那么所记述事情的原貌究竟如何就值得深思了。

一般认为，齐的祖先是黄帝，但在《左传·昭公十七年》中提到了黄帝氏以云纪，炎帝神农氏以火纪，共工氏以水纪，大皞氏以龙纪，并把他们都变成相对的概念。虽然没有像对楚那样明目张胆地贬低，行文中却也流露出认为他们还是差强人意的味道。

此外，在《左传·昭公十七年》中言及宋、卫、陈、郑，讲述了宋为大辰之虚（虚为殷虚的虚，意为故地。这里指祭祀基准星宿心宿之地的故地），陈为大皞之虚，郑为祝融之虚，卫为颛顼之虚。书中将位于天空坐标大辰之虚的宋放在一个特殊的绝对的位置，然后把其他三国变成一个相对的概念，引出了自己的论点，即无论是祝融之虚还是颛顼之虚，这些地方迟早都会到韩国的手中。

这里需要再次强调的是楚国的祖先神话不仅仅存在于一种晦涩难懂的体裁流传至今，而且还像韩国《左传》中的记录一样，更多是存在于那些敌对国对楚国诽谤的"形式"之中。因此，我们对于其他国家的记录不能直接使用，而是需要跳出史书的视角，站在楚国的立场来讨论书中的"事实"是否还原了历史的真相。

如果按照这种方法进行检索，顺藤摸瓜，我们就能发现楚国论点的基础是靠祝融及颛顼的存在来对夏王朝、商王朝的权威进行否定。

如此一来，我们就可以认为战国时代楚国的特别地域不局限于湖北、湖南一带，而且还进一步向外延伸，涵盖了已经多次提及的殷商故地，以及前文提到的宋、卫、陈、郑四国之地了。只是，楚人继承的并不是商王朝，而是楚人自己的祖先祝融及颛顼的故地而已。

这里商王朝完全没有被当回事，而夏王朝根本就是特别地域之外的地方。

此外，在《左传·哀公六年》有这样的记载。其内容是楚昭王说的一段话。这段记录中除了使用"昭王"这个称呼，还用了"楚子"的表述，而"楚王"自始至终都没有出现过。昭王说"三代命祀，祭不越望。江、汉、雎、漳，楚之望也。祸福之至，不是过也。不谷虽不德，河（黄河）非所获罪也"。对此，《左传》中让孔子回答道"楚昭王知大道矣！其不失国也，宜哉"，然后引用《夏书》进一步做了若干修正，最后总结为"允出兹在兹"，只要不越轨，安守本分便可。其实《左传》想传达的意思就是安守本分的楚国的特别地域只有他提及的长江、汉水、雎水、漳水范围内的湖北一带而已。

而这个特别地域正是新石器时代以来的文化地域。楚人之所以认为这个特别地域包括殷商故地，是因为他们这时开始蚕食邻国的土地了，而对于越之故地亦然。

楚国对周王朝权威的继承　我们可以从敌对国家的文献中看出某一个国家的论点。例如韩在《左传》中提及了山东一带的诸侯中有夏王朝的后裔。在这个论述中，这些夏王朝的子孙被描述成野蛮人，即使灭亡了也毫不足惜。如此一来，韩人便在《左传》中创造了一种"形式"：山东的齐国就算杀光了夏之后裔，也不见得有统治夏之故地的正当权利。

同样，如果我们仔细研究敌对国家文献中的楚国形象，就能挖掘出楚国对其继承周王朝权威的主张。

楚国在春秋时代称王，这是为了与东周抗衡的结果。最初称王的是成王，成王后来又追封其先王为文王和武王。诅咒成王至威王历代楚王的文章成文于战国时代的秦国，这些文字是刻在石头上的，称为诅楚文。由于原石已经遗失，所以现在我们只能通过以拓本为原型的资料知晓其内容。

诅楚文记述的是楚成王以来的事件。文书本身涵盖了从秦穆公至惠文君一共十八代秦君，诅咒的是与之时代相同的楚王。与秦穆公（也写作缪公，公元前660—前621年在位）同一时期的楚王是成王（公元前671—前626年在位）。他是楚国第一个称王的人。成王之前的王号楚武王、楚文王其实只不过是追封的而已。由于之前两个都是追封的，所以秦国没有将其算在内，只诅咒成王及以后的楚王。

楚武王、文王都是追封的，其目的在于对抗周王朝及史书《春秋》。楚武王在位时间（公元前740—前690年）早于《春秋》（公元前722年），并与东周王朝第一位周王平王（公元前770—前720年在位）在位时间重叠。

周平王为了继承祖先周文王与武王的荣耀与正统，定都于东都雒邑。这里也提及了周文王和武王。这段记忆被作为《春秋》

的"形式"利用。因此，为了创造一个能与《春秋》相抗衡的"形式"，就要求这个新的"形式"能把周王的权威从文王传承到武王的"形式"否定掉。

将武王定义为初代楚王的王号，且将该王号用来对抗周平王的话，追溯到以往的周王时，便可以展开一种理论"形式"，即只要楚王是武王，那继承周文王权威的便不是周武王，而是楚武王。以这种"形式"进行讨论之后，便可以将周文王之后的周王，即通过革命推翻商王朝的周王朝从根本上否定掉。

而且新的"形式"是周文王之德，后来为楚武王继承了，而非周武王。由此，楚国虽承认了西周文王的个人权威，并将周王朝的权威完全抹杀掉了。并且周的权威并未被西周所继承，而是超越了时代，被楚继承了。这便是楚国创造出的"形式"。另一方面，楚人还否定了一切与夏王朝、商王朝相关的"形式"，强调自己才拥有真正的血统。

对周王朝的继承，对夏王朝的复兴，以及下克上，在这些论点当中，楚国只论述了对周王朝的继承。楚人只利用了周文王来创造自己独有的"形式"，而对复兴夏王朝和下克上这两个论点，则避而不谈。这就是楚国继承正统的"形式"。

我们从这个"形式"来解读楚国领土扩张的野心，就能看出楚国人所谓的特别地域湖北、湖南是他们享有正当统治权的领土。这片土地的东北一带是中原一带，中原一带有夏之故地与殷商故地。这片土地的西面与陕西相接壤，而陕西一带有周之故地。楚人用颛顼的存在否定了夏王朝的权威，用祝融的存在否定了商王朝的权威。前面引用的《左传·昭公十七年》的传说中记载了卫国有颛顼之虚，郑有祝融之虚，这两个地方都在商王朝故地的范围内。

我们之前也说了韩国与齐国都对这片故地虎视眈眈。楚国也有同样的野心，只是这种野心是通过神话的形式表现出来的。

韩国统治下的领土占据了中原的中枢之地，东迁之后的周就在此处。而周所创造出来的文王、武王的理论被楚国否定了。因此，上文提到的楚成王继承周文王之德这个"形式"本身虽然与周王朝有着密不可分的联系，但是作为一种领土主张，我们可以看出楚国是由于对中原地区虎视眈眈，想要将之收入囊中，才创造出了这种理论。

前文中我也提到过多次，夏之故地与殷商故地是由周王朝收编统治。周王朝的故地到了春秋时代成了秦这个大国的势力范围所及之处，到了战国时代便成为秦国的领土。夏之故地与殷商故地到了春秋时代是被划入晋国的势力范围的，到了战国时代，赵、魏、韩三家分晋，这片土地便被这三家瓜分。因此目前看来，楚国对这些地方并没有直接的统治权力。虽然楚人可以宣称自己将来对这片大地有正当的统治权，但是现实却是可望不可即的。所以楚人可以向齐国学习。齐国将殷商故地收入自己的特别地域之中，却将夏之故地看做略低一等的地域。

楚国当时的认识也极其相似。无论是夏之故地，还是殷商故地，抑或是周之故地，都是比楚国略低一等的地域。

只是实际上，楚人对于自己继承了其汉字文化的周还是抱有一些非比寻常的想法。正是这些想法让楚人只对周文王给予了很高的评价。因为推翻商人统治的是周武王，所以只要对周武王及其以后的历代周王不予评价，便不会构成对武王克商这段历史的肯定。因此正如前文所述，楚成王追封上一任的楚国君王为武王，创造出了由楚国的武王取代周之武王来继承周文王王权的"形式"。

此外，《史记·楚世家》中记载了早在西周时代楚王便开始使用王号了，即楚王祖先熊渠长子康为句亶王，次子红为鄂王，三子执疵为越章王。但是故事后来变成了熊渠的三个儿子称王后害怕周厉王来讨伐他们，因此放弃了称王。这段故事是我们在楚国本国自以为傲的记载中看不到的。这段也是从敌对国对楚国进行的诽谤故事中演变而来的。请大家不要忘了周厉王是个失道失德的亡国之君，还被诸侯从周王的宝座上赶了下来。如果连这样的丧国昏君都畏惧，那真是比失道失德的等级还低了。因此在《史记》中，楚王就这么变成了连周厉王都不如的人的子孙了。

楚国挥师东进，吞并了越国。只是楚国对越国故地的正当统治权的主张并没有像他们对中原一带的论述那样展开。

中山国的正统性主张与三代

**中山国的正统性主张
与《穀梁传》**

战国时代的中山王国的祖先称为鲜虞。根据不同古籍记载，有的认为他们是白狄的一支，有人认为他们是北方外族的一支，后来进入中原。

总之，中山国被中原诸国当做外族人。在这个意义上，中山国与秦楚有相通之处。这个中山国的史书即是《穀梁传》。

《穀梁传》对其之前的齐国《春秋》《公羊传》以及韩国《左传》所创造出来的"形式"加以利用，创造出了一种新的理论，对齐韩之说进行否定。

《穀梁传》中论述的"中国"与《公羊传》一样。不过《穀梁传》中涉及的地域范围比《公羊传》中的"中国"更广，除了齐、宋之外，还包含了卫、郑、蔡、鲜虞等地。其他国家则称为"夷狄"或"狄"，皆为野蛮人。《穀梁传》中"夷狄"一般被称为"狄"，野蛮人全都被称为"狄"。

《穀梁传》的特点是除了晋之外，其余西周诸侯国都包含在"中国"的范围之内。然后这些诸侯国一个接着一个走向灭亡的道路。

另一方面，《穀梁传》否定了下克上的理论。书中认为公侯、大夫的等级分明，不能犯上作乱，应该重兴君臣之道。因此诸侯国虽在"中国"范围之内，但以大夫身份以下犯上称为国君的魏氏、赵氏以及齐国田氏都被踢出了"中国"的范畴。

其中对鲁国的观点极为尖锐，《榖梁传》认为桓公杀害了隐公，是弑君篡位，根本没有继承周公之德（桓公二年）。此外，晋国与夷狄无异，所以称之为"狄"（昭公十二年）。因为韩氏也是晋的一族，所以若其硬要说自己是诸侯，那也算他是个诸侯。但是《榖梁传》还是再三强调了晋国是"狄"的观点。

被视为"中国"的诸侯接二连三地亡国，战国时代的诸侯国唯一剩下的就只有鲜虞了。所以最后的"中国"就只有鲜虞了。鲜虞是春秋时代的名称，到了战国时代鲜虞则改名成了中山国。《榖梁传》是由中山国撰写的，所以书中自然而然就出现了这样的"形式"。

在齐国人眼中，只有齐与宋才算"中国"。如果我们沿着《公羊传》的理论顺藤摸瓜则会发现，齐国国君与鲁国国君的一族是犯了近亲相奸大忌的齐釐公的后裔。鲁桓公之子实则为齐釐公之子（一般观点认为他是齐釐公之子襄公的孩子）。并且"大夫"弑君是家常便饭之事，再加上些理由，于是便创造出了只将大夫出身的田氏政权算在"中国"范围之内了。另一方面，《榖梁传》中却将其他诸侯算在了"中国"的范畴内，而非田氏。

《榖梁传》中对下克上的理论进行否定，突出了中山国的位置，认为只此一家才是正统的"中国"。

中山国的"中国"与三代　《穀梁传》中被称为"中国"的领域如图27所示。其中周（雒邑）与鲁，以及《左传》称为"东夏"的殷商故地都包含其中。《左传》称为"夏"的领域也有一部分包含其中，魏国话题中的夏都（参考图25）也在《穀梁传》的"中国"版图之内。

这样一来，夏王朝、商王朝、周王朝三代的故地都可以用某种方法使之与"中国"产生联系进行论述。

书中并没有提到中山王与夏之间有什么直接关系。这点看来是沿用了齐国的观点。

然而，与齐国不同的是，中山国并没有强调自己与商王朝的联系，这与齐国通过商来将其对夏之故地的统治权正当化不太相同。《穀梁传》中缺少这种正当化的理论。这点却与楚国的理论有异曲同工之妙。楚国人也是直接无视夏商的存在，只论及对周王朝的继承权。

只是，中山国与楚国也有不同。与楚国只字不提"中国"不同，中山国则主张自己就是"中国"。中山国的想法是周的诸侯国都在"中国"之中，"中国"的继承权后来从周移交到了中山手中。

此外，虽然在书中并未对历法进行强调，但《穀梁传》中所记载的中山国历法是"夏正"（夏正为夏王朝所使用的历法。与"周正""殷正"一同出现于战国时代），与魏、齐、赵、韩等所采用的历法相同。书中通过使用"夏正"来创造了一种复兴夏王朝的"形式"。

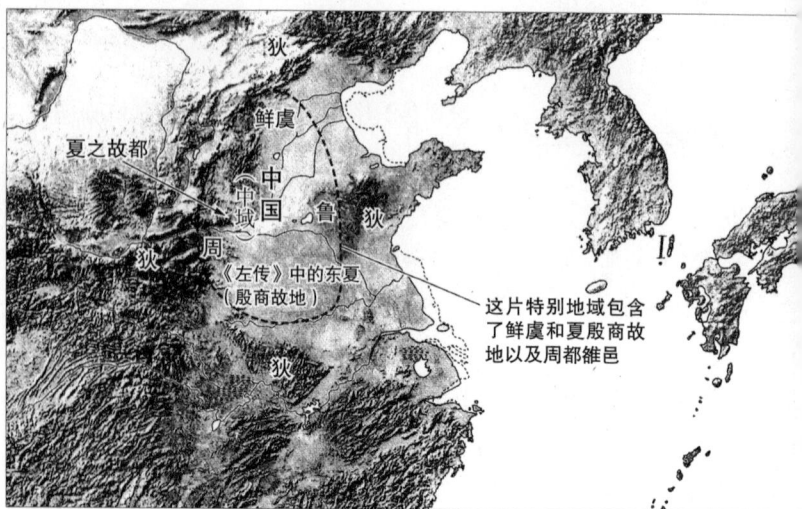

狄
鲜虞
夏之故都
中国（中域）
周
狄
鲁
《左传》中的东夏
（殷商故地）
狄
这片特别地域包含
了鲜虞和夏殷商故
地以及周都雒邑

27《榖梁传》的特别地域"中国"（中域）与周边的野蛮之地　《榖梁传》中的中山国被定义为"中国"，包含了鲜虞·周·鲁及《左传》的东夏一带。不承认下克上的理论。一直幸存到战国时代的中国诸侯就只有鲜虞（中山）。夏朝的故都在"中国"的西部，商朝的在南部，周（雒邑）在西南部。圣人孔子出生的国家鲁国在东部。中山国设定了一个能将三代故地都包括在内的"中国"版图，创造出了复兴夏王朝制度的"形式"

　　夏王朝、商王朝、周王朝这三代被置于中山国的特别地域之内，然后又在别的地方设定一个中心地，接着从周王朝手中接过王权的接力棒。这就是中山国所勾画的历史，这点大概是受了《左传》的影响。《榖梁传》是大量参考了《左传》内容而编成的。这点我们可以从书中许多地方的记录推断出来。关于三代的定位，我们也能在《榖梁传》中看到《左传》的影子。

汉王朝对三代的继承"形式"

战国时代正统继承的"形式"与汉王朝

我们在前面介绍了以"夏"或"中国"为主角的论点，即下克上的理论。这个"夏"或"中国"的部分体现了韩国或魏国等领土国家作为独立国家而存在的一个属性。因此在其他国家，这个"夏"或"中国"的部分被换成其他词汇来表示，或者即使词汇相同，具体内容也有出入。战国诸国在各自的史书中构建了一个特别地域，并以此为基础创造出了一个个正当的"形式"来阐释自己的正统性。不同之处只在于到底是把哪一片土地定义为特别地域。这些国家的共同点是都创造了一个对以下犯上的正当性进行肯定的理论框架。

对于战国列国的三代观与革命观，我们已经进行了大量的论述。为了进一步加深理解，接下来我们再来讨论一下能够提供更多"事实"的汉代史书。

汉王朝继承了秦的统治，将战国时代多个特别地域的独特性统统抹杀。他们挖空心思擦去战国列国的独立色彩，只将周王朝放在了特别的位置上进行论述。在汉代人的史书中，他们继承了周王朝的天下，同时也展示了汉王朝的独特性。于是被继承的周王朝也必须和自己一样成为统一天下的王朝。被周王朝推翻的商王朝，以及商之前的夏王朝也必须是统一天下的王朝。

夏王朝
⬇
革命
⬇
商王朝
⬇
革命
⬇
周王朝
⬇
秦的介入
⬇
汉王朝　夏之复兴

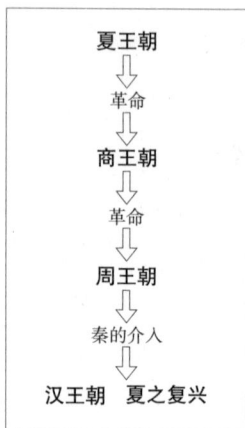

28 汉王朝对三代的继承"形式"

　　但是摆在汉代史官面前的战国时代以来的典籍都明明白白地记载着天下的范围及其范围内的特别地域。如果原封不动地引用已有典籍进行论述，则汉王朝就不能很好地阐释其立场和正统性。为了成功去除这些障碍，汉代史官花费了相当长的时间。这个问题在西汉时代并没有得到很好的解决。这个历史课题经历了王莽时期的讨论，到了东汉时期才终于打磨出了个像模像样的"形式"。史官决定给已有的典籍都加上注释。

　　有了后人的注释，古代典籍的内容渐渐发生了变化。有了这些注释后，战国时代各个国家所构想出的特别地域的范围变得模糊不清，最终特别地域就只剩下周的王都（东迁后的）雒邑即洛阳一带了。

　　王都雒邑（洛阳）被赋予特殊的地位，其原因是东汉时代的王都就在洛阳。西周的故地在陕西的镐京（今西安），东迁之后王都变成了雒邑。汉王朝与周朝相仿。西汉都城定于长安，而到了东汉时代便迁到了洛阳。一切都这么巧合。因此可想而知，汉代史官一方面赋予周王朝独特的地位，另一方面将大家的目光集中在雒邑上，其背后真正的原因就是为了说明东汉王朝的正统性。在东汉时代，光武帝结束了王莽的统治，光复汉王朝。他被定义为至高无上的存在。而西汉虽然也是自己的王朝，但因为最终招致了王莽的篡位，所以比起东汉地位多少要低一些。

经过史官的加工，给王都雒邑赋予特别地位，再给典籍添加注释之后，战国时代的地域主义理论与汉代的天下理论之间的分界线就变得越来越模糊了。

此外，在战国时代各国论点之中，唯有下克上的理论框架被保留了下来。

倘若仔细推敲，可能会发现史书中有许多矛盾的地方，但史官们为了掩盖各国矛盾的观点，逐步添加了注释和说明，巧妙地回避了这些问题。

在汉代史官给古代典籍添加注释之前，很多典籍都只有光秃秃的原文，因此西汉时代基本的政策是无视这些原文的内容。特别是从秦始皇到汉武帝登场的这段历史，更是采取了极端的手段进行遮掩。汉代甚至制定了法律，规定人们不得私自藏书，想方设法防止反对朝廷主张的书籍流入人们的视野。

时代开始改头换面，到了西汉中期汉武帝时期，《史记》问世了。汉王朝的观点与主张就是通过这个《史记》展示出来的。

《史记》论述了"天下"之后才开始讲述夏王朝、商王朝、周王朝的历史。于是书中便制造出了一个概念——世上原本就存在君临天下的统治者。因为还是西汉时代，所以书中尚未出现将世人的目光集中到雒邑的设计。

在《史记》所创造出的"形式"中，夏王朝、商王朝、周王朝都是统一天下的王朝，三者之间的关系是政权交替的关系。当这一政权交替轮回一周之后，继承周王朝的自然就应该是新的夏王朝了。

在西汉武帝之前，史官用的还是继承秦朝皇权的"形式"。这一"形式"的关键就在于历法。秦历是融合了夏王朝的夏正与战国时期楚国的历法楚正的折中历法。西汉前期继承了秦朝的皇权，自然是用的是秦历。

经过几番讨论，到汉武帝时，决定采用战国时代许多国家都喜欢的"形式"，提倡光复夏王朝，于是便重新开始使用夏正。这时，汉武帝作为夏王朝的复兴者成为至高无上的存在。

这种与复兴夏王朝相关的"形式"，后来基本上被历代王朝所继承。后世历代王朝大都将王朝的开国皇帝奉为至高无上的存在，并使用夏正作为其历法。虽然也有一部分例外，某些王朝采用了殷正或周正，不过绝大多数王朝采用的都是夏正。

在战国时代的古典文本中，人们讨论了历法的循环，从夏正到殷正，从殷正到周正，然后再从周正回归到夏正。可是后世的王朝几乎都使用夏正。其原因在于，从西汉至东汉，作为正统所继承的"形"发生了改变，典籍文本的内容同时也发生了变化，而改变之后的内容又都为后世各朝代所继承。在继承汉代的基础上，各朝代又将各自的始祖奉为至高的存在。

象征汉王朝正统性的物品　　　　虽然都被称为夏正，不过现在的夏正是经过改良、计算也更加精密的历法。

关于汉王朝的记录比较多。汉王朝的制度虽然不是原封不动沿用战国时代的制度，但确实继承了战国时代的东西。因此从这些记录中抽出所继承的战国时代以来的制度，对于讨论继承三代的"形式"也是非常有效的方法。

讨论的对象是象征汉王朝皇帝的物品。相信大家都很清楚，这就是传国玉玺与斩蛇之剑。

传国玉玺作为秦始皇以来的皇权象征，在汉灭秦时从秦王移交到了汉王手中。正如其名，秦始皇是中国历史上第一个皇帝。皇帝是作为超越战国时代诸王的存在，是作为夏王再次执掌皇权。因此传国玉玺是意味着复兴夏王朝的神圣物品。

斩蛇之剑是与汉高祖刘邦有关的物品。刘邦从区区农民之身发迹，最终登上皇位。这是典型的"下克上"，而斩蛇之剑就是证明这个始祖确实是有当皇帝资格的物品。因此斩蛇之剑就变成了始祖传说的具体象征物品。此外，从刘邦地位的上升而言，这个斩蛇之剑就是"下克上"的具体象征物。

说到始祖传说，《史记》中介绍了刘邦之母刘媪的氏为"刘"，其母感龙而生刘邦（后文中我们再做详细介绍）的经过。

此外还有一个被作为物品论及的就是文武胙（关于这个，我会在后文详谈）。文武胙指的是周王祭祀文王与武王时用的祭肉。《后汉书·礼仪志》中使用"阼阶"这个阶梯来介绍皇帝的即位仪式。即登上阼阶，举行即位仪式。即位仪式也被称为"践阼"（践阼，踩踏阼阶之意）。这个"践阼"的"阼"通"文武胙"的"胙"。战国时代魏秦两国都从周王手中受赐文武胙，并以此举行仪式表示从周的手中得到了权威。这个仪式后来成了历代君王即位的仪式，一直延续到东汉时期。

综上所述，汉代对夏王朝的复兴，对周王朝的继承，以及其始祖传说（下克上）都可以通过具体的物品体现出来。

**汉王朝所继承的
下克上理论**

在这里，希望大家再回顾一下图 21 和图 24。对于这些插图，我们也可以用刚刚论及的下克上理论来讨论。战国时代的下克上理论在前，汉代的下克上理论是在继承前人理论的基础上形成的。

图 24 所示的为齐国《公羊传》的理论。这个理论阐释了出现在战国列国中的大夫阶层弑君篡位的正当性。当一个事情有了正当的理由之后，这个事情自然就变得正当了。这一革命理论的存在向来就是学者们讨论的焦点。只是如果将具体事例放到图 24 中来看，我们就会发现最后被承认革命具有正当性的只有图中所示的特别地域"中国"里面的某个特定的大夫——田氏而已，其他国家并不在讨论之列。而且即使同样是"中国"，诸侯们也不在"中国"之中。这就是通过具体事例反映出来的史实。

　　前文提到的《左传》在讨论领土统治正当性时必然会提到夏王朝、商王朝的故地。这些故地与始祖传说相互联系地讨论。始祖作为周王朝的一族位居中原一隅，这一族是"诸姬"中优胜劣汰幸存到最后的唯一一族，因此肩负了复兴夏王朝制度的重任。对夏王朝的复兴，对周王朝的继承，以及始祖传说都被融入了这个说明之中。

　　图 21 所示的《左传》理论中，特别地域不是"中国"，而是"夏""东夏"。在这个"夏""东夏"之中，夏之遗民与商之遗民都是被统治的存在，外来的统治者为"诸姬"（姬姓诸侯）。《左传》中并没有高举革命理论的大旗擂鼓呐喊，它是通过无数个具体事实，列举了它想贬低的人物，其中作为有德的君子只有韩氏一人幸免于难。韩氏是"诸姬"之一的晋国国君的一族，而且作为旁系的大夫阶层，越来越壮大，因此《公羊传》所示的革命理论也有一部分被借用到了这里。

　　史书中也有对革命不感兴趣的，例如《穀梁传》就是最好的例子（图 27）。《穀梁传》的问题焦点仍然是作为特别地域而存在的"中国"。因为自己身处"中国"之中，所以革命就被否定了。尽管如此，也不是所有诸侯都获得了很高的评价。在《穀梁传》中，"中国"的诸侯反而都被大肆贬低了一通；唯一的例外就是鲜虞，而鲜虞就是编撰了《穀梁传》的中山国的前身。鲜虞原本就是外族的国家，因此他们认为自己与《左传》的"诸姬"一样都是外来统治者君临"中国"。

以上介绍的就是战国时代形成的下克上理论的一部分内容。战国时代各诸侯国都有反映自己独特立场的下克上理论（包括否定下克上理论的观点）。将这些东周列国的观点加以总结，并重新构筑了新理论的就是前文所提及的汉王朝的论点了。

第五章

夏王朝、商王朝的史实

禹的传说

战国时代的三代观　　让我们一边简单归纳一下前文所述要点，一边进入下面的话题。

　　战国时代的领土国家，是以新石器时代以来的文化地域作为母体建立起来的。于是，各国将自己的国家领域置于特殊的位置上，同时追溯历史，从而提出领域支配正统性的主张。在这些历史中被提及的便是夏王朝、商王朝、周王朝这三代。

　　各国的主张都有各自的不同之处。然而，在这些主张里有一个共通点，那就是：在建立一个超越周王朝的新王朝之际，创造出一个可以继承周王权威的"形式"。

　　各国的"形式"之所以相似，是因为有不容忽视的两点历史事实：周是睥睨陕西一带的大国，并且灭掉了东方的商国，扩大了其统治疆土。汉字是由周从商继承下来并垄断性地使用之后，才传播到了各国。这种汉字文化成为各国在说明其正统性时必不可少的东西，因而周王朝的权威也就自然而然地确立起来。

周王朝以前的商王朝，以及商之前的夏王朝也都被认为是汉字文化的传承者（现在甚至连夏代本身是否存在都尚未确定，目前也并未发现任何可以证明商代以前的朝代使用汉字的证据）。所以，才出现了各种各样关于"继承"的"形式"的议论。

如果从商之故地——中原的视角来看，周的诸侯则是外地人。因此人们一般是先把外地人排除出局，再来议论关于商之故地和夏之故地的问题。这里面既有秉承着"下克上"的"形式"来阐述夏之复兴的（韩国），也有通过否定"下克上"来将夏代复兴作为一种"形式"的（中山）。也有以继承商代为主要着眼点来讨论夏代复兴这一"形式"的情况（齐国）。

汉代的三代观比起战国时代的来说，既有共通之处，也有不同之点。

在汉代的三代观中，比较具有象征性的是大禹治水的传说。大禹辗转天下各地，终于成功治水。这个传说本身就是在战国时代的天下观念形成之后才有的。然而，司马迁将其录入《史记》，饰之于《夏本纪》的开头，前置《五帝本纪》，并且在其中叙述了游历天下的帝王之传说，可见战国时代多样化的地方历史观已经转变为了天下的历史观。

　　五帝的传说，是各个领土国家在论述本国的优越性时逐渐累加的帝王形象。汉王朝则将战国各国的议论统合起来，创造出了汉王朝是周王朝的直接继承者这一"形式"，汉王朝试图推出与战国时代各国一样的理论。其完成的过程就是将战国时代各国的论述混合为一体。如此一来，相互之间的不同点也就渐渐消失了，只剩下天下的论述作为一个共通的理论浮出水面。

　　因此，我们读了《史记》之后得出的三代观，就和战国时代所论述的三代观截然不同。

　　不过，即使如此，在强调共通性、抹杀不同点的部分以外，还是有一些战国时代以来的论述残存下来。虽然很难被人所察觉，但是确确实实是残留下来了。在战国时代的史书里，彼此不同的部分写得相对简单易懂。很多情况下，这些不同点却被恶意复杂化的注释弄得晦涩难懂。因此，如果将战国时代史书的原文进行相互比较，再与《史记》的原文比较之后，我们就可以发现一些来源久远的记载从隐藏的背景中逐渐明晰起来。

　　从战国时代开始回溯历史是否有可能获得一些历史认识？接下来，让我们带着向前追溯战国时代获得的历史认识，一起追寻一下夏商周三代的历史吧。

《尚书·禹贡》　　　　一提到禹，大家最先想到的恐怕应该是治水。所谓治水，就是治理水患，从而达到防治洪水、完善水路交通网的结果。

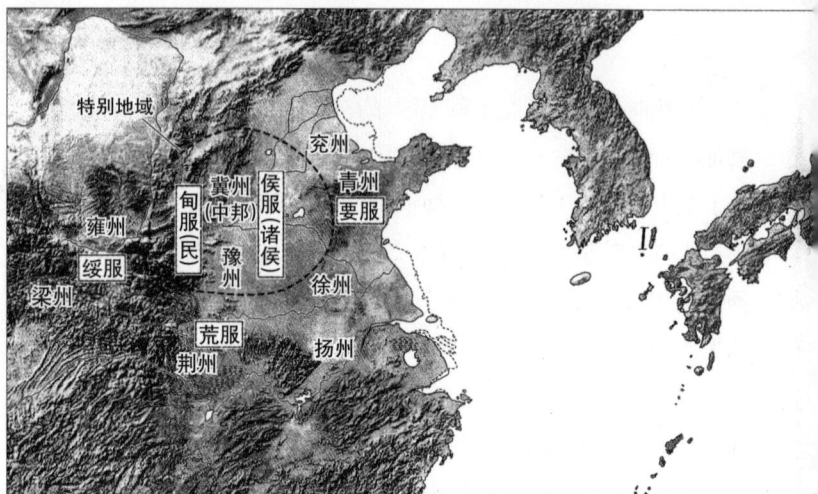

29《尚书·禹贡》中的九州和五服 《禹贡》自古被认为是战国时代的魏国所作。本书也是同样的观点。租税都集中到"中邦"的这一特点，让我们知道魏国是中心地区。在九州之中，冀州和豫州似乎被纳入了魏国的特别地域。五服中的侯服为诸侯，甸服为民，说明了特别地域中的情况。另外，参考战国时代的外族称呼，也就是贬低他国的称呼，可以判定各个地域的位置。九州与五服的名字、内容，在《尚书·禹贡》和《容成氏》中都有出入

　　铁器普及以后，水田由低洼的形态（参考图51）转变为田字形，沟渠得到完善。旱作地也划分出一定的耕作区域来。如果沟渠的完善出现错误的话，就会造成土壤中的盐分等物质堆积起来，从而引起盐害。完善沟渠之后，人们还可以有效地利用井水。

　　在交通网中，仅仅完善水路还不够，陆路也很有必要进行完善。这就在很大程度上依靠铁器。因此，有关于治水的传说其实具有浓厚的战国以后的色彩。

为了制造铁器，人们大量砍伐森林，扩大耕地，导致土壤保持水土的能力显著下降，造成地下水位上升，诱发了盐害。另外，为了取水方便而大规模地挖掘沟渠，这造成遭受盐害的地区被荒废。人类犯下了许多诸如此类的错误，因此治水一事是不能够完全用肯定的目光来看待的。不过，总体来讲，战国时代的耕地面积增加，管理水资源的技术也日益进步，维持了人口的稳定增长，这些都是事实。而另一方面，人们砍伐森林等破坏环境的行为也是事实。这些事实背负了一些让现代人也颇为头痛的沉重课题。

我们一般所知的大禹，是夏王朝的始祖，是巡游天下、勇挑治水重任、成功后当上天子的人物。这些在《史记》的《夏本纪》中都有所记录。

这篇《史记》中的记录与现在的《尚书》是有相通之处的。

现在的《尚书》其实并非战国时代的《尚书》，其中既有汉代以后总结的成分存在，也包含许多由后来的学者，比如朱熹（又称朱子）伪造或推断的部分。因此，我们有必要从讨论现在的《尚书》是否为赝品开始谈起。

比较幸运的是，《尚书》的《禹贡》是没有被朱熹等人伪造过的篇章，也就是普通的非赝品的篇章。所以至少可以追溯到汉代，而且从内容上来看可以追溯到战国时代。

《尚书》的《禹贡》可以分为三段。第一段，叙述大禹祭高山大川。第二段，叙述了将天下分为九州之后田地等级和赋税的情况。这部分是禹分别治理各地水患、巡游各地的内容。虽然我们知道秦始皇也曾巡行天下（一边祭奠神灵，一边旅行），但大禹才是天下巡游的先驱。第三段，将天下分为几个地域，分别加以说明。这部分将天下分为特别地域和其他几个蛮荒之地。

第一段被《史记》引用在《夏本纪》中，并且添加了大量的补充说明。"（禹伤先人父鲧功之不成受诛，乃劳身焦思，居外十三年，过家门不敢入）薄衣食，致孝于鬼神。卑宫室，致费于沟淢。陆行乘车，水行乘船，泥行乘橇，山行乘檋。左准绳，右规矩，载四时，以开九州，通九道，陂九泽，度九山。"

《禹贡》中所记载的九州　　《尚书·禹贡》第一段如下所述："禹敷土，随山刊木，奠高山大川。"

也就是说大禹铺上泥土以定大川，沿山伐木以划分高山。尽管这篇文章一般都被解读为是描写治水的，却不可否认其中出现了高山。沿山伐木是为了确保陆路，而堆积泥土将大河分出界限来也是为了确保跨河的陆路以及水路。

第二段记载了九州的事情。谈及了田地、赋税的问题。在划定之后，论述了有什么样的田地，以及如何收缴赋税。

最初是从冀州（从山西到河南）开始谈起的。这里值得注意的是魏国的领土。

　　　既载壶口，治梁（山西省离石县）及岐（陕西的岐山很有名，但是这里指的是山西省介休县）。既修太原，至于岳阳（山西省的霍县之东）；覃怀厎绩，至于衡漳（汶水是贯穿从山西到河南整个魏的领土的交通要道）。厥土惟白壤，厥赋惟上上错，厥田惟中中。

同为冀州，但是下面是补充。内容值得注意的是赵国的领土。

　　恒、卫（河南省曲阳附近）既从，大陆既作。岛夷皮服，夹右碣石入于河（黄河）。

之后便是剩下的天下各地域。让我以省略的方式来向大家介绍。

　　济河惟兖州。……厥田惟中下，厥赋贞……浮于济、漯，达于河。
　　海岱惟青州。嵎夷既略……厥田惟上下，厥赋中上。……莱夷作牧。……浮于汶，达于济。
　　海、岱及淮惟徐州……厥田惟上中，厥赋中中。……浮于淮、泗，达于河。
　　淮海惟扬州……厥田唯下下，厥赋下上，错。……岛夷卉服。……沿于江、海，达于淮、泗。
　　荆及衡阳惟荆州……厥田惟下中，厥赋上下。……浮于江、沱、潜、汉，逾于洛，至于南河。
　　荆河惟豫州……厥田惟中上，厥赋错上中。……浮于洛，达于河。

华阳、黑水惟梁州……和夷厎绩。……厥田惟下上，厥赋下中，三错。……西倾因桓是来，浮于潜，逾于沔，入于渭，乱于河。

黑水、西河惟雍州……三危既宅，三苗丕叙。……厥田惟上上，厥赋中下。……浮于积石，至于龙门、西河……

下面是总结九州加以说明的部分。其中，"中邦"指的是魏。

逾于河；壶口、雷首至于太岳；厎柱、析城至于王屋；太行、恒山至于碣石，入于海。

西倾、朱圉、鸟鼠至于太华；熊耳、外方、桐柏至于陪尾。……庶土交正，厎慎财赋，咸则三壤成赋（上缴给"中邦"，中邦即中国）。（注意包含"中邦"在内的诸夏）

《禹贡》中所记载的五服

接下来要讲的是第三段。这一段论述了如何将天下分为特别地域和其他地区。虽然我们通常可以认为，这部分是按照从中央地区依次向外辐射的距离为基准来进行说明的；可是实际上我们并不清楚所指的区域究竟是哪些地方。按照已经介绍过的许多书籍中所论述的观点，可以推测天下被分为特别地域和蛮夷之地，因此我们可以得出下面的解释。

首先是甸服的领域。关于这个，我们后面附有详细的明细说明，不过其总和并不等于五百里。也就是说，明细说明是以地域的重合为前提的。

其次，五服之中，侯服和甸服是放在特别地域中叙述的。我们的头脑中要有这样的概念：侯服等同于诸侯，甸服等同于百姓。这个也是在重合的前提下进行论述的。剩下的三服，我们可以分别参考战国时代的外族称呼来推断他们各自的地域范围。所谓的外族称呼，就是对敌对国家的贱称。我们可以认为，这些都是新石器时代以来的文化地域。

《尚书·禹贡》中所说的"五百里"是一个文化地域的大小。

在《战国策》里，有用"方圆几百里"来表示各国领域的内容。照此算来，天下就是"方圆万里"，每一个文化地域则约为"方圆二千五百里"。因此，《战国策》中所说的"方圆二千五百里"应该与《尚书·禹贡》中所记载的"五百里"是等同的。

度量单位同样都是"里"，因此我们可以认为《禹贡》是将现实缩小成五分之一来叙述前朝的，另外我们也可以认为是"里"的含义发生了变化。无论如何，《战国策》中所说的"方圆二千五百里"等同于《尚书·禹贡》中所记载的"五百里"。我们在此之上，展开下面的阐述。

首先，我们要明白，《禹贡》中所说的五百里是一个特别地域的大小，在这里专指魏国这个特别地域。下面我们就看一下这个特别地域中的赋税情况。

①五百里甸服：百里赋纳緫，二百里纳铚，三百里纳秸服，四百里粟，五百里米。

其次，区别于特别地域，设定了稍劣一等的地域，这些地域作为诸侯的领地来处理。该地域曾经作为西周的大本营，也就是战国时代的秦国的领地。

②五百里侯服：百里采（卿大夫的都邑），二百里男邦，三百里诸侯。

再次，在连诸侯的领域也不如的地域中设定了绥服。主要指齐的领地。

③（诸侯之地）五百里绥服：三百里揆文教，二百里奋武卫。

另外，同样是在不如诸侯领地的地域中设定了要服。主要是指吴越的领地。

④（绥服）五百里要服：三百里夷，二百里蔡（流放地）。

最后，在同样不如诸侯领地的地域设定了荒服。大概相当于楚国。

⑤（要服）五百里荒服：三百里蛮，二百里流（流放地）。

正如前文所介绍的，最后展现出来的是一种抽象的天下观。西周的故地（侯服）、《公羊传》中所提到的齐国的地域（绥服）、也出现了西周金文的淮夷之地（要服），同为蛮夷之地的荒服都有问题。

在①的领域内有畿内，那就是被称为"中邦"的地方。介绍九州是从对冀州的说明开始的，在对冀州的说明中有与魏的领域重合的部分。所谓"中邦"，虽然本来就是表示魏的都城的意思，不过我们可以把魏的全部领地都看做是特别地域中的畿内。

"中国"的起源　　　　　"中邦"换而言之就是"中国"。我们先说明一下"中国"这个词语。在西周金文中，王都附近被称为"中或（中域）"。这个"或（域）"字后来被加上了方框，成为"國（简体字为国）"。另一方面，汉高祖的名字为"刘邦"，因此汉代时期禁止使用的"邦"字，而换成了意思相近的"国"字。可见，我们所知道的"国"的意思是来源于"邦"和"域"。

《尚书·禹贡》中出现的便是"中邦"这个词语。西周金文中出现的是"中域"。由于国家和时代的不同，表达方式也有所不同。但是这些表达方式在汉代的时候都一律被"中国"所替换。

"中邦"和"中域"具体指示的地域也根据国家、时代的不同而不同。到了汉代，人们在誊写或整理过去的文献时，将"中邦"和"中域"一律替换成"中国"。汉代的"中国"非常广阔，而战国时代的"中国"（"中邦"和"中域"）则表示有限的区域。从而造成后世大多数人在阅读这些文献时，都误把"中国"一词所指称的领域认为是广阔的。

由此而来，我们必须明确地认识到：《尚书·禹贡》中的记载、《左传》里描述的韩国的认识以及《公羊传》中叙述的齐国的观点，都是大同小异的。

尽管完全是基于《尚书·禹贡》所做出的推测，但是魏的领域——冀州可能就是夏王朝的始祖大禹进行天下巡游的起点。《左传》中记载的韩国的观点是围绕着晋的都城一带来阐述夏代传说的。与此相对应，《尚书·禹贡》里所展现出来的观点则是按照从山西的梁开始、到晋的都城一带、最后到达了魏的河南领域的顺序来进行说明的。不管哪一种说法，都在战国时代的魏国的领土范围内。

从《容成氏》看大禹

通常随着发掘工作的进展，很多出土文物会慢慢展现在我们眼前。不过，由于盗墓而让这些古物首先重见天日的情况也时有发生。在这种情况下，即使这些古物被研究者们在古董市场上发现并立即采取措施进行了回收，但因为不是正式的发掘，所以很多古物与过去的信息之间的关联被切断了，其价值也显著下降了。

不过，如果这些古物是文字史料，则还可以通过考察其内容来进行分析。上海博物馆近年来从古董市场里救出的一批战国时代竹简就是这样的文物。

这批竹简出土地不明，虽然比较可信的意见是认为它们出土于楚地，但是除了竹简上的字体比较像以外，考古学家也拿不出别的证据。

这批竹简中有一部叫做《容成氏》(《讼城氏》)的书。其书名(内容很短，所以说是篇名可能更为妥当)被记录在竹简的最后。

在这上面记载了我们通常所说的大禹治水的传说。不过，其记载与《尚书·禹贡》有极大的差异。

其中介绍的九州有：夹州、徐州、竞州、莒州、并州、荆州、扬州、豫州、雍州，然而在《禹贡》中并未看到夹州、竞州、莒州、并州。另一方面，只有《禹贡》中才有的是冀州、兖州、青州、梁州。(将《容成氏》中的扬州和《禹贡》中的杨州视为同一地名)

《容成氏》中讲到，使九河决口之后，夹州和徐州才受益于河水滋润(适合居住)。这里包含了徐州，所以九河应该是黄河的支流。另外，经过淮和沂东可以到达海边，所以竞州和莒州也富足起来。这应该说的是淮北和山东南部。因为将萎水、汤水与东面大海相连接，并州才繁荣起来。这里指的是从燕到赵的范围。

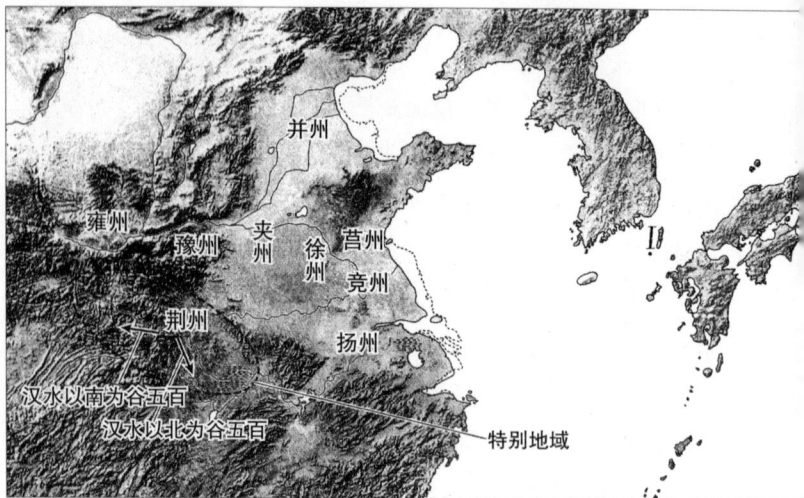

30《容成氏》(讼城氏)中的九州及大禹治水　这里所展现出来的九州，无论是名称还是位置，都有很多与《尚书·禹贡》不同的地方。与《禹贡》不同，这里强调禹在治水过程中最重视的地方是荆州

　　这样看来，把天下分为九州这一点是共通的，只是其划分方法不同而已。

　　我们可以看出，《尚书·禹贡》将冀州放在了特别的位置上，而《容成氏》中是没有任何州被看做是特殊的，而且也没有冀州的名字。

　　此外，在《尚书·禹贡》中详细记载了赋税情况，而《容成氏》中记载的却是"禹听政三年，关市无赋"。

　　显然，《容成氏》在事实的叙述上试图篡改《尚书·禹贡》的内容。

虽然我刚才说《容成氏》里没有给任何一个州赋予特殊地位，但是《容成氏》从头到尾粗略地叙述了九州之后，有这样的一句话："禹乃从汉以南为名谷五百，从汉以北为名谷五百。"从这点来看，就可以明白《容成氏》在大禹治水的问题上置于特殊位置的是汉水的中央地域，也就是所谓的楚国的大本营——湖北一带。

需要明确的一点是，大禹的工作是"疏通"河道。这里是指完善作为交通网的江河。

在这个意义上，大禹治水的故事并未把《左传》和《尚书·禹贡》中所说的夏之故地看做特殊地域，而是把楚国的大本营湖北特殊化了。这就是《容成氏》展现给我们的内容。

从《墨子》看大禹　　《墨子》是一本收录了总结思想家墨子言行的著作。但实际上它是将形成时间各异的材料整理起来，而这些材料是在何地被创作出来的也很难确定。

不过，其中有关于大禹治水的记录。如果我们只将这部分拿出来研究，也还是有可能推测出一些关于特殊地域的主张。

笔者关注的焦点集中在《墨子》的《兼爱》（上、中、下）的中篇内。《墨子》展现出来的是一种春秋末期的城市思想，它立足于小国立场而非大国立场，因此随着帝国秩序的逐步巩固，这种思想也就慢慢衰亡了。本篇就是从小国立场出发，记载了大禹治水分别给各地带来怎样的福利。

根据其记载，禹将容易堵塞的水流引向西、北、东、南各个方向，调整各地域的水资源过多或不足的情况。

在西边，造西河渔窦（鱼的住处），"以泄渠孙皇（不明）之水"。

在北边，将防、原、泒（都是河流的名称）引入后之邸、嘑池的出水口，造山作为底柱，凿岩作为龙门，造福于燕、代、胡、貉（北方的地名）与西河的人民。

在东边，为了减少陆（被称为齐之大陆的山林湿地）和孟诸（宋的山林湿地）而整顿河道，开凿九浍（九条小河流），防止东边水资源太过集中，从而造福冀州之民。

在南边，将江（长江）、汉（汉水）、淮（淮水）、汝（汝水）向东方引流，最后注入五湖之中，用以造福荆楚（湖北）、干越（吴越）与南夷的人民。

墨子认为以上内容是大禹时期发生的事，主张现在要实行兼爱。因此，这段内容其实是比较委婉地说明：大禹治水的过程中也存在一些与理想背道而驰的地方。

《兼爱》篇在讲述大禹治水后，又介绍了周文王、周武王的事迹。介绍完后，做出了这样的结论："今天下之士君子，忠实欲天下之富而恶其贫，欲天下之治而恶其乱，当兼相爱、交相利此圣王之法，天下之治道也，不可不务为也。"

乍一看似乎大禹治水进行得非常理想。然而，在记述大禹治水之前的部分中有这样一段话："夫挈太山而越河、济，可谓毕劫有力矣。自古及今，未有能行之者也。况乎兼相爱、交相利，则与此异……"虽然这句话听起来较为含混委婉，但总而言之就是说大禹也没有顺利地完成治水。

也就是说，"大禹治水本来是有力者可以做的事情，然而包括大禹在内的有力者都没有人能做到"，那么兼爱就更难以实现了。

我们把①有力者能做的事情②兼爱这两点提出来看一看。关于未能做到①有力者能做的事情这一点，《墨子》在记述大禹治水之后，介绍周文王、周武王的事迹时，谈到了大禹治水未涉及的领域。

据说从前周文王的治国之道，如同太阳和月亮一般，"乍光于四方，于西土"。这里的"四方"并不是指东南西北的四方。所谓的方，是"方国"，也就是诸侯国。正如之前所说的，"四方"本是商的四方，武王时周灭商之后才归到了周的统治下。说到文王的时候，用了"乍光"这个表达，就是因为所论述的时期是还未将其归入周的统治之下，而只能通过祭祀实现精神上、宗教上的威慑。

传说周武王平定泰山，也就是有力者所擎的太山。周武王通过此举，震慑商（殷）夏、蛮夷、丑貉。所说的商夏就是中原，蛮夷是南方，丑貉是北方。在东方的泰山上进行祭祀，从而威慑这些地方。泰山祭祀所无法波及的地方就是"西土"——周的领地。

在历史上，文王死后，武王压制商代并将其纳入自己的支配

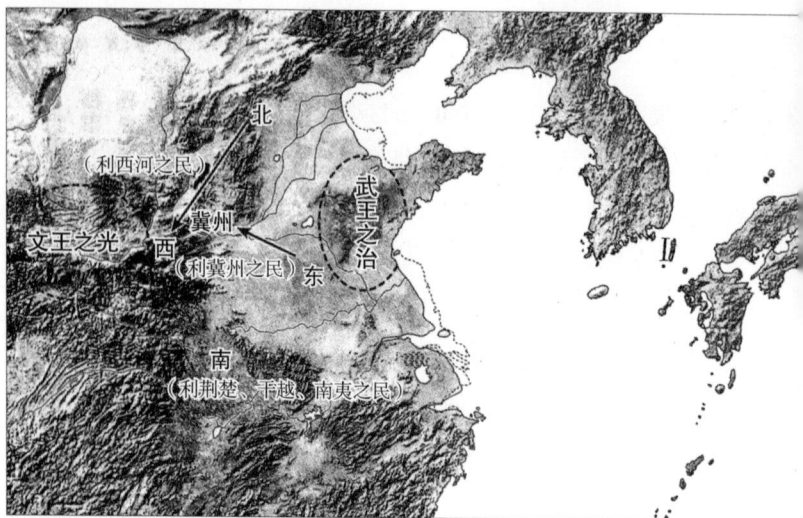

31《墨子·兼爱》中篇里的大禹治水　北边、西边、东边的利益都集中指向了冀州（批判了《尚书·禹贡》的观点）。而南边造福的范围却很广（批判《容成氏》的观点）。不过，南边形成了一个封闭的世界。周文王乍光陕西，周武王治理泰山，这些范围禹都没有涉及（大禹治水不仅有其偏重，而且也没有遍及天下）

范围内。但是这里记载的是文王仅仅"乍光"，而武王仅仅是"震慑"。这个偏差就成为讨论的话题。

另外，没有理想地实现②兼爱这一点，体现在大禹治水的结果上。

大禹治水的结果，可以划为北、东、西和南来分别进行论述。大禹在治水时，对各地的水资源都进行了调整，可谓是多方兼顾。然而关于所得的"利"的叙述中，却没有提及西方。所记载的是：治理北方的水，造福了燕、代、胡、貉（北方的地名）

与西河的人民；治理东方的水，造福了冀州人民。在这里，西河是作为西边的地方来介绍的。横跨这个西河与冀州的是战国时代的魏国。西边的治水是没有什么"利"可谈的，而治理北方和东方的水都给魏国的领土带来了"利"。只是让一部分的地方富裕起来，根本谈不上是兼爱。这里记载的仅仅有利于魏国的治水的内容，是对《尚书·禹贡》的说明和批判。可以说，《墨子·兼爱中》这一节，是在了解《尚书·禹贡》内容的基础上对其进行了否定。

与这些都不同，治理南方的水造福的是荆楚、干越（楚和吴越）。这种情况下，"利"仅限于南方。如果从南方内部来看，的确是实现了兼爱；然而从外面的世界再来看，却并非如此。只在南方内部实现了兼爱，这一点如果参考前面所介绍的《容成氏》来看，就可以发现很有趣的东西。我们知道，《容成氏》所主张的是，大禹是以汉水为中心来治水的。《墨子》里的这一段相当于在告诉我们，大禹并没有以汉水为中心来治水，因而否定了《容成氏》中给荆州赋予特殊意义的这一想法。进一步来讲，这里还包含一个意思，就是大禹在南方治水的功绩最终并没有超出南方的地域。

通过以上的叙述，我们可以看出，《墨子·兼爱中》是以《尚书·禹贡》和《容成氏》的内容为前提来创作的。《容成氏》的出土，让我们更加清楚地认识到《墨子·兼爱中》里关于大禹治水的记载其实是对以前的书籍内容的批判。

从以上关于①有力者能做的事情②兼爱二者的讨论，可以得出：《墨子》中的观点与新石器时代以来的文化地域有关。禹的传说中提及了好几个地域，而这些地域内，其实是存在北、西、东封闭的世界和南方封闭的世界。西和东也不过是把后来的天下的一部分纳入其中。周文王仅仅是身居周的故地，觊觎着商代的故地；而周武王灭掉商代，将泰山的一角分封了鲁国，这对大禹治水的地域来说也只是威慑罢了。

这里把作为"天下"一部分的大禹治水区域（可以考虑为冀州和汉水）和周文王、周武王的事迹作为问题点提出来论述了，并认为他们既没做到有力者能做的事，也没实现兼爱。然而所谓的站在小国立场上的国家……又究竟是哪里呢？当然我们还需要更多的线索，不过读者们是怎样看待这个问题的呢？

从《周礼》的职方氏看九州

正如前面已经介绍过的，《尚书·禹贡》和《容成氏》（《讼城氏》）中都记载了大禹治水以及与其相关的九州的事情。因此我们可以看到，在《尚书·禹贡》和《容成氏》里，九州的名称以及九州所指的地域都有很大的差异。

然后我们也指出，这种差异源于《尚书·禹贡》是以大禹治水的中心是魏来记述的，而《容成氏》则认为大禹治水的中心是楚国的大本营——湖南、湖北。

现在，我们又发现了一份文献，它和此前的文献所说的九州一样，也将天下分为九个州来说明，而其记录的州的名称与对象地域又与两书有不同之处，而且其中与"服"相关的内容也与《尚书·禹贡》有着显著不同。它就是《周礼》的职方氏所记载的九州与九服。

根据《周礼》的记载来看，职方氏掌管天下地图与土地，辨别邦国、都鄙、四夷、八蛮、七闽、九貉、五戎、六狄的人民和他们的财产用品、九谷、六畜，广知其利害得失。

如果将其关于九州的叙述归纳起来的话，可以得出以下内容。东南叫扬州，其山镇叫会稽，其泽薮（湖泽）叫具区。正南为荆州，其山镇叫衡山，其泽薮叫云瞢（云梦）。河南为豫州，其山镇叫华山，其泽薮叫圃田。正东为青州，其山镇叫沂山，其泽薮叫望诸。河东为兖州，其山镇叫岱山，其泽薮叫大野。正西为雍州，其山镇叫岳山，其泽薮叫弦蒲。东北为幽州，其山镇叫医无闾，其泽叫貕养。河内为冀州，其山镇叫霍山，其泽薮叫杨纡。正北为并州，其山镇叫恒山，其泽薮叫昭余祁。从以上内容，我们以定出九州大概的地域分布。

其次，记载了九服的内容。方千里叫王畿，其外方五百叫侯服，又其外方五百里叫甸服，又其外方五百里叫男服，又其外方五百里叫采服，又其外方五百里叫卫服，又其外方五百里叫蛮服，又其外方五百里叫夷服，又其外方五百里叫镇服，又其外方五百里叫藩服。而这里的所有的"其"指的是"王畿的"。因此九服的排列并不是像画同心圆那样，而是由内向外依次画同心方形。

这里的方五百里，和已经介绍过的《尚书·禹贡》里的"五百里"，以及《战国策》中的"方二千五百里"大概是同样的概念。在这里，方五百里的服（叫做"服"的区域）合计有九个，因此总共有四千五百里。除此之外还有王畿的一千里。如果把王畿和九服看做天下的话，天下总方五千五百里。这个范围是《战国策》里方万里的天下的一部分。

《周礼》职方氏的部分里，在后面又有这样的记录："封公以方五百里，则四公；方四百里，则六侯，方三百里，则七伯；方二百里，则二十五子；方百里，则百男。"以上就对九州的情况进行了总结，以"周知天下"结尾。

将公、侯、伯、子、男的封地方数除去一百里来计算的话，合计是方一千四百里。将这一千四百里分为三个分别方五百里的服，则还差一百里。这时加上另外的一百里，似乎凑成了四服。如果从名称上看，则应该是侯服、男服、采服和卫服。

在《尚书·禹贡》中，甸服的部分跟民相关。甸服在王畿之外。这是预想到了将来战国时代的王，因而将甸服放在了王畿之外。

蛮服是对南方外族的称呼，夷服是对东方外族的称呼。都将各个外族地区的一部分作为了天下的组成部分。镇服、藩服也是指的外族，因为似乎自古起就有镇压外族、使之成为藩属的意识存在。

现在，如同《尚书·禹贡》一般，将外族称呼作为线索来锁

32《周礼》职方氏中的九州、九服及外族 关于九州，由于有山镇和薮泽的记载，因此可以得知其大概的位置。九服可以分为与外族名称相关的地域、与王的分封相关的地域这两个部分来谈论。九服与王畿相区别，在王畿之外，因此按照外族名称来分，而是将侯服、甸服、男服、采服、卫服集中放在幽州之内，暗示了这里与将来的王有特殊的联系。公、侯、伯、子、男各自的封地，可以根据王畿和幽州来进行说明

定九服的位置，就可以得出如图 32 中所示的结果。与夷狄的名称不符的地域有王畿和幽州。服是在王畿的外面，因此可以在幽州内标上侯服、甸服、男服、采服、卫服的位置。这些地域本来是为了王而存在的。虽然这么说有点啰唆，但是甸服是王的人民。继而，采服的采是采邑的采，这是为王的直属家臣准备的。包含

193

了这些在内的各服在王畿之外，也就是在幽州之内。

《周礼》就是把幽州放在特别的位置上。虽然没有出现大禹的名字，但是似乎是想告诉我们，大禹治水的中心在幽州。笔者曾经做过另外的研究（虽然与这里的内容无关），认为《周礼》是燕国所作。

行神大禹

正如大家所知，大禹是因为治水的功绩而变得家喻户晓的。然而，在《尚书·禹贡》《容成氏》及《墨子·兼爱》（上、中、下）的中篇里，都出现了大禹的另一个姿态——四通八达的交通网的完善者（实施治水的人）。

与这相关的是作为行神（路神）的大禹。

大禹曾作为保佑出行安全的行神被敬奉起来，这一点是在研究湖北省云梦睡虎地出土的秦简《日书》时得以明确的。

后面添加的部分，就如同已经介绍过的《尚书·禹贡》一般，在开头段落的一小节里面可以看出，大禹治水的事迹在各代的议论中被作为禹最大的功绩传颂下来。在这种潮流的推动下，大禹作为行神的身影就渐渐被人们遗忘了。在诸如汉代的一些文献里，还残留着少许大禹作为行神的身影。行神大禹的具体形象，则在出土的《日书》中渐渐复苏。

大禹是保护旅人们不受邪恶的妖魔鬼怪伤害、一路平安的行神，因此汉代时人们在出行前会祭祀行神，祈求平安。在这个祈祷仪式中，有一个叫做"禹步"的部分。

> 行到邦门困（闻），禹步三，勉一步。呼："皋，敢告曰：某行毋咎，先为禹除道。"即五画地，椒其画中央土而怀之。

禹步是巫师作法时的步法动作，被认为是能够发挥出召唤神灵的力量的神奇步法。关于这个神奇的步法，在一部叫做《尸子》的书中有这样的记载：为举治水之功，"禹于是疏河决江，十年未阚其家，手不爪，胚不毛，生偏枯之疾，步不相过，人曰禹步"。

从这只言片语中，我们可以看出似乎大禹是用自己一手一脚亲自挖通河川的。

如前面介绍过的那样，《容成氏》中也记载着大禹治水、疏通河川的事迹。这里我们再来看一下前面所介绍过的《尚书·禹贡》。开头是"禹敷土，随山刊木，奠高山大川。"这句话是说，在天地创造以后，在大地上铺上泥土，修建道路和河堤，在山上伐木开道，因此高山大川之间终于可以相互往来了。《禹贡》就是在这个基础上，用大量的篇幅记录了大禹利用这些修建好的道路和河流往返于各地之间（因而祭祀山川）的事情。

禹步通常于出城前、在邦门的中央——门柱前举行。在进入了城市国家时代后，城墙成为防卫的象征，出城则需要做好决死的心理准备。离开曾经作为自己的祭祀场所的城市，就意味着很难得到平时供奉在城内的神灵的保佑，因此必须要重新祭奠行神。大禹作为行神的原型，可以追溯到很久以前的城市国家时代。

大概是在天下成立、领土国家出现之后，才产生了治理领土国家的大禹睥睨天下、保护来往行人的传说吧。进而在《尚书·禹贡》中，发展成为：大禹周游包含"中邦"特殊地域周围的各个地区，建立了凡是天下间居住在"中邦"周围的诸侯和野蛮人，都要向"中邦"纳贡的国家秩序。

有这样一句谚语："你不惹神，神不作祟。"因此，神灵是不能够随便招惹的。通过祭祀向神灵祈求可以得其庇护，然而一旦惹怒了神灵，庇护就无从谈起。大禹也是这样的神灵。譬如，关于如何选择嫁娶的黄道吉日，云梦《日书》中有以下的记载："戊申、己酉，牵牛以娶织女，不果，三弃。"与此相应的还有这样的叙述："癸丑、戊午、己未，禹以娶棕（涂）山之女日也，不弃，必以子死。"

禹还是可以治愈疾病的神灵。另外，以人们的畏惧意识为背景，还可以看到禹作为庇护神的形象。所谓的庇护所，就是被圣洁的力量保护的避难所，也就是避难的寺庙。大禹是从岩石的石缝中诞生的。因此，曾经有人相信，只要逃到了那个圣洁的出生地，就可以逃脱罪孽。在后汉时代被称为西南夷的羌族里，残存着记录这种信仰的史料。

正如在日本这个文化地域中存在的一样，这种庇护所很有可能曾经广泛地分布在新石器时代以来的各个文化地域中。然而，当这些文化地域被归为天下，进入了官吏统治时期之后，为异文化地域提供庇护的庇护所就越来越不容易被承认了。有些人指出，中国的历史中，一般没有庇护所出现。笔者认为这可能就与此有很大的关系。

治水传说和大禹　《尚书》中，除了《禹贡》之外，还有其他材料明确提到了大禹治水的传说。那就是《舜典》。《舜典》也是没有被朱熹等人伪造的篇目。

具体看来，这一篇也非常的有意思。

《舜典》的开头，记叙了舜通过帝尧的禅让登上王位的事情。舜立下了巡视天下的功绩。尧流放共工到幽州，流放驩兜到崇山，诛杀三苗于三危，诛杀禹的父亲鲧于羽山，使得天下皆诚服于舜。尧去世之后，舜命令禹"平定水土"，给其他人也下达了各种各样的命令。大禹受命之后，马上以稷、契、皋陶能够胜任为由让给三人。然而，舜还是命令大禹一个人去做。

《舜典》之前，还有《尧典》。还有一种说法是，本来舜典就是尧典的后半部分，后来被分为了《尧典》和《舜典》的。在《尧典》中，果然也是尧给各种各样的神下达了命令，其中一个就是大禹的父亲鲧。鲧却未能完成任务。

《史记·夏本纪》中，既有将大禹作为焦点来叙述的部分，也有将《尧典》中的鲧和《舜典》中的禹联系起来进行简短总结的部分。鲧治理洪水失败，因此被诛杀；其子大禹继承其业，从而治水成功。大禹的确成功地"平定水土"，但却被认为是治理了严重的水患。

因此，众多的读者一直相信，大禹是为了治理水患而进行了"治水"的。

然而，正如前面所叙述的一般，大禹的"治水"其实是对道路和水路等交通网的完善。与此相对，鲧要治理的洪水，才是那种围山越陵、弥漫天际、让人联想起诺亚方舟的大洪水。

要治理这般厉害的洪水，祭祀山川的意义必然重大。然而，我们从《尚书·禹贡》《容成氏》《墨子·兼爱》中窥视到的祭祀，都是一些为了给予其他地域精神上的威慑而进行的，是为了表示对已经完善后的水路交通网的掌控而进行的。并不是为了治理大洪水而进行的祭祀。

从以上叙述的经过来看，如果不知道大禹"治水"的传说与能够让人联想起诺亚方舟的洪水神话是被后人加上联系的这一点，那么我们就会把以完善农田、完善水路交通网作为内容的"治水"和治理连高山都能吞没的大洪水这两件事混为一谈。另外，我们还会误认为，大禹在治水时，对天下全部地区都是平等对待的。实际上就像之前所说的那样，将新石器时代以来的文化地域归纳一下，就可以发现天下，以及天下的一部分一直都处于争议中。

另外，《舜典》中舜巡视各地的部分也有必要注意一下。其他的帝王也是如此，一旦成为天子，就要巡视天下，而巡视的目的就是对天下的交通网进行精神上的威慑。如同《尚书·禹贡》

一般，有强调这种威慑是专门为特别地域（这里指魏的领土冀州）而实行的观点；也有如同《墨子·兼爱中》一般，嘲笑这种威慑最终其实只对一部分地区有效的观点。无论怎样，巡视天下的目的都是对广泛的区域实行精神上的威慑。

巡视自己支配的国家领域的王

一国之王会巡视属于自己支配的地域，这件事情我们可以从关于商王的记载中找到证据。这个结论来源于甲骨文的记录，商王会日常巡视自己所居住城市的直辖城市及直辖村庄。这个巡视的范围仅限于一日之内可以往返的地域内。另外，王在必要的时候会进行远征，届时会举行祭祀。

进入战国时代，领土国家建立后，帝王巡视的范围大同小异，都在自己支配的国家领域内进行巡视，而他们平时就居住在首都内。

特别地域内的人民被王的德政所感化。官吏们则支持王的德政。野蛮之地，也就是除去特别地域之外的地域，也被王的德政所感化。要将这些都明确地记录为文的话，我们就可以这么说：人民受到感化的结果就是，大家利用遍布天下的交通网，将物资运送到特别地域来（进贡）。

秦始皇的巡视天下也是众所周知的事。一般来说，我们认为秦始皇到目前为止都还只是将概念性的天下巡视真正地付诸了实践。这便是成为全天下统治者的始皇帝最初实现的伟业。不过，其巡视的具体路线是利用了战国时代以来的水路交通网。他祭祀的场所也是新石器时代的文化地域中各自的圣地。并不是以在一个圣地的祭祀来威慑整个天下。《墨子·兼爱中》里曾嘲笑大禹是自古以来"无法做到（兼爱）"的代表人物，而从这一点来说，秦始皇的巡视天下之举最终也没有超越大禹的界限。

本来治水就是以推进大规模的工程作为前提的，如果铁器普及了，那么大规模的工程就可以相当顺利地进行。在铁器没有普及的情况下，如果利用连续不断的战争来制造奴隶，并以奴隶的劳动作为推进工程的动力，这种方法也未尝不可。因此，不管是以奴隶的劳动为基础，还是以铁器的普及为基础，治水传说的成立都必须依赖于这两者之中的某一个作为前提。

但是，如果治水的对象是一片广域的领域，那就只能以铁器作为前提来进行讨论了。

城墙的建造意味着新石器时代后期已经有城墙的都市出现了。然而，我们回头来看看农用土地，就会发现耕地面积的增加是进入春秋战国时代之后的事情，而促使这一变化产生的正是铁器的普及。耕地面积的扩大又与治水事业息息相关。因此，我们需要再次关注一个重要的问题，即上述《尚书·禹贡》中，农地和交通网的完善。

如此一来，我们只需要通过概观《尚书》的《尧典》《禹贡》，以及使用了这些材料的《史记》的内容，便可以读出从战国时代的领土国家人为加工痕迹到汉代在天下观影响下对史实进行加工的变化过程。把大禹的功绩归于治水传说，将其功绩追溯到青铜时代的商、周、春秋，甚至是商代以前的朝代，都是有些牵强的。

夏王朝的系谱

夏王朝的系谱是如何存留下来的

在战国时代魏国所作的《竹书纪年》的《夏纪》中，夏王朝历代的王的名字都被一一记载了下来。与这些名字相同或类似的王名，在《史记·夏本纪》中也有记载。虽然有些王名完全不同，但是可以判断出在族谱上是同一个人。在一本叫做《世本》的书中，也发现了相似的王名。

要分析夏代世系的系谱的话，以《史记》作为参考就比较方便。

如果我们仔细看《史记》，就可以发现一个问题。

这个问题说到底就是直到西周王朝，系谱都没有注明具体的在位年代，同时存在的诸侯的系谱也是如此。进入春秋时代，周王和各国的系谱上都开始附有具体的年代。虽然这些具体年代中，有很多是汉代的学者根据《春秋》中的记载推算出来的，但是我们也承认还有很多与此记载无关的独立的年代。这是因为直到西周为止，汉字在各国都还没能扎根，所以也没有具体记录在位年代的文献。到了春秋时代，汉字已经扎根于各国，于是便有各国记录本国君主在位时间的文献流传下来。虽然西周时代各国只留下了大量没有在位时间的系谱；除了通过口头的传承之外，在西周分发给各国的青铜器铭文中，侍奉历代周王的各国君主的名字也被记录下来了。这也能为确定各国王的在位时间提供线索。

虽说如此，青铜器铭文里频繁记载的却是周王的在位时间。当然，我们可以认为，这是因为在周王朝有记录周王在位时间的习惯。而在《史记》中却基本没有记载周王的在位时间。但我们不能因为《史记》里没有记载，便认定实际上就没有周王在位时间。

在青铜器铭文记载的年代中，凡是西周的年代全部都以周王的年号来记录。诸侯的年代似乎是在春秋时代才出现的。因此，我们可以说即使从青铜器铭文的状况来看，也几乎没有关于西周时代诸侯方面的年代记载。

商王朝则与西周不同，几乎没有发给诸侯国任何刻有可以反映其系谱的青铜器。因此，除了使用汉字的商王朝以外，诸侯的系谱完全没有遗留下来。

再往前追溯到夏王朝，我们就会发现一个非常有争议的问题：夏王朝的系谱究竟是怎样留下来的？如果夏代有汉字的话，那有可能是商代继承了其记录。然而，让人非常在意的一点是，在商代前期和中期的城市遗址中，至今还没有任何汉字文献出土。现在，有很多人都在研究夏代的城市，但都没有发现任何汉字或者其他文字。

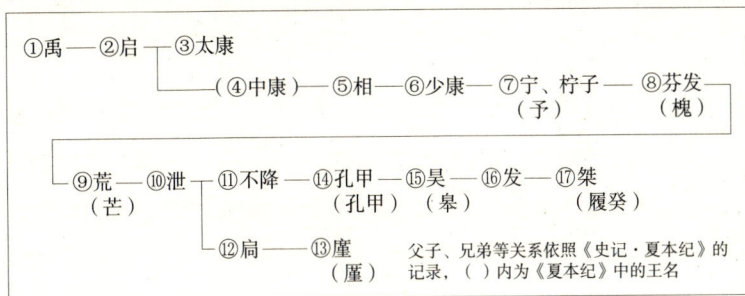

①禹 —— ②启 ┬ ③太康
　　　　　　　└ (④中康) —— ⑤相 —— ⑥少康 —— ⑦宁、柠子 —— ⑧芬发
　　　　　　　　　　　　　　　　　　　　　　　　　　　（予）　　　　　（槐）

┬ ⑨荒 —— ⑩泄 ┬ ⑪不降 —— ⑭孔甲 —— ⑮昊 —— ⑯发 —— ⑰桀
　　（芒）　　　　　　（孔甲）　（皋）　　　　（履癸）
　　　　　　　　└ ⑫扃 —— ⑬厪
　　　　　　　　　　　　　（厪）　父子、兄弟等关系依照《史记·夏本纪》的
　　　　　　　　　　　　　　　　　记录，（ ）内为《夏本纪》中的王名

33《竹书纪年》和《史记·夏本纪》中出现的夏王朝王名

　　进一步说，商灭亡以后，宋国建立，其系谱就可以与西周王朝的系谱同时追寻。然而，夏灭亡之后的国家系谱，就完全去向不明了。

　　假设有人拿着夏代子孙建立的国家的系谱来，硬说那是夏代的系谱，我们肯定也很难予以否认。

　　正如前面已经向大家介绍的那样，夏王朝先于商王朝存在，这已经是战国时代各国皆知的事情了。正所谓无风不起浪。然而当我们想要对这"风"的实际情况一探究竟时，摆在我们面前的战国诸国的记录彼此之间却有很多出入，而且全都是些不明所以的事情。

刘累的传说

　　《史记·夏本纪》中，有如同具体事实般记叙的传说。其中记载了夏王孔甲时代一个名叫刘累的人物。

夏后氏（夏王朝）德衰，诸侯畔之。天降龙二，有雌雄，孔甲不能食，未得豢龙氏。陶唐既衰，其后有刘累，学扰龙于豢龙氏，以事孔甲。孔甲赐之姓曰御龙氏，受豕韦之后。龙一雌死，以食夏后。夏后使求，惧而迁去。

这段话中最有意思的地方是"刘累"姓"刘"这件事。《史记》成书的时代——汉王朝自从汉高祖刘邦以来，就以"刘"作为国姓。

关于刘邦，《史记·高祖本纪》中是这样记载的：

高祖，沛丰邑中阳里人，姓刘氏，字季。父曰太公，母曰刘媪。其先刘媪尝息大泽之陂，梦与神遇。是时雷电晦冥，太公往视，则见蛟龙于其上。已而有身，遂产高祖。高祖为人，隆准而龙颜。

在中国，人们一般认为只有父方的血统才能使家族得以维系。但是，这里记载的高祖刘邦的"刘"是其母方的姓氏、父方的姓氏不明，而且其母是受了龙精才怀孕的。这段话和前面所说的刘累的传说似乎是有关联的。因此，高祖必须要取母方的刘姓。

刘累的传说中，提出了母系血统这一点。正如前面所说，战国时代的齐国田氏认为自己是继承了母系血统的商王朝子孙。这二者的说明之间有着共通之处。另外，刘累接受了祝融子孙的封地，这件事是为了说明刘氏支配着祝融的子孙。祝融的子孙，是指楚国君主的一族。这就预示了高祖将会在天下之争中打败项羽。

　　正如前面所记述的一般，孔甲时代刘累的传说并不是事实。

　　不过，在《左传》中却引用了这个传说的原型的故事，那就是《左传·昭公二十九年》的事情。在记录了相同的事情之后，《左传》认为刘累因为害怕而移居到了鲁县，范氏就是其子孙。《史记》却将这个作为移居地点的鲁县删掉，将范氏的事情删除。然后制造出和刘邦的"刘"可以联系起来的传说。如果再发挥一下想象力，说不定"刘累"本来是叫做"龙累"的（虽然"龙"和"刘"的中文发音不同）。（日语中"刘"和"龙"发音相同）如果记载了范氏的存在，那刘氏就完全没有存在的必要了。如果硬要扯上关系的话，那么雒邑的周王朝的周围的确有一个地名叫"刘"，似乎是周代时的权贵。然而，这里并未让刘邦的"刘氏"和这里的"刘氏"扯上关系，反而是逃到陕西一带的一族成为话题。因此，我猜想，是不是因为汉王朝希望能够找到有关刘氏的合适话题，所以在汉代时才将其改名为"刘累"的呢？

　　这个刘累的传说，是继战国时代《左传》成书之后，唯一带有浓厚汉代笔墨的部分。正如上面提到的，《左传》中牵涉到了范氏。因此文帝时代，利用这个故事委婉地暗示刘邦的籍贯在秦地，将刘邦作为范氏的子孙来看待。如上所述，这个时期的制度，是在创造一种汉承秦制的"形式"。这个时期的判断却成为前汉中期武帝时代《史记》编撰时的一大阻碍。最后的结果就是删除了范氏的记录。我想事实可能是这样的。即在汉文帝时代，《左传》中的"龙累"就已经按照以上的说法被改写为了"刘累"，而并非是在开始编撰《史记》的汉武帝时代呢。

综上所述，夏王朝的传说中，没有可以使用的材料，而且系谱能否使用也是个未知数。因为就连系谱也有可能是不同时代的国家的记录。

不过，正如第三、四章中所说的那样，作为一个大体的认识，夏王朝先于商王朝存在，其支配所及领域是与商代的领域基本重合的基础上再稍微往西一点。这个观点从材料中都能看出共通点。只有这一点是我们在利用考古学成果，研究商王朝之前的王朝时代时应该牢记的一点。

商王朝

基于出土文字史料的商代始祖传说

与夏王朝相比，我们可以找到很多关于商王朝的具体事实。

首先，因为在出土的商代文字史料中有甲骨文存在，它可以告诉我们很多事实。

另外，还有青铜器铭文。虽然数量少，但是作为出土的文字史料来说，意义重大。

再次，因为周王朝继承了商代的文字文化，所以通过周王朝保存下来的资料很多。

夏王朝的始祖传说都来自于战国时代的史料，或者是在其基础上演变而来的民间传说。与此相比，商王朝的始祖传说中则含有相对古老的故事。

在这里，研究的对象并非是那些整理了《尚书》等记载的众多资料，而是《殷本纪》开头的一部分，其意大概如下。

商代的始祖契，其母为简狄，曾和同族的三个妇人一起沐浴。有玄鸟（燕）产下一卵。简狄食后有孕。生下一子即为契。这个传说就是说，玄鸟可以带来身怀灵力的人物。

这个故事虽然简单，却意味深长。前面围绕汉王朝的高祖刘邦的传说，我们提及了《史记·夏本纪》中的刘累。这二者的共同之处就是，蕴涵了灵妙之力。然而，玄鸟之论并不是战国时代和之后天下流行的说法。这大概反映了商代固有的习俗吧。

关于玄鸟之卵的传说的原型可以在战国时代的书籍中找到。新出土的上海博物馆楚简中有一卷名为《子羔》。《子羔》中有这样的记载："契之母，有娀氏之女也，游于央台之上，有燕衔卵而措诸其前，取而吞之，娠三年而画于膺，生乃呼曰：'钦！'，是契也。"这之前有禹的传说，后面有周代后稷的传说，都是关于获得灵妙之力的内容。据说，禹是破母之背而出。像这种破背或破胸而出的姿态，仿佛是蝉变态时脱壳的光景一般。只不过，他们从母亲的背或胸中破裂而出之后，这些母亲们都怎么样了呢？

同样在《子羔》中，讲到周代的后稷时这样说：乃见人武，履以祈祷曰：帝之武尚使。然而，那并不是帝王的足迹。

《子羔》中禹、契、后稷的传说，似乎都加入了一些挖苦夏、商、周的内容。去掉破胸破背这个部分，就成为《史记》中所记载的那样。在《诗经》的《商颂·玄鸟》篇中也可以发现类似的内容。

下面我要讨论的是甲骨文中，和商代祖先的名字相同的字，如&、&等。这个字看起来似乎是一个长有尾巴的形态奇异的神。这个奇特的神是否就是上述吞下燕子卵之后诞生的孩子的样子呢？战国时代的宋国是商代的末裔，因此他们对异形的神有着相对的认识，但是不是只有宋国才有这种意识呢？不知各位读者是怎样看待这个问题的。

异形的神本身就可以追溯到古老的甲骨文时代。它是否就是我们在《史记》中看到的那个母亲在吞下玄鸟之卵后生下的孩子的真身？目前这还是一个未解之谜。

城市国家商

《史记·殷本纪》中所记载的内容，基本上都是战国时代编撰的。与之相比，作为考古遗物出土的甲骨文，则可以带给我们一些原始的信息。

19世纪末出土的甲骨文曾被作为中药出售，后得懂行人慧眼识珠，因而闻名于世。因此，除了已经调查了的以外，还有大量甲骨上市，被世界各地收藏。以董作宾为代表的研究者们经过不懈努力，终于把这些甲骨文整理出来，认定它们为商代后期的物品，将其分为五个时期。

只不过，这些甲骨文与后世的记录不一样，它们并不是编年史的文献。在举行祖先祭祀等仪式时，古人每次都会在甲骨，也就是龟甲和兽骨上面用青铜刀刻上符号。其记录本身就是零碎的。

在甲骨文的整理过程中被发现，并且让世间学者皆为之惊讶的是松丸道雄的田猎说。关于这个，我们前面已经提到了一些，以下就稍微详细地来介绍一下它。

所谓田猎，就是狩猎，是王以及受王命而奔赴各地的代理人举行祭祀的一个环节。举行兼以军事演习为目的的狩猎，并且将打到的猎物就地献给神灵。"田猎说"就是整理了这种祭祀所留下的记录。

从其中一些地方，我们可以得知王在田猎地间行动的具体日程。松丸道雄将这些通观一遍之后，进行了数学性的证明。

他提出了特别让人惊讶的观点，即当时包括一些远离商代王都的地方在内，一共有二十一个地方，其中有十八个地方处于彼此之间最多三日内可以往返的距离内，剩下的三个地方也处于最多四日内可以到达的范围内；并且就这十八的地方而言，通过数学方法就可以得出其半径都被限制在 1.7 日的行程范围内。

上面所说的"最多"就是一个值得注意的点。最多 1.7 日的行程就是说不到两天，实际上等同于一天。当时的王乘坐马车出行，考虑到马奔跑的速度；再加上文献表述王的行动时有很明显表示往返的词句，所以最后他得出这样一个结论，那就

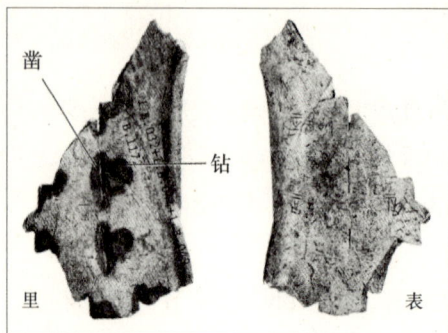

凿

钻

里

表

34 刻有汉字的甲骨片（东京大学东洋文化研究所所藏）

在甲骨，也就是龟甲兽骨上镂刻文字的方法，被确认为是商代后期出现的。文字是在占卜之后被刻上去的。占卜通常分为两种：（1）用火烤（烧灼）甲骨，使其龟裂，以此占问神意；（2）从甲骨表面龟裂的痕迹读出神意，继而作出判断。"卜"这个字就是由龟裂的样子演变而来。在（1）中占卜询问神意的工作是属于被称为贞人的祭祀官，而（2）中作出判断则是王的职责。图中的甲骨片上，正面（右）和背面（左）都刻有文字，但是里面还有烧灼的痕迹。烧灼所用的是名叫"地肤"（俗称扫帚菜）的植物，在其尖端处点上火，按在甲骨上。在特定的被火烧的地方，如图中所示，首先制作一个圆形的小坑（钻），并在其旁边（有时也重叠）再做一个纵向长条形的凹坑（凿），其中那个圆形的小坑便是点火的地方。周代初期时还有在甲骨上镂刻汉字的做法，但是之后便失传了。在没有镂刻汉字的甲骨上进行烧灼占卜的做法，可以追溯到新石器时代。战国时代所作的《左传》中出现了"卜"的记载，《史记》中也有汉代的"卜"的记载。

是：这十八个地方都在一个半径为二十公里的圆内。

如果把这个假想增加一倍的距离来考虑，其巨大的冲击也不会改变。

在此之前，我们将这十八个地方中存在具体问题的地方与世人已知的地理书等资料上的地名相对照，从其结果可类推出它们处于距离商王都较远的一片广域的范围内。这个方法至少可以证明关于这十八个地方的叙述是不正确的。而且，除去这十八个地方以外，相互之间

的移动行程是不能够用表来表示的。因此，在不接受结论的情况下，对于除去这十八个地方（加上最多四日内行程的三个例子共为二十一个地方）的事例，因为我们不能够将其相互之间的移

动行程用表来表示，所以就要求在其基础上加以数学上的处理。

至今为止，在这个方面一直都没有反驳的意见出现。

松丸道雄在进行这种缜密的研究和慎重的说明时，首先获取了能够提供证明所需的数据的材料。在其结果上，再来研究甲骨文的第四、第五期的文物。另外他也明确地指出：从其与后期田猎地的重合关系来看，只有这样考虑其位置，否则便得不出结论。在此之上，他又这样写道：我们大概可以判断第二、第三期的田猎地，和第四、第五期是基本属于同一性质的东西。

商是一个"大国"，所以当然会在各地设置军事据点。像这样接二连三地将大军派往据点，当然是要举行祭祀了。这种情况下，并不是王亲自前往，而是派出代理人代替王去举行祭祀。因此，我们就可以知道王所下令的内容。这种在远征时的田猎地，与日常生活中王亲自举行的田猎地相比，其性质是不同的。

从这一点来看，第一期甲骨文的田猎地与上述研究中的地方有少数重复之处。第二期以后的田猎甲骨文全部是王在举行田猎的时候所进行的占卜。与此相对，我们就可以看出第一期中有很多是王命令他人举行田猎时进行的占卜。而且，他还指出在第一期的田猎甲骨文中所出现的地名除去一小部分以外，都与第二期以后的田猎地在性质上不同。这种想法才是比较恰当的，或者至少是无可非议的。

这个田猎说中特别引人注目的地方是，提出了半径为二十公里的圆的问题。这个范围与当时的城市国家做统辖的范围基本上

商王朝的系谱（甲骨文 / 《史记·殷本纪》对照）

右侧（《史记·殷本纪》）：帝喾 — 契 — 昭明 — 相土 — 昌若 — 曹圉 — 冥 — 振 — 王亥（甲骨文）

微（上甲，一）— 报丁（匚乙，二）— 报乙（匚乙，三）— 报丙（匚乙，四）— 主壬（示壬，五）— 主癸（示癸，六）

1 天乙（大乙，唐）
2 外丙（卜丙）
3 仲壬（南壬）
4 太甲（大甲）
5 沃丁（沃丁）
6 太庚（大庚）
7 小甲
8 雍己（吕己）
9 太戊（大戊）
10 仲丁（中丁）
11 外壬（卜壬）
12 河亶甲（戋甲）
13 祖乙（且乙）
14 祖辛（且辛）
15 沃甲（羌甲）
16 祖丁（且丁）
17 南庚

18 阳甲（虎甲）
19 盘庚（般庚）
20 小辛
21 小乙
22 武丁
23 祖己（且己）
24 祖庚（且庚）
25 廪辛（兄辛／父辛）
26 康丁（庚丁）
27 武乙
28 太丁（文武丁）
29 帝乙（父乙）
30 帝辛

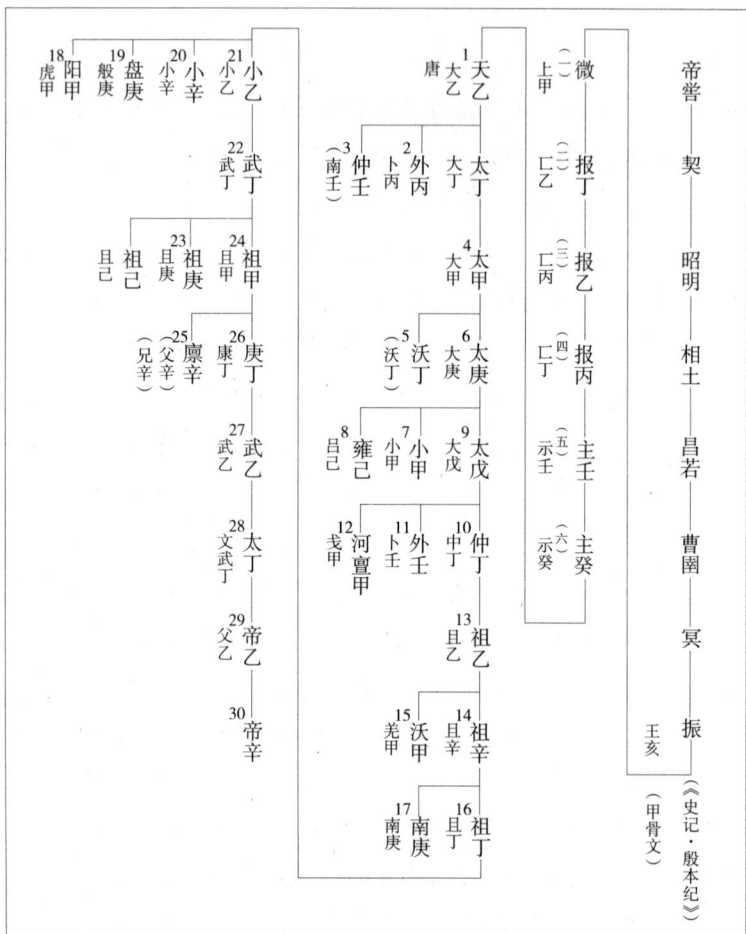

35 商王朝的系谱 商王的名字中加入了十干。这可能是表示王出身于被称为十干的集团中。因此，这里所展现的系谱，并不是现代所说的父子兄弟关系，像兄弟关系的一般表示的是同一时代的王，而像父子关系的一般表示的是不同时代的王。有些集团主要出现王，有些集团主要出现夫人。这些集团构成了商代的王族。《史记·殷本纪》中被认定为继承了王位的王（用1—30来表示）在甲骨文中却没有被认定，相反也有在《史记》中并未即位的王（在括号内表示）在甲骨文中却被认为是继承了王位的。不过，就算考虑到这些多多少少的表达的不同，我们也会感叹《殷本纪》中所记载的王名和甲骨文上明确记载了的王名有着惊人的一致

是重合的。换句话说，商王在殷（商）这个城市直接管辖的范围内四处走动，在各地举行仪式。

更让人惊讶的是，他提出在田猎地中混有臣服的氏族的名字。恐怕这是因为在商代王都的周围已经有些臣服了的氏族的村庄存在。可能许多物资都是通过这些臣服的氏族运送过来，再从那里送往王都的。这些村庄是臣服后的氏族为了履行向商代纳贡的义务而设立的必要的中转站之一。

从这个与田猎相关的研究，我们可以更加具体地看出，中小城市国家附属于大城市国家的构造。

从甲骨文中了解到的事情　甲骨文是古人祭祀的时候所作的记录。将其中有特征的事件和现象提取出来，重新总结成文章，我们就可以获得各种各样的信息。前面我们所关注的是王的田猎地。

在甲骨文中，最先引人注目的就是商王的祖先祭祀。于是商王的祭祀究竟是怎样的，这个问题逐渐变得具体而明朗起来。

经过对祭祀对象的整理，我们可以复原当时的系谱。其复原的结果和《史记·殷本纪》中所记载的商的系谱基本一致。这让学者都很震惊。但是，我们不能因此就认定《史记·殷本纪》中的记载全部都是正确的。虽然似乎有不少性急的人都误认为《史记》是全部正确的，但事实上研究甲骨文的人们的工作是非常质朴和踏实的。作为这种踏实的工作的结果，我们知道的事例之一，就是上述的系谱的相关情况。

除了在数量庞大的材料的基础上进行归纳后得出的推论之外，还有些推论是在文化地域的分布和地名的基础上研究甲骨文的记录而得出的。

例如，在祖先祭祀中掺杂了一个叫伊尹的名字。这个人物在《殷本纪》中也出现了，是商代初期时出任宰相一职的人。所谓的宰相，其实是战国时代以后才有的认识，实际上是通过官吏来统治地方的形式普遍化之后才出现的名词。商王朝是个城市国家的联合体。因此从这个意义上来讲，当时是没有宰相的。虽然同为辅佐王的人，但是在商代，这样的人通常被赋予管理地位相当于陪都的某个最重要城市的权力。而一般认为伊尹就是管理名为伊这个城市的人物。

那么，这个伊又相当于现在的哪里？

商代的影响所涉及的范围究竟有多广，这里面有些很难判定的地方。不过，正如前面所说的一样，周王朝以陕西之地为大本营，把中原的雒邑作为陪都来安置周公，更有分封东方的泰山以南的鲁之一族，用以牵制齐国等。这就可以为我们提供一些参考。通过研究考古遗迹（物体的移动），我们得知周的文化范围进一步扩大。周灭商时，其影响范围一度扩大，但是之后又缩小了。所以，伊的位置至少也应该就在中原一带的军事据点之中，是商的势力进一步延伸后的边缘的某个地方。

洛阳以东，有一条与洛水合流的支流名为伊水。于是笔者猜想这个伊是否就是伊尹的伊。它正处在河南一带的文化地域中。

　　周设置雒邑，作为直接支配伊的都城，继承了商代以来的军事据点。

　　根据《史记·殷本纪》的记载，太戊之时商代曾通过提拔伊陟，恢复了国势。可见伊尹一族在商代似乎被赋予了特殊的位置。

商与周　　在前面已经讲过，魏国的编年史书《竹书纪年》中设有《殷纪》。

　　《殷纪》列举了历代商王的故事，其中也有关于伊尹的记录，据说伊尹成为仲壬的卿士（周代的叫法）之后，将太甲放逐到桐之地，自立起来。太甲被放逐七年后归来，杀掉伊尹，分其领地给其子伊陟、伊奋。伊陟的时代和《史记》中的记载有所出入，而且两本史书在看待伊尹一族和商王一族的关系这一点上也不同。在《竹书纪年》和《史记》中，伊尹一族被赋予了不同的历史地位。

　　《竹书纪年》中记载了盘庚时代迁入了所谓的殷虚之地的事情，但是同时还有与之不同的传说。甲骨文是从武丁开始到殷末时代的东西。先于殷虚时代的郑州商城和偃师商城都被高大的城墙所包围着，然而所谓的"殷虚"却没有城墙。因此，笔者认为下述的说法比较可信："殷虚"实际上是附属于都城的宗教性设施，而都城是在别的地方。

　　"殷"这个汉字，就我们一般所知的意思来说并不坏。有富足繁荣的意思。然而，在经典之中，有将殷记作"衣"的情况。《礼记·中庸》里有这样的句子："武王缵大王（古公亶父。谥号）、王季（季历。谥号）、文王（谥号）之绪。壹戎衣（殷），而有天下。"其中"壹戎衣（殷）"的部分，在《尚书·康诰》篇中有基本相同的表达，然而"衣"字换成了"殷"字。这个"衣"可能被认为是夷狄的夷的意思。西周金文中提到了"东夷"的问题，这里的"夷"和"衣"的字是不同的。另外，在名为保卣、保尊的青铜器的铭文中这样写道：成王命保追赶东国五侯。这些就是上述经典中被看做是"衣"的"殷"字，我认为这可能是一种基于蔑称的用法。

不过，这也不能说明后来的经典中使用的"殷"都是不好的意思。这是因为与周代用"衣（夷）"来诋毁商代的意识不同，到了战国时代产生了必须美化商王朝的需要。夏、商、周三代都被理想化了。所以"殷"字从本来的意思中分离出来，产生了富足繁荣的意思。人们对于"衣"这个汉字原为"夷"这个蔑称的认知也慢慢淡薄了。

另外，从这个情况来看，通过"衣"这个字的用例分析，我们可以得知，在发音上"殷"本来应该与夷狄的"夷"是相同的。

商与周的较量开始于商王武乙的时候。根据《竹书纪年》的记载，周文王（前1078—前1034年在位）的父亲季历（？—前1068年）伐鬼戎，俘虏"狄王"二十。又于商王太丁二年、四年时，相继讨伐了"燕京之戎"和"余无之戎"等外族。说明在这个过程中周的势力在慢慢增大。应对这种情况，商所采取的行动是拉拢周国。据说，太丁四年，商封周为牧师。在那之后，周的军事行动仍然频繁，于太丁十一年，伐"鬎徒之戎"，俘虏其三名大夫。

然而，可能因为周终究给商造成了威胁，所以在文丁时代，季历被杀（前1068）。此事促使周开始讨伐商王，帝乙二年（前1064）周人伐商。此事发生在周文王五年。

武王十一年（前1024年）庚寅之日，武王时代的伐商正式开始。

帝乙、帝辛时代的祭祀　这个时代的祖先祭祀可以作为判定年代的方法来使用。祭祀于癸日举行，每十天一次，人们占卜的是第二天起的十天（旬日）内的事情。而且祭祀的祖先的顺序都是固定的。我们就可以利用这两个特点来进行判断。只要把祖先祭祀和复原后的实际的日历进行对比，我们就能判定年代。

所谓的历法原本就是将天文现象的规律性反映到日常生活中的一种"形式"。从具有规律性这个特点，我们就能找出问题的根源所在。

要发展农业，就必须要了解季节。否则便做不好播种。随着四季变迁，天空中的星座也在不断变化，因此，古人必须要根据时令把握住其特征。不过把握这些特征倒不是非用文字不可，事实上人们只需要依靠自己的记忆就足够了。

方法之一，着重观察比较醒目的星辰，找出天明前和日落后在哪个方位可以看见它。例如英国的巨石阵（没有文字的时期的遗迹）就是诞生于人们这样的生产生活当中的吧。当然，英国巨石阵与中国相距甚远，并没有任何的影响关系。

记录了从商代到春秋战国时代历法的资料中，既有用汉字记载的商代文献，也有同为汉字文献的西周的记录，以及汉字传播之后，即春秋时代以后的各国的文献记录。

前面我们也已经谈到了商代的历法是利用甲骨文第五期（帝乙、帝辛时代）的祖先祭祀而复原的。该祭祀以 360 日为一个周期，每十天按照规定祭祀不同的祖先。利用现代的天文计算倒推，我们便可以制作出当时的月亮圆缺一览表（多数记录的是朔日）。与这些记录相比较，我们就可以判定记录中所说的年、月、日具体是公元前的哪一年的什么时候。从复原的结果（商代的日历和以三百六十天为周期的祖先祭祀）来看，当时的历法似乎是以冬至后为一月份的开始。

这个日历是以月亮的阴晴圆缺为基准制定的。月亮盈满十二次则为一年。然而，月亮盈满十二次的时间并不等于太阳高度经过一年后还原的时间，即大约为 $365\frac{1}{4}$ 天。当这些差距逐渐累积为一个月时，古人为了调整日历便多设置了一个月，这就是闰月。

因为太阳高度还原的周期是 $365\frac{1}{4}$ 天，因此要将以 360 日为周期的祖先祭祀与季节对应起来，则在祭祀终了和下一个祭祀开始之间，留出了几天的空隙时间。这些空隙时间，似乎有时候

图三

图三 后母戊鼎——中国河南省安阳殷墟出土，是商王祖庚或祖甲为祭祀母亲戊而作的祭器，是中国商周时期青铜器的代表作，原称"司母戊鼎"或"司母戊大方鼎"。现收藏于中国国家博物馆。该鼎形制雄伟，气势宏大，纹势华丽，工艺高超，重达875公斤，是目前世界上发现的最大的青铜器。

图四

图四 "长思"青铜簋 周穆王时期文物，1954 年陕西长安普渡村长思墓出土，中国国家博物馆藏

图五

图五　饕餮纹单柱爵　饮酒器，商代青铜器。这件器物体形浑厚稳健，顾长挺拔，是众多青铜爵中一件罕见的珍品。此爵主要珍奇在它的单柱上，青铜爵一般都为双柱。据考证，有人认为它是用来悬挂过滤酒渣的网子的。后来此柱的实用功能逐渐减少，更多是作为一种装饰。高 18.7 厘米，流尾长 14 厘米。1954 年河南郑州杨庄出土，河南省博物馆藏

图六

图六 伯矩鬲——首都博物馆新馆镇馆之宝。盖内及颈部内壁铸有相同的铭文"才(在)戊辰,匽侯赐伯矩贝,用作父戊尊彝",盖内4行15字,颈内壁5行15字。此鬲纹饰十分精美,各部均以牛头纹装饰,主体纹饰皆为高浮雕,给人雄奇威武之感。艺术设计和铸造工艺极为高超,是周代初期青铜器中的杰作。

被频繁地插入一年中的各个阶段，有时候又是积累了一年之后集中放在某一段时间。

如此将以 360 日为周期的祭祀组合起来，从日历的角度来看，根据这种十日一次的祭祀进行到了第几回，就大概可以判断其与季节的关系了。

甲骨文中关于商的祭祀的文字，发挥了将祭祀的体系缜密化的作用。其结果就是，包括日历在内，创造出了"节气"，让人们可以了解与季节相关的知识。

顺便提一句，灭掉了商代的周并没有像商一样有这种祭祀祖先的体系，而且也没有尝试过创立这种体系，更加没有尝试过继承甲骨文的制作，即在甲骨上镂刻文字的方法。

不过，周通过在商创造的青铜器上铸刻文字的方法，继承了文字。然后，将这种方法制作的青铜器分给手下的各诸侯国。

在青铜器的铭文即金文中，出现了区分月亮阴晴圆缺的用语。我们将其表示为月相。这个月相，将月的盈亏分为四个部分。

自从有了月相后，人们着眼于将月相分为几等分的问题，并成功地将月相与季节联系在了一起。这种方法扮演了节气的角色。虽然与商代不同，周没有祭祀祖先的体系，但是最后得到的结果是差不多的。

到了战国中期，随着铁器的普及，社会变动加剧。反映出这种社会现实，在日历的世界里也出现了革命的动向。人们正确地计算出了太阳高度和星座之间的关系，最后创造了二十四节气（冬至、夏至、立冬、立春等）。另外还计算出作为节气周期的一年（例如从冬至到第二年的冬至）是 $365\frac{1}{4}$ 日，发现了正确的月亮盈亏的回归周期（例如从冬至的朔月夜到第二次出现冬至的朔月夜的时间）刚好是 76 年。在这 76 年间，月亮刚好有 940 次圆缺（940 个月）。日数刚好是 27759 天（$365\frac{1}{4}$ 天 ×76 年），因此一个月是 $\frac{27759}{940}$ 日，也就是 $29\frac{499}{940}$ 日。现在所说的一年（一个太阳年）可以计算为 $12\frac{28}{76}$ 个月（940 个月 /76 年）。最初的一年是十二个月，第二年也是十二个月，第三年是十三个月，如此排列下去，当数完十二个月后余下的天数超过了一个月时，就在那里设置一个闰月。

当一年有十三个月的时候，人们需要考虑应该把哪一个月定为多余的月份（通常所说的闰月）。于是古人固定把十二月定为闰月。因此，第十三个月又被记录为"闰十二月"等。就像现在的人们把四月份定为一个年度的开始（日本的会计／财政年度是从四月一日开始到次年三月三十一日结束），秦朝使用的是从十月份开始到次年九月份结束的历法，因此闰月就出现在九月之后，这种情况被记录为"后九月"。因此根据国家不同，闰月的叫法也有所不同。

到了汉代，人们开始使用另外一种计算闰月的方法：在二十四节气中，从冬至开始包含一两个"节气"的为普通的月份，未包含的月份则为闰月。历法也在不断地进步。

幸运的是，笔者复原的历法中包含了了解当时情况所应该具备的所有材料。

　　下面，根据复原的商代帝乙、帝辛时代的日历，我们可以推断出，帝乙的在位时间为公元前1065年至公元前1044年，帝辛在位时间为公元前1044年至公元前1023年。前面提到的《竹书纪年》是在公元三世纪出土的，同时出土的还有《逸周书》。这本书的卷三为《小开解》。其中记载了周文王三十五年正月丙子日有满月出现的内容。参考《竹书纪年》的记载，复原文王的在位时间，可以得出文王三十五年为公元前1034年。这一年的阳历（儒略历）1月29日正好为丙子日，正好赶上了冬至之后正月的满月。根据作者的假设所推算出来的文王三十五年正月丙子日，确实是天文学上的满月之日，而且还可以得知这是公元前1034年的事情。

第六章

春秋时代的史实

广域汉字圈的出现

"东迁"的冲击　　前面曾经讲过，这里再重复一下：一直到西周时代，汉字的使用范围都只局限于殷和周这些极少数的大国城市内部。周王朝热衷于将刻有铭文的青铜器分发给各地诸侯，因此，周王朝的诸侯是最早习惯并熟知汉字的。然而，将铭文铸于青铜器的技术是非常独特的，各诸侯国未能掌握这项技术，从而也未能创造出随心所欲的青铜器铭文。

将这种状况彻底改变的，正是"东迁"。

这次"东迁"事实上是周王朝的一场分裂剧。当时，支撑周王朝的各诸侯之间纷争不断加剧，再加上外族的入侵，西周王朝的故地实际上已经处在风雨飘摇之中。不久，秦国的势力从西边扩张了过来，这一点在前面已有叙述（第二章）。

根据《竹书纪年》的记载，秦国在周宣王时期就已经崭露头角。宣王四年（前823），秦仲伐西戎，为戎所杀。之后秦庄公即位，伐西戎得胜。

公元前759年，西周被东周取代，之后一段时期仍然非常混乱。公元前754年，秦和周将岐定为国界线。当时，根据《史记·秦本纪》的记载，秦收容了周的遗民。这些遗民当中有一部分是技术工匠，通过这些工匠，西周将铭文铸于青铜器的特殊技术便被秦继承了下来。

另一方面，在这乱世之中，工匠们也流散到了各地，他们在落脚的地方受到了保护。为此，这种特殊的铸造技术也随着工匠们传到了各地。

东周消灭西周携王时（前759年），东周平王一方的诸侯之首是晋文侯。据说晋文侯也收拢了一批工匠。晋文侯既然为东周重臣，当然要将工匠和文献资料上呈给周王朝，但是他自己也保留了一部分。通过这些工匠们的传播，汉字在晋国扎根，文献资料也被誊抄保存，成为上文提及的《竹书纪年》的参考材料。到了战国时代，魏国掌控了晋都，这些材料又被魏国继承了下来。

还有一些国家可能在东迁时期之前就已经掌握了汉字。因为长期以来，周王朝经常赏赐带有铭文的青铜器给这些国家，开始的时候他们可能觉得汉字稀奇古怪，但是时间久了便渐渐熟悉起来，于是便有人开始想尝试在青铜器上表现自己的意志，我想这也是不足为奇的吧。鲁国是修建了东都雒邑的周公旦的封地，在这个尤为特别的国家，或许汉字很早就开始传播并植根于此了（虽然还没有发现可以称得上是证据的物品）。

盟书的出现　　所谓盟书，就是将盟誓的内容写成文书材料。目前已经出土了以朱书或墨书写于石板或玉片上的盟书（公元前 5 世纪，后述）。

关于盟书，以往都是如下说明的。相信很多人都听说过这种说明，实际上这是个天大的误解，但奇怪的是仍然有很多人信服。

上古时期是理想中的太平之世，完全没有必要交换盟书。但是，到了春秋时期，周王朝权威衰落，各诸侯各自为政，战乱渐增。在这种时代背景下，周王朝之外的大国逐渐成为霸主，召集诸侯，缔结盟书。所以，盟书是乱世出现的象征。

盟誓、盟书和霸主具有密不可分的联系，一直以来大家都是这么认为的。

即便是不赞同"上古时期乃理想中的太平之世"一说的人，一般也把"周王朝的权威衰落导致盟书剧增"作为研究盟书内容的前提。

这类研究的前提是：从远古时期开始，汉字便已经广泛传播，扎根各地；汉字虽原本就有，但没有必要缔结盟书。

但是事实上，汉字并不是"原本就有"的。虽然商王朝和周王朝有汉字，但并不是所有的诸侯都能够自如地读写汉字。

没有汉字便无法制作盟书，这是理所当然的。汉字不相通也无法制作盟书。盟书是相互确认的证据，如果只有一方确认将毫无意义，盟书的制作也就无从谈起。盟书的出现是汉字广泛根植传播的象征。

不只是盟书，在关于盟誓"仪式"的资料中，也从未发现关于西周之前的记载。这一点也与前面提到的内容有些关系。殷和周之外的诸侯国并没有使用汉字，所以连君主的在位年限也没有完全记载下来。盟誓是一种对神起誓的行为，必然从远古时代就已经存在了。我们认为，盟誓不一定需要通过文字来实现，比如像小孩之间互相勾小指头之类，也是实现彼此之间约定的一种"仪式"。

只有在能够自如使用汉字的殷和周，才会将盟誓活动记载并留存下来。不过，盟誓的记载一般是"诸国使节来访"，在远征地"举行了某种仪式"，或者举行了盟誓活动等，具体记载对神起誓内容的"盟书"，并没有记载留存。

《周礼》中出现了"盟书"一词。《周礼》是战国时代写成的，而同样的东西在《左传》中被称为"载书"。关于"载"字，其渊源可以上溯至甲骨文记载中祭祀活动的一种。所谓"载书"，也就是"祭祀之书"的意思。

在各国祭祀的时候，人们通常会认为：将互相之间的约定通过某种"形式"确立，就可以发挥非常大的作用。在祭祀的时候，几乎是不用文字的。"符号"是有的，但是"符号"对于"形式"的确立究竟有没有起作用就不得而知了。

如果盟誓果真是在祭祀的时候确立的，那从意味着祭祀一部分的"载"衍生出"载书"一词，其实也正是说明了汉字使用范围的扩大。因为在殷王朝和周王朝，汉字是被垄断使用的，没有用来形容盟书的词汇。后来缔结盟书的活动出现，于是就用原本形容祭祀活动的"载"字创造出了"载书"这一新词汇。

在从祭祀活动到"载书"这一新词汇形成的过程中，周王朝单方面对外宣言的文章的一部分也被引入"载书"的内容当中。

这部分宣言文成为前面介绍过的名为"兮甲盘"的青铜器铭文的一部分。

周王朝对蛮夷宣言的内容被铸入了青铜器铭文中，其中含有关于神明处罚的内容。这与盟书的内容极为相似。

> 淮夷旧我帛晦（贿）人，毋敢不出其帛、其责（积）、其进人，其贾，毋敢不即次即市，敢不用命，则即刑扑伐，其佳我诸侯、百姓，厥贾，毋不即市，毋敢或（有）入蛮宄贾，则亦刑。

如果当时有盟书，应该会举行盟誓缔结盟书。上面这段铭文，尤其是号召诸侯、百姓的部分，如果有盟书，必定会写入其中。可是这些内容却被归入了周王朝的单方宣言，可以推断出当时盟书还没有出现。

另外我们还需要注意的是：与下面即将提到的，通过在神明面前起誓的仪式缔结的盟书不同，上面这段文字是周王朝单方面的对外宣言。盟书注重会盟者共同的神罚，而这段铭文不涉及相互之间须共同面对的神罚问题，而是涉及刑罚问题。这种刑罚不是基于战国时代以后的法律体系，而是基于新石器时代以来为了维持秩序而形成的法律体系和先例，是单方面进行制裁的行为。

侯马盟书　　　　　　盟书出现的过程前面已经讲过，而且盟书还继承了西周时代单方面对外宣言的特征。

在出土的遗物当中，人们发现了侯马盟书。侯马盟书制作于公元前 5 世纪初，即孔子生活的时代，在山西省侯马的晋国遗址被发现。盟书内容用毛笔蘸朱砂或墨砂写于石片和玉片上，包含碎片在内一共出土了约 5000 多件，从内容上来看是分多次制作而成的。

该盟书与《左传》定公十三年（前 497）到哀公五年（前 490）间记载的赵氏内乱有关。赵氏的宗主（赵孟）——即赵简子，与同族的邯郸赵氏之间发生纷争，最终发展成祸及晋国全国的内乱。这里介绍的侯马盟书正是在那个时候制作而成的。

战乱以赵简子一方的胜利而告终。

下面介绍盟书的一个例子，盟书分为好多种类，其中有一种叫做"委质类"（第三类）。侯马盟书的铭文当中有如下记载：

我"某某"（这里指代具体人名）在"皇君"（神君）之所（祭祀场所）起誓，绝不背叛皇君，绝不会做出如下行为。如果我出入了赵稷之所（祭祀场所），与其子孙、【以下为范氏】范克及其子孙、子乙及其子孙、及其伯父、叔父及其兄弟以及兄弟的子孙、范德及其子孙、范鳖及其子孙、范将及其子孙、范僑及其子孙、范癞及其子孙、中都的范翟及其子孙、范木及其子孙、【以下为范氏祭祀的晋侯一族】嫠及其子孙、及其新君弟以及新君弟的子孙、隍及其子孙以及其新君弟以及新君弟的子孙、【以下为赵氏】赵朱及其子孙、邵城及其子孙、赵乔

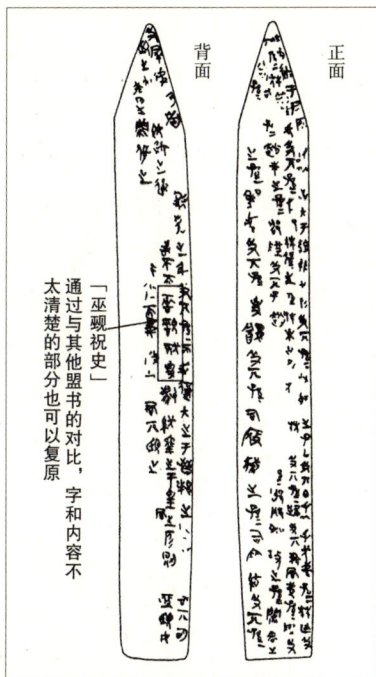

背面　　正面

「巫覡祝史」

通过与其他盟书的对比，字和内容不太清楚的部分也可以复原

36 侯马盟书一例　作为春秋时代广域汉字圈出现的结果，盟书形成了。在此之前，由于当事人一方或者双方不懂汉字，所以即便举行了盟誓这种祭祀活动，也没能形成盟书。虽然在部分西周青铜器铭文当中也有盟誓的内容，但这只不过是周王朝祭祀官留下来的记录，关于当事人各方有没有在神君面前确认盟誓却没有记载。此外，铭文当中还有对外宣言的内容，这部分虽然与盟书的形式极其相似，但只不过是单方宣言，也没有在神君面前进行确认。上图所示的侯马盟书是在公元前 5 世纪初，在晋国强者赵氏的主导下所作。经研究得知：当时曾有几百人花费数次精力才做成了这份盟书。盟誓是礼仪的一种，与女巫（巫）、男巫（覡）、祭主赞词者（祝）、掌管记载者（史）有关。各地的参加者们带领各自的巫、覡、祝、史来参加仪式。盟书也意味着有实力的强者可以统领多个城市，但是不久之后文书行政开始盛行，盟书也就销声匿迹了

及其子孙、××及其子孙、【以下为×氏也即中行氏】邯郸邮政及其子孙、×舍及其子孙、××及其子孙、史丑及其子孙、邮×及其子孙、【以下为史氏也即士氏】史丑及其子孙、司寇×及其子孙、司寇结及其子孙，如果我出入他们的祭祀之所，召集他们举行盟誓的话，我将蔑视嘉（赵孟·赵简子）及其子孙，如果我让他们复归晋邦之地的话，就请"皇君"（神君）降下神罚（盟×），灭（我）一族。举行盟誓后，如果没有将巫（女巫）、觋（男巫）、祝（祭主赞词者）、史（掌管记载者）献于"皇君"（神君），就请皇君降下永久的神罚，灭（我）一族。如果我在行道中遇到×伐及其子孙，但却没有将他们杀死，并且还与他们交换了盟书的话，就请"皇君"（神君）降下神罚（盟×），灭（我）一族。（以上系译者翻译，引文的原文请参看《侯马盟书》，文物出版社，1976 年）

盟誓参加者分别制作相同内容的盟书，埋于地下。我们通过逐字逐句地比较发现，盟书并不是盟誓参加者本人书写的，而是通过各地汇集来的史官书写的。这些史官似乎是通过阅读同一版本，背诵之后再书写出来，各自的文字表述在细微之处也有差异。史官所处的教育环境当然会对他们产生影响。从不同地方来的史官，由于各自所受的教育不同，文字表述也就不太相同。

下面我们再来确认一下盟书当中关于神罚的问题。

从盟书到法令　　　　　　成书于西周时代的宣言文到侯马盟书之间的《左传》中列举了几篇称之为盟书的文章。不过，这些文章当中都没有提及神罚，而且从文字表现上看，具有强烈的后世性。除个别内容外，基本上都是后世伪造的。

这种伪造的盟书是不能作为参考的。不过，从文章的结构来看，文中所记载的"举行了盟誓"这一内容应该是自古就有的。举行了盟誓，缔结了盟书，然后后世有人发挥想象，臆断盟书的内容并将其写入了史书。

《侯马盟书》中写道："将巫（女巫）、觋（男巫）、祝（祭主赞词者）、史（掌管记载者）献于'皇君'（神君）。"这里的巫、觋、祝、史都是掌管祭祀活动的人。本来盟誓参加者是在自己所属的本国祭祀场所举行祭祀活动的，其中"史"便是前面提到的负责记载的史官。各国都有类似的祭祀专职人员，所以可以在会盟后将盟书带回本国，在祭祀举行的时候盟书的内容也得以确立。

这些祭祀官现在全部聚集到了赵氏门下，这其实就是将地方的祭祀活动在赵氏手下重新洗牌编制的过程。这种洗牌一旦完成，中央和地方之间便开始了文书往来，也就是文书行政。所以，一旦开始文书行政，便意味着中央和地方新关系的形成，也意味着曾经作为国与国之间联系纽带的盟书的消亡。代替盟书出现的是法令（律令）。通过法令可以解决在推行文书行政过程中出现的各种各样的问题。地方的祭祀，则被中央派遣的官僚掌控起来。

曾经联系各国的盟书的消亡，也正体现出了中央（以前相当于大国的城市）和地方（以前相当于小国的城市）之间关系的变化。这也意味着从此以后汉字作为一种行政工具，将迎来更为广阔的发展空间。

孔子的时代

各种各样的孔子形象

前文曾经讲过，侯马盟书可以分为好几个种类。其中有一个人名在多个种类之中均有出现，应该指的是同一个人。可是仔细阅读每份盟书的文字表现，可以看出虽然是有关同一人的盟书，但各自的文字表现并不相同。虽然盟书的笔迹总体上都差不多，但细看还是能看出差异的。这也比较容易理解，关于笔迹，前面也讲过，盟书是"史"官记载的，史官和其他祭祀官一起来参加祭祀，除此之外还要作记录。记录并不是参加祭祀的兵士之类作的。

也就是说，文字的记录者和盟誓的参加者是分开的，盟誓参加者并不一定需要懂得文字知识。当时还是处于那样的时代。

在那个时代大放异彩的人物，便是孔子。

提起春秋时代，首先要提的就是孔子，这个人物与这个时代已经融为一体。历史上还从未出现过第二个思想家如同孔子一般受到历代的尊崇。

因为尊崇而把孔子理想化的也大有人在。我们见到比较多的，是在宋明理学（朱子学、阳明学等）这个学问体系当中讲到的孔子。这是根据士大夫的理想描绘出的孔子形象。

除此之外，还有通过从东汉到唐朝时期的注释所展现出来的作为圣人的孔子形象。

另外，罕为人知的是，"纬书"中的孔子形象曾经在东汉时代风靡一时。

例如《论语撰考》中说："感黑龙之精以生仲尼（孔子）。"这种试图将孔子特异化的描述，使孔子的风貌显得非常怪异。《孝经钩命决》形容孔子嘴像海一样大，龟背、虎掌等。这与我们想象中的孔子风貌大不相同。

在形成这种特异化的描述之前，作为天下文化正统的儒教的开山鼻祖，孔子的形象在西汉时代也曾被描述过。再向上追溯，在战国时代，各诸侯国对孔子也分别进行了各具特色的描述。

孔子培养了很多弟子，这些弟子又培养了很多弟子。孔子的后继者不断增多，到战国时代已经遍布各诸侯国。在这个过程中逐渐形成了原始儒教。

这种原始儒教与我们所熟知的儒教大不相同。

流浪的孔子　　　　最为人们耳熟能详的是，孔子晚年曾游历各国。《史记·孔子世家》对孔子的游历做了描述，下面给大家介绍一下。通过介绍这段游历，希望能够确认：西汉时代的孔子形象与后世人们所熟知的孔子形象是大不相同的，而且，这个时期的孔子形象继承了战国时代某一地域的孔子形象的特征。

孔子首先去的是卫，寄住在子路妻子的兄长颜浊邹家中。卫灵公依照孔子在鲁国得到的俸禄，也给了他俸米六万斗。过了不多久，有人向卫灵公说了孔子的坏话。孔子感觉到危险，就离开了卫国。他在卫国居住了十个月。

孔子接下来去的是陈国，途中经过一个叫匡的地方，在那里收了颜刻为仆人。根据孔子的发言，匡人误以为他是阳货（在鲁国发动叛乱的人物），孔子的长相与阳货非常相似也加深了匡人的这种误解。孔子被围困了整整五天。后来从者当中有一个人曾经是卫宁武子的臣下，于是遣他去卫说和，孔子才终于得以脱困离去。

孔子离开匡地之后就到了一个叫蒲的地方，过了一多月，又返回了卫国，寄住在蘧伯玉家。在那个时候孔子见到了卫灵公的夫人南子。

在返回卫一个多月后的一天，灵公与夫人同坐一辆车子外出，宦官雍渠陪侍车右，出宫后，让孔子坐在第二辆车子上跟从。孔子说："吾未见好德如好色者也"，对卫灵公的所作所为感到厌恶，就离开卫国，往曹国去了。后来孔子又到了宋国。

在宋国，孔子与弟子们在大树下演习礼仪。宋国的司马桓魋想杀死孔子，就把树砍掉了。孔子只得离开这个地方。

弟子们催促说："可以速矣。"孔子说："天生德于予，桓魋其如予何！"孔子又去了郑。

孔子到了郑国，与弟子们走散了，孔子一个人站在外城的东门。郑国人有看见了就对子贡说："东门有人，其颡似尧，其项类皋陶，其肩类子产，然自要以下不及禹三寸。累

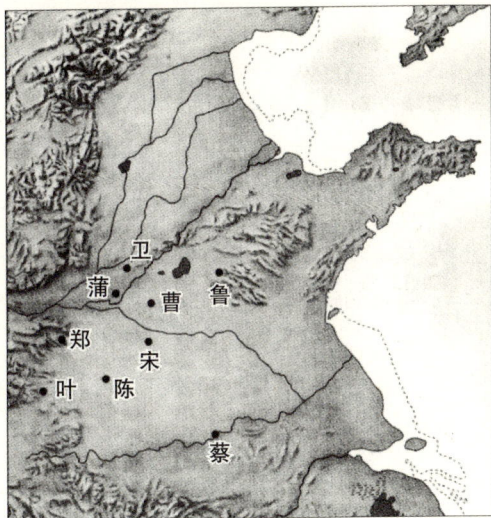

37 孔子离开鲁国后游历的各国　魏国的位置与西周初期相比，向东迁移了。蔡国也在孔子到访之前依赖吴国迁到了图示的位置。虽说如此，宋、陈、郑、卫被《左传》归纳为四国，列为殷商故地。在西周初期，蔡国是为了支配殷民而封建的国家，其位置与图示位置不同。孔子游历的国家都是殷商故地或者与殷商故地有关系的国家

累若丧家之狗。"子贡见面把原话如实地告诉了孔子。孔子高兴地说道："形状，末也。而谓似丧家之狗，然哉！然哉！"孔子接下来去了陈。

寄住在司城贞子家里……

有一天，许多只隼落在陈国的宫廷中死了，一看之下，有楛木做的箭穿在身上，箭头是石头制作的。陈湣公派使者向孔子请教，孔子说："隼来远矣，此肃慎之（肃慎族的人所用的）矢也。昔武王克商，通道九夷百蛮，使各以其方贿来贡，使无忘

职业。于是肃慎贡楛矢石砮，长尺有咫（九寸的两倍，九寸是尺度的基准，意味着上天。这种说法始于战国时代）。先王欲昭其令德，以肃慎矢分大姬，配虞胡公而封诸陈。分同姓以珍玉，展亲；分异姓以远职，使无忘服。故分陈以肃慎矢。"陈潜公听了叫人到过去收藏各方贡物的仓库中去找一找，果然找到了这种箭。

孔子在陈国居住了三年……然后离开了陈国。

孔子离开陈国，路过一个叫蒲的地方……后来又到了卫国。

卫灵公听说孔子到来，非常高兴，亲自赶到郊外迎接……卫灵公老了，懒得处理政务，也不起用孔子。得不到重用的孔子只好离开，打算西游去见赵简子……孔子放弃去见赵简子，回到老家陬乡休息。随后又回到卫国。

有一天，卫灵公向孔子问起军队列阵作战的事。孔子回答说："俎豆之事则尝闻之（从幼年时期起经常用的简陋的生活用具我是知道的），军旅之事未之学也。"第二天，卫灵公与孔子谈话的时候，看见空中飞来大雁，就只顾抬头仰望，注意力不再集中在孔子身上。孔子于是就离开了卫国，再往陈国。

……孔子从陈国移居蔡国……孔子从蔡国前往叶地……孔子离开楚国的叶地回到蔡国。在路上遇见长沮、桀溺两人并肩耕田，孔子以为他们是隐士，就叫子路前去打听渡口在什么地方。长沮说："彼执舆者为谁？"子路回答说："为孔丘。"长沮又问："是鲁孔丘与？"子路说："然。"长沮说："是知津矣。"桀溺又问子路："子为谁？"子路说："为仲由。"桀溺说："子，孔丘之徒与？"子路说："然。"桀溺说："悠悠者天下皆是也，而谁以易之？且与其从辟人之士，岂若从辟世之士哉！"说完，就继续不停地耕田。子路把此话告诉了孔子，孔子失望地说："鸟兽不可与同群。天下有道，丘不与易也。"

……孔子迁居蔡国三年……孔子派子贡到楚国去。楚昭王调动军队来迎接孔子，这才免除了这场灾祸。楚昭王想把书社之地七百里地方封给孔子……"夫文王在丰，武王在镐，百里之君卒王天下。今孔丘得据土壤，贤弟子为佐，非楚之福也。"昭王听了就打消了封地给孔子的想法。这年秋天，楚昭王死在城父。

……孔子从楚国返回了卫国……恰好季康子派来公华、公宾、公林，带着礼物迎接孔子，孔子就回鲁国去了。

对孔子的评价与殷商故地　对孔子的评价，战国时代的各诸侯国各不相同。有的国家对他评价很高，而有的则评价很低。《史记·孔子世家》把各种评价进行了归纳整理，所以，《孔子世家》当中对孔子的评价也是褒贬不一。

郑国对他的评价是："其颡似尧，其项类皋陶，其肩类子产，然自要以下不及禹三寸。累累若丧家之狗。"前面也提到过，大禹经巡天下，与大禹走过的范围相比，孔子游历的范围要小得多，所以说他"然自要（腰）以下不及禹三寸"。这对孔子来说不是什么好的评价。

稍微岔开一下话题，孔子最初逗留之地是卫国，他在卫国出仕，后来虽然感觉到有危险而离开了卫，但他得到了和在鲁国时相同的俸禄。孔子在宋国实现了学业的修行，虽然后来遭遇刺杀不得已离开，但他实现了修行。接下来孔子到了郑国，在郑国他受到了褒贬不一的评价。在陈国，孔子正确分析出了肃慎之箭的存在。后来孔子打算离开卫国去会见晋国的赵简子，但最终作罢。后来孔子又到了楚国，但终究没能做官。

在从陈国到蔡国的路上，遇到长沮和桀溺，被他们俩嘲笑为傻子。虽然孔子将这二人与鸟兽相提并论，但他自己却被这俩"鸟兽"嘲笑为傻子，也不是什么脸上有光的事情。

只有孔子到楚昭王那里产生的话题，才比较符合孔子的形象。楚昭王认为孔子即便自己做大王也不是什么不可思议的事情，由于惧怕孔子日后威胁到楚国的地位，才没有封地给他。由于插入了这段轶事，读者从前后文自然而然地可以推断出以下结论：之前孔子所遭遇的——也就是单独成为话题的时候总是得不到好的评价这一问题，其实是做评价的人不太客观公正的缘故。

孔子游历过的各国当中，主要去的地方是卫国和陈国。虽然他也去了其他地方，但几乎每次都是以这两个地方为起点。孔子在宋国和郑国也有一些故事。前面曾经讲过，这些诸侯国在《左传》当中都是属于大火分野的国家，韩国希望依托中原的位置，占有殷商故地，因而提及了这些诸侯国。

　　除了韩国，还有其他国家也企图占有这些殷商故地的诸侯国。

　　将这些诸侯国与孔子扯上关系，恐怕从最开始便是杜撰出来的故事。例如齐国，对孔子作出了很高的评价。因为孔子一族，即孔氏一脉是源自宋的君主，是殷商末裔。齐国制造出一种孔子对田氏的评价相当高的"表象"，说孔子游历过的地方都是有问题的地方，是殷商故地。

　　一旦扯上这个话题，其他诸侯国便不愿意了。因为任何一国都不可能无视将占有殷商故地加以正当化的话题。于是就引入了贬低孔子的话题，这样编造出来的故事，就是《史记·孔子世家》所载的内容。

　　实际上，《史记》所采用的形式原本对孔子是善意的。总结孔子的事迹，没有将其归入记载个人历史的"列传"，而是将其抬高一级，升格为诸侯格，作为"世家"来记载（《孔子世家》）。但是到了后世，甚至有人说孔子称王等等，究其根源，都是由于《史记》将其升格对待的缘故。与楚昭王有关的话题，其中有褒扬孔子的内容，这个时候，《史记》的"形式"起到了一定的作用。不过，文章当中仍然明显残存诽谤孔子的内容。

孔子与《公羊传》　　上面已经讲过，《史记》所用的材料大多是战国时期所作，通过对这些材料进行取舍选择，适当增删，便形成了《史记》的文章内容。

　　《史记·孔子世家》所选取的故事当中，有"获麟"，也就是捕获了麒麟的故事。所谓"麟"指的就是现在所说的麒麟，麒麟原本是传说中的神兽。捕获了神兽麒麟的"获麟"故事，被作为特别事件进行了说明。《史记·孔子世家》之所以会选取"获麟"的故事，正是因为它与孔子有关联。

不过，"获麟"究竟与谁有关? 关于这个问题，答案并不只有一个。《史记》的判断是汉代中期的判断。在这个判断形成之前，关于"获麟"与谁有关的问题已经争论了很久。战国时代的各诸侯国对于如何判断说明"获麟"事件各执一词。

最初记载"获麟"这一故事的是战国时代的《公羊传》(《春秋公羊传》)。《公羊传》是对《春秋》进行解释的文献，《春秋》最后一年是哀公十四年（前481），关于这一年的事件记载只有一项，那就是"获麟"。也就是说，《春秋》是以"获麟"，也即捕获了麒麟这一特别事件来收尾的。

《公羊传》与《春秋》配套，都是在齐国所作。齐国的君主始于西周时代的太公望吕尚。后来在齐国君主之下，从陈国来的田氏势力逐渐发展壮大起来。公元前388年，田氏的宗主田和（田太公）代替原来的君主，在以周为顶点的诸侯联盟当中赢得了诸侯的地位，接下来于公元前338年称王。《春秋》正是在这一时期所作。

《春秋》是在齐国所作，在它最后点缀的"获麟"事件当中，凝聚了齐国朝廷的意志。如上文所述，《春秋》最后记载的是公元前481年的事件，也就是在同一年，田氏掌控了齐国的政权。

作为齐国的理论，田氏当然是希望这次掌权能够在史上留下较高的评价。在这一理论当中，孔子扮演了特殊的角色。让我们通过下文了解一下。

（鲁）哀公十有四年（前481）春，西狩获麟。（传）何以书？记异也。何异尔？非中国之兽也。然则孰狩之？薪采者也。薪采者则微者也，曷为以狩言之？大（尊贵）之也。曷为大之？为获麟大之也。曷为获麟大之？麟者仁兽也。有王者则至，无王者则不至。

有以告者曰："有麇而角者。"（不是麒麟，而是捕获了麇鹿）孔子曰："孰为来哉！孰为来哉！"反袂拭面，涕沾袍。颜渊死，子曰："噫！天丧予。"子路死，子曰："噫！天祝予。"

西狩获麟，孔子曰："吾道穷矣！"《春秋》何以始乎隐（隐公）？祖之所逮闻也。所见异辞，所闻异辞，所传闻异辞。何以终乎哀（哀公）十四年？"曰："备矣！"

君子曷为为（让人创作）《春秋》？拨乱世，反诸正，莫近诸《春秋》。则未知其为是与？其诸君子乐道尧舜之道与？末不亦乐乎尧舜之知君子也？制《春秋》之义以俟后圣，以君子之为，亦有乐乎此也。

《公羊传》运用《春秋》（只不过罗列简单的事件，整理了爵位等）的笔法对历史事件展开说明，形成了自己固有的理论。书中提到,《春秋》存在"为贤者讳"的原则倾向。该原则在《春秋》多个事件记载当中体现得都非常明显。

针对这些事件,《公羊传》认为继承绝国是圣人之所以为圣人的条件。满足这些条件的贤人在与某一事件有关联的时候,史官就会为了这个贤人而"隐"去某些内容,采用省略或者委婉的说法来描述。像"获麟"这样极为简略的事件,可以想象得出它是很容易采用这种省略的。再加上该事件是《春秋》的收尾事件,更是如此。

事件当中记录了"获麟",也就是"捕获了麒麟"这一事件,但捕获麒麟的是谁,却省略不提。

在"获麟"事件发生的当年,齐国田常弑杀(弑指地位低的人杀害地位高的人)了当时的君主简公,并立了新的国君。

关于该事件,我们可以做如下说明:

与《春秋》存在"为贤者讳"的理论倾向一样,《公羊传》也有其反复强调的理论。书中多次明显、反复地强调:大夫杀诸侯,诸侯杀大夫都是司空见惯的。只要弑得有理由,那就是正确的。此外《公羊传》还认为:宗主(一族的代表)是整个家族的代表,需要承担整个家族的罪过,如果族里有人杀了人,那就会被记成是宗主杀了人。

公元前481年齐国田常弑杀君主简公一事,在另外的文献当中有记载,但在《公羊传》当中却被略去不提,略去的原因是"为贤者讳"。即便不略去而加以记载,根据《公羊传》的理论,也会变成"田常是宗主，他并没有直接下手杀人，而是君主无道"的意思。因为，省略掉姓名的田常是贤人。

田常是贤人，因为君主无道而将其弑杀，这样一来齐国便成了群龙无首的状态，为了使齐国尽快恢复成常态，田常立新君并使其即位。

"获麟"省略掉了主语，那被省略掉的"谁"便是"田常"。

关于这个与"隐"掉的贤人"田常"相关的"获麟"事件，《公羊传》用了上述很长的篇幅来说明。

如果阅读这部分说明时一带而过，不加以琢磨，我们就会不明白孔子登场的意义。"获麟"的结果，孔子叹息道"吾道穷矣"，然后到此就结束了。但是，"获麟"的主语是"田常"，对此孔子叹息"吾道穷矣"，那就说明田常和孔子之间的关系不同寻常。

《公羊传》关于"获麟"的说明当中，除了孔子以外，登场的还有"君子"。《公羊传》中记载："君子"创作了《春秋》，《春秋》"制义以俟后圣"。

提起是谁"创作"了某一著作的时候，古人有两种说法。一种是指下达编写命令的人（某王或者某皇帝所作），一种是指执笔者和编者（司马迁或班固所作）。"君子"和孔子的关系恐怕也是如此。也就是说"君子"是下令进行编撰的人，而孔子则是执笔者、编者（说到底这只不过是《公羊传》的一家之言）。

只有这样来理解，我们才能够明白上文当中"田常"与孔子之间非同寻常的关系。

《孟子》是稍微晚于《公羊传》编撰的文献，书中记录孟子的言行。《孟子》当中明确提出是孔子创作了《春秋》（说到底这也只不过是《孟子》的一家之言）。这也是妇孺皆知的有名的"事实"。根据《孟子》的说法，孔子是《春秋》的"执笔者、编者"。孟子是齐人，《公羊传》也是在齐国所作，这样一来，孟子所主张的编撰了《春秋》的孔子、和《公羊传》所主张的编撰了《春秋》的君子，看上去仿佛是同一个人。但是实际上，在《公羊传》的说明当中也讲了作为君子的"田常"和作为贤人的孔子之间非同寻常的关系（有些啰唆，因为古书当中就是这样说明的），所以《公羊传》所说的君子并非孔子。

正如前文所讲过的，《春秋》和《公羊传》都是在公元前338年齐称王的时候所作。正是在这一年，齐国开始启用逾年称元法（前代君主死后新君主于次年正月始称元年），《春秋》所有的纪事均是按照这一称元法排列的。《春秋》虽然从形式上是鲁国的编年史，但采用的并不是鲁国的年份。鲁于公元前256年被楚灭国，在此之前一直使用的是立年称元法（前代君主去世与新君主即位在同一年）。因此，采用逾年称元法的《春秋》成书的年代并不是鲁国君主在位的年代。因此《春秋》是按照"君子"的命令，由孔子所作的架空的、特殊的编年史书。

"获麟"当中讲道："有王者则至，无王者则不至。"那么王者到底是否出现了呢？

创作《春秋》，制《春秋》之义以待后世圣人的出现，更确切地说应该是"王者将现而麟至"。这是一种预言。

战国时代创作的史书，逐渐（在战国时代）形成了一种通过提示历史事实进行预言的"形式"。

公元前338年齐国威宣王开创逾年称元法，并称王。这里实际上便是出现了王者。

《左传》中的"获麟"

"君子"田常与圣人孔子的这种历史关系，可以说是齐国朝廷随意杜撰出来的。但正是因为是杜撰的，所以这给其他国家带来了很多麻烦。一直以来，其他国家希望颂扬的是各自国家的君主和祖先，齐国田氏之类对他们而言是无所谓的存在。

因为给其他国家带来了麻烦，其他国家也常常造出一些贬低齐国的"形式"。

《左传》是战国时代的韩国朝廷所作，韩在称王的时候必须对其自身的正统性加以说明，《左传》就是这份说明书。因为是在韩国所作，所以对于其他国家的正统性问题，《左传》的评论是非常严厉的。

《公羊传》贯穿"为贤者讳"的原则，《左传》针对其书中体现出这一理论思想的地方做了详尽的检查，认为其所讲的事实有误，并对这些事实重新进行了说明。也就是说，《公羊传》所讲的事实是错误的。史书的依据便是"事实"，如果作为依据的"事实"有误，那也就意味着该史书也是伪造的。

最极端的代表便是《公羊传》关于哀公十四年的"获麟"事件讲述的"事实"。《左传》为了说明这个"事实"是错误的，于是就讲述了别的"事实"。

《左传》关于"获麟"事件是这样记载的：

> （哀公）十四年，春，西狩于大野，叔孙氏之车子鉏商获麟，以为不祥，以赐虞人（官名）。仲尼观之，曰："麟也。"然后取之。

在《公羊传》中被长篇大论地进行说明的"获麟"，在这里却被一带而过。而且这里直呼孔子为"仲尼"，并称"获麟"为"不祥事件"，麒麟由（并非是《公羊传》当中暗示的田常）"仲尼（孔子）带回去了"。在《公羊传》当中被称为"仁兽"的麒麟，在这里却被认为是不祥之物。

《公羊传》中暗地里称赞的田常，在这里却只字未提。《左传》在"获麟"事件的记录后面，对田常弑杀简公一事进行了详细的说明。前文讲过，《公羊传》的理论是：位居宗主之位的人是代表整个家族的，要对全族所犯下的过错承担责任，如果同族的人杀了人，在记载的时候就会记成是宗主杀了人。但是，《左传》当中明确提示了田常弑杀简公的事实，那意思就是说：并非是同族的人杀了人，而是宗主本人杀了人。

如前文所述，《公羊传》借"获麟"一事来说明《春秋》是

"君子"所作，这是从命令发出者的角度讲的。《孟子》中则记载《春秋》是孔子编撰的，这是从执笔者的角度讲的。所以如果想要贬低齐国，只要证明《春秋》与孔子无关，"君子"与田常无关即可。

《左传》对《春秋》的内容进行了增补，额外增加了两年的记录。《公羊传》注解的《春秋》终结于哀公十四年的"获麟"事件，《左传》注解的《春秋》则增补了两年的内容，终结于哀公十六年。并且，在哀公十六年的记录当中，增加了"孔子去世"的内容。已经死去的人是不可能创作《春秋》的，这也就否定了《春秋》是孔子所作。

此外，《左传》中随处可见"君子曰"的字句。编者通过这种"形式"来暗示《左传》是"君子"编撰的，利用"君子"一词来否定《公羊传》中把孔子作为编撰者的说法。"君子"是编撰者，不是发出编撰命令的人。

田氏的宗主田成子在《公羊传》当中被誉为贤人君子，得到了很高的评价。但在《左传》中，田成子却成了被批判的对象。在《公羊传》中，"因为田成子是贤人而隐去"的事件，到了《左传》中却被作为对《春秋》内容的增补进行了明确记录：哀公十四年"齐人弑杀简公"，完全没有隐去。原本在《公羊传》的理论当中，记成"人弑"的时候，这个"人"指的是卑贱之人。《左传》的编者于是就以其人之道还治其人之身，在增补的《春秋》经文当中，特意写上了"齐人（弑杀）"。然后在《左传》正文中说明该齐人就是田常（陈恒）。

《左传》中把"君子"当成编者，该"君子"批判的对象是田成子，这样一来田成子就绝对不可能是"君子"。

如果没有弄清楚《公羊传》和《左传》之间这种微妙的关系，认为两者都是为《春秋》所作的传而把两者混为一谈，那就无法看清两者之间剑拔弩张的微妙关系。

顺便说一下，《左传》是《春秋左氏传》的简称。这个《春秋左氏传》也不是原本的书名，原本的书名已经无从考证。《史记》中将书名记为《左氏春秋》，后来《左氏春秋》被认为是《春秋》的传，于是便被叫成《春秋左氏传》，简称《左传》。

历代以来都认为"左氏"指的是左丘明。因为《论语·公冶长》中曾说道"左丘明耻之，丘（孔子）亦耻之"，所以左丘明很可能是早于孔子的先贤。假借左丘明这个人物，来说明《左传》甚至比《春秋》更有价值。《左传》的记载终止于公元前454年，因此，它不是早于孔子的左丘明一人完成的，而是由左丘明及其一族，即"左氏"完成的（也有学说认为：《左传》的记载终止于孔子死后不久的时期，所以左丘明就是"左氏"，是孔子之后的人物）。这些都只不过是假借的说法。《左传》的文章当中，像"对话"部分等采用新的文体和内容写就的部分很多。该"对话"部分有的地方使用了木星纪年法，木星纪年是根据木星的运行来记载的，根据记载的天象情况可以推断出当时处于公元前353年到公元前271年之间。也就是说《左传》

是在这一时期写就的。所以，正如《春秋》与孔子无关一样，《左传》与左丘明也没有关系，说到底只不过是假借了左丘明之名而已。

能够更接近《左传》成书年代的说明材料可以从《穀梁传》中窥见。《穀梁传》中以《左传》的议论为前提，形成了贬低《左传》的"形式"。《穀梁传》也和《公羊传》《左传》一样，具有自己独特的"形式"，比如被称为"中国"的地域中唯一没有被批判的只有"鲜虞"。通常情况下，"中国"是指特殊的地域，而鲜虞是根本不在考虑范围之内的野蛮人。所以《穀梁传》的理论是非常特异的。因为《穀梁传》是在鲜虞后裔中山王创建的朝廷创作的，中山国在公元前296年被灭亡。据此可以推断，《穀梁传》成书于公元前296年之前，而《左传》的成书年代更早。

《左传》中的孔子　　前面也讲过《左传》哀公十四年记载了齐国田常弑杀简公的事件。当时也提及孔子。

甲午，齐陈恒（田常）弑其君壬于舒州。孔丘三日斋，而请伐齐三。公（鲁国国君）曰："鲁为齐弱久矣，子之伐之，将若之何？"对曰："陈恒（田常）弑其君，民之不与者半。以鲁之众，加齐之半，可克也。"公曰："子告季孙。"孔子辞。退而告人曰："吾以从大夫之后也，故不敢不言。"

在这段文字当中，孔子主张讨伐齐国田氏。孔子既然是为了鲁国的利益而发表言论，那自然是没有把齐国田氏之流放在眼里。所以在这里，《公羊传》所构建出来的"田氏与孔子之间存在非同寻常的关系"这一"形式"也被否定掉了。

《左传》最后的部分提到：公元前451年，韩氏、魏氏、赵氏消灭了知氏（智氏）。在这段文字中，作者贬低了魏氏和赵氏。而在这段话以前还有别的话题，在那个话题中被贬低的则是齐国的田氏。

《左传》中既然记载了孔子的言论，那就说明作者是把孔子当做贤人的。但是，如果仔细阅读发言的内容就会发现：借助他人的言论，作者一有机会就会对孔子的言论加以否定。《左传》中的"君子"都是"有远虑的人"。既然"有远虑"，那预言的内容就必须命中才行。可是孔子的预言没有成为现实，其他人的预言却成为现实，所以孔子并不符合《左传》中"君子"的标准。

《左传》中频繁使用了"夫子"、"吾子"的说法。这些词语一般和"君子"的用法一样，指代某人或某个人物。不过在《左传》中，通过它所罗列的众多事实，我们可以明白文中的"夫子"究竟指的是什么样的人。这是《左传》的一种"形式"。众多"事实"表明："夫子"及其亲属将要灭绝，即"夫子"是不知道将来自己和亲属是要灭绝的，是没有"远虑"的。同样，通过众多事实的罗列，我们也可以明白文中的"吾子"究竟指的是什么样的人。众多"事实"表明："吾子"及其亲属将要灭绝，即"吾子"

也不知道将来自己和亲属是要灭绝的，同样是没有"远虑"的。

书中，孔子被称作"夫子"。在别的文献当中，"夫子"一般指代某人或某个人物。不过在《左传》当中，"夫子"这一称呼却是为了体现孔子没有"远虑"的"形式"之一。

各国对孔子的不同评价　与孔子相关的各种"事实"，各个国家分别有不同的解读。

有的国家认为：孔子是圣人的代表人物；有的国家认为：孔子是没有远虑、无法预知未来的人物的代表。

了解这些各不相同的"事实"，再来看前面提到过的《史记·孔子世家》的记录，我们就会发现：记录中不止包含了对孔子持正面评价的国家所作的文献，还包含了对孔子持负面评价的国家所创作的文献。

从整体上看，《史记·孔子世家》本身对孔子的评价还是不错的。这与《史记》的编撰方针有关。《春秋》的定位是史书，从史书的角度来讲，《春秋》是《史记》的先行者。既然是先行者，那总得对其作出一定评价。如果评价《春秋》是史上最棒的史书，那么《史记》的定位就比较困难了。但如果说《史记》是前无古人的史书的话，《春秋》就只能是比《史记》逊色的史书，对于比自己逊色的史书中所写的人物，也总得贬低一下。

从《史记》编撰者的角度来说，对孔子的评价参差不齐，或许是一件好事。只要原封不动地引用，就可以达成期待中的目的。

可以通过事实来展现出：孔子是有缺点的。

《史记》首先定位的便是受汉武帝之命担负编撰重任的司马迁。《史记》中的司马迁，是以太史公之名发表"公共评论"的一个人物。

《史记》对之前的史书采取的态度，也被后世的史书所仿效。

例如，东汉时期完成的《汉书》，发表"公共评论"的是编者班固。对《汉书》来说，《史记》不过是先行的史书。所以在《汉书》中，司马迁是作为个人被记入《司马迁传》的。著名的"司马迁发奋作《史记》"的段落，也是出自《汉书》，而非《史记》。这一段关于司马迁个人的描述，并不是将他视为史官进行描述。《史记》中作为史官展现的司马迁形象，与《汉书》中作为个人展现的司马迁形象是大为不同的。

《公羊传》中展示的孔子是公职形象（虽然是虚构出来的），《史记》中展现的孔子是个人形象（虽然是虚构出来的）。

《左传》中展现的孔子也是个人形象（虽然是虚构出来的）。

孔子预言的王者是谁　　　　《史记·孔子世家》在最后这样写道：

> 太史公（司马迁）曰：……余读孔氏书，想见其为人。适鲁，观仲尼庙堂车服礼器，诸生以时习礼其家，余祇回留之不能去云。天下君王至于贤人众矣，当时则荣，没则已焉。孔子布衣，传十余世，学者宗之。自天子王侯，中国言六艺者折中于夫子，可谓至圣矣！

虽然司马迁对孔子做出了如此之高的评价，但是在《太史公自序》当中不止提到了孔子的《春秋》（实际上是在战国时代的齐国所作），还提到了屈原的《离骚》（《楚辞》，在战国时代的楚国所作）、吕不韦的《吕览》（《吕氏春秋》，在战国时代的秦国所作）等文献。《春秋》只不过是其材料之一。《史记·孔子世家》明确指出《春秋》是孔子所作，并称："后有王者举而开之。春秋之义行，则天下乱臣贼子惧焉。"

这里提到，后世将会有"王者"出现，行《春秋》之义。《史记·十二诸侯年表》的开头也有相关的记录，在这一部分，太史公（司马迁）提到了《左氏春秋》、《铎氏传》、《虞氏春秋》等，并说："各往往捃摭春秋之文以著书，不同胜纪。汉（汉高祖时期）相张苍历谱五德（作《终始五德传》），（汉武帝时期）上大夫董仲舒推春秋义，颇著文焉（作《春秋繁露》）。"换言之，太史公的意思是：《春秋》之义现如今，即在汉武帝的时代被广泛议论，所以"行《春秋》之义的人"就是汉武帝。

孔子预言的王者就是汉武帝，在汉武帝时期人们便是这样认为的。暗示出这一点的，不是《春秋》，而是《史记》。

原本在战国时代的齐国所相传的《春秋》之义当中，王者指的是战国时代最先称王的威宣王。《史记》将其偷梁换柱，宣扬孔子预言的王者是汉武帝。

顺便说一下，这种偷梁换柱的做法不断重演，在西汉末年的王莽时代，预言的王者就被说成是王莽。

于是，孔子便被作为圣人多次加以利用。

关于孔子，各类文献都记载了他的言行，但是整理比较后就会发现其中相互矛盾的地方非常多。这是由于利用孔子的目的各不相同所致。所以我们也必须根据文献的不同，来分别还原书中对孔子加以利用的意图。如果对此不加以区分、一概而论的话，各类文献的互相矛盾之处就会变得模糊不清。

人们之所以感觉不到书中所写的"事实"相互矛盾，那是因为一般都不会阅读原文的缘故。一般在阅读古籍的时候，人们在无意识中就会先入为主地想到《史记》的说明，或者只阅读后世的注释部分。

在汉武帝朝廷的观念中，《春秋》虽有不足之处，但其"获麟"的预言却是非常准确的。《史记》将汉武帝确立为至高无上的存在，书中将"获麟"描述为吉祥的事件。《春秋》中的"获麟"也顺着《史记》的意图被重新加以解释。

探寻孔子的实际形象

根据国家意图而创造出来的各种各样的孔子形象

让我们回到原来的话题上，孔子生活的时代正是制作侯马盟书的时代。这个时代的社会基础仍然是城市国家，派遣官僚直接统治地方，将其取代的中央政权也正在形成之中。人们还并不需要非识字不可，文字仍然是祭祀的工具，文字所发挥的功能也仅仅停留在负责祭祀的官员之间。

要想弄清楚这种时代中的孔子形象，汉代的《史记》显然时间上太晚，不能直接作为参考。战国时代的《公羊传》和《左传》也是后世性色彩比较浓，不能直接作为参考（如果想研究作为圣人、贤人，被理想化了的孔子形象或者与此完全相反的理论，则另当别论。或者，在理想化的孔子形象之上构想出一个刻板印象，然后顺着这个刻板印象来研究孔子，抄捷径，那也另当别论。抄捷径本身是件不费力气的事）。

比起《史记》，《公羊传》和《左传》在时间上更接近于孔子生活的年代，但是《公羊传》和《左传》也是由战国时代的齐国和韩国按照自己的意图所作，而且他们对孔子的评价也并不相同。对孔子的评价，各国皆不相同。所以，这些国家创作的文献也是不能直接作为参考的。

一般认为《论语》是记载孔子言行的文献。《论语》也是在战国时代形成雏形，到了汉代才形成如今我们所看到的样子。

目前研究《论语》的理论基本上是将《论语》中的篇章加以分类，然后对其形成的先后顺序加以论述。虽然研究这些史料的先后顺序是值得称赞的厚重的研究史，但是，在此基础上佐以"地域性"来进行分析，也就是说——《论语》原本在哪个地方所作，后来在各地经过了什么样的加工等，针对这些问题的研究，迄今为止还没有人做，这也是今后的课题。关于一直以来的研究中存在的"学派"问题，我们可以通过出土史料加以印证，再加上地域性来进行分析解决。在出土史料中，我们已经发现了与现存《论语》部分相同或者类似的内容，今后必定也会不断有新的发现吧。这些出土史料是在哪个国家、经过什么样的过程而形成的，这是需要研究的问题。

一般来讲，在分析文献资料的时候，仅仅通过分析语言或者文字表现、内容的差异，是无法断定哪一部分在先、哪一部分在后的，因为还有地域差别的问题。

几个正统政权并立存在的状况，并不是战国时代独有的。到了汉代，也有南越（自称为越）等正统政权出现，与汉王朝并立。

春秋中期以后伴随铁器的普及使用，田地的形态发生了巨大变化，在此基础上，城市数量急剧增加，人口迁移也日渐频繁。其结果就是在各自的城市中出现了很多游侠。这些游侠们创建的舆论场所，在领土国家开始受到中央的统治监管。之后，这种统治体制被秦和汉进行了统一。

孔子的思想发源于鲁国这个城市国家，在得到一批人的拥护之后首先在鲁国周围传播开来。在孔子思想得以传播的过程中，孔子弟子们的主张渐渐退出了城市的舆论中心。后来，各个领土国家根据宣传自己理论的需要，对孔子的思想分别加以利用。由于每个国家的需求都各有不同，因而各国宣传的孔子思想也是有显著差异的。

游侠们的舆论与儒教　城市游侠地盘内的言论，虽然因诸侯国不同而存在明显的差异，但都分别受到各国的监管统治。就这样，历史迎来了统一国家的时代。就战国时代领土国家的规模而言，统治舆论是非常容易的。因为这些舆论都是以新石器时代以来的文化地域为母体的，可以利用"传统"的力量对其加以统治。然而一旦统治超越了各个文化地域，范围扩大到整个天下，这时"传统"的力量反而会成为统治舆论的一种阻碍。超越不同的传统，形成一统天下的统治体制是非常难的。

到了东汉，游侠的儒教化便成了一个问题。游侠以前是以城市或者领土国家的一部分为活跃的舞台，他们的舆论也是在传统联系比较紧密的地域形成的。通过对儒教经典的解读，我们可以了解当时的游侠和统治整个天下的中央之间的关系。

追溯历史来分析游侠的问题就会发现：从春秋时代到战国时代，首先，当时形成的各地游侠社会的舆论都有自己的独特性。到了战国时代，孔子的理论在有些地方成为主流，在有些地方却没有。即便后来这些战国时代的领土国家统一在了一起，也仍然残留着各自游侠社会的舆论独特性。

战国时代的领土国家通过各自的中央政权分别对游侠社会进行统治，这些中央政权中既有把孔子的思想放在主要位置的，也有没放在主要位置的。

战国时代的领土国家的中央政权所拥有的这种独特性，到了后来虽然被秦汉统一，形成了统一的帝国，进而到了汉武帝时代开始独尊儒术为整个帝国的舆论，但是游侠社会的舆论独特性仍然保留了下来。于是就形成了尊崇儒教的中央与不尊崇儒教的地方游侠舆论相并存的局面。

到了东汉时代，作为统一的帝国舆论的儒教，其价值观逐渐渗透到游侠社会中，直到这时，儒教才吞并了地方的舆论，成为天下的舆论。其实暗含的就是"游侠的儒教化"（宫崎市定的观点）。

《论语》是在战国时期始创，后来逐渐形成了现在的形式，我们在对其进行分析的时候，有必要将统一帝国中央的舆论与战国时代各领土国家中央的舆论区分开来，并且还要考虑游侠的问题。

从这个观点出发，我们再来解读《论语》。与一般只突出孔子"仁"的观点不同，《论语》中提到："知者不惑，仁者不忧，勇者不惧（《子罕》第九、《宪问》第十四）。"将"智者""仁者""勇者"并列赞颂。将"勇者"列入其中这点尤其引人注目。书中还提到："非其（应当祭祀的）鬼（鬼神）而祭之，谄也。见义不为，无勇也"（《八佾》第三）。曾经的城市国家在从属于领土国家的过程当中，逐渐接受了领土国家的祭祀方式。从《论语》的这些文字当中我们也可以看出，城市国家并不情愿接受领土国家的祭祀，并且还存在一个与游侠有着千丝万缕联系的"勇"的问题。

孔子是诠释"勇"的游侠，同时也是诠释"智"的智者，并且还是后世所宣传的诠释"仁"的仁者。孔子本人并没有只突出"仁"，单独突出"仁"的是他的弟子们。

这些细节，通过我们对《论语》当中新旧层次的发掘，逐渐浮现了出来。

游侠，被认为是更接近其实际形象的孔子形象。

作为游侠的孔子　　《左传·定公十年》（前 500）当中有这样一节内容。

十年春，及齐平。夏，公（鲁公）会齐侯于祝其，实（战国时代的）夹谷。孔丘（孔子）相。犁弥言于齐侯曰："孔丘知礼而无勇（勇气），若使莱人以兵劫鲁侯，必得志焉。"齐侯从之。孔丘以公（鲁公）退，曰："士，兵之！两君合好，而裔夷之俘以兵乱之，非齐君所以命诸侯也。裔不谋夏（华夏），夷不乱华（华夏），俘不干盟，兵不逼好。于神为不祥，于德为愆义，于人为失礼，君必不然。"齐侯闻之，遽辟之。

这段话给我们展现出了一个充满"勇"气的孔子，故事中还含有诽谤齐国姜姓君主的内容。诽谤姜姓君主，原来是齐国田氏朝廷的舆论基调，因为田氏是通过打倒姜姓君主才当上齐国国君的。但我们从这段话可以看出，站在不同立场上的其他正统政权，也在诽谤姜姓。不过，这段话中还提到"野蛮之地不懂华夏礼节"，对夏是一种褒扬。这一内容并不是在齐国写入，而是在《左传》的成书国——韩国首先写入的。

值得我们注意的是，这里展现的孔子的"勇"。"相"（盟誓辅佐）一职，不仅反映出了孔子所处的时代是春秋时代，同时也反映出"勇"也是这个时代的象征。韩国一向不认为孔子是最伟大的圣人（文人），所以在这里展现的绝对不是孔子的圣人形象。所以我们认为，在以前的介绍中，原本的孔子形象被柔和化了。前面也讲过，《论语》中也曾提及"见义不为，无勇也"（《八佾》第三），也正说明了这一点。

就这样，我们通过分析《左传》的细节，将其理论倾向置于头脑中加以琢磨，原本意义上的孔子形象便逐渐浮现出来了。

春秋五霸

作为霸主的君主们　前面为了探讨春秋时代是一个什么样的时代，我们讲述了汉字的传播、城市祭祀与盟书的关系、孔子与游侠的问题。

除此以外，这个时代还有一个鲜明的特色，那就是霸主的形成。

根据以往的常识性理解，周王朝王道政治衰敝后，便迎来了战乱的时代。春秋时代出现的是通过武力（霸道）而非王道来号令诸侯的人物。在列举其中有名的人物时，多会提及五个国家和五位霸主。他们一方面臣服于周王朝的权威，另一方面实施自己的霸道统治。

齐桓公、晋文公、楚庄王、吴王阖闾、越王勾践被提及的次数比较多，此外宋襄公、吴王夫差等也经常被提及。

刚才列举的这些国家，即齐、晋、楚、吴、越、宋，都是战国时代的领土国家在追本溯源的时候比较看重的地域大国。

齐国是山东的大国，经周王朝封建的。齐国的始祖是太公望吕尚，传说他在钓鱼时被周文王慧眼发掘，因此"太公望"也成为钓鱼者的代名词。太公望以来的齐国被称为姜齐，其姓为姜。之后取代姜氏一族并掌控了齐国实权的是齐国田氏，田氏作为诸侯也得到了周王朝的认可，后来便自称为王了。

为了牵制齐国的势力，山东泰山以南的地方被分封给了周公旦的儿子。

晋国以山西为根据地，后来势力逐渐向南扩张，扩展到了雒邑附近。其领地后来被一分为三，形成了韩、魏、赵三国，这三个国家后来也分别称王。

楚国是以长江中游为根据地的大国，自春秋时代起便已经称王，与周王朝对抗。

吴国和越国是发源于长江下游的大国，更加具体一点来讲，吴国以江苏为根据地，越国以浙江为根据地。这两个国家也分别向北扩张势力，威慑中原诸国，他们和楚国一样也各自称王。

宋国前面已经多次提及，是殷商末裔的分封国。位于中原和齐国中间，周围的诸国都对其虎视眈眈，企图将其占为己有。

讨论齐桓公的前提　战国时代的领土国家将新石器时代以来的文化地域作为特别的存在。在他们追溯历史、宣扬自己的正统性和领域支配的正当性的时候，各个领土国家的君主拥有怎样的出身，将决定他们各自主张的特征。

历史上，殷商以河南一带为中心，君临天下。向上追溯，之前有夏王朝，但具体情况不详。后来以陕西一带为根据地的周扩张过来，灭了殷商，并在雒邑兴建了陪都。通过周王朝，各地的城市国家形成了统一的秩序。

各诸侯国为了强调自己的正统性和领域支配的正当性，创造出了各种各样的"形式"。这种"形式"被作为"事实"加以记载，但却并非"史实"。虽然这些"事实"不可信，但是我们可以通过对其"形式"加以分析，进而明确史实的真相。

各国的"形式"虽然互不相同，但也有共同的原理。通过研究这种共通性，可以总结出以下几种主要形式：

第一，为了证明自己是出类拔萃的存在而贬低他国。天下有多个领土国家，各领土国家的特别地域也分别不同，所以被贬低的地域也各不相同。

第二，同样采取贬低别国的手法。并且神灵也做出怨怒的举动，预言其将灭亡。不过哪路神灵登场，如何贬低，则各国相异。

第三，对于"下克上"，或者承认这是正当的，或者说明这是绝对不允许的。出身低微的人，就会采用前者的说法来抬高自己，同时贬低其他出身低的人，说明他们不行；坚决反对"下克上"的人，就会给出身低微的人贴上"一概不行"的标签，一律加以贬低。

第四，附会神话传说。通过神话传说来证明：自己可以正当支配的领域有哪些，为什么这种支配是正当的。关于各国对夏、商、周三代的说明，我们已经介绍过了。这些神话传说也根据不同的国家，说明各不相同。

上述四点往往不是孤立存在的，而是互相关联使用的。

在山东齐国，出身于陈国君主的田氏掌控了实权，成为领土国家的君主并称王。山东一带自古以来便是文明开化之地，其中最为强大的国家便是齐国，田氏也继承了齐国的传统。

再加上田氏出身于陈国，而陈国是禹的子孙。可是，如果借用禹的渊源来宣扬支配的正当性的话，那同时也抬高了其他禹系国家的地位，不太妥当。

祖先神话承载了各国的意图，都具有各自的独特说法。齐国最终采用的说法是：禹的先祖是黄帝，而田氏正是出自黄帝一系。这样一来，既解决了和他国的关系问题，又形成了自己的独特说明。

齐国非常希望能够把宋国的领域用于宣扬自己的领域支配的正当性。宋国是唯一作为殷商的一族而被周王朝封建的国家。如果能够很好地和宋国扯上关系，就可以正当地通过宋国来占领殷商故地。幸运的是，宋国君主一族有位女性嫁到齐国田氏这里来了。这位女性便是齐威宣王的母亲（叔尸镈）。于是齐国就以这件事情为基础，将自己的渊源加以模糊化。《公羊传》当中，将田成子（田常）定位为"君子"，并且对田成子的母亲也用专门段落进行了特别介绍，通过她的做饭方法来暗示她的宋国出身。在《公羊传》的理论中，一般都认为宋国在"中国"范围内。书中还联系最后的特别事件"获麟"，评论道"子以母贵"。

在战国时代的齐国朝廷，田氏被颂扬是理所当然的，同时当然也存在觊觎田氏一族君主地位的人对田氏的诽谤。前面我们也对此做了说明，这都与争夺霸权有关，所以我们就一带而过，不作赘述。

齐国原来的君主是姜姓（姓姜的一族），为了诽谤姜姓一族，《公羊传》将读者的目光引向了某些特定的事实。

鲁桓公的夫人是从齐国嫁过来的。但她却背着桓公，到郊外与她的父亲齐僖公（也有学说认为是其兄长襄公）私通，并怀了孩子。后来事情败露，夫人便将鲁桓公引诱到齐国并杀害了他。之后即位的是鲁庄公，也就是齐僖公的儿子。《公羊传》通过这段故事，说明齐国姜姓君主和鲁国君主身上所流淌的血，都是以齐僖公为祖先的。

《公羊传》通过这个"事实"（究竟是否属实，并不清楚）同时贬低了齐国的君主（姜姓）和鲁国的君主（庄公以后的）。

齐国既是"中国"，又不是"中国"。作为国家虽然是"中国"，但君主一族却不是"中国"的，是外来的。出身于相当于"中国"的宋国（母亲一方）的田氏来到齐国是有特殊意义的，而姜姓君主是不配做齐国王者的。

中原的诸侯被称为诸夏，比起"中国"来略逊一等的。中原以外的其他国家在春秋时代都被认为是野蛮之地。

因此，在战国时代的田氏朝廷追溯历史进行宣扬的时候，一般会贬低春秋时代的姜姓君主，即便有的人非常有能力，也会对其明褒暗贬。

王道与霸道，前者是值得称颂的道德准绳，后者却是不值得称颂的。霸主作为不值得称颂的存在登场了。

也就是说，齐桓公虽然有能力，但却是不值得称颂的。

《公羊传》中的齐桓公　从西周金文的内容来看，当时淮水流域的国家称为"淮夷"，他们被认为是外族，是和西周处于对抗关系的。不只是在西周金文中，从历史上看，长江流域和淮水流域的诸国与中原一带的诸国之间，曾经多次形成对抗关系。

到了春秋时代，也就是公元前 7 世纪，以长江中游湖北一带为根据地的楚国，其势力逐渐扩张到了中原地区。当时联合中原一带的诸侯，组成与楚国对抗的同盟的，正是齐桓公（前 685—前 643 年在位）。这一事实表明：齐桓公在春秋时代便已经成为了霸主。

《春秋·僖公十四年》（前 646）曾记载"春，诸侯城缘陵"。《公羊传》当中对此有如下叙述。因为这一记载当中描述了霸主指的是什么样的人物，所以在此给大家介绍一下。

孰城之？城杞也。曷为城杞？灭也。孰灭之？盖徐、莒胁之。曷为不言徐、莒胁之？为桓公讳也。曷为为桓公讳？上无天子，下无方伯，天下诸侯有相灭亡者，桓公不能救，则桓公耻之也。然则孰城之？桓公城之。曷为不言桓公城之？不与诸侯专封也。曷为不与？实与而文不与。文曷为不与？诸侯之义不得专封也。诸侯之义不得专封，则其曰实与之何？上无天子，下无方伯，天下诸侯有相灭亡者，力能救之，则救之可也。

能够拥有封邦建国（诸侯封建）权限的，只有王者，诸侯是没有这个权限的。但是当时上无天子、下无统帅诸侯的方伯，所以如果有人具备相应的实力，行使封邦建国的权限也是可以的。方伯就是霸主的意思。齐桓公虽然有这个实力，应当救杞国却没有救，这是桓公的耻辱。这是《公羊传》的观点，文中前半部分提及"规避桓公名讳"，是因为《公羊传》有为贤者讳的理论，所以在贬低桓公之前，先对其进行褒扬，称其为"圣人"。后半部分着重于叙述"有实力"这一点也是基于相同的理由，褒扬他为圣贤，他却没有救杞国。所以圣人并不都是完美的。再参考其他因素，他才能称得上是圣贤。

这里值得我们注意的是关于方伯的说明。齐桓公不但不是天子，连方伯也不是。文中提到桓公有实力这一点。一般来讲方伯就是指霸主，齐桓公虽然被认为是霸主，但是这里所说的方伯指的是自古以来统帅诸侯的人，而齐桓公虽然有实力救杞国却没有救，所以他不是方伯，只是一个具备方伯实力的人。所以《公羊传》中不认为齐桓公是"方伯"，也不认为他是霸主。

贬低齐桓公的"形式"

霸主不及王者。这是贬低霸主的"形式"。

一般来讲，这一"形式"经常被用于说明春秋时代的霸主不及战国时代的王。不过如果对这个"形式"能够加以灵活利用，就可以创造出贬低战国时代的王的"形式"。例如，某一样东西是霸主的象征，如果战国时代的王想对此加以利用，使之成为"象征王的证据"，那就可以说"这样东西不过是霸主的象征"。

战国时代的魏国、齐国、秦国从周王那里得到了"文武之胙"。所谓"文武之胙"，就是指祭祀周文王、周武王用的肉。

魏国惠成王、齐国威宣王、秦国惠文王，他们都希望继承周王朝的权威，也就是通过举行仪式取代周王成为天下的统治者，于是就分别在准备仪式的时候利用了这种"文武之胙"。之后，"践"过"胙"成为一种仪式，这也是"践胙"（胙＝胙）的原意。后世传承了这一说法，后来也传到了日本。举行践胙仪式时登的台阶就称为"胙阶"（胙＝胙），使用胙阶继承皇位的仪式在《后汉书·礼仪志》当中也有记载。

在继承周王权威的仪式中，最为重要的便是"践胙"，这一仪式后来也被秦朝和汉朝延续了下来。

可是，较早举行这一仪式的国家的王者们，渐渐开始犹豫要不要继续利用这一仪式，因为仪式的内涵并不是很丰富。感觉到这一仪式利用极限的国家就放弃了"文武之胙"的仪式化。这样一来，有人就开始贬低这个仪式原本就非常无聊，没有意义。说赏赐"文武之胙"不过是意味着承认你是个霸主，等等，对这一仪式鄙视起来。

《左传》当中也有这种贬低的"形式"存在。《左传·僖公九年》（前651），齐桓公召集诸侯于葵丘举行会盟。当时，周王派遣使者赏赐了胙（祭祀用的肉）给齐桓公。《左传》对使者的发言做了补充，称："天子有事于文武，使孔赐伯舅胙。"意思就是说，周王给霸主赏赐了"文武之胙"。

作为贬低敌对正统的一环，《左传》利用了齐桓公。通过周王赏赐"文武之胙"给齐桓公，说明齐桓公只是个霸主；同时也贬低了战国时代收到"文武之胙"赏赐的齐国威宣王，意思是他也只不过是个霸主。

针对同一件事情，在齐国所作的《公羊传》只提及周王使节来访，却并没有提及"文武之胙"。如果记载齐桓公收到了"文武之胙"的赏赐，那么后面战国时代齐宣王收到"文武之胙"的赏赐就意味着他继承了周王的权威这一说法就土崩瓦解了。

《公羊传》认为，与被下克上的暴动灭掉的齐国君主相比，齐桓公算幸运的了。前面我们也讲过，齐国田氏朝廷并不认为齐桓公是霸主，认为他只不过是拥有霸主力量的人。齐国田氏朝廷向来认为被赐予"文武之胙"就意味着继承了周王的权威，是王者的象征，所以是绝对不会记载齐桓公被赐予"文武之胙"的。

桓公去世后平息诸国混乱的霸主们

晋文公　齐桓公去世后，失去统领的春秋诸国陷入了混乱之中。收拾混乱的局面，登上历史舞台的是晋文公（前637—前628年在位）。

自晋文公之后，统领中原的职责基本上被晋国垄断。

说起新石器时代以来的文化地域（参考前文），中原龙山文化地域大致以太行山脉为分界线一分为二，一部分是从山西到陕西东部一带（西部），另一部分是河南一带（东部）。从河南一带再往东便是山东龙山文化地域。齐国位于山东龙山文化地域的西部，其势力从齐国属地不断向西延伸，其发号施令的范围也达到以河南一带为中心的诸侯们。与此相对应，晋国从山西一带南下，其势力范围也扩张到以河南一带为中心的诸侯们的地盘。

齐国和晋国都表现出了尊重周王朝的姿态，表明他们的意图是为了与从湖北向河南扩张的楚国相对抗。

晋文公于公元前632年大败楚军于城濮，而后召集诸侯于践土举行会盟。

晋国原本是周王一族的封地，姬姓。霸主晋文公的祖先当中有一位名为"文侯"的君主，晋文侯曾经辅助周平王杀死敌对的周携王。但是后来，族中旁系的一支灭了宗家，该旁系于是以曲沃为根据地，所以经常冠以曲沃的名称加以说明。从曲沃这支当中再分出来的是韩氏。

霸主晋文公便是出自曲沃一支。

东迁时期的文侯出自本家，霸主文公出自其分支曲沃一族，之后称王的韩氏又出曲沃一族的分支。

所以，与齐国姜姓桓公一样，必须做如下说明：对于霸主晋文公也不能过度颂扬，因为他虽然有实力，但却不是天命所归。

《左传》中采取了贴标签的"形式"。

前文提到过的"夫子"和"吾子"便是这种"形式"。被贴上标签加以称呼的这些人，从《左传》编者的角度来看，他们都是无法预知自己未来灭亡的人。

为什么要采取贴标签这种"形式"呢？这是因为编者要尽量直接使用编撰材料的缘故。为了贬低早于自己成书的齐国的《公羊传》，就将自己收集来的"事实"加以展示，并且要尽量给人留下一种几乎没有对"事实"做改动的印象。虽然力争给人留下这种印象，但实际上编者对"事实"到处都做了改动。为了将这种表里不一的方法实施下去，没有比贴标签更有效的手段了。

使用第一手的对话材料，然后在显眼的地方悄悄地贴上标签加以提示。这些标签都暗示着不祥的含义：明明将来的灭亡都是板上钉钉的事了，这些人却预见不到，只知道胡说八道。那个"夫子"如何如何，那个"吾子"如何如何，等等。

晋文公便被贴上了"吾子"的标签，编者正是通过这种形式来贬低晋文公的。

只是，这种贴标签的方法在处于同一时代、熟知内情的人之间虽然非常有效，但是从完全不知内情的后世人的角度来看，却是难度太大了些。这些标签也陷入了在两千年的历史长河中不为人所知的尴尬境地。秦朝灭亡后，到了汉朝，这些标签就已经无人能懂。后世的人在根本不懂的基础上又对其作了注释，再后世的读者通过这些注释来看原文，更加不懂了。

后来甚至出现了《左传》的编者明明是在贬低某人，但是后世的读者不懂这些标签，反而误解为编者是在褒扬某人的尴尬状况。

认为《左传》是《春秋》的传，也正是由于读者不懂这些标签的缘故。

爵位标签

在上文给大家介绍了"夫子"、"吾子"标签的含义，但事实上这种"夫子"、"吾子"标签并非首创。比《左传》成书更早的《春秋》一书已经使用了这种贴标签的方法。

只不过《春秋》使用的标签不是"夫子"、"吾子"，而是爵位。通过有目的性地更换爵位，给文章内容贴上了标签。

《史记·孔子世家》中针对孔子所作的《春秋》便提到：吴越

的君主称自己为王，而《春秋》将其蔑称为"子"。这也正是《春秋》的"形式"。

《春秋》是将之前的各诸侯国编年史书加以整理而形成的，于是孔子在整理的时候便在内容中贴上了"爵位"的标签。

爵位的先驱可以追溯到西周时代，殷商也有不同说法的爵位。按照西周的爵位分类，城市国家的首长称为"侯"，特殊的"侯"称为"公"。各城市国家都有从属于自己的小城市和村庄，管理这些小城市和村庄的人便被称为"伯"、"叔"等，一般的成员则被称为"子"或者"男"。

根据西周的这种爵位说法，《春秋》将从其他地域来的国家的首长称呼为"子"，这其中含有轻蔑的意味，意思就是说：一般的诸侯以及股肱称为"伯"，你虽然与他们不同，但就依照一般成员的待遇来称呼你吧。

到了战国时代，这些爵位被加以整理，成为代表领土国家秩序的代名词，这是历史的篡改。其结果就是爵位被分成了公、侯、伯、子、男五等，其中的"子"爵用于楚王等也成了惯例。这也正是《史记·孔子世家》当中说明"吴越的君主称自己为王，而《春秋》将其蔑称为'子'"的缘故。

《左传》也采用了《春秋》所用的这种标签。由于所处状况的不同，《左传》贴上去的爵位标签和《春秋》有所不同，但是贴标签这种方法本身却被沿袭了下来。

楚庄王　作为晋文公之后的霸主，在战国时代最为引人瞩目的便是楚庄王（前 613—前 591 年在位）。《左传·宣公三年》（前 606 年）当中记载了让楚庄王名扬天下的事件。也正是因为这一事件，楚庄王成为霸主之一。

该事件的记录如下：

> 楚子伐陆浑之戎，遂至于雒，观兵于周疆。定王使王孙满劳楚子。楚子问鼎之大小轻重焉。对曰："在德不在鼎。昔夏之方有德也，远方图物，贡金九牧。铸鼎象物，百物而为之备，使民知神、奸。故民入川泽山林，不逢不若。螭魅罔两，莫能逢之。用能协于上下，以承天休。桀有昏德，鼎迁于商（殷），载祀六百。商纣暴虐，鼎迁于周。德之休明，（如果有德的话）虽小，重也；其奸回昏乱，虽大，轻也。天祚明德，有所底止。成王定鼎于郏鄏，卜世三十，卜年七百，天所命也。周德虽衰，天命未改。（因为衰落的德仍然残存，哪怕只是残存了一些细枝末节的形式）鼎之轻重，未可问也。"

之所以说"鼎之轻重，未可问也"，是指楚庄王还不具备问的资格。

三十世、七百年都是概数，只有过了这么久的时间才有资格"询问鼎的轻重"。周成王即位的年份是公元前 1009 年，成王以后顺着父子关系一直数到战国时代，假设一世为三十年，那么经过三十世就是到了公元前 4 世纪后半期；假设经过七百年，那就是到了公元前 309 年。可以"询问鼎的轻重"的王者，指的就是韩国宣惠王（公元前 326 年称王）。宣惠王于公元前 312 年去世，如果上述七百年是指代确切的数值，那就有所出入，但如果七百年是一个概数，那经过三十世恰好就是宣惠王。

此外，文中使用了"楚子"的说法。而事实上楚国在成王（前 671—前 626 年在位）的时候就已经开始称王，称王后的纪事如果在楚国记录，必然会使用"王"（唯一的王）或者"楚王"（强调与不同于周王）的说法。《左传》中故意加以贬低，采用了"楚子"的说法。

《左传》在贬低楚王的时候，通常交叉使用"楚子"、"楚王"两种说法，意在让读者意识到"楚王"就是"楚子"。但是，在这段文字当中，"楚王"的说法却一次也没有出现，这在《左传》中是比较罕见的。大概是由于这段对话讨论的是周王朝权威的移交问题，所以才特别加以贬低的缘故吧！

"贴标签"的具体操作方法，就是如上所述的这样。我们可以将"楚子"还原成"楚王"，去掉"询问鼎的轻重，还为时过早"的影响，把握文章整体的意思就可以看出，楚庄王已经给周王朝造成了不小的压力。

不过仍然还有需要我们注意的地方，这和前面讲过的内容也有关联，这段话中提到了夏王朝和商王朝。但是，这对于完全颠覆了新石器时代以来的文化传统、并且领土支配的正当主张也和这些王朝毫不相干的楚庄王来说，根本是无所谓的事情。

　　楚王给周王造成了压力，这一点在楚国可能也是众所周知的"事实"。上面这段文字中记录的这个对楚庄王来说根本是无所谓的话题，估计是中原国家杜撰出来的。

　　仔细阅读这段文字就会发现"本质在德不在鼎"，双方却绕来绕去拘泥于"鼎"这种形式。原本双方应当专注的不是这种形式，而是"德"本身，但楚王却没有直接问出口。这件事情之后不久出现的王（韩王）则继承了韩宣子的德。

　　如上所述，贬低楚王，颂扬韩王，正是中原的韩朝廷制造的舆论。

　　后来的解释一般都认为"问鼎之轻重（大小轻重）"是对楚国有利的宣扬，并且举出其出处是《左传》。但是事实上，如上文分析的那样，《左传》并不是在褒扬楚王。后世的错误解释逐渐定型，歪曲了原文的意思，但是许多读者都没有意识到这一点。

吴王阖闾、吴王夫差和越王勾践

　　地处湖北的楚国不断地给河南的诸侯们施加着压力。在此过程中，位于长江下游江苏一带的吴国迅速崛起。吴国和楚国多次交火，并于公元前506年攻陷楚都，迫使楚王出逃避难。也就是说，长江下游的"大国"攻陷了长江中游的"大国"。

　　这一春秋时代的大事件，不只是在当时，到了后来也被世人广为关注。这一大事件的主角便是被称为春秋时代霸主之一的吴王阖闾（前515—前496年在位）。

阖闾之子吴王夫差（前496—前473年在位）继续入主中原，与晋国争夺盟主的地位。为此，也有人认为夫差的功绩比阖闾更辉煌，应当把夫差作为霸主。倒不是有人规定必须要从中选一，而是因为在同一个国家，一般只选一个人作为霸主。

导致阖闾负伤而亡，并且与夫差展开殊死争斗、最终使得夫差惨死、吴国亡国的，正是越王勾践（前496—前467年在位）。勾践也是霸主之一。

到了汉代，越王勾践被地处福建的诸越国尊崇，关于他的传说也有一些流传了下来。

顺便提一下，楚国流传下来的记录当中有庄王、共王等中原风格的称号；但是关于吴王和越王，流传下来的却只有吴王夫差、越王勾践等这种非中原风格的称号。

在《史记》关于汉代的部分记录了自称是越王后裔的福建诸越国的王者们，也就是《东越列传》里面提到的诸国。这些诸国的王者们也没有中原风格的称号，大概这是当地的传统吧。

吴王和越王的抗争，在《左传》当中也是脍炙人口的章节。此外还有《吴越春秋》一书也对此作了叙述。后代的读者对这段史实进行了大量的解读。

吴王和越王掌握了长江下游的霸权，不断给中原诸国施加压力，渐渐地给楚国造成了威胁。但是，在《史记·越王勾践世家》里面，有这样一段记录："勾践已平吴，乃以兵北渡淮，与齐、晋诸侯会于徐州，致贡于周。周元王使人赐勾践胙，命为伯（霸主）。"

这段话从周王朝的角度来看倒是没什么，但越国却是与周王朝分庭抗礼并称为王的国家，在这里却对周朝行臣下之礼，让人觉得很困惑。并且越王的姿态比前面提到的楚庄王还要低微。就在这样的上下文中提到了"伯"（霸主）。

与齐桓公一样，这里的越王勾践也收到了备受争议

38 "越王勾践"铜剑（江陵县望山1号墓出土 湖北省博物馆收藏）

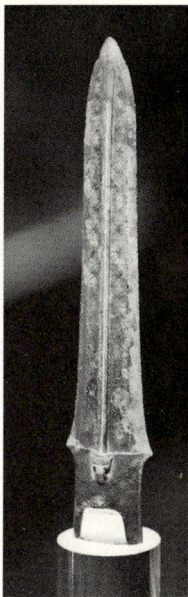

39 "吴王夫差"铜矛（江陵县马山5号墓出土 湖北省博物馆收藏）

的"文武之胙"作为赏赐，从上下文来看，编者的意思就是说：越王勾践你只不过是个霸主。

吴越同舟与卧薪尝胆

吴国和越国同属长江下游的国家，因而常常被放到一起相提并论，而且他们作为长期的战争对手也非常有名。众所周知的谚语"吴越同舟"便是因此而来，用来形容彼此之间关系不好的人乘坐同一艘船的样子。此外，"吴越"还是互相之间关系不好的代名词。

还有一个涉及吴越两国的典故，那便是"卧薪尝胆"。在《左传》以及《史记》的《吴世家（吴太伯世家）》和《越世家（越王勾践世家）》中对这一典故的由来均有记载。

公元前496年，吴王阖闾听说越王允常逝世，就举兵讨伐越国，却在讨伐中受伤，后来伤势恶化去世。阖闾在弥留之际让王子夫差发誓一定要复仇。三年后，也就是公元前494年，吴王夫差打败了越王勾践。越王勾践退守会稽山，派遣大夫文种去向吴求和。吴王想要答应大夫文种，但吴国臣子伍子胥劝诫吴王不要答应。于是勾践便让大夫文种给太宰伯嚭献上美女珠宝玉器。这一招奏效了，伯嚭说服吴王答应了越国的求和请求。吴王赦免了越王，勾践回国后，深思熟虑，苦心经营，把苦胆挂到座上，坐卧即能仰头尝尝苦胆，饮食也尝尝苦胆。还不断提醒自己："你忘记会稽的耻辱了吗？"发誓要复仇。伍子胥听说了越王勾践简朴的生活事迹后，便多次向吴王夫差进谏，认为千万不能轻视越王勾践这个对手，但夫差并没有采纳他的意见。不仅如此，夫差还听信了太宰伯嚭的谗言，派人赐给伍子胥一把"属镂"剑让他自杀。伍子胥临死之前说道："必树吾墓上以梓，令可以为器；而抉吾眼悬吴东门之上，以观越寇之入灭吴也。"

公元前482年，吴王到北部的黄池去与诸侯会盟，与晋定公争夺诸侯之首的位置。越国便趁此间隙攻入吴国，吴王返回国内向越国求和。后来，在公元前478年越国又大败吴国于笠泽，并于次年包围了吴国。公元前473年，越国灭吴。越王勾践打算安置吴王到浙江一带，但吴王夫差拒绝了他的安排，自杀身亡。

这段历史便是越王勾践"卧薪尝胆"故事的由来。"置胆于坐，坐卧即仰胆，饮食亦尝胆"便成了专门用来描述越王勾践的典故。但到了后世，却渐渐被说成"卧薪"讲的是吴王夫差，"尝胆"讲的是越王勾践。《十八史略》便是这样解释的。

公元前486年，吴王夫差下令开凿了古运河邗沟，将长江和淮河连接起来，这便是后世隋朝大运河的雏形。第二年吴国从海上讨伐齐国，也必定是利用邗沟进入淮水，进而出海的。这条运河连通了淮水和长江，带来了巨大的经济利益。从淮水经支流可以进入中原，于是吴国便可以通过船只与中原之间直接进行物资交换了。

运河形成的经济效益，也给后世的人们带来了巨大的福祉，但是不论是开始开凿的吴国，还是后来完成运河工程的隋朝，都是不久便亡国了。从中我们也可以看出，运河开凿是一项多么艰巨的工程。

秦穆公

前面讲述了"霸主"这个词汇当中隐含着否定的意思。而且"霸主"一词还含有"远远不及战国时代的王者们"这样一层意思。不仅如此，在韩国所作的史书《左传》当中，甚至把秦穆公（也称缪公，前660—前621年在位）称为相当于野蛮人的西戎霸主（"遂霸西戎"）。

其实秦穆公是秦国在春秋时代首屈一指的君主，上述称呼只是敌对国家故意贬低他的缘故。

现存的名为"诅楚文"的文章，相传为战国时代中期的秦国所作，刻于石板之上，但原石却失传了。根据宋代的拓本记载：该文是诅咒楚国灭亡的文章，关于楚国是从楚成王（前671—前626年在位）开始说起的。与此相对，关于秦国的君主，则是秦穆公开始说起的。从成王开始说起，把楚成王当做是楚国最早称王的人物，那是由于在战国时代中期称王的秦惠文王不承认楚国过去的称王历史的缘故。

秦国把楚国历法楚正（将现在的公历11月份左右作为正月）、以及夏朝历法夏正（将现在的公历2月份左右作为正月）加以融合，形成了新的历法（月份按夏正，新年从10月开始），通过这些形式等，同时继承了楚国和夏朝的正统。此外，秦国还需要证据来证明楚国从过去开始就比不上秦国，这与中原诸国把楚庄王与中原的霸主相提并论的初衷是一样的。为了证明这一点，于是便将秦穆公的地位凌驾于楚王之上。

同时，"诅楚文"又说明：秦穆公虽然是得到肯定评价的人物，但终究只不过是历史人物。秦国的正统者是在秦最先称王的惠文王（前338—前311年在位，前325年称王）。与惠文王相比，穆公只不过是个小小的配角而已。

**从地域及下克上的
观点论述五霸**

在前文也讲过，提及春秋五霸，到底把哪些人列入其中一直以来都有各种各样的见解。我们在考虑这些不同的见解时，不仅仅要关注将哪些人以什么标准列入，还要关注其中所反映出来的地域观点。

《孟子·告子下》中把齐桓公、晋文公、秦穆公、宋襄公和楚庄王作为五霸，认为五霸是"三王的罪人"。这种观点清楚地表示出了对霸主的贬低评价，将王道衰败、霸主兴起用"罪人"这一表现来加以强调。这些"罪人"的代表便是齐桓公、晋文公、秦穆公、宋襄公和楚庄王。

孟子曾经在战国时代的田氏齐朝廷出仕，而田氏将姜姓君主架空，自己掌控了君主的实权，所以孟子对姜姓的齐桓公进行批判是理所当然的。晋文公是与齐国对抗、统领中原的晋国的代表人物，晋国后来三分为韩、魏、赵，所以批判晋文公也就相当于从齐国的立场出发来批判"三晋"韩、魏、赵的王者们。而秦穆公是战国时代秦王的祖先，在秦国是春秋时代首屈一指的君主，所以批判秦穆公也就相当于从齐国的立场出发来批判秦王。宋襄公是战国时代宋王的祖先，在宋国是春秋时代首屈一指的君主，所以批判宋襄公也就相当于从齐国的立场出发来批判宋王。宋国是殷商末裔的封建国，是殷商故地的代表国家，齐国一直企图将其据为己有。楚庄王是战国时代楚王的祖先，曾给周王施以压力，问鼎之轻重。所以批判楚庄王也就相当于从齐国的立场出发象征性地来批判楚王。

在孟子生活的时代，越国的根据地已经被楚国占领，面临灭亡的边缘（前329年），后来北上迁都至山东的边界琅琊，接受齐国的庇护。吴国则早已被越国所灭，所以在《孟子》中没有将吴王和越王列入五霸名单加以批判。

孟子所论述的霸主，都是敌对正统的祖先或者是相当于其祖先的人，是把他们作为批判的对象来论述的，所以才称他们是"三王的罪人"。

《荀子·王霸》则展示了与孟子完全相反的观点。《荀子》认为："义立而王，信立而霸"，并将齐桓公、晋文公、楚庄王、吴王阖闾、越王勾践列为春秋五霸。《荀子》认为这些君主是讲诚信的人。

《荀子》列举的五霸所在的国家，除了楚国外，其余的在荀子生活的时代（前280—前250年左右）都已经灭亡。越国灭亡的时间，据推测大致与鲁国被楚所灭的时间相同，其余国家的灭亡时间则更早。褒扬这些已经灭国的国家的君主们，也不会给敌对的战国时代的他国君主们带来什么好处。但是，楚国却是唯一存在的，书中的立场其实就是楚国的立场。并且通过褒扬霸主（"义立而王，信立而霸"），其实更进一步褒扬了战国时代的王者。

荀子曾出仕于楚国，所以《荀子》的霸主观，其实也是站在楚国的立场上讲的。

荀子所论述的霸主，是被褒扬的对象，这种褒扬当中反映出了楚国的正统主张。同时也告诉我们：要想强调自己的正统性，除了诽谤敌对国的正统性之外，还有这种表面上进行褒扬的方法。

到了汉代，则不需要像孟子和荀子那样需要顾虑某一特殊正统了，五霸可以是任何人，所以便出现了各种各样的说法。《白虎通》便是其中之一。

霸主被进行了注释，说他们是以召集诸侯举行盟誓并朝见天子为己任的存在，这也成了世人所熟知的关于霸主的定义。

宋襄公　　　　上述关于霸主的论述当中，《孟子》将宋襄公（前651—前637年在位）列为五霸之一。宋襄公在公元前643年齐桓公去世后，于公元前639年妄图称霸诸侯，却遭失败。后来于公元前638年与楚国在泓水一战，结果惨败而归。

该史实在《左传》中有记载。宋襄公认为在楚军渡完河之前发起攻击是不仁之举，非得等楚军完全渡河立稳之后才开战，结果惨败。由此产生了"宋襄公之仁"（宋襄公的仁慈）这个成语，意思就是无意义的仁慈。

不过，如果单从这个史实来看，还是无法理解为什么《孟子》将宋襄公列为五霸之一。前面也分析过，之所以将齐桓公、晋文公、秦穆公、宋襄公和楚庄王列为春秋五霸，目的是为了诽谤齐国的姜姓君主以及韩、魏、赵、秦、宋、楚的君主。只是，除了宋襄公以外，其余的霸主都立下了赫赫战功。

　　这里值得我们注意的是，五霸当中在宋襄公之前提及的是秦穆公，在只不过是西戎霸主的秦穆公后面，紧接着介绍了宋襄公。宋襄公是宋国一带的名门望族，这一点在前面也提及过，是论述的前提。也就是说，宋襄公是殷商故地的望族。

　　在战国时代的宋国，公元前 322 年宋王偃（康王）称王，齐国对此表示强烈反对。不久，齐国进攻宋国，陷入战乱的泥沼之中。宋王偃被称为是桀纣再世，齐国对他的评论极差。正是为了批判这个宋王偃，才牵扯上了春秋时代的宋襄公，将其列入五霸。不过反过来我们从中也可以看出，在宋国一带的殷商故地，宋襄公是自古以来便被作为功绩卓著的君主而为人所广泛称颂的。

　　前面我们通过分析各种史料，对春秋时代究竟是一个什么样的时代进行了论述。正如文中论述所展示的那样，我们要想论述春秋时代，掌握战国时代的情况是必不可缺的。下面我们将舞台切换到战国时代，探讨一下战国时代的状况。在此之后，我们再重新来分析一下春秋时代的样貌。

第七章

战国时代的史实

合纵连衡

提及战国时代，人们一般都会把这段历史视为合纵连衡的时代。在这战乱年代中，出现了很多运用外交活动拯救国家于水火之中的政治家，人们从"合从（纵）连衡（横）"中取出二字，称他们为"纵横家"。他们的才华得以淋漓尽致地施展的，正是在战国时代。

不过，一般意义上的合纵连衡与实际意义有很大出入。

下面我们一边思考这个问题，一边简单回顾一下战国时代究竟是个怎样的时代。

一般认为合纵是为了抗衡秦国而进行的纵向（南北）联合，而连衡则是与强国秦国合作而进行横向（东西）联合。"连衡"的

"衡"即为"横"。也就是说，若要形成这种关系，就必须要出现的这样的局势——秦国不断向南北扩张领土，以极大的统治领域傲视天下；同时其他国家的统治领域不断缩小，散布在从南至北的土地上。

我们先看看公元前4世纪中期的地图。该图上的结构却不尽然。此后，秦昭襄王（前307—前251年在位）于公元前278年征服楚国根据地湖北、湖南等地，使秦国所统治的领域占据了天下的半壁江山。

如果就这种局势形成之后的事情进行讲述，那么合纵、连衡就能按其字面上的意思来使用。但是，如果是针对在此之前的事情进行讨论，则"合纵是为了抗衡秦国而进行的纵向（南北）联合，而连衡则是与强国秦合作而进行横向（东西）联合"的格局还尚未形成。

正如前面所述，之所以我们很难对战国以前的时代——商王朝、周王朝、春秋时代进行讲述，是因为我们很难依据战国时代的史书去追溯城市国家的时代风貌。而论述战国时代则没有这个困难。不过，另一方面，战国时代出现了超越新石器时代以来的文化领域的、由官吏进行领域统治的新动向。如果论及大国将小国封为诸侯进行统治，则周王朝的统治力量早已超越陕西一带，波及了中原。而新的动向则是想通过文书行政方式来对这片领域实现统治。

如果这一趋势不断发展，则天下统一也指日可待了。

在天下统一的趋势日趋明显之后和局势尚不明朗之前，人们对天下的认识是不相同的。

即使使用同一个词语，对于即将统一天下的国家和没有希望统一天下的国家而言，该词语所表达的含义也是有所不同的。

接下来我们要讨论的"从"便是其中一例。"从"是作为合纵之意来使用的。其具体用法大致可区分为以下两种情况：

第一，秦国统治了大半个天下之后的"从"。这时，各国为了与强大的秦国抗衡而联合起来，而这些联盟国家的领域大概是由南至北纵向排列的。所以，想要对抗秦国就需要组成"从"（合纵）。对于秦国而言，则需要打败此举（连衡）。

这个时代，许多以前的史料被重新归纳整理。许多传说的开场部分都被追加了总结的语句。这些语句中使用了"从"。这里使用的"从"字背后隐含的是秦国占据天下半壁江山的强大。

第二，到比第一种情况更早一些的时期所使用的"从"。这个时期是在秦国统治大半个天下之前，齐国作为东方强国不断扩大领土，秦国则作为西域强国扩大领土的时期。在这种情况下，夹在秦齐两国之间的各国就成了问题。这些国家分布在从南至北的细长领域内。不论抗衡的对手是秦国还是齐国，结成联盟后便形成了"从"。

人们一般提到的"从"指的就是第一种情况。因此，即使看到第二种情况下的"从"，也会不知不觉地与第一种情况的"从"

混同一谈。这样虽然秦国作为合纵的抗衡对象没有被忽视，但齐国却被忽视掉了。

不仅如此，如果仔细阅读，我们还能在史料中看得到表示联合之意的"合"这个词。由于这类词译成现代文之后也用来说明合纵连衡，因此就更加深了读者的误解。

我们在前面也曾提到过，在第二种情况下诸国被夹在秦、齐两国之间，而这些国家之间的合作不久就出现了裂痕。新石器时代以来的文化地域的迥异传统加深了各国之间的不信任感。尤其在第二种时代背景下的楚国。楚国的统治疆域非常广大，超越了新石器时代以来的文化地域。楚人也一直引以为傲。因此，如果我们过于看重"从"这个词，就很容易陷入误区，看不清历史的真相。

秦国夺取了楚国大本营所在地的湖北、湖南等地之后（公元前 278 年），其领域便覆盖了大半个天下。至此第一种情况已成为不可动摇的形势，这里是有这样一个过程。

因此，解读战国时代时，我们还要面对战国时代特有的纠葛。

不过，只要稍加注意一下，就很容易识别这种相异之处。接下来我们以这些问题为前提，重新探索一下合纵连衡的真正内幕。

研究合纵连衡的史料大都在《战国策》中有记载。这本史书成于西汉末期，在它成书之前，有好几本被称为《短长书》、《国事》等的书籍。《史记》中的故事大都取材于这些史书。后来，西汉末期的刘向将多部史书汇成一册，并命名为《战国策》。

无论是作为《短长书》、《国事》的阶段，还是被《史记》记载的阶段，或者是作为《战国策》归纳的阶段，都附加了传说在开篇说明中。

没有在开篇说明中附加传说的材料现在也有出土。那就是湖南省长沙马王堆三号墓出土的《战国纵横家书》。如果在收录于该史书中的各个传说的开头另行加上总结性的前言，便会变成《战国策》的文章风格。

《战国纵横家书》中还有一些故事没有被《战国策》采用，这也成为学者们讨论的话题。

苏秦的假象　　在谈论合纵连衡之际，人们十有八九都会提到的人物便是苏秦。他以发奋学习而闻名。在《史记·苏秦列传》中记载的故事讲到，苏秦读书时为了不使自己困倦，便用锥刺骨，血流至足也没有擦拭。

但是，后来我们才知道这个故事讲的不是苏秦，而是他的弟弟苏代。

出现这种误解的原因不仅与《战国策》的成书情况有关，也与《战国策》曾一度散佚相关。

在战国时代写成的史书中把苏秦记载为"苏秦"或"苏子"，苏代则记载为"苏代"或"苏子"。原本记载为"苏秦"、"苏代"的部分，无论是《史记》还是《战国策》，编纂者在引用的时候都把这个部分原封不动地誊写为"苏秦"或"苏代"。而记载为

"苏子"的部分，虽然有一部分是分别记载为"苏秦"、"苏代"，但绝大多数都被替换成了"苏秦"。甚至原本应是"苏代"的文章也给替换成"苏秦"的了。（下页图40）

这些混淆使用的状况，在该书散佚后重编过程中也出现了相似的问题，以至于出现了两个系统的核定本，即姚本（姚宏的版本）和鲍本（鲍彪的版本）。明代以后备受关注的即是姚本，一般认为它传承了古本的原汁原味，而实际上传承古老体裁的恰恰是鲍本。

其特征是，在鲍本中记载为"苏子"的没有替换的部分，在姚本中大多记载成了"苏秦"。也就是说，鲍本内还保留了诸多替换之前的写法。

我们看到的《战国策》一般都是姚本系统，也就是说读者是依据错误较多的书籍进行分析的。富山房汉文大系本是鲍本系统的日语版本，只要处理上注意江户时代独特的读音习惯，使用该版本还是可以的。

《史记》中也有把"苏子"当成"苏秦"的部分，结果也出现了错误的内容，也就是上面所讲到的锥子刺骨的传说。如果这个传说所说的是苏秦，那就正如图40所示，苏秦就是个相当长寿的人了。同时，这与苏秦死后苏代才开始活跃于政治舞台的事实相矛盾，给读者带来很多疑惑。不被这一矛盾烦扰的方法只有一个，那就是要基于上述判断，重新整理苏秦和苏代的事实。

将子之误解为文公

燕文公时期 （在位时间公元 前360年—前332年） **苏秦**	燕王哙时期（燕文侯子之） （在位时间公元前320年—前314年） **苏秦** ▲ **苏代**	齐伐宋之际 （公元前286年左右） **苏秦** **苏代**

（苏秦死后齐宣王再次任用苏代）
（姚本、鲍本相同）

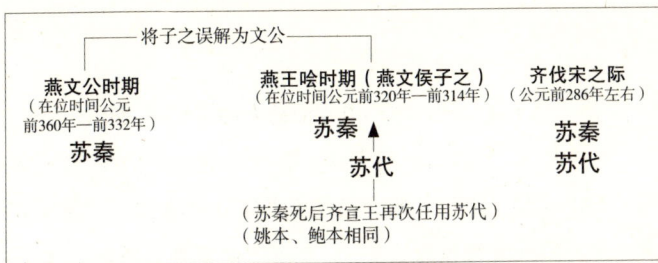

40 苏秦长寿之怪　如上图，苏秦是燕王哙时代的人物，其死后开始活跃的是其弟苏代。当时的宰相是文侯子之。有个补充文章将该文侯掺混为公、侯，误解成燕文公，所以苏秦就被认定为那个时期的人物了。另外，有些文章把苏秦、苏代同时记载成"苏子"的部分，一律替换成了苏秦，所以变成了苏秦生活在苏代的时代里。结果，变成了前后相当长的时间里苏秦一直活跃在政治舞台上

**《战国纵横家书》中的
"苏秦"**

我再追加一下相关材料，有关"苏秦"和"苏代"史料上的混乱，甚至还影响到了对出土史料《战国纵横家书》的整理。据推测，该出土史书极有可能就是《战国策》的原始史料。

在整理该书的时候，很多地方都错误地参照了当时备受好评的姚本。结果"苏代"为兄，"苏秦"为弟的假设已然成为大家公认的前提，而非"苏秦"为兄、"苏代"为弟。

《战国纵横家书》一出土，就出现了另外一种学说，即该书籍上记载了可以证明上述假说的文章。

然而实际上不仅年代上的矛盾没有得到解决，就连所谓能够证明假定前提的文章也是基于误解的内容。

从内容上看，我们可以判断问题篇章是较晚时期的材料。该文章中有读成"臣秦拜辞事"（下臣秦拜受任务……）的部分。

"臣"是"我"的自称。由此便有人确定较晚时期的人物为苏秦。

其实，只要看一下图41就很清楚，解释成"秦"的字实际上应该是"撵"。"撵"其实是"拜"的意思。一系列的误解导致人们把字数也弄错了。以至于即使发现应该解释为"撵"（②）之后，本来的那个字还是被挤到了（）里。

实际上这里要表示的是"臣撵拜辞事"（下臣拜受任务……）之意，这里本不应该有表示苏秦之名的"秦"。

其实我们也可以从解决年代矛盾的实际问题出发，从具体内容上进行判断，看看到底是"苏秦"的时期，还是"苏代"的时期便可以了。经过研究，我们就可以判断这是"苏代"的时期。

先入为主是件非常可怕的事情。由于此类错误笔者也无法避免，所以如何破除先入为主的观念是研究历史的一个重要课题。

苏秦的"合纵"

苏秦的合纵成为脍炙人口的佳谈。但是，由于有些部分与"苏代"的文章相互混同，存在明显的年代上的前后矛盾，因此在苏秦合纵过程中到底发生过什么事情，目前还并不是很清楚。

不过，如果细心除去这个年代矛盾，我们就能发现其实这个合纵与公元前318年秦惠文王举行的仪式相关。

该仪式的存在和年代得到证实之后，我们发现该仪式与苏秦的合纵有关联。

该仪式把从周王朝继承权威之事改变成了一个"形式"。我们在前面已经讲述过有关夏王朝、商王朝以及周王朝这三代的历史，并且也讲述过在战国时代的诸国之间，关于夏王朝的复兴、周王朝的继承以及始祖传说乃至下克上的"形式"（包括反对下克上的"形式"）都是相通的。在秦国，作为此类"形式"的一个环节，秦惠文王召集了"逢泽之会"。

逢泽之会，就是聚集于逢泽的意思。不过，这个逢泽也是周武王讨伐殷商时的途经之地，同时也是颇有光辉历史背景的黄河渡口（这里有叫做"盟津"的渡口），是"伐殷"的象征性场所。在此地召集聚会，其实就是在向外宣布准备仿效殷周革命而进行革命的一种"形式"。

这一象征性的仪式并不是从秦国开始的。早在公元前351年魏惠成王就举办过这种仪式。该仪式是以"逢泽之遇"这一表述被记录下来的。继而于公元前343年，惠成王向周王朝要索要"文武之胙"，计划通过这种"形式"来把自周文王、周武王以来的权威转让给自己的事情变为现实。可是当这

以往具有代表性的文字	解释之例	补充修正后
臣	臣	臣
秦	秦①	擽
	擽②	
拜	（拜）	拜
辞	辞	辞
事	事	事

41《战国纵横家书》"臣擽拜辞事"
以往的文字解析是先将"擽"错误地解释为"秦"，发现错误追加"擽"进行补充修正的时候却忘记把"秦"删掉。针对马王堆帛书，在折叠帛书（书写在绢帛上的文书）时有时会在折合处浅浅地渗留文字。这种事情经常有发生，但该图却与此无缘。"秦"应该是"擽"，所以这个部分解释为"苏秦的自称"，以此类推将苏秦推定到苏代时代的观点也就失去其依据了

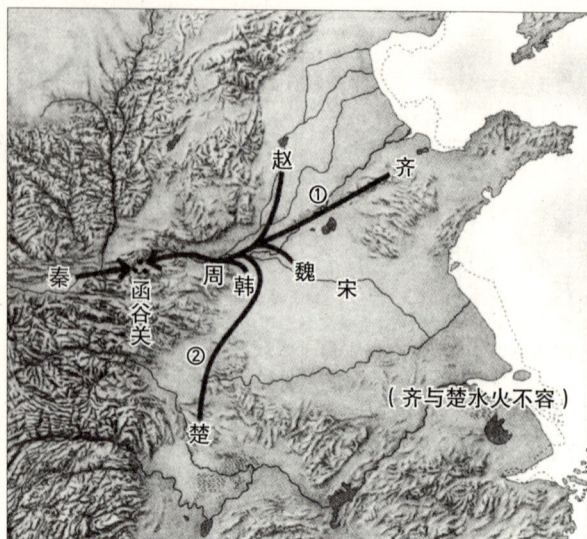

42 苏秦的"合纵"　秦还没有成为天下第一强国的时候，那时的联合是作为苏秦式的"合纵"来讨论的。秦国和晚于齐国和魏国举行了周王的正统继承仪式，是公元前318年的事情。各国反对此举，联合起来攻打秦国。②的楚国没有参与此次联合。因为这一时期楚国和齐国正处在水火不容的关系之中。第二年①的齐国退出联合，楚国加入联合队伍中

一企图被公之于众，周围的各国便纷纷出来反对，并组成了联盟，导致齐侯（后来的威宣王）等的联军攻打魏国，甚至杀死了魏国的王太子。魏国的计谋因为此次纷争化成了泡影。

紧接着，齐国也企图举行相同的仪式。结果，也遭到了诸国的反对。这次摩擦是由楚威王解决的。

之后，为了对抗秦国，苏秦通过活跃的外交活动联合各国，促成了联盟的成立。这就是"苏秦合纵"的真面目。

正如前文所述，这些都是真正的"合纵"形成之前的国家联盟。可是这些联合行动后来都被解释成"合纵"，并广为流传，为人们所熟知。

苏代的"合纵"与齐国的沉浮

苏秦的"合纵"正如上文所述。相对而言，苏代的"合纵"则稍微晚些，是公元前289年（秦历公元前288年）成立的。

虽然这个时期的"合纵"还没有普遍意义上的"合纵"之意，但是从顾及西秦东齐而联合南北的意义来讲，这个时期也算是真正意义的"纵"出现的时期。

此次的"合纵"与孟尝君也有关系。这个话题自古以来就能引起大家的兴趣。我们可以从这个苏代的合纵开始，按顺序依次排列相关事件。因为当我们获得的故事中涉及多个事件时，按照时间顺序排序更能帮助我们弄清楚事件的前后关系。

我们在大量收集此类传说，并进行对比后，得出了下面的时间表。

罗列事件时，笔者还添加了一些说明，希望按前后顺序依次观察事件发展的来龙去脉。

顺便提一下，当时的文章大部分都只讲年代，因此我们根本不能奢望还能有具体的日期。这也导致了整理的困难。因为，每个国家的正月都有些偏差。整理时会经常碰到按阳历虽然已是元旦，而按阴历却仍为旧年的现象。很多时候有的国家已踏入了新年，而有的国家仍处于上一年的年末。如果记载的时候只写年代，那就会出现一边是新年而另一边是旧年的现象，这样时间上就会相差一年了。

下面的时间表也把这些时间上的出入表示了出来。虽然这个做法有些繁琐，但这对决定时间的先后顺序而言还是非常有用的，所以还希望大家多多谅解。

另外，为了避免读者产生混乱，我一直没有提过。其实叫"苏子"的，除了苏秦、苏代外还有一个人，就是同族的苏历。这种场合，由于上述的误解使所有"苏子"都变成了"苏秦"，结果原本是有关苏历的文章也就变成了苏秦的东西。下面的内容已经将这部分也改回了苏历。

请参考图 43。

（公元前）	
298 年	齐国的孟尝君离开秦国回到齐国，并结成抗秦联盟，与魏国、韩国加上赵国一同攻打秦国，攻到函谷关。
秦 288 年 魏 289 年	A：秦穰侯攻打魏国，魏国割让出河东以东方圆 400 里的土地。秦国的白起被任命为大良造，攻打魏国，先后攻下大小 61 个都城。
秦 288 年 赵 289 年	B：苏代前往秦国，劝说惠文王称帝吞并天下。而惠文王说时机未到（之后称帝）。
秦 288 年 赵燕 289 年	C：苏代离开燕国前往齐国。齐王说："你来，我非常高兴。先前秦魏冉那家伙来劝我称帝，依你看如何？"

苏代回答说："虽然秦国先于您称帝（B 之后秦国采纳苏秦之外的其他人的意见并称帝），但称帝不分先后。如果秦国称帝不被世人认可，而齐国称帝反被世人接受，那么对齐国而言，这将是一个巨大资本。"

秦楚 288 年
赵魏 289 年

D：秦国和齐国称帝（后来人们将秦国称为西帝，而齐国则称为东帝）。齐国舍弃了薛公（孟尝君）的政策。苏代尝试说服齐国，想让齐国承诺与秦国联手讨伐赵国（但事态朝着另一个方向发展）。

（以上是到 C 为止的总结）

秦 288 年
赵 289 年

E：薛公（孟尝君）为魏国宰相，对魏冉讲："秦国好像要启用吕礼拉拢齐国并重定天下秩序。果真是这样，你就很有可能会被轻视。因为，如果齐、秦两国共同出战三晋，宰相一定会是由吕礼出任。"

秦 288 年
赵 289 年

F：秦国准备攻打魏国，因此魏王找孟尝君商量对策。孟尝君前往赵国，向赵国说明了他的来意。赵王答应派兵救援并准备了 10 万军队和 300 辆战车。孟尝君还向燕王提出要求，希望燕王也能救助魏国。

秦 288 年
赵齐 289 年

G：奉阳君（与下面的李兑不是同一人）早已死去，苏代就向赵王说出自己的意见说："现在魏国虚弱，所以割让了黄河东侧，韩国也因弱小献上了宜阳，结果上郡被孤立后道路也不通，而楚国因虚弱也不能派援军……如果六国能联合起来组成'合纵'打退秦国，就一定能将秦国的军队打出函谷关，使秦国再也不能危害东方。"赵国听从了这个计划。苏代是从燕国前往赵国的，并在此促成了"合纵"（不过，进行"合纵"的是除齐国以外的其他五国。所以才形成了"合纵"）。

H：(除齐国以外的）五国（燕、赵、楚、魏、韩）联合起来攻打秦国，但没出战果，到成皋之后就停止前进了。赵提出和解，楚、魏以及韩国也表示同意，却被秦国拒绝。秦国推荐成阳君出任魏、韩的宰相，却被两国拒绝。

I：苏代对齐王说："齐、秦两国都称了帝，大王认为世人会敬重齐国还是敬重秦国呢？"齐王回答说："应该是秦国吧。"苏代问："如果大王结束称帝，结果会变成怎样呢？""应该会倚重齐国而憎恨秦国。""两国称帝而讨伐赵国，与讨伐宋国相比其利又如何呢？""原本称帝就是因为与秦国有约在先所以才进行的事情，如果现在天下重视秦国而轻视齐国（天下人对齐国视而不见，只攻打秦国），攻打赵国的利益远不及攻打宋国。""因此，我才恳请大王，请大王务必将皇帝称号还给世人，孤立秦国，让世人不再重视秦国。同时，利用现在的局势，平定宋国。原本，只要占领宋国，魏国的阳城就会陷入危机，而占领淮北，楚国的东边国土就会陷入险境，如果占领济水以西的领域，赵国的黄河以东领域就会有危机，只要有阴城和平陆，魏国的东门就不会打开。因此，我才恳请大王舍弃皇帝称号，攻伐宋国。只要此事成功，燕国和楚国就会表态听命于齐国，天下也不得不听从齐国的意见了。此举亦可与殷汤王和周武王的建国之举媲美了。"

J：吕礼来到齐国，开始以秦、齐两国舍弃皇帝称号为条件进行策划。此时，魏冉重新出任秦国宰相。孟尝君感到事态不妙，向秦国宰相魏冉提出攻打齐国的建议，以此来驱逐吕礼。

秦 288 年
赵 289 年

K：从秦国逃亡到齐国的吕礼出任齐国宰相并准备为难苏代。苏代对孟尝君说："周最在齐国很受厚待。齐王驱逐周最而听信亲族的意见没有任命吕礼为宰相，其原因就是准备联合秦国。如果秦、齐两国联合，那么你也会如同吕礼一样不再受重视。而如果齐国任用吕礼，那么秦、齐两国都会轻视你。"孟尝君采纳了这个计谋，而吕礼却憎恨此事。

288 年

L 之前：湣王恢复了孟尝君的官职。孟尝君称病隐居于薛地。

288 年

L：齐湣宣王愈加骄狂，打算除掉孟尝君。因此，孟尝君就逃到了魏国，魏国也启用孟尝君出任宰相（这个事件也有可能发生在 F 之前）。

288 年

M：齐国准备攻打宋国，而秦、楚两国想阻止齐国。因此，齐国希望能与赵国联盟，但赵国没有接受。齐国派公孙衍说服了赵国的李兑，计划攻打宋国之后封建李兑。齐国攻打宋国攻占了五个城池。

288 年

N：秦国攻下了赵国的桂阳。

287 年

O：由于韩国准备攻打宋国，秦国想通过割让安邑来安抚韩国。同时，攻打魏国夺取安邑后交给了韩国。秦国的白起又立刻把此地给夺了回来。

287 年

P：赵国和魏国准备攻打齐国。

286 年

Q：齐国攻破宋国。宋王偃被杀。

286 年

R：秦国在夏山打败韩国。

285 年

S：秦国攻打赵国，赵国献出五个城池并派遣楼缓讲和。接着与秦国联手攻打齐国。齐国献出十个城池要

299

求讲和。楼缓分外担忧，许诺秦国割让上党等二十四个县城。而此时赵足去了齐国。赵、齐两国的不信任感越发浓烈，赵国断绝了与齐国的邦交，与燕国联手攻破了齐国。

285 年	T：秦国在宛城会见了楚王，在中阳会见了赵王。
秦 284 年 赵 285 年	U：（交谈中述怀）秦国为了齐、赵两国出函谷关十五年之久都没能回来。（公元前 298 年孟尝君离开秦国回到了齐国并促成了抗秦连衡，魏、齐及韩三国联合攻打秦国将秦国攻出函谷关以来，到公元前 284 年恰好是第十五年。）
秦 284 年 赵 285 年	V：赵国依仗天下，准备攻打齐国。苏历为挽救齐国，觐见向赵王提出建议说："燕国攻破齐国后乘胜攻占了韩国的河南，同时越过沙丘到了钜鹿境内 300 里的地方，进而已抵达榆中境内 1500 里的地方。秦国控制了上党境内 700 多里的领地。如今秦国集中三军兵力雄踞于羊唐，势力已波及离邯郸二十里地的地方……原本韩国是以顺从赵国为上策的国家。现在，希望大王取信于天下。如此，韩国必将为不让自己的国家遇险而忠实于大王，而天下也会倚重大王的。"
秦楚 284 年 赵魏燕 285 年	W：（如果要讲述先行于 V 或同时发生的事件的话）燕国宰相乐毅率领赵、秦、韩、魏以及燕国的军队攻打了齐国（介绍乐毅攻打齐国的文章较多）。芒卯率领秦、魏两国的军队讨伐齐国。尉斯离与赵、魏及韩三国共同在济水以西打破了齐国。而楚国征服了莒。
秦 284 年 赵 285 年	X：齐湣宣王亡命出奔卫国。之后由于过于自傲被卫国攻打，逃到了鲁国。在那里也不谦卑，也没能进入鲁国。

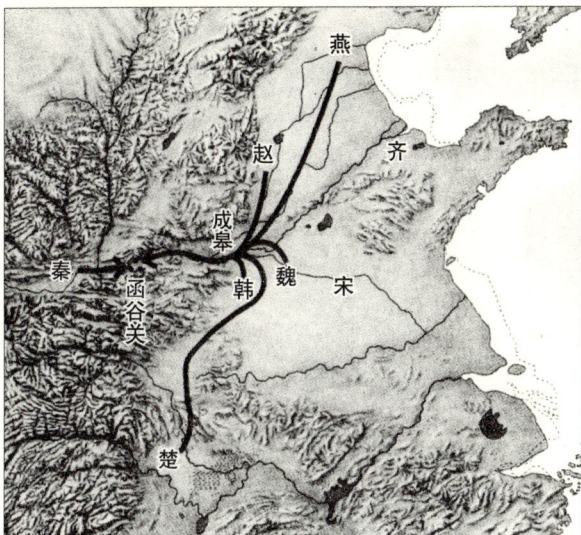

43 苏代的"合纵" 被秦齐两个强国夹在中间的国家（赵、魏以及韩）与北方的燕国及南方的楚国联合起来攻打秦国。大家就是把此时的联合作为苏代的"合纵"而议论的。虽然国家呈纵列排着，但没有形成秦国一国强盛的局势

	因此，逃到莒。之后的襄王则逃到了即墨。
284 年	Y：楚国的淖齿攻下莒之后，杀死了齐湣宣王。
280 年	齐国的田单从即墨反击，重新兴建齐国并将襄王迎至莒（湣宣王被杀之地）让其在此即位。襄王将即位元年回溯到了湣宣王死亡之年（公元前 284 年）。
	《战国策·楚策一》中记载说，用数月就能平定宋国。
277 年	《战国策·秦策四》中论述了楚国为东迁都城，平定了宋国。

苏代的"合纵"之后发生的事情正如上文所述。在这段时间里有很多国家和很多人在同一时期展开了各种各样的活动。就苏代而言，虽然成功地与秦国进行了交涉，但他却在开展活动之际，被秦国出卖，最终促使他组织连衡来对抗秦国。这里有些还与孟尝君等的活动有关系。孟尝君作为齐国的宰相，于公元前298年与魏、韩两国共同组织了抗秦同盟，是把秦国打入函谷关以西的功臣，之后也不断得到了能够充分发挥其才能的场所。

在局势不断向前发展的过程中，齐国决定攻打宋国。其后却身陷泥泞。走进泥泞中的不仅是齐国，其他各国同样也陷了进去。齐国在未能摆脱困境的情况下受到燕国的攻击，从而走向灭亡的深渊。

称"帝"

齐国一直在等待攻打宋国的时机。因为齐国的田氏以威宣王的母亲出身宋国为由，一直主张要对与宋国息息相关的殷商故地有支配权。

《史记》中记载着齐国和秦国先后称东帝和西帝，不久后又舍弃了这个"帝"的称号。然而，追溯苏代的"合纵"之后的各国的动向，我们就能发现其实事情并不是如此单纯。

针对齐国攻打宋国之前的事情，《战国策·燕策一》和《战国纵横家书》中有打算称秦国为西帝、燕国为北帝、赵国为中帝的讨论，而问题不仅仅是东帝与西帝。并且，秦国和齐国是何时舍弃帝号的，其实也并不是很清楚。

在上述事件中，宋国处于非常重要的位置。有记载说，时为宋王的偃"射天笞地，铸诸侯之象，使侍屏偃，展其臀，弹其鼻（《战国策·燕策一》）"。这个国家原是殷商的后裔，这就决定了这个国家的命运，在平日里也要被那些曾为周国诸侯的各国拿来寻开心。这样的国家若想称王称帝，遭到的反对之强烈也就可想而知了。

这里的问题是其状况要远远超出字里行间所呈现出的事实。

问题是宋国是否只是称了帝而已。围绕宋国的一连串的活动中，"帝"这个词出现得非常唐突。这个"帝"是商王所使用过的表达方法。商王生前为"王"，死后成了"帝"。这是通过甲骨文了解到的商国的做法，宋国自然是继承了这个方法。

既然是这样，宋国在企图主张自己为独一无二的正统嫡系的过程中，不难想到他们自然会启用"帝"这一正统嫡系的称号。如果宋国是第一个称"帝"的，那我们就很容易理解围绕称"帝"各国间所开展的纠纷。也就是说，秦国和齐国为表示抗议，首先称起了"帝"，然后灭了宋国，其他国家也采取了同样的举措。

那么，对于有着如此特殊意义的"帝"，这些国家为什么会舍弃呢？能想到的一个理由就是木星的"异变"。木星大约每十二年绕行天球一周。具体一点讲是八十三年绕七周，而非是十二年绕一周。如果是按十二年绕一周，就应该是八十四年绕七周。所以，每绕七周就要相差一年。

由于木星大约是十二年绕行一周，所以如果按十二年等年平分天球，木星就是每一年向前移动一格。把十二支一一分配到这十二个分块内。利用它进行占卜的占卜术也得以发展。在公元前353年至公元前271年的这八十三年还没过一半的时候，人们便知道了木星的周期大约为十二年。所以，上述事件发生之际（随着临近关键的第八十三个年头的结尾），判断木星每年应在位置的标准，即冬至时木星所在的位置逐年错后，时下的木星已不再是"发现木星周期"之时的木星了。这可是不祥之兆。而且，最初称"帝"的宋国被灭，而灭掉宋国的齐国也正面临灭亡，甚至各国陷入了巨大的混乱之中。在这样的局势下，可能是某个人首先提出了放弃的建议。

看史料记载，有些内容给人留下秦、齐两国是在较早前就舍弃了"帝"号的印象，但按事件发展的经过来看，实际放弃的时间要晚很多。所以对于把秦、齐两国放弃"帝"号的时间记载得较早的史料，我们在看的时候只要注释一下"之后放弃称帝"就可以了。如果我们把注释中舍弃"帝"号的时间理解为书中记载得较早的那个时间，则内容上会出现很多龃龉之处。

也许真相是，濒临灭亡的齐国在田单等人的努力下重建国家，到那时才放弃了"帝"号。

另一方面，公元前286年宋王偃被杀害，而宋国也由此走向了灭亡。然而实际上，平定宋国却花费了更长的时间，甚至到公元前277年，还有人在议论有关平定宋国的事情。

关于领土国家被他国支配时的反抗程度，笔者曾在前面也提过。在宋国，正是出现了这种反抗运动，而且是一浪高于一浪。通常，这类抵抗运动是新石器时代以后拥有不同文化传统的集团之间展开的。这并不是以往的因都市之间的联合而发生的间接支配，而是将官吏和军队派往都市进行的直接支配，而此次支配又波及了不同文化传统地域，所以引发了史无前例的顽强抵抗。

此外，没有与宋国接壤的秦、燕等国扰乱了与宋国接壤的国家的后方，这也促进了宋国的抵抗运动。

促成"合纵"的又一位功臣——孟尝君

孟尝君的出身　　上面围绕苏秦和苏代，讲述了富有战国时代特征的"合纵"。

在苏秦和苏代的"合纵"之间，还有一位同样促成"合纵"的人物孟尝君。孟尝君还参与了在上面简述过的苏代的"合从"。

《史记·孟尝君列传》是从孟尝君的父亲靖郭君田婴开始讲述的。据记载说，田婴是齐威王最小的儿子。可是，似乎实际上田婴与威王是同一时代的人物。

在讲孟尝君之前，我们先来讲讲在苏秦和苏代的"合纵"之间发生的一些零碎的事件，以此从历史角度给孟尝君的出身进行定位。

如果我们将一直以来备受重视的威王、宣王、湣王的记载稍加调整，就能重新排序出威宣王称王之前的时期、威宣王称王之后以及湣宣王时期。威宣王即威王加宣王，湣宣王即湣王加宣王，而对于威宣王有称王之前和称王之后的时期，以前的观点误认为的确有这两个时期存在。这使得年代上出现相当大的矛盾，但如果通过浩大的年代矛盾解除工作进行更正，我们还是能很彻底地解决这个矛盾。

依据这个年代矛盾解除工作的结果，田婴生活的时间与威宣王生活的时间是同一时期，田婴之子孟尝君生活的时间则与威宣王之子湣宣王生活的时间相同。

《史记·孟尝君列传》中把靖郭君记载为齐威王之子，是因为把威王称王的时期误认为是宣王时期。就历代的议论而言，也有人认为把靖郭君说成威王之子非常不合理，其直接原因是《史记》中有问题的记载取材于《战国策》。或说得更详细点，这个问题记载出于后来归纳到《战国策》内的多部史书中的某部史书，然而这个材料里没有记载靖郭君是威王之子。在整理以往（充满矛盾的）年代过程中，从不断得出的结果而言，这一点还是值得怀疑的。

靖郭君的封地薛地位于泰山南部，是可以从西南或南面牵制宋、越、楚国的军事要地。靖郭君是被委任到此地的，也就是说，他被任用不仅仅是因为他是田氏一族的成员，更因为他是有智有谋的人才。

假设靖郭君是威宣王的兄弟，那么威宣王之子湣宣王（即湣王）和靖郭君之子孟尝君就是堂兄弟。

靖郭君生活的时代，魏国的惠成王称王并促成了逢泽之会（前351年），打算通过"文武之胙"迫使周王移交权力，并开始逾年称元法（前343年）。所以，齐威宣王（称王前）在马陵打败了魏惠成王（前342年），挫败了此次图谋。公元前338年，威宣王依据逾年称元法改称元年。威宣王更元九年（前330年），靖郭君出任齐国宰相。

当时的宰相拥有封地，而这种有封地的诸侯一般被称为"君"，同时还拥有自己的在位纪年。公元前330年也是靖郭君相齐元年（"相齐"即出任齐国的宰相之意）。威宣王更元十九年，也就是靖郭君相齐第十一年，威宣王去世，湣宣王即位。

湣宣王在位的公元前318年连衡被促成，就是前面讲的苏秦的抗秦连衡（合纵）。第二年苏秦去世，苏代开始走上历史的舞台。

同一时期，燕国也出现了新的动向。燕王哙为了把自己天下独一无二的大王地位仪式化，精心准备营造一个"形式"，其大体纲领是：首先让下臣子之作为宰相执掌大王的政务，大王暂且脱离王位政坛，之后再由宰相把政权转让给太子。而子之自称为文侯，将自己作为周文侯（文公）即周公旦的转世，将来由可堪当成王的人物出任大王。

然而，围绕由谁来继承王位这个问题，朝廷官员分成两派，明争暗斗。曾为太子的王子平与燕文侯子之之间也展开了斗争。公元前314年，燕王哙与燕文侯子之被杀，赵国派遣王子职继承了王位。他就是燕王职（易王）。

一直关注这一动向的齐威宣王，立刻整顿军队，攻打了燕国。易王虽然被杀害，但燕国境内的齐国势力终被赶走，后来由太子平继承了王位（公元前313年）。他就是昭王。

燕昭王立刻着手重建国家。下臣中有个叫郭隗的人，他拜见大王说："如果您重用我这等无能之辈，能人贤士一定认为至少要比我优秀，从而来归附于您。"这就是非常有名的"先自隗始"的故事。

据传苏秦与燕国子之有亲戚关系。苏秦由于准备在齐国推行的某个政策激怒了湣宣王而被杀。

张仪是苏秦的夙敌。秦惠文王称王更元后十一年（公元前328年）张仪出任秦国宰相（相秦元年），于公元前322年（相秦七年）被罢免宰相一职投奔魏国，成为魏国的宰相（相魏元年），并筹备了由秦惠文王召集的逢泽之会。逢泽之会之后立刻就有抗秦联盟成立，所以公元前317年（相魏六年），张仪又重新回到了秦国（相秦八年。从第八年起重新开始相秦的年代），为瓦解抗秦联盟而奔走于各国之间。

作为靖郭君的儿子出生的孟尝君，就是在上述历史大环境下走上了齐国的政坛，并巩固了自己的地盘。

孟尝君与齐国的陪都 战国时代的领土国家是以新石器时代以来的文化地域为母体而成立的。一般情况下这种文化地域非常广袤，其面积可以与韩国以及日本等现代国家的领域规模相当。

就像日本由于历史原因出现了东西两个中心一样，当时每个文化地域都有两三个中心。这些中心作为王都、陪都，在领土国家里也起到了中心作用。

有些城市与这个意义上的王都、陪都不同，例如周为了巩固殷的故居地而建成的军事要点城市——雒邑，对于新石器时代以来的文化地域，周的王都、陪都分别都是为统治不同文化地域而存在的根据地。周为了进一步震慑山东一带，便封建了鲁国。

就算是相同的陪都，至少应对的传统性地域应该有所不同，可是由于在周文化的影响下形成了汉语圈，周的做法被视为是理想的"形式"。分别用王都镐京和陪都雒邑来统治支配地的想法，在战国时代的领土国家也得以继承。

由于各领土国家都有多个中心城市，所以各国一般会将其中一个设为王都，在别的中心城市设立一个陪都。史料上也没有清楚记载，可能一般情况下，大王生活在王都内，陪都为宰相封地，不过陪都是由大王派遣的代管之人进行管理，而宰相则留在王都履行自己的职责。

齐国把临淄设成了王都。关于陪都的信息，史料上也一直没有明确的说法，也许是莒城、即墨或薛城中的一个城市。《孟子》中出现"滕之文公"，大概就是指宰相。滕在薛城附近。我觉得十有八九这个人物就是靖郭君。

孟尝君世袭了薛公的爵位。大概是靖郭君时代，作为滕公的支配地之一重建了薛城，并把总部迁移至薛城，而孟尝君也继承了这些。

前面讲述过苏秦的某个政策遭到齐湣宣王的质疑，苏秦与燕文公子之有着亲戚关系。也许苏秦是想让湣宣王接受类似燕国的仪式。当时齐国的宰相是靖郭君，靖郭君的儿子就是孟尝君。当苏秦献计的时候，靖郭君是否已经隐退，这点很难说，不过无论是靖郭君还是孟尝君，势必有一人作为与该仪式相关的宰相而为学者们所议论。

根据各书籍中的内容，我们可以推测齐湣宣王是个疑心极重的人物。向此类人物提出交出政权的建议，简直就是自寻死路。果然，苏秦被湣宣王杀害致死。

公元前298年，三晋即魏、韩及赵三国与齐国联合讨伐秦国，成功地把秦国攻打到函谷关以西。第三年，宋国和中山国也加盟到其中。促成此次"合纵"的功臣就是孟尝君。在前面事件时间表中也明示过发生在公元前284年的事件，秦国顾及此三晋"合纵"，长达十五年都没有跨出函谷关外，这是秦国的国耻大恨。

《战国策·齐策一》中记载了以下的内容。

靖郭君善齐貌辨。齐貌辨之为人也多疵，门人弗说。士尉以证靖郭君，靖郭君不听，士尉辞而去。孟尝君又窃以谏，靖郭君大怒曰："划而类，破吾家。苟而慊齐貌辨者，吾无辞为之。"于是舍之上舍，令长子御，旦暮进食。

数年，威王薨，宣王立。靖郭君之交，大不善于宣王，辞而之薛，与齐貌辨俱留。无几何，齐貌辨辞而行，请见宣王。靖郭君曰："王之不说婴甚，公往，必得死焉。"齐貌辨曰："固不求生也，请必行。"靖郭君不能止。

齐貌辨行至齐，宣王闻之，藏怒以待之。齐貌辨见宣王，王曰："子，靖郭君之所听爱夫！"齐貌辨曰："爱则有之，听则无有。王之方为太子之时，辨谓靖郭君曰：'太子相不仁，过颐豕视，若是者信反。不若废太子，更立卫姬婴儿郊师。'靖郭君泣而曰：'不可，吾不忍也。'若听辨而为之，必无今日之患也。此为一。至于薛，昭阳请以数倍之地易薛，辨又曰：'必听之。'靖郭君曰：'受薛于先王，虽恶于后王，吾独谓先王何乎！且先王之庙在薛，吾岂可以先王之庙与楚乎'，又不肯听辨。此为二。"宣王大息，动于颜色，曰："靖郭君之于寡人一至此乎！寡人少，殊不知此。客肯为寡人来靖郭君乎？"齐貌辨对曰："敬诺。"

靖郭君衣威王之衣，冠舞其剑，宣王自迎靖郭君于郊，望之而泣。靖郭君至，因请相之。靖郭君辞，不得已而受。七日，谢病强辞。靖郭君辞不得，三日而听。

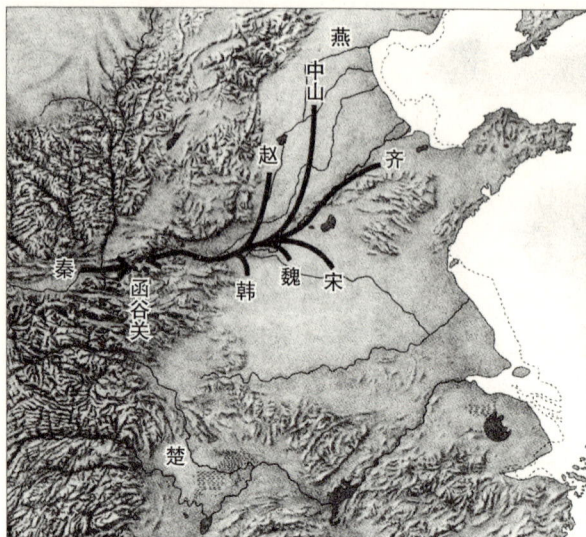

44 孟尝君的"合纵" 被秦、齐两大强国夹在中间的国家（魏、韩以及赵）于公元前 298 年与齐国联手成功地把秦国打到函谷关以西。第三年宋国和中山国也加入了进来

　　这段史料让我们了解到了孟尝君曾与靖郭君一同侍奉过威宣王，同时也说明了王的陵庙设在多处。

　　在多处修建王陵庙的原因是，人们期待王的神灵能够保佑国家领域。此类宗庙汉朝时期也有修建。汉王朝在各地修建了用于祭奠汉高祖的宗庙——郡国庙。研究该宗庙的性质也是些非常有趣的事实。靖郭君随着潘宣王的即位一度退出了政坛，但不久就重新回到了宰相的地位。

孟尝君的"合纵"与苏代的"合纵"

孟尝君是于公元前 298 年组织了三晋"合纵"。这一年也是孟尝君出使秦国却死里逃生回国的一年。回国后他便组织了"合纵"。

周围都强烈反对孟尝君的出使，此事也曾险些被取消，结果孟尝君还是按原计划出发了。依据《史记·孟尝君列传》，最终孟尝君陷入了困境，无法回国。然而孟尝君门下有各类人物为其效命。其中包括了小偷（狗盗）。这个小偷偷出了白狐皮袍，让孟尝君献给了秦昭襄王的宠妾燕姬。燕姬为其求情，使得孟尝君逃过了一劫，保住了性命，并且秦王也同意放他们一行回国。但没过多久秦昭襄王就开始后悔，派兵追赶孟尝君，一直到了函谷关。在这紧要关头，又有一门客立了大功。时值深夜，孟尝君的门客中有人学鸡鸣声非常像，于是他便学起鸡鸣，骗过守门官打开城门，使得孟尝君一行成功出城，最终安全回国。就是这一年使得抗秦"合纵"得以成立。"鸡鸣""狗盗"一般多指无用武之地的人，这类人孟尝君都能收至门下，甚至还带领这些人出使秦国，可见孟尝君能慧眼识人，非同一般。

公元前 289 年，苏代促成了"合纵"。苏代的此次"合纵"得到了孟尝君的大力支持。由于湣宣王开始怀疑孟尝君，所以孟尝君为了躲避风头逃了出来。苏代原本是受秦王之意，准备让秦、齐两国联手组织连衡，但苏代听说秦国启用他人而怠慢自己，同时又有孟尝君的提议，所以便促成了除齐国之外的五国联盟。孟尝君也给他提供了帮助。

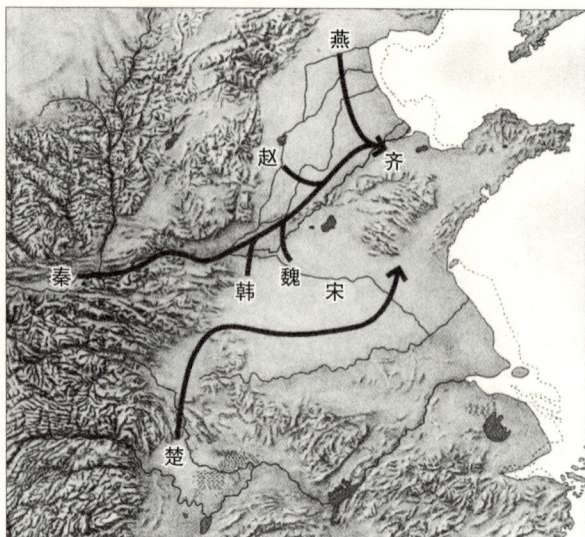

45 攻打齐湣宣王 时而国家连衡的矛头会指向齐国，而不是秦国。看齐湣宣王攻打宋国，各国就联合起来攻击了齐国。此次战争使齐国走向灭亡的深渊。受齐国攻击的宋国虽然也陷入了巨大的混乱，而对各国而言，平定宋国却是个致难之事。因为连绵不断地发生了顽强的抵抗运动

　　齐国攻打宋国的时候，孟尝君早已离开了齐国。齐湣宣王发动讨伐宋国，与其说是在孟尝君不在齐国的状态下进行的，还不如说是在孟尝君逃亡到那些谴责攻打宋国行径的国家时进行的。这一点所产生的影响非常深远。真可谓有识人慧眼的孟尝君碰到了毫无用人才能的湣宣王。没有看人的眼力，其实也就是搞不清状况、进行错误的判断。一个人肩负着治理国家的重任，却没有看人的眼力，不仅毁灭了自己，还把国家推向了灭亡的深渊。说得讽刺一点，从为确保自身安危的角度，视孟尝君为危险人物

这件事情本身或许并没有错误。然而，没能让孟尝君作为臣子，充分发挥其非凡的才能，这一点却导致了一国的灭亡。

屈原

屈原之死　　　　　秦昭襄王抓住齐国走向灭亡的绝好机会，不遗余力地进行对外扩张。秦国早在孝公执政时期就通过商鞅变法（制度改革）增强了国力，惠文王执政时期以此为资本进行对外扩张。结果此举招来了苏秦的"合纵"。之后又经历了孟尝君的"合纵"和苏代的"合纵"，秦国开始迅猛地收回因这些"合纵"而"失去"的领地。眼下往日的劲敌齐国已日趋衰颓，赵国也无力抗衡。

到了此时，楚国变成了秦国最大的敌人。

楚国在上述的"合纵"里没有担当主角。当然这其中是有原因的。楚国虽然也成功地扩张了领土，但结果却因统治新疆土而弄得苦不堪言。

楚国原本发迹于湖北西部一带，春秋战国时代发展成为雄踞长江中游的大国。到了战国时期，通过推行吴起变法等改革，实现了富国强兵。公元前 329 年，楚威王消灭了长江下游的大国越。之后越国的大本营虽然被纳入楚国的统治之下，但是叛乱却连年不断。越王投奔齐国并迁居到位于山东半岛南角的琅琊，并以此地为新根据地，准备伺机夺回失地。《战国策·楚策一》中记载着张仪进谏顷襄王时讲的一段话，道："大王尝与吴人（吴地的越人）五战，三胜而亡之。"

楚国与西侧的秦国、北面的韩国以及东北的齐国，在军事上均处于非常紧张的状态。楚王在这种状态下依然决定出击越国。由于地广人少，楚国对越国领地的镇压并没有像想象得那样顺利。其实对文化传统各异的地域进行统治，原本就是件非常困难的事。

由于上述原因，在抗秦连衡中，楚国所面临的状况使其无法担当主角。

然而秦国却决定充分利用这点，首先攻击楚国防御薄弱的地方。作为攻打楚国的前期准备，秦首先压制了长江上游流域的巴蜀国。这个地区使用的是一种叫做"巴蜀文字"或"巴蜀符号"的文字（参考第 43 页图 9）。春秋时代以来，虽然楚国文化的影响渗入了长江沿岸，但巴蜀地区却基本上没有被纳入汉字圈的地域。在与商周并存的时期，这里有着引以为荣的名为三星堆文化、十二桥文化的青铜器文化，之后巴蜀地区也传承了自己独有的文化。这种状况一直维系到了大国睥睨小国的阶段。秦国于公元前317 年入侵并消灭蜀国。由于前一年苏秦促成了"合纵"，秦国无法将兵力转向东方，无奈之下便将这部分兵力转而南下，攻陷了蜀国。

在之后一段时间里，秦国仍无法将兵力转向东方。这段时间，秦国巩固了其对蜀地的统治。由于是对不同文化传统地域的

46 秦国的领土扩张 秦孝公执政期间（在位期间公元前 361 年—前 338 年）成功进行了商鞅变法，之后向东扩充了领域。昭襄王执政期间（前 307—前 251 在位），掌控了湖北、湖南等地，控制了大半个天下。楚国是在这之后占领了淮水流域和旧时的吴、越的领地并将此地设为根据地

统治，就像楚国对越国的统治一样，秦国也碰到了很大的麻烦。现在我们还能看见有关当地人反抗秦国的记载。不过，在不必担心其他诸国来犯的情况下，能够集中兵力向南推进，从秦国的角度来讲，这倒是个将蜀国纳入囊中的好机会。

在东方各国封杀秦国的这段时间，秦国对蜀国的统治也走上了正轨。

接下来就是齐国攻打宋国（公元前288年）。公元前286年宋王偃被杀，宋国灭亡。然而，接着出现了各国围绕宋国领土展开的争夺战。与宋国接壤的国家除了发动攻击的齐国之外，还有魏国和楚国。为了阻止齐国独吞宋地，各国开始攻打齐国。秦、赵及韩国的军队也参与了进来。诸国便随之陷入了泥潭而无法自拔。

尤其是楚国，早已因越国的旧地焦头烂额。之后又是宋国。正如前文所述，楚国又于公元前277年进一步开始讨论起平定宋国的事了。

在各国忙于争夺宋国的时候，秦国的军队却于公元前280年从蜀国南下，派司马错从湖南西侧展开了攻击。同一年，秦国的白起攻打赵国，夺取了光狼城。白起于公元前279年南下进攻楚国西北，攻下了鄢、邓等五个城池（图46）。赵王派苏历出使楚国，劝楚顷襄王加入合纵。然而，白起继续南下，于公元前278年拿下了楚国的都城郢城。楚王向东逃亡，并把都城设在了陈。公元前277年，湖南也被秦国平定。

由此，曾为楚国大本营的湖北、湖南均被秦国纳入支配之下。秦国在军事上的优势由此便成了不可动摇的事实。

在楚国都城陷落之际，有一个为楚国奋战、最终因失意投湖自尽的人物。他就是屈原。

屈原与《楚辞》　　　屈原是楚国名门望族之后。查看《左传》我们就能知道，屈氏家族世代世袭叫做莫敖的官职。莫敖是楚国的重要官职，主要掌管楚国的国家祭祀，也是确认楚王之正统性的官职。屈氏是出自拥有悠久历史的楚王之后的名门，如同周公一族维护周王的权威，屈氏也大概同样肩负着维护楚王权威的使命。

《楚辞》是一部收集了楚国诗歌的诗集，非常有名。很多时候它被作为南方文化的代表作品，与收罗北方诗歌的《诗经》相提并论。

传说屈原就是《楚辞》的作者。实际上《楚辞》是经多人之手而成的，并非屈原一人所做。也就是说屈原是"被指定为"《楚辞》的作者。这种假托的出现是有原因的。《楚辞》中大量收集了与祭祀相关的诗歌。屈氏家族世世代代的主要任务即是掌管祭祀。因此，屈原就被假托为《楚辞》的作者。

据《左传》记载，屈氏家族在军事方面的成就也颇为显著，战国时代出现了很多将军。有着这种家族背景的屈氏，在楚国的郢都被秦国军队攻陷之后，突然就销声匿迹了。屈氏既然是掌管祭祀的官员，这就说明屈氏家族也居住在王都之内，屈氏受封的都市也应该在湖北或湖南一带。王都陷落，加之湖北、湖南一带都变成了秦国的统治范围，于是屈氏的势力也逐渐衰落。

即使是这样，名门屈氏与楚国王都共命运的事情，在很大程度上震撼了楚国人民的心。有关屈原的传说也得以流传至今。

其中有个传说与端午节吃粽子相关。屈原因失意而投身洞庭湖畔的汨罗江。洞庭湖内栖息着很多大鱼，人们往河里投掷食物，以免这些大鱼啃食屈原的遗骨。据说这就是粽子的由来。虽说这是把自古以来的习俗套用在了屈原身上，但人们对屈原的思念也可见一斑。

据说屈原曾向楚王提出过意见，但没有被采纳。甚至有人认为这个意见很有可能与制度改革相关。屈原掌管祭祀官，其立场要求他要尊崇传统秩序。站在这种立场上的屈原居然要求进行改革。如果这是事实，倒也是件值得研究的事情。不过我们还是能看出这个传说影射出了人们想把楚国灭亡的原因归咎于楚王没有采纳屈原意见上的想法。给这个传说添加上制度改革这一亮点的，应该是进入近代之后的见解了。

《史记·屈原列传》中记载了屈原向楚怀王进谏的故事。这段谏言在《楚世家》内则是昭雎说的了。注释上注明了两个人就同一件事情进言，所进谏之人是楚怀王，他与屈原一样，同样都是"反秦"的象征性人物。这是因为这段故事被摆到了象征性的位置。

楚怀王中了秦国的圈套，前去会见秦王，最终被生擒并软禁了下来。此事发生于公元前297年。如果只看这一件事情，它就是一个讲愚蠢的楚怀王掉进秦国圈套里的故事。然而，如果把前后的来龙去脉都连贯起来看，我们就会发现事情并没有这么简单。

我们在前面讲过孟尝君的"合纵"是公元前298年促成的，

此后形成了秦国无法走出函谷关的局面。此次"合纵"是由三晋（韩、魏、赵）组成的，楚国是局外人。在这种状况下，秦国以割地相让为诱饵要求会见楚王。楚怀王在没有任何防备的情况下前往秦国，结果被擒。这使楚王变成了一个愚蠢的国君。不过，事实上君主之间相互会见是有先例的。所以，既然由秦国提出要求会面，楚怀王也就毫无防备地应邀前往了。结果，秦国突然扣留了楚怀王，将其软禁了起来。

楚怀王设法逃亡，逃到了赵国，却被赵国遣返给了秦国。公元前 296 年，齐国、宋国以及中山国都加入了"合纵"的队伍，楚国仍旧没有参加。楚怀王在软禁中死去，其遗骨被运回了故国。这时楚国太子在齐国。齐国向楚国提出条件，只要割让土地就放太子回国。事态变得非常紧迫。由于这个原因，后来齐国和楚国一直都没能建立同盟关系。

楚国国内局势也是非常严峻。楚国答应割让土地，委派一个叫做屈署的人物出使齐国，于是太子终于能回国了。楚国又派人去曾为夙敌的秦国搬来援兵。齐国知道了楚国有援军之后才放弃了要挟，没再要求割让土地。这时回国的太子就是后来的楚顷襄王。

《屈原列传》中记载说屈原与这个顷襄王关系不合，并讲屈原曾经批判过顷襄王及其亲信对秦国张仪的处置过于宽大。不过，记载同一个故事原委的《战国策》中却没有屈原的名字。因此屈原与楚王关系不合一说可能是后来编进去的。

作为公元前 278 年楚王准备向东部的陈（最后称为陈郢）迁都时的事件，有文章介绍说当时楚国还保有湖南部分（黔中、巫郡部分）和东方。屈原自尽的地方是在洞庭湖的汨罗江，所以他很有可能是被委派去管理湖南的人物之一。如果屈原受命管理湖南，而湖南最后还被秦国攻下了，这不仅意味着屈原逃向东方是极其困难的事，同时也意味着楚国连这个地方也失去了。屈原就是这样葬身于秦国的征服战争之中。

在匡复楚国这一口号下，屈原变成了英雄。众矢之的便是秦国。楚怀王因这个秦国的"无耻"计谋而客死他乡。这样，楚怀王也成了抗秦的标志。所以，向楚怀王进谏的人物就被改写了，后人把这个人物改成了屈原。这就是顷襄王与屈原不合一说的发端。

春申君、平原君、信陵君

春申君、平原君、信陵君的"合纵"

以上分别围绕楚、秦、齐、宋及越国讲述了这五国的故事，但他们之间都缺乏相互间坚守信义的常识。这里就导致出现相互不信任的连锁反应。时而还会出现轻举妄动的人物，不过，这只占少数。这些国家如果被他国支配，其反抗也是极其激烈的。这就是本书再三提到的新石器时代以来的文化地域的传统性走向，其背后所隐含的就是对他国的强烈的敌忾情绪。

人与人之间的信义在某种程度上还是存在的。正因为存在，国家间的连衡才能得以成立。然而，这个连衡没过多久就土崩瓦解了。

如果说在这样的环境下，人与人之间的纽带发挥作用，如能让时间停滞不前的话，从提倡人类信义角度来讲，是值得赞赏的。

公元前262年，自从秦国攻打韩国并夺取野王之后，位于韩国野王之北的上党与韩国大本营之间的联络就被截断了。由于上党的看守冯亭向赵国求救，赵国就封冯亭为自己的封君（华阳君），并将领土编进赵国版图之内了。赵国派廉颇将军前往救援。赵国和秦国对峙于长平。公元前261年，楚国顷襄王驾崩，由考烈王即位，把州地割让给秦国以达成和谐。公元前260年，一直与秦军对峙的老将军廉颇被年轻的赵括替代，开始由赵括统率军队。由此形势骤然转变。赵括中了秦国白起的圈套，死于战场。数十万赵兵虽然投降秦军，白起却把所有人都活埋了，赵国前后损失了四五十万人。

秦历公元前259年，赵历公元前260年，秦军终于包围了赵国都城邯郸。此时，齐、魏两国协助秦国攻打赵国，齐国攻取了临鼠，而魏国也攻取了伊是。可是，魏、楚两国见邯郸没有降服之意继续坚持镇守，就派出了援军。因为，魏国的信陵君和楚国的春申君采纳赵国平原君的建议，成功促成了合纵。

此时，秦国早已支配了楚国的旧地——湖北和湖南，甚至其领土已占据了大半个天下。要么对抗秦国组织合纵，要么与秦国联手进行连衡，这已成了关键所在。

这时，魏国的信陵君不顾魏王之意，为促成合纵奔波于各国间。理应辅佐魏王的他却成功促成了合纵。

其实魏王只是口头承诺派去援军，本打算让援军在半路就停止。这是因为秦国向他施加了压力。信陵君无视这个命令，将援军派往合纵的军队中去了。通过这一系列的行动，信陵君获取了赵王的信任。不过，他与魏王之间也断绝了关系。

赵魏历公元前258年的最后三个月，秦楚历公元前257年的头三个月中的某一月，秦军被合纵军打败，损失了无数官兵。齐、韩两国也派出了援军。在秦军形势不利的状态下，白起因罪而死。秦国不得不放弃围攻邯郸。

这时，在救援赵国的口号下成功促成了合纵。这件事情对秦国而言虽说是短暂的，却也成了秦国一时的重创，致使秦国在战略上陷入困境。此后的十年，魏国的信陵君在赵国得到重用，于公元前247年促成五国合纵，以此防范秦国。

人们把上面讲到的春申君、平原君、信陵君以及孟尝君称为"战国四君子"。虽然孟尝君时代秦国还不是唯一的强国，与其他三君相比，孟尝君所处状态有所不同。但这四君有个共同点，就是他们都是促成对抗秦国的国家联合的功臣。后人论之为尊贤养士。

春申君与吴越之地　　　自公元前 329 年以来，越国的大本营处在楚国的管控之下，不过反抗运动并未停息。关于这一点，前面已有讲述。接着，越王投奔齐国，移居到位于山东半岛南部的琅琊，并以此地为新的根据地，准备伺机夺回失去的领土。这在前面也有讲过。

具有讽刺意味的是，公元前 279 年楚国将都城向东迁移之后，对这片越国土地的控制才开始走上正轨。楚国忙于维持宋国和越国的治安而顾此失彼，使湖北受到了攻击。同时，湖南也受到攻击，最终不得不把都城迁移至东方的陈。不久，又被秦国夺去了湖北、湖南。楚国失去大本营之后，无奈将兵力集中到东方，最终成功平定了吴地。

被委任管理支配吴越之地的便是春申君（参考图 26）。

春申君于公元前 263 年出任楚顷襄王政权的宰相（春申君相楚元年）。在其相楚三年（公元前 261 年，顷襄王三十六年）时，顷襄王驾崩，考烈王即位并改称元年。按照古老的惯例，上一任君主去世就要马上即位并改称元年（立年称元法。"立"指的就是即位）。但是，中原各国已经开始使用新的方法，于前君主去世后第二年年初起改称元年（逾年称元法。"逾"指的就是越过。即位后过了新年之后再更元）。在楚国仍旧坚持使用着传统的立年称元法。由于前君主的之后一年和新君主的元年概念上是有区别的，因此考烈王元年就相当于春申君相楚四年。

合纵得以成功、楚国救赵是春申君相楚八年（秦楚历公元前

257 年，赵魏历公元前 258 年）发生的事情，趁此时机，此时楚国消灭了鲁国。大本营还在湖北、湖南的时候，由于需要向多方面增派军队，楚国未能实现此举，而此时却轻而易举地解决了问题。这样的结果真是颇有讽刺意味。

位居山东琅琊的越国似乎也是在同一时期被楚国消灭的。吴越之地，即越国的旧地便丧失了山东越国这一反抗的象征。此后，楚国对越地的统治也走上了轨道。

公元前 250 年（楚考烈王十二年，春申君相楚十五年），春申君退还了授封的淮水以北的十二县，被委任管理吴越之地（春申君治吴元年）。由于春申君位居宰相之位，便使其子为假君前往封地。公元前 241 年（春申君相楚二十四年，治吴十年），春申君辞去宰相职位，前往封地吴。第二年，继从陈迁至巨阳后，楚国再次迁都寿春。

很久以后，项羽和刘邦拥立楚国义帝的时候（公元前 208 年），项羽作为西楚霸王将彭城定为都城（西楚），而将吴越之地（称为东楚）设成了义帝的大本营。也就是说，湖北、湖南由西楚监视。考烈王曾经统治的一带由项羽支配，而把湖北、湖南以及曾授权由春申君支配的一带划为义帝的畿内。

春申君的治吴（对被作为吴地的越地的治理）政策是一帆风顺。

不过，在楚国的都城寿春，反对春申君的势力逐渐强大了起来。在这股势力的背后，还有秦国的暗中支持。李园的妹妹是考烈王之后，他利用考烈王的死谋杀了春申君与假君。这是公元前 237 年（春申君恢复相职。相楚二十五年，楚考烈王二十五年）发生的事情。李园没有受到尊敬，很多人为春申君的死感到惋惜。

还有另外一说。起初李园极力想让其妹妹接近春申君，结果其怀上了春申君的孩子。李园的妹妹身怀有孕进入后宫当上了考烈王的王后。出生的孩子为幽王，实际上是春申君的孩子。至于这个故事是否属实，无从考证。

这个故事看其读解方式，不由得让人感觉这个幽王之后，越王（春申君）便取代了楚王。汉代的"南越"（"南越"是汉王朝对其的称谓。其自称为"越"）称"帝"（越帝）之后，其"帝"制在很大程度上继承了楚国的制度。不过，国号继续为"越"。针对各种说法上的分歧，如果把春申君换成越王就能说得通了。不知道司马迁是从何处得来这个故事的。

秦始皇于公元前 224 年消灭了楚国。于是曾为楚王一族的昌平君即位。或许是由于汉代继承了秦国的记录方法，昌平君仍被记录为"昌平君"，而没有记成"昌平王"。君就是封君（战国时代隶属于各领土国家之下的诸侯）。待昌平君于公元前 223 年与项燕（项羽的伯父）一同战死之后，在越国旧地仍是"越君"即位。这部分也没有改记为"越王"。这位越君于公元前 222 年投降秦国。

前面曾讲过汉代不同阶段的越国都自封为越王勾践的子孙。所以我们也可以这样理解——上面讲述的"越君"也同样自封为"王"了。

秦始皇的出生

实际上，说在任君王并非大王之子的故事在秦国也有流传。下面的故事非常有名。传说秦始皇的生父其实是宰相吕不韦。

秦始皇是作为庄襄王之子出生的。据《史记·吕不韦列传》记载，这个庄襄王（名为）子楚，其母亲是夏姬，传说他的生活里缺乏情爱。子楚作为人质被赵国软禁。之后，秦国的宰相吕不韦接近他。子楚的父亲是安国君，是昭襄王之子。安国君原为太子，因华阳夫人膝下无子，所以要从家族中找个人即位。于是，吕不韦讨好华阳夫人，用金钱买通关系，把子楚推上了太子之位。昭襄王去世后，由安国君即位，即孝王。子楚便当上了太子。然而，这位孝王即位后不过三日就去世了。从而，由子楚继承大王王位。这便是庄襄王。

《史记·吕不韦列传》中记载，传说当吕不韦得知子楚的存在后便讲到"奇货可居"（这个人好比贵重的财务，要囤积居奇）。

子楚对吕不韦的宠姬一见钟情，并纳为夫人。据《吕不韦列传》记载，此时吕不韦的宠姬早有身孕，是吕不韦的孩子。子楚作为大王即位（公元前251年）后，于逾年改称元年，更元四年（公元前247年）去世了。接着就由太子即位，便是秦始皇。因此，有人说秦始皇是吕不韦的孩子。据《吕不韦列传》记载，子楚的夫人是赵国豪门之后。由于秦国进攻赵国，赵国准备让作为人质的子楚及妻子负起责任，准备杀掉二人。不过，由于子楚的夫人是赵国人，所以在巧妙周旋后得以幸免。这件事情多多少少在告诉人们：子楚夫人的娘家在赵国是名门望族。

假设子楚夫人是赵国的王族之后，那么秦始皇承继的就是赵国王族的血统。不过，据传赵国王族和秦国王族出自同一祖先。从同姓间不能通婚的原则来讲，这可是件不得了的事情。

因同类理论备受诟病的还有《公羊传》中记载的春秋时代的鲁庄公。庄公的父亲是桓公。但是，鲁桓公的夫人出身齐国，并且经常与其兄齐襄公密会，最终还有了孩子。据说这个孩子就是鲁庄公。《公羊传》就是想通过这件事情，给鲁国国君灭亡、齐国君也会灭亡的事情制造一个"形式"。

我们还能举出了几个类似的故事，"夏姬"就是其中之一。《公羊传》在赞扬齐国田氏的同时，还创造了诽谤齐国国君和鲁国国君的"形式"。齐国国君是田氏要消灭的对手，而鲁国国君有孔子在效命，但孔子后来又表态实际是人在曹营心在汉。而且，在自身血统根源的陈国国君当中，对于与自己的祖先无关的部分创造了一种"形式"进行诽谤。田氏的祖先陈厉公（前706年—前700年在位）的父亲是桓公，而桓公的弟弟就是陈佗。这个陈佗由于在蔡的领地进行通奸而被蔡人处死（《春秋》桓公六年）。厉公的弟弟是宣公，与田氏没有任何关系。这个宣公的曾孙是灵公，灵公与夏姬有性关系，而夏姬与很多人都有性关系。最后，夏姬之子夏征舒杀死了灵公（《春秋》宣公十一年）。《公羊传》是以灵公的儿子是夏征舒的脉络讲述事物。也就是说，在《公羊传》中，作为暗示陈国之灭亡"形式"，"夏姬"成了问题的象征性人物。

结果是，与此人同名的夫人就是庄襄王的母亲。在"形式"上虽然有主次之分，但是类同的故事被三番五次地搬出，创造了针对秦始皇的、近似《公羊传》的不祥征兆的"形式"。

前面已经通过孔子和刘累的传说讲述过《史记》创造出了汉王朝，尤其是汉武帝为至高无上的存在的"形式"。这里也展示了这个"形式"的冰山一角。在汉王朝，人们认为皇帝之位始于秦始皇，而且还创造了把秦国定为配角的"形式"。在这里还是把秦国因秦始皇而灭亡的事情给"形式"化了。

另一方面，赵国和秦国出自同一个祖先的说法在《史记·赵世家》和《秦本纪》的开篇部分都各有记载。其真伪虽然不可考，但这些故事都被用来诋毁秦国。

如果说得再详细一点，就是这样——殷商末期有个叫蜚廉的人效命于商王纣，蜚廉有两个儿子分别叫恶来和季胜。据传，恶来这一支后来慢慢发展为秦国国君，而季胜那一支发展成了赵氏。然而，《史记·秦始皇本纪》的最后部分秦国先君的名字中根本就没有这些人的名字。所以，说秦国和赵国有相同祖先的说法，很可能是后来人杜撰的。不过这个故事中秦、赵两国虽然拥有同一个祖先，而那个来自赵国的母亲却生了秦始皇。

如果秦始皇真是庄襄王的孩子，则会变成他是拥有相同祖先的庄襄王与夏姬的孩子。但如果所幸不是这样的话，那么他的父亲就不得不是吕不韦。如果仔细阅读就能知道，其母是赵国豪商之女，但对于好刨根问底的人而言，这可能就是一个令人兴奋的话题了吧。这个故事其实还有这样的下文。秦始皇死后，长子扶苏被杀，由其弟弟胡亥即位。背后主谋就是赵高。秦二世胡亥对赵高处处相让，就像对待父亲一样。这里我们也能看到赵国的影子。后来秦二世也被杀害，即位的就是秦三世（子婴）。在秦三世执政期间，秦国走向了灭亡。

东方各国的灭亡　　正如上文所述，与秦始皇出生相关的故事充满了浓厚的以诽谤为目的的夸张和编造的内容。因此此类传说是需要区分讨论的。

秦始皇在位期间是以昭襄王打下的领土遗产为基础而迅速奔向统一大道的时代（参考图46）。

公元前231年，从赵国到秦国一带发生了大规模的地震，据说赵国的伤亡比较惨重。秦国发现赵国局势混乱，就派兵消灭了韩国。公元前230年韩国被消灭。除掉后顾之忧之后，秦国转而向北发兵，攻打赵国。公元前229年攻下了赵国的都城邯郸，并捕获了赵幽缪王。王子嘉在代自立为王。这就是代王。

公元前226年，燕国都城陷落，王喜逃向辽东。

公元前225年，秦国消灭魏国，捕获了魏王假。

公元前224年，秦抓获了楚王负刍。王族昌平君自立为王继承王位。这个楚国也于公元前223年被消灭。在吴越之地更是由"越君"自立为王。这个国家也于公元前222年被消灭。

公元前222年，秦消灭了代王嘉和辽东的燕王喜。公元前

221 年，秦消灭了齐国，天下统一。这时，卫国也被消灭。

这样，秦国的统一大业终于完成。

然而，统一大业完成的过程中死了很多人，留下深深的积怨。杀掉秦始皇——拥有这种想法的人不计其数。其中广为流传的就是关于刺客荆轲的故事。

荆轲受燕太子丹之意前去秦国拜见秦王。献给秦王的礼物是亡命者樊於期的首级。勇士秦舞阳捧着装有地图的匣子随行其后，但由于害怕变了脸色，瑟瑟发抖。荆轲走上前制止了秦舞阳，经同意代他把礼物呈献给秦王。秦王打开地图，地图全部展开后露出了匕首。这是天下最锋利的匕首，上面浸着毒药。荆轲乘机左手抓住秦王的袖子，右手拿着匕首去刺秦王。没有刺到，秦王非常吃惊，挣断衣袖仓皇逃掉。秦王拔剑，但剑插得太紧而且太长，没办法抽出来。按照秦国的法律，在殿上侍奉的群臣，不能带任何兵器。群臣非常吃惊，大家都失去了常态。这时，秦王的御医用他手里的药袋扔向荆轲，荆轲受阻。秦王绕着柱子跑。左右大臣终于回过神，都提醒说："大王快把剑背在背上！大王快把剑背在背上！"于是秦王拔剑刺向荆轲，砍断了荆轲的左大腿。荆轲伤残倒地，就举起匕首投向秦王，没投中，秦王又砍杀荆轲，荆轲自知事情不能成功痛骂起来，秦王的左右大臣匆忙上前阻止。

荆轲一行临行时就已做好了死的准备。燕国国境有易水流过，荆轲在告别时所吟唱的诗句就是"风萧萧兮易水寒，壮士一去兮不复还"。

第八章

战国时代的学术

诸子的虚实

诸子的出现　　　　前面就"战国时代"这一名称问题进行了讨论，从中也可以看出：我们对这一名称做了过度解读。

事实上，自新石器时代以来战争便持续不断，一直被公认为是太平盛世的夏、商、周三代，实际上也是战乱之世，与人们理想中的太平盛世相去甚远。

除了这种空泛的说明外，我们还必须就战国时代的独特性进行论证。

首先，由于春秋时代中期以后铁器开始普及，整个社会结构发生了前所未有的变化。

铁器的普及使得耕地面积迅速扩大，城市不断增多，并且导致居住在城市中的人们的社会秩序发生了巨变。在过去，自周王朝留传下来的文字一般通过文字记录者"史"来发挥作用，通常被用于城市国家互相之间缔结盟约等场合，但是到了战国时期，文字却开始成为地方与大国中央沟通的工具。伴随城市国家的灭亡，中央开始派遣官僚统治各地，与此同时"史"也被重新洗牌，变成了隶属于中央或者地方的官吏。随着由官僚主宰的文书行政的不断发展，作为其支撑的法律整备（律令的编撰）也得到了极大的发展。

春秋时代是"史"的时代，"史"是主管祭祀的官员，负责文字记录。但是战国时代却成为官僚的时代。"史"的职能发生了改变，变成了支撑文书行政的官吏或者属吏。在战国时代的官僚当中，出现了一批掌控国内舆论的人，这便是"诸子"。

诸子百家的假象　有一种说法叫做"诸子百家"，这种理解认为诸子们倡导的是各种各样的学说。

上文我们刚刚提到了官僚统治地方的开始以及诸子的出现。由于新统治体制的确立，各国的"史"便被重新编排，作为祭祀官的"史"的时代结束了。

所以，诸子的理论是无法追溯到祭祀官"史"活跃的时代的。诸子论述"天下"的理论是以官僚统治为基础的，是在战国时代形成并纵横天下的。九、六、八，天、地、人，阴阳五行，周易，都是战国时代形成的理论，关于它们的渊源可以分别进行追溯，但它们形成诸书当中的"形"是在战国时代。因此，虽说可以将诸书的理论作为战国时代诸子的理论来研究，但是却不能将其追溯到春秋时代。

诸子的理论当中有一部分是到了汉代才形成我们如今所见的样子，所以有时我们需要把它们作为晚于战国时代的理论来研究。

不过比较麻烦的是，诸子理论有很多是与历史相关的，其中必然会涉及夏、商、周三代以及春秋时代的话题。在有关这些话题的记录当中明显地体现出了战国时代观点的色彩。所以，如果把这些记录作为历史事实，囫囵吞枣而不加探究，那便会对诸子的观点产生一定的误解。

战国时代的记录，通常采取在简单的记事当中穿插会话的形式，会话直接体现出了其成书时代——战国时代的样貌。大家可以想象一下在电影和电视当中看到的古装剧，无论它们是多么忠于史实，其会话采用的仍然是现代语。而且通常情况下，这些古装剧对于时代的考证也并不是非常严密。

如果节目本身是以追求收视率为目标的，估计制作方也没有那么多时间去进行时代考证吧。

所以在史书记录当中不能使用明显带有后世特征的材料，对于直接引用后世言论的会话部分，读者更不能未加分析而全盘接受。

此外，在承认战国时代创作出了许多著作的前提下来论述诸子的观点，这种方法是否妥当也有待商榷。

比如，关于诸子百家，我们一般都认为指的是各种各样的人阐述各具特色的观点。

其实从大的方面来讲，这种理解都是在宋明理学这一学问体系下展开的。这也是天下的士大夫们，即科举官僚们把诸子学说作为自己学问的先驱而形成的理解。这种观点对于朝鲜李氏王朝以及日本江户时代对诸子的理解产生了巨大的影响。但是，到了很久以后的东汉时代，又产生了与此迥异的理解。

东汉的王充认为：孟子阐述的对象是中人以上，荀子阐述的对象是中人以下（《论衡·本性篇》）。东汉时代的观点在《汉书》的（成书于东汉，总结西汉的史书）《古今人表》当中有所体现。《古今人表》当中将古今之人分成九等，即：上上圣人、上中仁人、上下智人、中上、中中、中下、下上、下中、下下愚人。如果将这九等归纳成三大类，那便是上人、中人、下人。王充认为，孟子是对中人以上进行阐述，并认为其性善；而荀子是对中人以下进行阐述，认为其性恶。按照这种观点，道家阐述的仅限于上人，而法家则是着眼于如何管理下人（彻底执行的话也能把上人包括到其中）。如果从着眼阶层的不同来考虑，可以认为诸子的学说是互相补充并共存的。

王充关于上人、中人、下人的论述也告诉我们，以往的理解并没有抓住问题的关键。同样是对人性的理解，孟子的性善说和荀子的性恶说并不是对立的。因为孟子着眼的是中人以上，而荀子着眼的是中人以下，他们注重的阶层是不同的。即便是在同一国家，这两种学说也可以并立存在，也就是"分栖共存"。

刘向、刘歆的诸子理解　　西汉末年的刘向、刘歆父子对于诸子的理解，可以说是将"分栖共存"运用到官僚制度当中进行论述的典范。他们认为诸子论述的对象是互不重复的，因而得以共存。

　　刘向、刘歆的观点在宫中的藏书目录《七略》当中有所体现，之后被《汉书·艺文志》继承下来。在汉代以前，一般将诸子总结为"十家"，《艺文志》将这十家做了进一步细分，形成"诸子一百八十九家"。这十家指的就是：儒家（司徒之官）、道家（史官）、阴阳家（羲和之官）、法家（理官）、名家（礼官）、墨家（清庙之守）、纵横家（行人之官）、杂家（议官）、农家（农稷之官）、小说家（稗官）。

　　之所以将儒家称为司徒之官，是由于司徒是相国、丞相（宰相）的别称，是统领百官的存在，也就是指代官僚统治的意思。之所以将道家称为史官，是由于史官精通天文、熟知天地自然之理，而道家所论述的也正是天地自然之理，两者是相通的。之所以将阴阳家称为羲和之官，是由于传说羲和是驾驭太阳的神，从而太阳也就代表了上天的秩序，这也反映出了他们想通过阴阳五行来解密天地之理的事实。之所以将法家称为理官，是由于

"理"含有道理、整饬、裁决的意思，也就是指法家的职能便是掌管裁决。之所以将名家称为礼官，是由于掌管"礼"的人必须考虑文章的制作，这也体现出了名家的名称与其实际职能的关系。之所以将墨家称为清庙之守，是由于《清庙》是祭祀清明有德者的乐歌（虽然这是虚构的理论，但他们仍然相信）。这大概是因为有人愤慨周代充斥着这些虚伪虚饰的东西。所谓清明有德者指的就是周代的始祖周文王，在周文王时代虚伪虚饰还是没有出现的。之所以将纵横家称为行人之官，是由于行人是掌管接待宾客之礼仪的，行人之官这种叫法也反映出了纵横家自己进行游说或者掌管说客的职能。之所以将杂家称为议官，是由于议官是负责进谏（谏言）的官职，这也体现出了杂家将各种意见加以取舍并上呈的职能。之所以将农家称为农稷之官，是由于农稷是掌管农业的（稷是谷物之神）。之所以将小说家称为稗官，是由于稗官是掌管记录正史遗漏事迹的，而稗则是细米、巷间传闻的俗称。这也体现出了小说家搜集巷间杂闻的职能。

在上述十家当中没有提及兵家，《汉书·艺文志》认为兵家是出自掌管军队的司马之职，而数术者则是出自"明堂（举行仪式的地点）羲和（如上所述）史卜（掌管礼仪的官职）之职"。

这些称呼都是以官僚制度为前提，通过简洁的表现体现出了诸子的区别。诸子学说归根结蒂都是论述统率百官的王者或者天子究竟是一种怎样的存在，这也是诸子学说存在的前提，在此基础上各类学说进而"分栖并存"。

　　再重复一下，如今的宣传一般都只注重强调诸子百家倡导的是各种各样的学说，而西汉末年的刘向、刘歆父子以及东汉的王充等对此均持不同观点。这种认为诸子百家倡导的是各种不同学说的观点，是在宋代科举正式确立以后、更直接地讲是明代以后的学者们对于诸子的理解。

　　科举官僚们谈论政治的时候，政治思想的主流被儒家占据已久，所以他们讨论的并不是各类学说的"分栖并存"，而是如何综合性地看待各类学说。以他们的眼光来看待过去，各类学说便被分为：作为他们自身学问的先驱而被久经讨论的儒家、道家以及其他思想流派。除了儒家、道家外，关于其他流派他们虽然也感兴趣，但是这些与他们自身的渊源并没有关系。这些流派只不过是已经消亡的过去的思想流派。即便是在论述儒家的时候，他们头脑中也没有"分栖并存"的观念，他们认为孟子和荀子论述人性是善还是恶的对象是没有区别的。

　　即便是采用明代以后的理解来研究诸子并追溯到战国时代，我们还是无法很好地说明诸子在各国的活动及其以后衰亡的过程。而如果采用"分栖并存"的理论则可以很好地说明这些。正是由于"分栖并存"，各类学说才得以共存；而后来时代的发展不再需要这种"分栖并存"，而是要求综合性的探讨，所以许多学说也就随之衰亡了。

　　也有些学说的衰亡与"分栖并存"没有太大关系，因为它们论述的对象与城市、领土国家和天下有关。与城市国家相关的学说，到了领土国家时代，即便仍属于诸子学说，也已经衰败；而与领土国家相关的学说，到了讨论天下的统一帝国时代也自然衰落了。

许多诸子思想是在帝国秩序确立的过程中逐渐衰亡的，最终只剩下了儒家和道家。

在帝国秩序确立之前，历史处于多个正统并立相争的时代，各个正统为了确立自己的权威，便纷纷对于己有利的学说采取了保护措施。在这种时代背景下，各种思想不断萌生，"分栖并存"，支撑着各个国家的秩序。并且，在各个国家它们支持的正统也是不同的。

在这里我们还需要注意的是关于孔子的定位。比如《论语》是孔子的言行录，其中除了部分内容反映的是城市国家时代的样貌外，大部分内容都是以领土国家时代的秩序为前提的。前者反映的是孔子的时代，而后者则是反映多少代后的孔子的后世弟子们所处的时代样貌的。

孔子的弟子们在各国是如何大展身手的？既有任他们发挥所学的国家，也有让他们无法施展拳脚的国家。但是由于一般都认为孔子是圣人，所以如何利用这一历史圣人或者如何贬低他，这也都是值得思考的问题。

在前文当中，关于孟子和荀子，我们介绍了汉代"分栖并存"的理论。该理论归结到底只是汉代的认识，孟子是在齐国大展身手，并且到过魏国；荀子是赵国人，在齐国求学，在楚国受到重用。他们施展抱负的国家不同，时代也不同。所以讲"分栖并存"并不是说他们在同一时间、同一国家并存，而是指他们在各自活跃的空间必定经历过与其他学说"分栖并存"的状态。

战国时代的宇宙观

被埋没的关于天地创造的神话

正如前文所述，战国时代是诸子的时代。诸子分散于战国时代的各国，而且各国倡导的学说都是不尽相同的。

各国的独特主张自新石器时代以来便一直存在，所以是不会轻易消亡的，直到秦始皇统一天下之后这些主张仍然存在。所以在秦始皇去世后，天下立即大乱，旧王国们纷纷复立，其首领虽然未必是王族，但都打着复国的旗号。即便是在项羽刘邦之争结束之后，这种地域主义仍然存在（虽说是地域，指的却是和日本、韩国一样大的国家）。

虽说各国都有自己的独特主张，但也有些理念是共通的。究竟哪些是独特的，哪些是共通的，则必须分别进行讨论，否则很难理清。

近年来，出土文物不断增多，战国时代的文献也出土了许多。其中特别引人瞩目的文献之一便是湖北省荆门郭店一号墓出土的竹简（郭店楚简）。郭店楚简中有一篇名为"大一生水"的文章。

大一也写作"太一"，其记载的内容如下：

大一生水，水反辅大一，是以成天。天反辅大一，是以成地。天地□□□（原文缺失，似乎缺"复相辅"）也，是以成神明。神明复相辅也，是以成阴阳。阴阳复相辅也，是以成四时。四时复相辅也，是以成铊热（冷和热）。铊热复相辅也，是以成湿燥。湿燥复相辅也，是以成岁而止。故岁者，湿燥之所生也。湿燥者，铊热之所生也。铊热者，四时者□□□□（原文缺失，似乎缺"所生也，四时"），阴阳之所生。阴阳者，神明之所生也。神明者，天地之所生也。天地者，大一之所生也。是故，大一藏于水，行于时。……

这里讲述的是天地起源的神话。宇宙的根源是大一，从大一又生成了天地。这个神话的特征是：首先从大一生成了水，水辅助大一进而形成了天，天又辅助大一生成了地。这种说法以前闻所未闻，是一种已经消亡的说法。

笔者认为，该神话最初的部分可以通过蛋黄、蛋白和蛋壳的关系来加以说明。大一便是蛋黄，从这个相当于蛋黄的大一当中生成了水来包裹着大一，这就好比水样的蛋白包裹并保护着蛋黄。接下来相当于蛋白的水辅助相当于蛋黄的大一生成了相当于蛋壳的天，作为蛋壳的天辅助相当于蛋黄的大一在蛋白的中央生成了地。最后生成的地，从蛋黄、蛋白与蛋壳的关系来看是无法目测到的，所以也是最后说明的。天虽然作为壳而存在，但却是昼夜不停地运转，所以壳便是天。

这种说明虽然非常有趣，但却没有成为天下共通的理论，而是楚地独有的神话，随着楚国的灭亡，这个神话也一同消亡了。

不过"大一"本身却流传了下来，被用于其他说明当中，与天地创造脱离了关系。

大地浮于水

郭店楚简出土的一带位于战国时代楚都郢的北部。这一带原本是秦国领地，秦国的文字比较方正，而楚国的文字则是比较圆转的。郭店楚简的文字是以楚体写就的，所以应该是楚国的官僚或者他们的后裔所作。

目前比较有力的说法是郭店楚简写成于公元前300年，但对此各方仍然争论不休。

比郭店楚简稍早时期——也就是公元前5世纪后半时期的遗物，在曾侯乙墓当中被发掘了出来。该墓同样位于湖北省，墓主人是曾侯，也就是曾国的君主。不过，由于曾国是楚国的属国，所以受楚国文化的影响很大。其出土的文物当中有许多都来自楚国，而且从该墓当中还出土了一座青铜编钟（彩页图九），编钟上刻有关于公元前434年的铭文，据此人们可以推测出墓主人所在的大致年代。而且，这座青铜编钟也是从楚国传过来的。

从这座墓中还出土了多件彩绘衣箱，其中一件上绘有十个太阳在扶桑树上休息、传说中的人物后羿搭弓而立的样子。根据《淮南子·本经训》以及《山海经·海外东经》记载的内容来看，这里描绘的是战国时代关于尧所在时期的传说。

下面简单地介绍一下这个传说：传说当时有十个太阳，这十个太阳每天一换，轮流东升西落，然后穿越地下再回到东方，它们每天沐浴之后便在扶桑树上休息。可是有一天却出了差错，这十个太阳一起出来了，于是大地便被烤得焦灼不堪。为了拯救生灵万物，天帝便命令后羿射落了其中的九个。一般认为可能是信奉一个太阳的部族打败了信奉十个太阳的部族，所以才创造出了这样的神话。而信奉十个太阳的部族就是商王朝，信奉一个太阳的部族则是周王朝。不过这里需要大家注意的是，在十个太阳的神话当中，提到太阳每天经由地下回到东方。

在继承了太阳每天穿越地上地下这一原始模型的基础上，加上有关天地生成的说明，再来说明是谁创造了天地，于是就形成了上文中"大一生水"开头部分的内容。

人们之所以会产生大地漂浮于水之上的想法，大概是从掘井汲水受到了启发吧，所以才会认为地下充盈着无尽的水。

大鹏的传说　　　　　　《庄子·逍遥游》开头写道：

北冥有鱼，其名为鲲。鲲之大，不知其几千里也。化而为鸟，其名为鹏。鹏之背，不知其几千里也。怒而飞，其翼若垂天之云。是鸟也，海运则将徙于南冥。南冥者，天池也。《齐谐》者，志怪者也。《谐》之言曰："鹏之徙于南冥也，水击三千里，抟扶摇而上者九万里，去以六月息者也。"野马也，尘

埃也，生物之以息相吹也。天之苍苍，其正色邪？其远而无所
至极邪？其视下也，亦若是则已矣。且夫水之积也不厚，则其
负大舟也无力。覆杯水于坳堂之上，则芥为之舟。置杯焉则胶，
水浅而舟大也。风之积也不厚，则其负大翼也无力。故九万里
则风斯在下矣，而后乃今培风；背负青天而莫之夭阏者，而后
乃今将图南。……

北冥有鱼，南冥天池，这与大地浮于水上的想法是相通的。

而且，《逍遥游》展现的场景非常壮观，仿佛是从九霄之上
展望大地，有些想象与"蓝色的地球"非常相似，此外文中还提
到"风在其翼下，苍天在其翼上"。

汉代的占星盘（式盘）也是从上方俯视"苍天"的，在方形
的大地上坐落着圆形的天，之所以是圆形的天，也正是由于是从
天的外侧来观察的缘故。天上的星座也并不是从地面上仰望看到
的位置关系，而是从极高之处俯视看到的，视角是由高向低的。

俯视苍天　　　　　　将蛋黄比作大地、蛋白比作苍天或者托
起大地的水、蛋壳比作天盖，就会有两种
视角来观察蛋壳，一种是从外面看，一种是从里面看。

苍天绕着轴不停运转，这个轴便是地轴，穿越大地的中央。
从北边来看，天的壳是向右转动的，在壳的中间位置悬挂着太
阳，整个壳上布满星星。太阳终年在壳上移动（人们看到的仿佛

是这样的）。太阳移动的路线被称为黄道，壳整体也在转动，太阳周转一圈回到相同位置就恰好经过了一天。

随着壳的转动，就会形成一条从地的正东到正西的线，这条线便是天的赤道，在赤道附近散布着具有代表性的星座。

为了将壳（天盖）与地上的方位相对比，从战国中期——大约公元前4世纪中期时开始，人们以天极为中轴将壳划分为几部分。并且开始从外面观察壳的各个部分，通过与地上的方位进行对比来确定天的方位。

前文提到的关于大鹏的传说，也讲到大鹏背负苍天，所以这个传说应当是起源于公元前5世纪到公元前4世纪期间的。

天与地都被设定了相应的方位，地被分为十二个方位并设定了相应的十二支。正北为子，正南为午。这是按照顺时针方向设定的。将天的壳与地的方位进行比较时，给壳也设定了十二支。为便于比较，天的方位也和地的方位一样是按照顺时针方向设定的。

基准方位则参照了冬至黎明前东方所现的代表性星座的方位。所谓顺时针方向，是指站在地上的顺时针方向，或者说从北极上方看到的壳是按照顺时针方向划分的方位。

恒星是附在壳上显而易见的，但行星看上去似乎逐渐偏离了壳（所以才被叫做“行”星）。木星也从壳上逐渐偏离，如果将壳划分为十二个方位，那么木星大约每年偏离一个方位，大约经过十二年才能回到起始位置。由于通过观察木星便可以得知经过了多少年岁，所以木星也被称为“岁星”。可是天壳的转动，从北极之上俯视来看却是逆时针方向的。由于天壳的方位分配是按照顺时针方向排列的，这样一来便与天壳的转动方向相反。由于两者的冲突带来了很多麻烦，所以从公元前 3 世纪中期左右开始，古人创造出了一颗与木星运转方向相反的假想的"行星"。这颗星被称为"太岁"，太岁的别名又称为太一、天一等。上文中提到的大一，到了后来便化身成了这颗星，大一载船移动天的说明，也正是与太岁相联系的结果。这种太岁的观念到了汉代以后也被继承了下来。

通过与太岁相比较，可以看出：上文提到的已经消亡的"大一生水"神话，是在太岁创造之前的时期形成的。

周易的方位设置　刚才我们讲过了十二方位，周易采用的却不是十二方位，而是八方位，详细说明如下。

上文中通过蛋黄、蛋白与壳的关系来解释宇宙，如果我们将这个鸡蛋横切开，将其横切面加以重叠便可以形成这八个方位。

一种切法是横断面包含北、地轴、南，从西侧观察得到的截面图。另一种是切法相同，但却是从南侧观察得到的截面图，如图 47 所示。

原本八方位就比十二方位更加自然，人根据自身首先区分出前后左右，这便是四方位。再将四方位一分为二，便自然形成了八方位。但是如果要形成十二方位，那便必须将四方位一分为三，这就多少有些自作聪明的意思。

北
天

坎
乾☰（天）（水）　艮☶（山）

西 ⋯⋯⋯ 兑☱　　　　　　　　　　震☳　地上 东
（泽）　　　　　　　　　　（雷）

坤☷（地）（火）巽☴（风）
离☲

地
南

〈从西侧观察天地〉　〈从南侧观察天地〉

水　　　　　　水（坎）

满月　　　满月

[乾]　　　　　　北斗

极　　　　　　　北极　天顶　赤道

参宿　　　心 大　　天 东
宿 火　　北 地
南
西

月日为火之精　地平面　南极
[坤] 太阳 月为水之精　太阳　天底 南极
火　　　　　　　[离]
火

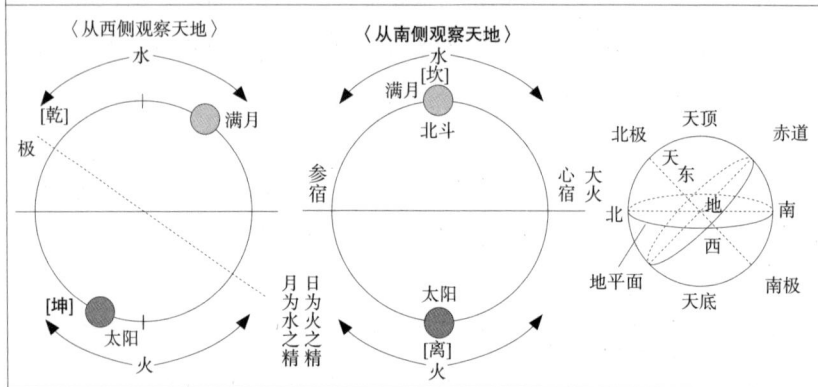

47 周易中的八方位 周易将阴、阳加以组合创造出八卦，八卦互相组合又生成六十四卦。将八卦对应八个方位时，将蛋黄比作大地、壳比作天球形成宇宙，然后将宇宙南北纵切，从西侧观察天地正如左下图所示；同样，将宇宙东西向横切，从南侧观察天地正如中下图所示。左下图极的位置设为乾（天），太阳最靠下的位置设为坤（地）。中下图满月（水之精）位置分配为水，太阳（火之精）的位置分配为火，其他各方位适当分配

　　将上文说明中使用过的鸡蛋，再次用其横切面来说明八方位，虽然例子重复，但是构思却是崭新的。这种构思形成的时期与"大一生水"形成的时期大致相同。

　　《左传》采用了木星纪年法，也就是利用木星大约每十二年

348

运行一周天的特征形成的纪年法。从木星的位置来推测，当时处于公元前 353 年到公元前 271 年这 83 年间，所以木星纪年法应该也是在这 83 年间创设的。这也正是"大一生水"传说形成的时期。

《左传》中也隐约可见利用周易八方位进行原始分析的影子，这也与根据木星方位推测出的当时所处的历史时期是吻合的。

科学技术 木星纪年法的使用，意味着当时的天象观测技术已经达到了相当的高度。以木星纪年法为基础，又形成了新的历法。在前面也曾经说明过，从某年冬至到次年冬至恰好经过 $365\frac{1}{4}$ 天，76 年便是 940 个月，总天数是 27759 天。这 76 年间，每月平均天数为 27759/940 日，也就是 $29\frac{499}{940}$ 天。如今我们所说的一年（一太阳年）大约是 $12\frac{28}{76}$ 个月（940 月 /76 年）。

关于历法的详细计算也正是从这一时期开始的。

在前文中我们也多次提到过，从春秋后期到战国前期铁器逐渐普及开来。铁器最初在西亚以锻铁的形式出现，先以较低的温度炼成较软的铁块，然后加以锻造形成铁器。中国大致也是以类似的技术开始生产铁器，但是后来不久，中国人便在锻铁时加入碳，成功地以较低的温度将铁融化。于是，铸造铁器便成为主流。

锻铁富于延展性，但缺点是较软。铸铁比较硬，但缺点是较脆。具备两者中间性质的是钢，在之后不久，钢的生产也开始了。

虽然说是比较低的温度，但是铸铁的问世还是经历了非常艰难的过程。为此工匠们还专门研究制造出了鼓风炉，鼓风炉状似大鼓，所以用鼓风炉铸造出的铁也被称为"鼓铁"。

在战国时代，青铜器成了配角。在春秋前期，通常是先细致地做出模型然后进行生产，但是从春秋后期开始，人们开始使用模具大量生产相同花纹的青铜器。到了战国中期，甚至出现了先用蜡制作模型，然后再将其置换成青铜的做法。虽然在视觉效果上，青铜器越来越精致，但实际上其制作工艺却是越来越简化。一旦大量生产走上了正轨，许多器具的制作便也马虎了起来。

由于古人发明了用青铜和铁制作出了针，医疗技术也得到了相应的发展。与穴位相关的知识也不断细分，刺激穴位的导引术（现今太极拳的始祖）和针灸技术也开始发展起来。

支撑战国时代学术的文字

《说文解字》讲述的书体　　下面，我们来简单说明一下支撑战国时代学术的文字。汉字的书体分为篆书、隶书、楷书（今隶、真书）、行书、草书等。其中，除了篆书和隶书外，其余的都是在汉代以后才形成的书体。开始人们将文字记录于木简之上，后来到了汉代，人们发明了造纸术并不断加以改良，于是用纸张写字便逐渐普及开来。

东汉时期，许慎创作了《说文解字》一书，书中前言部分采用的是篆书，作者还对篆书做了说明。指出篆书是秦始皇将以前的文字加以删减改良而形成的书体，因此作者将秦始皇以前的书体称为大篆，秦始皇时期创作的书体则称为小篆。

隶书以及由其发展形成的楷书，除了笔画的方正程度外，基本是相同的。两者都是较为方正的字体，而篆书的笔画则比较圆转，即便将篆书写得方方正正，也无法成为隶书。

行书是比楷书随意的字体，而草书则是将楷书的笔画加以大胆省略，率性、迅速写就的字体。

长久以来，人们都是根据《说文解字》来论述篆书，将篆书与后代的书体做比较，认为小篆与隶书之间的笔画差别是非常巨大的。但是，近几年出土了秦朝以前的文字，而且还出土了许多汉代的隶书资料，经过对比人们发现：许多篆书似乎就是将方正的隶书笔画加以圆转而形成的。所以除了字体是方正还是圆转的外形区别外，仅从笔画数的差异来研究篆书和隶书，是无法将两者区别开来的。为此，我们下面将根据字体是方正还是圆转来对篆书和隶书进行说明。

《说文解字》认为大篆是周宣王时期史籀所创，并将其称为"籀文"加以介绍。书中把经书体等书体作为古文，与籀文分开进行了介绍。《说文解字》对历史的认识沿袭了战国时代以来的观点，认为经书是孔子所作，《春秋》传为左丘明所作。不过《说文解字》创作的依据都是战国时代的资料，所以在对其进行探讨的时候，最多只能追溯到战国时代。

值得注意的是：《说文解字》一书在追溯历史的时候，对战国时代的领土国家毫不关心，只把周代作为天下的王朝来记述。

《说文解字》关于书体的见解，奠定了历代书体观的基础。但是，我们参照实际字体来看的话，得出的结论却与这种书体观完全不同。

殷商的文字有甲骨文和金文，周代的文字有金文等。到了春秋时代，金文呈现出了地方特征，再后来到了战国时代，文书行政开始，行政用的书体形成。下面我们对此进行一下说明。

战国时代的文字　根据《史记·秦始皇本纪》的记载，秦始皇在施行统一政策时，对文字也进行了统一。既然对文字进行了统一，那就说明之前使用的文字是各不相同的。将该记载用事实加以说明，便形成了图48的文字统一图。

可是，这个图存在很大的问题。如果不是每个国家都在一直使用图中列举的文字，那么这个图便毫无意义。而且，从收集来的各类资料来看，如果文字使用的场合不同，则文字的风格也截然不同。即便是用于同一场合，如果承载文字的材质不同，文字风格也不尽相同。

如今大多数学者都认为，上述图中列举的齐国文字是别字。

刚才提到了文字风格的问题，严格来讲，注重部首构成的是"字形"，将篆书、隶书等加以区分的是"书体"，在同一书体下展现出的每个人的差异等则是"文字风格"。

再将话题转回来，上图总结了天下存在各种各样的文字，事实上，即便是在同一个国家当中也能找出这些不同类型的文字。

是刻在石头上的字，还是铸在青铜器上的字？是刻录的字（在战国时期发现了用于将字刻于青铜器上的铁器），还是铸入货币的字，抑或是写在竹简上的字？根据场合以及时期、工人的构成等的不同，文字风格也迥然不同。

上图所用文字虽然是各个国家的代表文字，但也只不过说明：

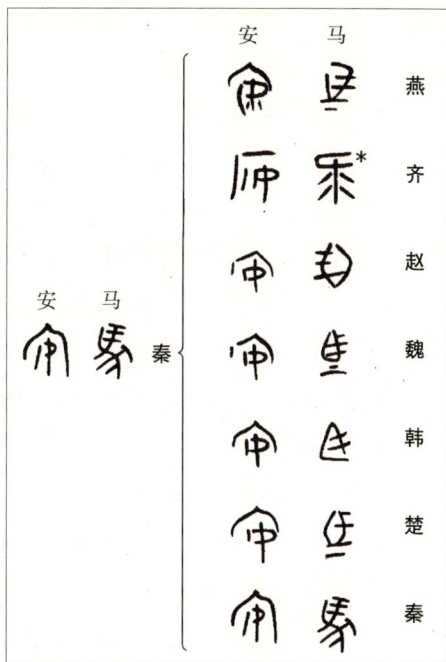

48 所谓的秦始皇文字统一图　这些字乍一看仿佛是统一了各国的文字，但字的来源却是章（印章）、竹简以及青铜器。各国用的材料各有不同。而且，这些字究竟是来源于哪个国家，标准也并不明确。事实上，通过对战国时代各国的材料进行清查发现：各国用于青铜器、章、货币、竹简、帛书的文字是多种多样的，可以说这里列举的字在任何一个国家都存在。所以，这个图展示出来的文字统一是站不住脚的。实际上，文字的统一应当是包括各种多样性在内的、将各国竹简文字用秦国的隶书加以统一。带＊标志的是存有争议的字，有人认为是别字（聿）

由于场合以及时期、书写者的不同，造成文字的风格也各不相同。这并不能成为证明文字统一的图。

那么，在历史上文字究竟是处于一种什么样的状态？是如何统一的？

在前文当中我们也讲过，汉字在商王朝开始使用，被周王朝继承，到了春秋时代又被传播到了各国。从商王朝到周王朝，统治阶级独占了文字的使用权，所以并没有形成国与国之间的差异。即便如此，在商王朝和周王朝创作的文字当中，也可以看出有多种不同的文字风格。

春秋时代刚开始继承周王朝汉字的时期，也并没有形成各国独特的文字风格。越国等创造的鸟篆书体除外。鸟篆是将从西周继承的金文书体的笔画末端加以延长而形成的，再附加上以鸟形为主的装饰成分，所以得名"鸟篆"。看上去鸟篆与金文完全不同，但如果将鸟状装饰部分去掉，就会发现它其实就是刚刚继承来的西周金文。

还有一种例外是为了着重强调本国的传统，不愿与周代文字雷同，所以特意创造出新的汉字。当然，这种文字也不是仅仅创造国拥有、别国一定没有的，也并不意味着各国的文字互不相同。

此外，在刚刚继承了汉字的时期，由于使用上的不习惯等原因造成写出的文字风格也有差异。当然，这种不太惯用的字并没有一直被使用下去。

由于汉字是通过师承关系流传下来的，因此其中也有个人的差异。在同一语言"工房"中一般是不会产生个人差异的，但是

商王朝和周代都有许多"工房"。也有很多不太惯用的字。根据
城市和工房的不同，含义相同但字形不同的汉字也在各地分别流
传开来。到了战国时代，这些城市和工房都被收归中央直接管
辖，这种语言表达上的差异也被集中到了中央。这样一来，到了
战国时代，便形成了前代流传下来的多种文字风格和说法混杂存
在的局面。

**秦为了展示自己的
特殊性而创造的书体**　　领土国家推行文书行政，将天下的小国分
别消灭，取而代之设立县进行管理。这
种文书行政使用的文字与以往祭祀用的
文字大不相同。

　　祭祀用的文字一般会花费很多时间写成铭文，巫术的色彩非
常浓，字的笔画也很复杂。文书行政用的文字更加注重传达机
能，有时还需要写很多字，所以它的文字笔画自然就会逐渐简略。

　　在文书行政用的文字出现以后，汉字开始出现分场合使用的
不同书体。一种是祭祀用书体，笔画比较繁琐；另一种是文书行
政用书体，笔画比较简略。笔画省略的情况根据时期不同也有
所不同，所以即便是在同一国家，如果所处的时期不同，所用汉
字的省略状况也不尽相同。

　　简略字通过天下的交通网络传到了各国。由于祭祀用文字采
用的是传统的金文书体，所以在各国并没有出现太多差别。虽
然有时候这种传统书体也会受到简略字的影响，但终究没能形

成各国独有的特征。

然而，在本书中也曾多次提过，有国家将其制度的独特性反映到了文字上，这个国家便是秦国。秦国为了彰显自己的独特性而采取的措施之一便是创造出了特殊的文字，这就是隶书。

自西周金文以来，文字笔画都是以圆转为特征的，这便是篆书体系。在战国时代，不只是祭祀用文字，即便是行政用文字采用的也是篆书的一种，其笔画都比较圆转。然而，秦国行政文书采用的则是特殊的方正体文字。

墨和毛笔的改良也促进了这种方正文字的扎根。其他国家所用的墨大多比较浓重，而毛笔则缺乏韧性。秦国对此加以改良，采用较淡的墨和有韧性的毛笔来写字，这便促成了隶书的普及与发展。

隶书是秦国的文书行政使用的书体。

秦始皇统一文字并不是指用一种文字代替所有分散不同的文字，他主要是突出了秦国的文书行政用书体，将隶书确立为天下共通的官方文字。祭祀用的文字虽然各国差异不大，但是也有些微的细小差异。所以秦始皇统一文字也并非全无意义，只不过在统一的前后文字的哪些地方发生了变化，如果仅仅着眼于祭祀用文字，即便加上因工匠个性而导致的差异，恐怕也是难以说清秦始皇的文字统一大业的。

秦朝文字统一的实质是文书行政用的文字——隶书的普及。这一点，通过观察出土文物便可立即得知，可是不知为何还有许多人没有弄明白。

其原因应当归结于近代以后的国民教育以及出版文化。自秦始皇统一以来，文字的规范化（《康熙字典》也包含在内）和多样化一直并存。人们对于文字的规范化比较重视，但对文字的多样性却疏忽了。在国民教育体制下，人们通常想到的便

49 秦始皇统一天下的诏书　这是记载秦始皇二十六年秦统一天下的铜铭文拓本（《小校经阁金文拓本》东京大学东洋文化研究所藏）。在开始两行写道"廿六年，皇帝尽并兼天下诸侯"。通常青铜器的文字都采用笔画比较圆转的篆书，但该诏书采用的却是笔画方正的隶书

是印刷体，甚至对于"点""捺"等细节也展开热烈讨论，仿佛这些才是汉字的本质所在。所以，以这种严格的规范化的眼光来设想秦始皇统一文字的情形，那会得到什么样的结果呢？——结论想必大家已经猜到了，那便是臆造出了前面那幅文字统一图。

秦之后的战国文字

由于秦始皇的统一，使得原本应当被否定掉的文字也被继承了下来，而且这些文字还以实物的形式留存在了世间。三国时期的曹魏创作了三体石经，将经典文献刻于石碑之上，所谓"三体"，指的是古文（战国时代的文字）、篆书和隶书，用这三种文字刻写同一文献。该石经现仅存一部分，这仅存的部分也对古代文字的复原和研究起到了相当大的作用。通过写刻这些经典，战国时代的各种文字知识得以流传下来。

在公元 3 世纪中期出土的战国时期魏国的编年体史书《竹书纪年》也正是利用上述文字知识进行解读的。《竹书纪年》曾在统一战争中遗失，所以汉代人不知道它的存在。但是在其出土后，当时的学者利用上述文字知识对其迅速做了解读。到该书又在北宋、南宋之间失传为止，《竹书纪年》对世人的影响是极其巨大的。再后来，战国文字知识的继承关系便模糊不清了，虽然世界是多样性的，但是有关这些文字的知识却从世人的头脑中消失了。可是到了近些年，人们又发现：关于这些文字的知识仍然以某种极其细微的形式传承了下来。

宋代郭忠恕编撰的《汗简》以及同时代夏𬸚编撰的《古文四声韵》，都是介绍特异书体的文献。这些异体字常常被好事者用来炒作，或者被用于制作佛教、道教的护身符等。但是这些异体字在中华人民共和国建国以后却受到了世人的瞩目，因为简化字改革（这也是严格的规范化的一种）参照的便是这些字。

在竹简出土时，人们曾经最为烦恼的是许多字根本不认识。关于战国时代书体的知识也都已失传。但是有些曾经参与过简化字改革的专家发现了《汗简》及《古文四声韵》的价值，因为这两本书中的异体字保存了许多战国时代的书体。于是，根据这些书体知识，竹简的解读研究取得了突破性的进展。可以说，《汗简》和《古文四声韵》是一把开启历史之门的钥匙。

最近又出土了许多刻有《老子》等内容的竹简，通过将它们与现代文进行比较，人们可以更加直接地研究战国时代的书体了。

第九章

战国时代的变革者

完善尺度标准的意义

前所未有的社会变动与变革者

人与时代有着紧密的联系。首先，人必然是时代的产物。人的一生，处处都烙有时代的印记，这是毋庸置疑的。而另一方面，出类拔萃、才能非凡的人又能主宰世界的命运，左右时代的发展。这也是不可否认的事实。

在前文中我们也重申了许多次，春秋战国时代是一个经历着前所未有的社会变动的时代。尤其是春秋后期到战国中期这段时间的社会变动最为明显。这个社会变动的结果之一就是出现了诸子百家。在诸子百家当中出现了一群想要变革国家制度的有识之士。这种制度变革史称"变法"。所谓"变法"，就是改变制度。

由于当时的"变法"更多的是建立新制度，所以就其本来的意图而言，也许与其称"改变制度"，还不如说是"建立制度"更为贴切。而这种"改变制度"的观点则象征着战国时代到汉代的历史观。也就是说，原本在王道之下已有"法"的存在，现在是将旧的"法"废除，"改变"为新的"法"。

说起变法，大家应该知道魏国有吴起，吴起后来去了楚国。还有韩国的申不害。卫国人商鞅则是去了秦国操刀变法。这三个人都是变法家的代表人物。

他们变法的目的是富国强兵。为了实现富国而制定土地制度，为了强兵而整顿法律制度。这些时代变革者实施变法的具体内容过于零碎，不好整理。不过其大概内容还是得到了复原，并广为讨论。

接下来我们来看一下商鞅变法。关于这个人物的变法内容，有很多记录流传下来，所以比较完整清楚。

不过，在开始讨论商鞅变法具体内容之前，笔者想先从完善尺度标准开始说起。因为尺度标准的完善与土地制度的完善有着非常紧密的联系。

尺度标准的完善与度量衡　虽然这么说有些唐突，但是笔者想从新石器时代人们建造房屋开始说起。人们在建造房屋时必然会考虑到房屋的结构平衡以及木材的组合拼装。这个在考虑结构平衡基础上制作的标准则是尺度标准，之后这个尺度标准得到不断完善。

"尺"字是个象形字，就像尺蠖爬行时的状态一样，这个字由用手丈量尺度的形象（手的虎口向下，拇指食指尽力张开，其余三指紧紧蜷曲。拇指和食指之间的距离就是一卡。"尺"的古音为"kǎ"，与"卡"相同）而来。虽然每个人用卡丈量时所使用的手掌部位可能不同，不过正是这一卡一卡的长度变成了后来的"尺"字。考古学家挖掘出的文物中也有尺子。目前我们所知的商代尺子一尺为15—17厘米，战国时代到东汉时代的尺子一般为一尺22—23厘米。前者的长度估计就是人们像尺蠖那样用手量出来的一卡。后者则是两只手并排测量出的结果。

商代尺子的长度与战国东汉不同。这并不是因为制度随着时间的推移而发生了变化，而是由地理空间上的差异造成的。

而将这个尺度标准与其他标准有机地联系在一起进行讨论则是战国时代的事了。

文书行政开始施行，中央派遣官吏到地方进行治理。在这样的政治体制下，各地标准不一的确给管理带来很多不便。测量容积的斗和测量重量的砝码的标准也因国家不同而不同。

有趣的是，这些标准的制定完善是作为与君王权威相关联的东西而进行的。接下来要说的是跟音乐理论相关的东西。春秋战国交替之时，人们仔细地整理了音名和阶名，并在此基础上开始了天九、地六、人八的理论。作为乐器的标准备受瞩目的编钟在设计上的标准就是尺的正数。九、六、八的理论开始后，人们也开始在方位圆上表示十二方位。标准方位都是由尺的正数来表示，还按照三分损益法（制定音律时所用的生律法）将尺作为物品的设计标准。最基本的标准为尺的正数。

这时的尺长已变成了前文说过的一尺为 22—23 厘米。后来人们用这个尺度标准来制作了重要的青铜器——编钟，于是随着汉字的传播，准确的说法应该是随着刻有汉字铭文的青铜器的普及，尺与乐器的关系得到了世人的认同，并在各地广泛流传开。

然后随着以音乐理论为基础的度量衡得以不断完善，一尺为 22—23 厘米的尺度标准也成为各国通用的标准。

同样的，作为与尺度标准类似的度量标准——斗和重量单位也逐渐出现了各国共同的度量标准。只不过尺度标准要比后两者更早在各国生根。并且人们按照十进制对尺度标准进行完善。而斗和重量单位就稍晚一些，这两者后来以战国中期刚出现的九、六、八理论为基础形成理论，并被各国广泛使用。其结果就是重量单位的上调一般使用九、六、八的倍数，斗也是使用这种倍数进行调整。

每个领土国家上调的数值都不尽相同。但是由于基础数值与计算方法都是共同的，所以为了换算方便，各国对单位标准进行了整理。

曾侯乙是曾国的国君，名乙，生活于公元前5世纪中后期。墓主是通过刻有名字的青铜器铭文得以确定，还通过楚惠王五十六年（前433）的青铜器确定了其生活的年代。据说曾国是楚的一个属国，但该墓的陪葬品数量甚多，做工非常精美壮丽。陵墓建造也非常考究，此墓的发掘加深了围绕楚、曾两国关系的谜团。

图七

图七 "曾侯乙"编钟——中国出土的最大的青铜编钟。其短架（左）高273.07厘米，长335.07厘米。长架高265.07厘米，长748.07厘米。

图八 曾侯乙编钟之钟虡铜人

图八

图九

图十

图九　云纹金盏、漏勺——高 11.07 厘米，口径 15.7 厘米，勺长 13.07 厘米。

图十　鸳鸯型漆盒——整体似鸳鸯，头部可自由转动。在器腹左右两侧，各绘有一幅巫术气氛极其浓厚的乐舞画面，画幅均约为 4.2 厘米 × 7.0 厘米，一幅为《撞钟击磬图》，一幅为《击鼓起舞图》。

《汉书·律历志》以后的度量衡

《汉书·律历志》中记录了汉代度量衡的相互关系。

《汉书》这个部分其实是为了解释宇宙秩序而写的。这段说明也详细地展示了皇帝的权威，而关于对这个权威的说明，战国时代各国也曾经对各自君王的权威做过类似的解释。虽然具体内容尚不清楚，但目前能确认有些数值可以证明其中至少有一部分是这样的。

《汉书·律历志》中介绍的度量衡到了南北朝以后，度（尺子）量（升）衡（衡权，重量单位和分铜）分别发生了变化。度、量、衡三者关系变得错综复杂，无法统一，最终《汉书·律历志》中的说明就无法使用了。于是后人多次计划掀起"制度复古"运动，但却每次都以失败告终。因为度量衡在岁月的流逝中不断变化，早已扎根于人们的生活，想要彻底改变是极其困难的。

到了唐代，人们除了沿用《汉书·律历志》中的度量衡标准，还另外制定了新的标准，两种标准双管齐下，并行使用。这时便出现了"大尺"（人们习惯使用的尺的长度）与"小尺"（理论中的尺的长度）的概念。曾经出现过的高丽尺（飞鸟时代所常用尺），其刻度则是小尺的$\sqrt{2}$倍。这就相当于正方形的边长与对角线长度的关系。

让我们再回到战国时代。

度量衡出现之后，土地的面积单位也常常成为人们讨论的话题。而这跟春秋战国时代社会变动的基础相关。铁器普及，新开垦的土地面积增加，使用牲畜进行农耕，各地逐渐出现了土地区划制度。战国时代各国开始使用尺来对面积单位进行说明。而这个尺就是已经在各国通用的尺，一尺为22—23厘米。

土地区划的完善为纵横延伸的细长小道和水田田埂的划定提供了帮助。一旦标准被固定下来，即使后来一尺的长度增加，标准也不会因此改变。所以原本六尺为一步，到了唐朝后就变成了五尺（大尺）为一步了。

秦始皇虽然宣布要统一度量衡，但实际上除开"换算"时的手续和名称问题，各国的度量衡实际上早就统一了。随着铁器的普及而发生的制度改革是在各国共通的平台上默默地进行的。那么，为什么秦始皇非要宣称"统一"不可呢？其实这是为了先极度凸显各国的差异性，再通过淘汰其他国家的制度来强调唯一的正统是秦始皇制定的规矩。也就是说比起内容的共同性，秦始皇更加强调了各国的不同点。这是战国时代各国极力主张自己独特性的观念造成的结果。

顺便值得一提的是，战国时代货币都是称量货币，是靠称量分铜来决定价值。统一货币要做的就是将各国不同的货币重新回炉重新统一铸造。但是秦始皇却没有统一货币。直到秦二世的时候大秦帝国才统一了货币。秦始皇的统一大业只停留在统一度量衡上面。据说这是因为秦始皇认为统一了度量衡，统一了重量单位就可以了。关于这点，历来有很多人存在误解。

环钧制	(中原)受X舸制	(中原)锱钧制	(齐)锊锾制	秦权	汉两铢制	相当于g
					1鼓(4石)	120kg
				1石	1石(4钧)	30kg
72环		20锱		30斤	1钧(30斤)	7.5kg
				24斤	24斤	6kg
				20斤	20斤	5kg
				16斤	16斤	4kg
				12斤	12斤	3kg
				8斤	8斤	2kg
12环	1受(50舸)			5斤	5斤	1.25kg
				4斤	4斤	1kg
6环				2斤	2斤	0.5kg
		1锱(32钧)			1.5斤(24两)	384g
3环					1.25斤(20两)	320g
				1斤	1斤(16两)	256g
		16钧			12两	192g
1环2钧					8两	128g
1环(10钧)						106.6g
9钧		8钧	12垸(1锾?)		6两	96g
6钧			8垸		4两	64g
		4钧	6垸		3两	48g
4钧						42.6g
			5垸			40g
3钧6铢						36g
3钧			4垸		2两	32g
2钧4铢	1舸	2钧	3垸		1.5两	24g
1钧半			2垸		1两(24铢)	16g
1钧2铢		1钧			18铢	12g
1钧(16铢)					16铢	10.6g
			1垸		12铢	8g
		半釿			9铢	6g
8铢					8铢	5.3g
					6铢	4g
		4分			4.5铢	3g
					3铢	2g
2铢					2铢	1.33g
1铢					1铢	0.66g

50 战国时代的重量单位 每个地区都有不同的单位上调方式。但是上调的数值与各地单位之间的换算值基本都是9、6、8的倍数。9、6、8分别表示天、地、人的数值。到了《汉书·律历志》的时代，人们都是从这三个数字开始讲述宇宙秩序的。战国时代中原制度之中，十进制比较早，起源自商周时代。据说这个单位不断被细分，到表示货币的时候，各地便开始用9、6、8来代替十进制了。参考图53（林·松丸）。

商鞅变法

商鞅变法与阡陌

众所周知，商鞅在秦孝公（前361—前338年）在位期间主持了变法。其变法内容之一是"废井田，开阡陌"。时值孝公十二年（前350），秦迁都于咸阳之际，曾将城市和农村进行重新划分，变成了四十一县（也有史料记载为三十一县），并垦荒田开阡陌。阡陌是指用来分隔农田的纵横交错的细长小道（田间小道）。可以说阡陌是"条里"（条里是日本古代土地区划制度。将土地以道路式水沟区划成一町〔60步〕）的方格，为坪。30坪为1里。有利于完整地实施班田收授）的前身，也是商鞅变法的一个重要内容。以同样标准区划土地的制度这时候也非常流行。

这种规矩的土地区划是在国家的主导下进行的，但是其实在战国时代领土国家实施这种土地区划之前，人们早就开始了土地的修建。历来被大家广为误解的一个问题，就是当时田地的形态。

我们从水田开始说起吧。藤原宏志等学者在进行中日共同调查中，从草鞋山马家浜文化遗址发现了水田遗迹。这一发现还给大家带来了非常大的惊喜。因为这个水田遗迹的形状与大家所熟知的水田形状截然不同。

马家浜文化遗迹的水田是就着自然地形微妙的高度差形成的低洼地带而变成了现在的形状。我们目前基本可以断定这一水

摘自《研讨会稻作起源探索——中国·草鞋山的古代水田稻作》

水田
一期
二期

等高线的
间距为5cm

0 1 2m

田形态在新石器时代是非常具有代表性的形状。因为同样的水田形态还可见于长江中游流域的城头山遗址（不过也有些进行小规模区划的旱田）。

即使在青铜时代，人们农耕普遍使用的工具仍然是石器，所以这个低洼水田是就着地势而建，人们对地形基本上没有什么改变。然而，等到铁器大量普及之后，田地就发生了翻天覆地的变化。

铁器因其锋利无比，所以适合砍伐大量木材。而且与原材料稀缺的青铜相比，铁器的原材料非常丰富，这使得铁器从一问世开始就席卷了古代中国。木材与铁为人们提供了大量的铁制工具。于是人们开始砍伐大片森林，不断把田地开垦的前线推向曾经可望而不可即的远方。

51 江苏省草鞋山马家浜文化遗址发现的洼地形状的水田　长江下游草鞋山马家浜文化遗址发现了洼地形状的水田，是日本藤原宏志等学者参与的中日共同调查的考察结果之一。类似的洼地形状水田还可见于长江中游流域的城头山遗址（大溪文化或比起稍早一些的时期）。参看第五章《尚书·禹贡》一节

与此同时，人们开始制造大量的车辆，对畜力的利用水平也得到了更进一步的提高。人们开始学会使用牛来耕作水田，耕地的形状也以方形为主。

同样的变化也发生在旱田地区。

如此一来，人们的生产方式与以往相比有了质的飞跃，利用铁器和畜力进行农业耕种的方法越来越普及。从事农业的生产者能够耕种的土地面积也急剧增加，城市人口剧增，城市数量也直线上升。

对不断激增的耕作地进行管理的则是正处于发展阶段的领土国家。在这一基础上，官僚制度也得以不断完善。如何才能有效管理大片的耕作地，如何才能增加更多的土地用于耕种，如何才能在战争状态下确保农耕人口。这些问题成为大家议论的焦点。这些问题也正是主张变法的人们需要着手解决的难题。

商鞅变法与爵位的完善　在以城市国家的秩序形态为基础的时代，这些城市国家之间的关系以及城市与附属的小城市及农村之间的关系一直都是人们讨论的焦点。当汉字从周远播四方并普及之后，周的治理办法被这些城市国家采用，城市国家开始对其统治下的小城市及农村的首领使用"伯"或"叔"这类表示家族关系的词语。这是一种虚拟性关系。换言之，就是城市国家有自己的君主，在这个君主之下有"伯""叔"等的存在。

这种一国之王与其麾下的伯、叔之间的关系普遍存在，与该国是否已经开始使用汉字没有关系。

将众多国家进行统一管理的是大国。进入青铜器时代后，大国便林立于华夏大地。

周人使用的汉字首先是传播到了周的各诸侯国，不久便传到了楚或吴、越之地。在这个传播过程中，人们开始用汉字来表记传统上的城市与城市、城市与小城市及农村之间的关系。楚及吴、越等位于新石器时代以来的文化地域之中的大国在汉字传来后不久便开始自称为"王"。因为他们始终认为自己并不是服从于周"王"的诸侯。

楚国或吴越之地的一国之君虽然一直都不认为自己臣服于周天子，但在汉字传入此地之前，他们并不会介意汉字的表记方式。然而自从汉字普及之后，他们便开始对"王"字耿耿于怀了。

长江中游流域的楚王，下游流域的吴王和越王，楚与吴越之间的徐王，他们都开始自封为王。

正当这种新的秩序悄然形成的时候，大国之间也开始一个新的动向——吞并小国改设为县，并派遣官僚到地方去进行管理。推动了这一历史进程的功臣，正是日渐普及的铁器。铁器的普及提高了垦荒能力，使得土地激增，于是城市也跟着增加。于是到了后来，来源于土地开垦的新县数量远远高于来源于被吞并小国变成的县的数量。

这样一来，在每个文化地域中就有必要构建一种新的秩序来重新定义中央与县之间的关系。

　　新秩序生成的场所仍然是以新石器时代以来的文化地域为母体的领域。换言之，即国土可与日本的面积相匹敌的领土国家成为了新秩序诞生的舞台。但是这个新秩序所定义的不是领土国家之间的关系，而是一个领土国家内的中央与地方的关系或中央官僚统治的体制与形式。

　　爵位制度就是顺应这个时代需求而生的新秩序。

　　请大家看一下图52中的爵位一览表。这里需要大家注意的是十七级爵制分为两部分，下面的八级为民爵，上面的九级为官爵。官爵包括了派遣到县去进行管理的官僚，规定了官职的等级。民爵规定的是这些官僚统治下的庶民的等级。

　　爵位是从下往上数的。请大家注意下在官爵中除了最下级第九级，其余爵位的名称都是成对出现的。客卿、正卿残留着城市国家的印记，是曾经辅佐城市国家君主的人物。城市中的等级有卿、大夫、士，而卿就是从那个时候开始的。左庶长、右庶长则是对臣服的部族首领的定义。最上面的四个爵位则是赐给管理多个城市的人物，其中左更、右更等级低于小（少）良造、大良造。

　　官爵最低的爵位是五大夫，也就是俗称的实习生。官僚子弟被赐予的最早的爵位就是这个。

　　客卿、正卿，左庶长、右庶长，左更、右更，小良造、大良造，从爵位名称的相似性，我们可以把它们打包看做是四个等级。这也就是后世热烈讨论周代五等爵的原因。如上所述，周

								五大夫			左庶长	右庶长	左更	中更	右更	少上造	大上造	驷车庶长	大庶长	关内侯	列侯	汉代二十等爵制
公士	上造	簪袅	不更	大夫	官大夫	公大夫	公乘															
公士	上造	簪袅	不更	大夫	官大夫	公大夫	公乘	五大夫	客卿	正卿	左庶长	右庶长	左更		右更	少良造	大良造					战国秦十七级爵制
田一项宅五亩	田二项宅一〇亩	田三项宅一五亩	田四项宅二〇亩	田五项宅二五亩	田六项宅三〇亩	田七项宅三五亩	田八项宅四〇亩	税邑三百家 四等爵的观念（战国）	"	"	"	"	"		"	"	税邑六百家				[赐予]	
"	"	"	卒	屯长	将	二千五百主	五百主										大将				[对应的军队]	

52 战国秦国商鞅变法的十七级爵制　爵位分为官爵（上表右）与民爵（上表左），官爵最下级别为五大夫，意为实习官僚。五大夫以上有八级，每两级的名称类似。这是在战国时代的四等爵观点（即认为五等爵中子爵与男爵等级相同的观点）基础上制定的爵位制。后来，随着领土的扩大，爵位也增加，逐渐演变成了二十等爵制。如果考察汉代的二十等爵制，则不难看出汉代是在五等爵观念基础上制定的爵位制

朝对城市与城市间关系，以及城市与农村间关系只存在语言上的表述，而实际上并不存在用以表示中央与地方关系的爵位。但是当后人需要这个并不存在的爵位时，便开始编造了一些虚构的东西来说明爵位这个东西是自古以来就有的。这是为了要效仿古人，以正典范。

《孟子》中就有关于五等爵的记录。在公、侯、伯这三等爵位之下有子、男两等爵位，而子爵与男爵其实是一样的。这是因为在整理每个国家爵位的过程中，虽然有些国家是四等爵，有些

国家是五等爵，但实际需要的只有四个等级。从商鞅变法制定的爵位之中，我们不难看出实际上官爵只有四等，只不过商鞅将这四等细分成了八级，最后再加一个实习生的爵位，凑够了九级。

问题的焦点只不过是将这四等打包看做四等爵，还是再加上个实习生凑够五等爵的问题。

如此一来，这个表示城市间关系与城市和农村关系的词语——西周时代、春秋时代的五等爵便频频亮相于各种古书典籍之中了。后世也认为这个五等爵是真实存在的爵位制度。当然这其实只是个误解而已。

领土国家的扩大与爵位的变质

商鞅改革制定的爵位是他从魏国带到秦国的爵位制。虽然商鞅根据秦国的传统多少进行了些增减和修改，但基本上还是沿用了魏国的爵位制。然而事实上我们并不清楚魏国的爵位制到底是什么样的。不过，我们仍然可以知道商鞅把许多魏国的法律原封不动地搬到了秦国的法律之中。

无论魏国、秦国还是其他国家，它们的国家领域都是在新石器时代以来的文化地域母体的基础上建立的。在同一个文化地域可能会出现好几个国家，当这些国家开始主张自己领域统治的正当性时，其论点的中心还是扎根于这片文化地域的领域。

人们不再用间接统治城市的传统方式来管理国家，而是变成了向各个城市派遣直属中央的官吏来进行直接统治。于是重新定义城市、国家、官吏的秩序成为当务之急。爵位制度的出现便为解决这个问题提供了方便。商鞅变法中制定的新爵位制度就是在这样的时代语境下诞生的。

另一方面，正如前文所述，秦国的国家领土在开始实施官吏统治后，尤其是在秦襄公的时代一点一滴地扩大版图，就连楚国所在地的湖北、湖南一带后来也被纳入秦国的版图。占领的土地被分割统治，每一个分割区被称为郡。如此一来，跨越多个传统文化地域并以官吏统治来管理的现实与爵位的问题也扯上了关系。

作为领土扩张的结果，原本只有十七个等级的爵位也不能满足现实的需求。虽然中间经历了如何的演变，我们不得而知，但是当汉代继承了秦的制度后，原来的十七个等级变成了二十个等级。二十等爵制的影响范围（派遣官吏至地方进行直接统治的范围）并不是整个大汉帝国，有相当一部分还是诸侯王国。如果从中剔除诸侯王的领土，则剩下的面积大概跟秦昭襄王扩张后的秦国版图差不多。因此我们大概能够了解为什么早在秦昭襄王时代，十七级爵制就被二十等爵制取代了。

如果比较商鞅的十七级爵制与二十等爵制，我们不难发现这个改变是一个必然。请大家再次回到图52。在二十等爵制中不见了客卿、正卿，新出现了驷车庶长、大庶长以及关内侯、列侯。

驷车庶长、大庶长是将原本没有汉字的地区收编入版图后产生的爵位。列侯是统治其他已经制定了爵位制的国家而追加的爵位。

由于不是传统的统治领域，中央在派遣官吏过去时一般都会提高该官吏的地位，让他能担负重大的管理责任。因此中央对这部分地方官给予类似分封的待遇。

　　然后，秦国不仅需要派遣自己的官吏到地方进行统治，还把被征服地区的有权有势者迎接到秦国，给予其较高的爵位以保证其地位不变；但实际上这是一种安抚措施。被征服地区的权贵虽然身份等级得以维持，却渐渐丧失了实际统治权。而对于一直以来就效忠秦国的权贵也需要给予相应的地位以示奖励。于是关内侯便应运而生了。

　　这种制度在开始实施不久还是具有实效性的，但是后来就逐渐沦为了有名无实的存在，变成了单纯的名义上的身份等级制度了。

　　我们在前文也提及过，传统的统治区域与新开辟的被征服地区是有严格的区分的。这就是法律上"夏子"的有关规定。所谓夏子，是指秦国女子所生之子。秦国男子首先有资格称夏子。被征服地区的人民不是夏子，但是被派遣到新疆土做官的秦国官吏是夏子，这些外派官员与当地女子之间所生之子则有资格称夏子。并且秦国女子嫁给被征服地区的人家，所生之子也能称夏子。如果出生的夏子是女孩，那么这个女孩长大后无论嫁到任何地方，她所生的孩子都是夏子。

　　于是秦国通过这种血缘的关系，对征服的地区逐步展开统治。

　　秦始皇登基后曾颁布了名为"逐客令"的法令。意为驱逐客人、外人。这个法令却遭到了李斯的强烈反对。李斯还发表了演说表示抗议，最终导致这个法令还没有正式颁布便被扼杀在了摇篮里。这个法令驱逐的对象就是非夏子的一群人。李斯也包括在其中。

其实这个"夏子"的相关规定原本应该是魏国的东西，因为魏、赵、韩都将各自传统的统治领域称为"夏"。后来这个规定被引进到了秦国，于是秦国人开始认为自己才是正宗的"夏"，将这个规定作为自己的东西沿用了下来。

从这些规矩的制定以及制定前后的来龙去脉，我们就能够了解新石器时代以来的传统文化地域是如何被赋予特殊地位的，以及这种特殊地位是以怎样一种现实的需要为基础而存在的。

商鞅大力推动变法使得他树敌无数。启用商鞅主持变法的秦孝公死后，商鞅就立刻被抓入狱，最终死于车裂之刑。

楚国变法

楚国的爵位　　秦国的爵位如前文所述，基本算是比较清晰的，留下了许多相关的史料。与此相对，被秦国所灭的其他诸侯国的爵位就不是那么清楚了。

秦国之外的其他国家的爵位制度都不太清楚，不过这其中也有一些国家还是流传了一些史料让后人能隐约管窥该国的爵位制。这个例外就是楚国。

只是这个爵位制度并不是战国时代的楚国之物，而是属于高举复兴大旗的项羽所建立的楚国。

秦始皇去世后，许多武将掀起了反乱。他们都打着光复战国时代某个国家的大旗揭竿而起。其中一人便是楚国的义帝（楚怀王），而他帐下的中心人物便是项羽和刘邦。

在义帝、项羽的相关记载中，我们或多或少能捕捉到楚国爵位名称的影子。目前所知的楚国爵位有五大夫、七大夫、国大夫、列大夫、执帛、上闻、执圭（珪）、卿等（可以与图 52 商鞅爵位进行比较）。

虽然这些爵位的上下关系尚不清楚，但目前可知上执圭应该是离最高等级较近的一个爵位。《战国策·齐策二》中昭阳答疑时提到了相当于宰相之职令尹之下是上柱国，而横扫千军斩杀将军的人封官为上柱国，爵位为上执圭。

除了上执圭还有执圭一爵，《战国策·东周策》中记载了景翠爵位是执圭，官至柱国。《战国策·楚策四》中还有阳陵君封爵执圭的记载。

关于这个执圭，《战国策·楚策一》中还有记载。公元前 278 年秦军攻楚，秦楚两军交战于汉中，楚军兵败失守汉中时，据记载当时通侯、执圭死了七十余人。从这个数字来看，执圭应该是给县级统治者的爵位。如果是这样的话，那么前文所列举的楚国爵位以外的一些爵位中可能至少还包含了民爵的爵位。

研究表明，不仅项羽恢复了楚爵，被汉武帝所灭的南越也曾使用了楚国的爵位。南越是秦始皇死后才出现的国家，其大本营为现在广东省广州市一带，势力范围波及越南北部及福建地区。我们从越南和海南岛也发现了刻有执圭之名的印章。

南越的君主称"帝"。这个"帝"所推行的制度大概是继承了战国时代楚国的制度吧。

吴起变法　　　　　　吴起侍奉于楚悼王，因其主持楚国变法而为世人所知。变法从公元前 387 年开始，结束于公元前 385 年。魏文侯在位时，魏国已经制定了简单的法令。这时吴起在魏文侯手下为官。这时的法令成为后来魏国律令的基础，而后来的这个律令被商鞅带到了秦国。魏文侯时期，吴起尚在魏国为官，到了武侯的时候，吴起便去了楚国。

关于吴起变法，现存的史料中只有些简单的记载，具体的内容尚不清楚。目前能知道的就是吴起也主张纪律严明，并废除了爵位的世袭制。

既然是废除爵位的世袭制，那就说明直到吴起变法之前，楚国的爵位都是世袭的。不以这个法令的存在为前提的爵位应该只是将楚王和各个城市的统治者以及派遣到各地的官僚进行简单的尊卑排序。大概就是规定了王与诸侯的关系。在这些已有爵位的基础上再添加新的爵位用来对诸侯之下的官僚们进行尊卑排序的就是我们在前文中提到的商鞅变法的爵位。

我们在吴起变法中可见的传统爵位只是侧重于诸侯身份的原始的排序而已。

然而这种旧的爵位制度也迎来了新变化的浪潮。新的爵位不再是奉命到指定某个城市进行统治这个意义上的爵位。它是不被具体城市所束缚的爵位。新制度不再纠缠于具体的某个城市，而是直接赋予官吏统治某个级别城市的权力。任命管理的城市可以变，但身份和享受的特权是不变的。楚国的重臣们虽然可以确保自己的身份地位，但是却不能够让自己的子孙世袭自己对某个城市的统治权了。这个爵位与秦国的关内侯相似。

　　以大国与小国的相互关系为主的时代，正在向以中央和地方（县）的相互关系为主的时代前行。其结果就是新爵位的诞生，并确保官吏们的县级长官身份不变。

　　楚国的情况与秦国的情况相当。楚国人不断开辟了新的统治领域，使自己的版图大大超过了旧有的统治范围。楚国将淮水一带纳入自己直接统治的范围，最终把吴越之地也收编到了自己的帐下，而且在南方还掌握了湖南一带。于是楚国向这些新疆土派遣有能力的官吏进行管理。

　　吴起变法就是在楚国的统治范围突破传统的文化地域框架，版图扩张刚刚起步的时候进行的。也就是楚国以湖北为据点，其直接统治领域还在湖南、河南一带的时候，吴起着手主持了变法。这点与商鞅以统治陕西一带为前提进行变法的情况很相似。

　　否定世袭的爵位就等于否定的楚国的重臣们享受俸禄的基础。吴起是想建立一个不依靠血缘关系、可以录用"外人"的用人制度。

　　吴起也同商鞅一样树敌众多。任用吴起变法的楚悼王于公元前385年去世后，变法反对势力立即进行了反扑。吴起虽然伏于楚悼王尸骸之上，还是被反扑势力乱箭射死。

　　但是反对势力射杀吴起的时候，也射中了楚悼王的遗体。按照楚律，这些反扑势力全被处死。据说由于射杀吴起殃及楚悼王遗体被诛灭宗族的有七十多家。客观上使得吴起变法的反对势力被大大地削弱。

　　楚国后来变法的进展状况我们不得而知。见于商鞅变法的爵位中的民爵似乎也存在于楚国，但具体的等级排序尚不清楚。

从君王巡行到皇帝巡行

**天下物资流通与
金属货币的出现**

　　变法家们将各自领土国家的富国强兵作为第一要务推行变法，因此他们的视角是位于天下之中的各自的特别地域。不过，他们往来于天下，寻找各自侍奉的君主，而促进了变法家们往来于天下的就是交通网络的不断发达。

　　除了人之外，物资也通过发达的交通网流通起来。促进每个领土国家经济发展的也正是物资在天下范围内的不断流通。而促进这一物资流通的便是金属货币。

　　原本物资的流通是在新石器时代以来的广域范围中展开的。

作为物物交换的结果，海里的东西也被传到了内陆地区。从远离商王朝直接统治领域千里之外的广东省出土了殷式的青铜器，就是这一系列交换的结果。时代不断变迁，汉代的铜镜从日本出土也是相似的情况。这种物物交换的过程没有货币作为媒介。

然而以货币为媒介的交换进行后，交易物资的数量直线上升。

金属货币的出现，意味着以天下为舞台的物资流通网络正式形成。这是公元前5世纪左右的事了。最早出现的货币很大，反映了原始的物物交换方式。通过早期金属货币的重量，我们可以看出早期金属货币是将以前交易的青铜器分割而成的青铜块（即称量货币）。到了公元前4世纪后，金属货币形状越来越小，货币量也随之增加。

然而对于这一新的现象，各个领土国家却是高筑围墙，企图加以阻碍。每个领土国家开始发行自己特有的货币，并使之在统治领域内流通起来。许多货币上都会记录制造地，而有些地方铸造了很多国家的货币。从这点我们也能看出当时领土争夺的情况。

中原地区的韩、魏、赵流通的布币是从农具的形状而来。山东的齐国与河北的燕国流行的刀币是从刀子的形状而来。楚国流行的是小型青铜块蚁鼻钱（形状像蚂蚁的脸）。秦国流通的是圆形方孔钱。

这些钱币都有个共同特点，即都带孔，方便打包称量，或是做成比较容易识别的形状。而将多个钱币打包称量的方法在破除国家间壁垒方面扮演了重要角色。这种方法淡化了货币的形状差异，在某种意义上统一了各国货币。因为不管你手持哪个国家的货币，交易时的标准都是重量，而不是形状。

就像这样，实质上的货币统一进程虽然悄无声息，但却成了一股不可阻挡的潮流。客观的现实是和战国时代各国铸造不同形状货币的初衷背道而驰的。

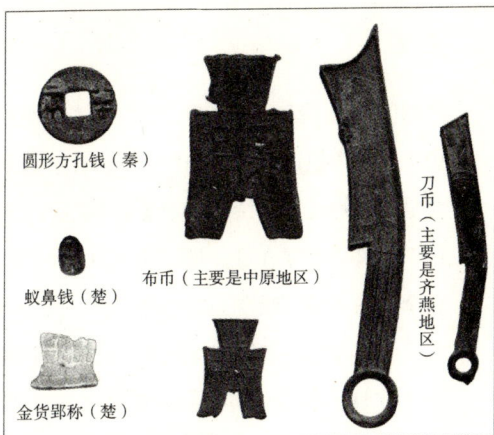

53 战国时代的金属货币（东京大学东洋文化研究所藏）参考图 50 的重量单位图

圆形方孔钱（秦）

蚁鼻钱（楚）

金货郢称（楚）

布币（主要是中原地区）

刀币（主要是齐燕地区）

货币的大小并非毫无意义，每个国家独自决定货币大小，而货币也反映了每个国家独自的重量单位。关于这点，我们已经在介绍度量衡的时候有所提及。重量单位虽然各国不一，但单位上调时所用的数值却用了便于换算各国不同单位的东西。货币也不是在不同的国家孤立地产生，而是随着天下物资流通的发展而产生的。其结果就是各国不一的重量单位被整理称为便于换算的东西。

各国的重量单位上调方法不同，这是基于各国想要强调自己独特性的意图。

秦始皇统一天下以后，开始将这种统一推行到各个方面，对各种制度进行了统一和完善。但是在秦始皇在位期间就只有货币没有统一。因为他认为货币的统一实际上一直在进行着，并未间断，因此也没有特意进行统一的必要。不过到了秦二世的时候，他对货币的"形状"非常在意，所以将全天下的货币统一成了圆形方孔钱。这个政策引发了经济上的问题，并一发不可收拾，最终引发了天下大乱。秦二世对货币形状的统一成了大秦帝国分崩瓦解的原因之一。

此外，商朝与周朝也有被看做是与货币具有同等属性的宝贝。这些宝贝都是通过一系列物物交换从千里之外传入商、周的贵重物品。由于这些东西原本就是通过一系列物物交换传入的，因此我们可以把它们看做是货币的前身。不过从上述货币产生状况而言，当时还没有一个成熟的环境让这些宝贝作为促进广域的物资流通的货币发挥其作用。日本广泛使用货币也是在作为天下货币的宋钱开始流通后才开始的。因此在当时这些宝贝的主要功能还是装饰作用。

从商王田猎到秦始皇巡行

我们之前讲到了大禹的传说。汉代人谈及治水传说必用的一段故事其实大概内容也只不过是大禹巡游天下而已。这段故事中唯一有治水色彩的就只有开篇讲到的大禹治水罢了。寥寥数字，非常简单。这小段内容其实讲的充其量是跟诺亚方舟类似的故事。

这个巡游天下的大禹形象与《日书》中记载的行神（旅行之神）大禹形象是相通的。记载了这种大禹形象的《日书》成书于战国时代末期。

一如前文所述，战国时代出现了广域的经济圈，金属货币称为交换的媒介。在这种广域的经济圈形成的过程中，出现了守护往来频繁的人们的神灵。这就是作为行神的大禹。大禹成了当时频繁往来于刚刚形成的交易之路的人们的守护神，于是大禹很自然地也会出现在许多地方。人们把各地出现的大禹故事加以整理，便有了大禹巡游天下的说法。

另一方面，随着铁器的普及，修造大兴土木工程的治水之神的故事也逐渐成形。前文已经介绍了《左传》昭公元年的治水神话。神话讲述了台骀圆满地完成了任务，疏通了汾水与洮水，平息了大洪水，然后定居于大原（高平）之地。同样的治水神话也出现于各地。这个治水神话并不是制造诺亚方舟的那种治水方法，而是修建治水工程成功退水意义上的治水。这个治水之神到了汉代就和行神大禹融为一体了。除此之外，大禹的神话还融入了其他地方的治水神话。

除了行神巡游之外，各国的君王也在自己的统治领域内进行巡游。各地都有圣山。例如山东的泰山就是其中之一。泰山是齐王作为正统君王举行仪式的神圣场所。

远在城市国家的时代，各国君主都会在领域内进行巡游，举行仪式。商王也不例外。前文提及过的商王田猎其实就是为了举行这种仪式而进行的巡行。巡行的路程要求是能在一日之内往返的范围内，换句话说也就是在城市国家的领域范围之内。这时候经常举行的仪式是作为"大国"的商对臣服的"小国"施加灵性的威压。"小国"为了履行纳贡的义务，或为了到商王朝进行朝拜，便在商的郊外建造一个村作为派出机构。商王就是对这些村子施加灵性的威压的。

到了战国时代后，发生了前所未有的变化，君主巡行的范围变得更加广大。由于领土国家的形成，即使在特别地域巡行，需要巡游的地方光有城市是不够的。各领土国家的领土虽然是以新石器时代以来的文化地域为母体形成的，但往往同时也是作为该文化地域的一部分而存在。因此本来君主应当巡行的领域往往是大于各领土国家版图的。

在这种讨论中，齐国就创造了称扬齐国田氏与鲁国孔子的"形式"。孔子作为圣人的这份差事也备受期待，于是制造出了孔子周游列国的故事。而孔子周游的范围就是齐国虎视眈眈、垂涎已久的殷商故地。

正如前文多次提到过的，当某个国家展开正统性的讨论时，必然就会有人制造话题来贬低这个国家。《史记·孔子世家》中整理记载了不少与战国时代孔子相关的话题，也是毁誉参半。在贬低孔子的记录中有孔子在列国流浪的传说，认为由于孔子所经地方仅限于殷商故地，比起巡游天下的大禹，孔子还是望尘莫及。这就是《孔子世家》在讲到孔子巡游殷商故地时说他"然自要（腰）以下不及禹三寸"的原因所在。

战国时代各国君王都把这些故事当做是历史的"事实"来加

以利用，在统治范围内进行巡行，并企图扩张自己的版图。

《尚书·禹贡》中记录了大禹一方面非常重视新石器时代以来的文化地域，一方面又巡游天下的故事。记录了大禹"奠高山大川"。所谓"奠高山大川"就是指镇抚了山川之神。这个故事很明显是以实施精神上的压制仪式为前提。只不过具体记录了九州之田与赋税内容的部分，在除去以魏国领土为前提而记录的冀州之后，剩下的部分并没有什么能让人联想到有关压制仪式的表述。并且介绍五服制度的部分还格外注意将特别地域与其他地域分开论述。因此《禹贡》中记载的治水其实是将天下分为若干领域并分别进行说明。而这若干领域与《左传》中介绍台骀治水时提到的领域基本大同小异。

于是大禹的故事便成了在这些不同领域进行治水，使用天下的交通网络向旁边的领域移动的故事。

秦始皇的巡行就是从《禹贡》的内容中去除了治水的部分。秦始皇在战国列国实施精神上的压制仪式时使用的具有象征意义的场所中选择一个地方前往，在那里举行了类似的仪式。秦始皇最初前往的地方是其祖先长眠的墓区。

在秦始皇巡行的各地灵所中，最为后人熟知的便是泰山。这是因为秦始皇巡游各地时最介意的地方就是齐国的泰山。在秦始皇统一大业的最后阶段，齐国是最后一个敌对的正统势力。当时齐国与秦国二分天下，齐王作为"帝"，其势力与权威也是享誉天下。因此，平定齐国的圣地，也就象征着天下的统一。

交易之路不仅是经济的大动脉，同时也是信息的大动脉。战国时代，古人以货币为媒介进行交换，交易之路上的人员往来也空前活跃。正是通过这个大动脉，各国的论客游历天下，得以被各国君王奉为座上宾并一展才华。他们将各地信息进行整理总结，在各国展开辩论，各国的信息才得以在短时间之内传遍天下。

汉代的司马迁也曾经使用这一交通网络游历各国进行调查。

第十章

重新比较探讨春秋时代观
以及夏商周三代观

文书行政开始以前

大和的大国与商、周　　　　我们在前文回顾了战国列国对夏王朝、商王朝、周王朝这三代的历史观，讲述了商、西周、春秋、战国这四个时代。

多多少少能供我们这些后人使用的历史记录几乎都是成于战国时代，也就是文书行政开始以后。如果使用成书于汉代的《史记》来讨论战国时代的历史，我们就会发现不少问题。那就是《史记》对历史的记录中掺杂了太多汉代的天下观，所以我们会发现《史记》中的历史与其他典籍记录的历史有很大的出入。关于这一点，前文已经做了很详细的介绍。

历史再往前推一点，就是春秋时代。扭曲的历史观不仅见于站在天下的视角上编写的《史记》，还见于展开了领土国家理论的战国时代的史书中。战国时代的史书中处处可见领土国家的理论，因此这些书中的春秋时代城市国家的历史也走了样。关于这点，我在前文也做了详细的介绍。

那么春秋时代到底是个什么样的时代？这个时代既非建立在汉代天下观的理论上，也不属于领土国家理论范畴，它的国家形态是城市国家。它到底是怎样的一个时代？

我们已经在本书中的很多地方提过相关的话题。接下来再补充一些笔者认为重要的几点。

在传统观念中的春秋时代，"五等爵"应该是存在的。不过前文已经提到过，这个制度其实是战国时代的思想家们虚构出来的制度。希望大家在理解这个问题的基础上，将春秋时代与日本的古坟时代、飞鸟时代以及律令时代做一下对比。

日本的古坟时代，大和有大国盘踞，各地有小国林立。大和政权的权威也波及周边小国。而中国的春秋时代，在每个新石器时代以来形成的文化地域中有不少大国，这些大国也将周边的小国纳入自己的势力范围。在这点上两者极其相似。

根据记载，日本古坟时代的倭五王曾向中国派遣过使节。而且我们还知道这些王曾经还向中国要求封自己为"都督诸州诸军事"的官（掌握日本与朝鲜半岛部分军权的官职），让自己的爵位在百济王之上。而在春秋之前的西周时代，周王朝掌握着新石器时代以来的文化地域之———中原地区的西部和东部，并且西周的权威也波及周边国家。我们拿这时的状况与倭五王时期相比就会发现其实两者也有很多类似之处。

飞鸟、白凤时代是日本步入律令时代的准备期。飞鸟时代小国的君主被任命为国造。中央豪族为"臣"或者"连"，地方豪族为"君"或者"直"。在日本这个领域中也分出了中央和地方，各个氏族的首领也被赋予了不同等级的称号。

西周时代与春秋时代也出现过类似的国与国关系。接下来我们就来谈下这种国与国关系。

西周的都城住着周王，陪都雒邑则住着周公。在王之下有以伯或叔等家族称谓相称的各个氏族之长。除此之外，小国的君王作为"诸侯"臣服于周王。而在"侯"之下也有类似周的伯、叔关系的人。到了春秋时代以后，随着汉字的传入，这群人也开始被"诸侯"以伯、叔相称。

这里值得注意的是类似"五等爵"这种以官僚等级排序的爵位并不存在于那些领土与日本相当的"大国"之中。

这是因为在"大国"与"小国"的关系为主的社会，人们并不需要"五等爵"这种东西。但是对于飞鸟白凤时代的"中央"而言，除了与地方的"君"和"直"相当的"臣"和"连"之外，还是需要"大臣"或"大连"这种爵位以示区别，特别是在诸侯级别上。

与此相似的特别的诸侯等级也存在于西周时代与春秋时代。

这是本书的观点。这就是作为诸侯中的特别人物"公"（这里指的并不是战国诸国在整理历史时贴上的标签"公"）。

到春秋时代为止的畿内 西周时代和春秋时代的"大国"拥有与飞鸟时代的"中央"相当的"中央"，即畿内，这是理所应当的事实。

这个畿内是由城市国家直接统治的领域范围。

与此相对，战国时代秦在将天下的半壁江山都收入囊中之后，便将其在新石器时代以来的文化地域母体基础上形成的领土国家秦的领土（陕西渭水流域）改称为"内史"（畿内）。这片土地到了汉代后被分为了京兆尹、左冯翊、右扶风，但其畿内的地位始终没有改变。

而日本、朝鲜半岛和越南在历史上都没有过这么幅员辽阔的畿内。

因此，我们有必要牢牢记住这一区别，在此基础上进行探讨。

城市国家时代的"大国"的畿内与领土国家时代的畿内是有区别的。如果我们考虑一下城市国家时代，即春秋时代的大国秦的状况，就有必要事先设想一个比领土国家的内史面积要小的畿内。

而西周与商的时代也自然是类似的情况。

西周时代，王都镐京周围与陪都雒邑一带都被定义为畿内，并受到特别的对待。它们和日本古坟时代的畿内面积相当。

西周时代和春秋时代，中央还是靠简单的方式来统治畿内之外的地区。而到了战国时代，中央就开始派遣官吏到这些曾经属于间接统治的地带，开始了直接的统治。在文书行政开始之前，畿内是城市国家直接统治管辖的地区。这个畿内反映了战国时代之前的历史，它是在新石器时代以来的文化地域内的一部分地区上形成的。

首都与陪都

无论是首都还是陪都，这两者有个共同点，都是被建在了某个领域的某个地方。无论是大国统治小国，还是中央直接派遣官吏去地方进行统治，该国的统治范围越大，首都和陪都之间的距离就越长。反之一个国家的势力范围越小，则首都与陪都的距离也就越短。这是很自然的，无需赘述。

拿周来说，它不仅拥有陕西一带，就连河南一带也在其统治之下。因此王都镐京与陪都雒邑之间就隔了很远的距离，跟日本的京都与东京之间的距离相当。在另一个时代、另一些地区，如镰仓时代关东的镰仓幕府和位于京都的所司代之间也相隔甚远，又如足利时代京都的足利幕府与关东管领之间也是类似的情况。

我们讲这个并不是单纯为了让大家认同这种两都关系。这个问题，跟周克殷后将其统治领域重新置于周统治之下的历史有关。

从新石器时代以来的文化地域来看，商的统治领域主要是中原地区的东部，然后向周围的小国施加影响。周的传统势力范围是中原地区西部的陕西一带。周人向东进军，将商人的统治领域变为了自己的囊中之物。周的王都镐京位于中原地区的西端，对甘青地区虎视眈眈。陪都雒邑则位于中原地区的中央，这个位置刚好可以将商的主要统治领域收入眼底。周公一族代代统治着雒邑，而初代周公之子被分封到鲁。鲁地处海岱地区的一角，同在海岱地区的还有北方的齐。

中原地区大概可以分为东西两个部分。雒邑就在从西区向东区进军的一个出口位置上。

陪都雒邑的地理位置就是这样的。

另外，关于大家普遍认为的存在于商王朝之前的朝代——夏王朝，战国时代的每个国家都有着自己的解释和说明。

战国时代的秦认为中原的西区是夏王朝的故地，强调自己对陕西一带的直接统治，将自己的国土定义为"夏"。

同样在魏国，魏人认为从山西到河南一带才是夏之故地，强调夏王朝的故都就在河南。

同样在韩国，韩人主张春秋时代晋国都城山西一带才是夏之故地。

即使考虑到类似上述的夏王朝的历史定位，我们也能知道周王朝的势力范围从陕西一直波及河南，这在还是大国统治小国的时代也算得上是极其广大的领域了。虽然这片领域比起汉代的"天下"而言还相当逊色。

西周时代的世界观

西周金文中赞扬文王与武王的内容

我们在讨论战国时代之前的王都与陪都问题时，发现在西周金文中记录了不少有趣的东西。

西周金文中有记录文王与武王共同建立周王朝的内容。文王的功绩有"膺受大令（命）"（受天命）、"受天有大令（命）"（受天之大命）、"匍有上下"（获得知晓天地呼应的力量）。而武王的功绩有"克大邑商"（战胜了大城市商），其结果便是"匍有四方（平定了四方）"。

到了西周后期，文王和武王的功绩被合二为一，铭文内容主要表现为"丕显文武，膺受大命，匍有四方"（出自青铜器"师克盨"）。这是将文王的"膺受大令"和武王的"匍有四方"合二为一的结果。其"匍有四方"的部分在其他青铜器铭文中表现为"亦则殷民"（出自青铜器"师询簋"。意为使殷商遗民归顺自己），或者表现为"率襄不廷方"（出自青铜器"毛公鼎"。意为使不来朝贡的"方"国〔诸侯〕都归顺自己）。由此可知所谓的"匍有四方"所表现的是周打败殷商的"克殷"之意。

这是因为在西周初期，"四方"指的并非周的"四方"，而是殷商的"四方"。并且这个"四方"并非指的是东西南北这四个方位，而是代表四个"方"国（诸侯国）。殷商称诸侯国为"方"，这种称呼可见于甲骨文。

54 史墙盘（陕西省扶风县庄白村出土　周原文物管理所藏）

前面已经向大家介绍了《逸周书·世俘解》。我们可以从《逸周书·世俘解》中所见的内容和说法看出上述青铜器铭文中的说法后来是如何演变的。这个篇章详细叙述了周武王克殷的全过程。其中有一段为"武王遂征四方，凡憝国九十有九国，馘磨亿有十万七千七百七十有九，俘人三亿万有二百三十。凡服国六百五十有二"。这段描写了继承文王功绩的武王的实际战果。

从数字来看，我们也知道这是非常夸张的说法。不过这段内容也告诉我们：这里的"国"就是存在于由"四方"（四个方国）组成的一定领域中的城市和农村。

青铜器史墙盘记录了周文王的功绩。其铭文中有这样的内容："匍有上下（获得知晓天地呼应的力量），会受万邦（被授予了许多国家）。"这段内容估计是对"膺受大令"部分的详细说明。这里的"万邦"也是极为夸张的说法。我们可以认为"万邦"是相当于上述"国"的城市和农村。只是史墙盘内记录的"万邦"是比上述殷商"四方"更为广阔的统治领域。关于这个问题，我们在下文中会继续进行讨论。

我们可以假设服从于殷商的"四方"这些方国所在地是以河南为中心的地域。

55 逨盘及其铭文（陕西省宝鸡市眉县杨家村出土　宝鸡青铜器博物馆藏）

**陕西省眉县青铜器中的
"四方""四域"和"狄"**

陕西省眉县出土的青铜器逨盘也能看到类似的内容。该青铜器是周宣王时期的东西。

丕显朕皇高祖单公，桓桓克明慎厥德（是一种咒力。与后世所说的德有所不同，通过征伐传播到各地），夹召文王、武王，达殷，（周文王）膺受天鲁命，（周武王）匍有四方，并宅，厥董疆土，用配上帝（并辅佐之）。（参看《新收殷周青铜器铭文暨器影汇编，台北艺文印书馆，2006 年，编号 NA0757）

这里所讲的"四方"也与周初相同，指的是殷商的"四方"。

逨盘铭文的下文是"雩朕皇高祖公叔，克逨匹成王，成受（文王以来的）大命，方狄（外族）不享，用奠四域万邦。"

这部分讲了周武王死后爆发的一场叛乱。

具体可见于《史记·管蔡世家》和《宋世家》的记载。周族的管叔与蔡叔接受分封，以统治殷商余民。但是周武王驾崩后，他们伙同殷商余民掀起了叛乱，与周公为敌。但后来这场叛乱被镇压，之后重新让卫国来监督殷墟，殷商一族被分封到了宋国，蔡叔也得到了原谅，免去一死。到了西周末年，位于陕西的郑国迁到了管的附近。

我们在前文中也介绍过了《左传》中韩氏的祖先传承的内容（昭公元年）。该章节中记录了周成王灭唐（山西中部，晋的大本营所在地）一事。这个事件也被记录在《史记·晋世家》中，变成了平定叛乱的故事。

周武王进军河南方面，于牧野击破殷军，推翻了殷商的统治。当时周武王和山东的齐一起夹击殷商。这段历史也是众所皆知的。

一直跟随殷商的山西方国在殷商灭亡之后也没有归顺周的意思。不仅如此，他们甚至还有可能与殷商余民的叛乱遥相呼应，因此周天子决定对其进行讨伐。于是我们可以说逨盘铭文中的"狄"应该指的是山西的唐。

从周王都所在地陕西出黄河的弯曲部后，大概有两条路可走：一路向北就是山西，继续东进则到河南。因此周王北上歼灭了山西的方国，东进镇压了殷商余民的反扑。

当周天子镇压了山西的"狄"和殷商余民的反乱后，铭文中用了"用奠四域万邦"来表示。史墙盘中称赞周文王的功绩时用了"匍有上下（获得知晓天地呼应的力量），会受万邦（被授予了许多国家）"来记录。因此"四域"讲的是包括"狄"和殷商余民在内的全部周王统治所及之地。作为这个"四域"的一部分，于是有了殷商的"四方"。

值得一提的是，如果我们只看"狄"的字面意思，是很难判断其具体所指的哪一个外族。因为在编纂了大量史书的战国时代，不同史书中的"狄"所称的外族都是不同的。例如，在后世性较强的史料中出现"狄"，则一般指的是北方的外族。这是人们的普遍认识。但是在《春秋》的文字中，"狄"却分布在山东至河北一带。西周时代的速盘与齐国所作的《春秋》中"狄"所指的对象皆不相同。

在周代，即使加上成王时期的山西，"四域"所指的也只是个有限的地域。在这个"四域"之中有"万邦"。并且殷商的"四方"作为"四域"的一部分而存在。

这个"四方"很容易被误认为是"天下"。如果可以把统治所及之处定义为"天下"，那么也许我们可以把殷商的"四方"与"天下"互换。但是这个"天下"的范围和战国以后的"天下"就存在着天壤之别了。"四方"与其说是"天下"，还不如说是战国时代各国的国家领土，即特别地域更为准确。尽管只是短暂的支配，山东的齐和陕西的周也曾归顺于殷商，如果要把这称为"天下"，则"四方"也只是这个有限的"天下"中的一小部分而已。

同样，"四域"就是周的特别地域。虽然我们也可将"四域"称为"天下"，但"四域"的"天下"也是远不及战国时代的"天

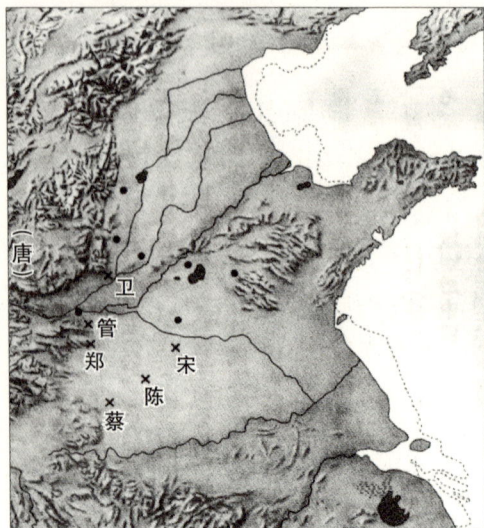

56 殷商故都 图中 • 所示之地为殷商故都。所在位置参考了谭其骧主编的《中国历史地图集》第一册。准确与否尚需考古学者的验证。这些城市是周初由周天子委任管叔与蔡叔管理的。但是武王死后，管叔与蔡叔伙同殷商余民掀起反乱，被镇压之后，这片土地又重新分配给了卫、宋、蔡（×）。西周末郑国进入管地进行管理。• 作为殷商故地与后来出现问题的"四方"有何关系，并与《左传》中的宋、陈、郑、卫这"四国"有何瓜葛，严格来说还有待考古学的考察研究

下"的。

另一方面，日本的"天下"仅仅指的是日本的土地。商周的"天下"虽说很小，却也是和日本"天下"不分伯仲的。这点是需要强调的。

有个青铜器名为"爨公盨"。由于爨公盨出土状况不明，因此目前尚不清楚是西周时期之物，还是战国时代之物。这个青铜器上铸刻着"天下"二字（可以分读为"……天，下……"）。如果这是战国时代的器物，则可以参考成书于战国时代的典籍进行说明。

并且，这也如前文所述，在战国时代的天下范围内存在着多个中央政权结成的文书行政网。与此相对，西周时代所讲的有限范围内的"天下"是以"大国"与"小国"之间的关系为基础的，当时尚未开始文书行政制度。

**秦公簋、秦公镈中的
"下域""四方"和"蛮夏"**

在研究西周时代的"四域"时，制作于战国时代的秦公簋可以为我们提供一些启迪。该青铜器的铭文如下：

秦公曰：丕显朕皇祖，受天命竈有下国（皇祖的神秘之力），十又二公，不坠在上，严龏夤天命，保鑬厥秦，虩事蛮夏（确认了目前安于现状的现实和将来必将统治蛮夏的事实）。曰：余虽小子，穆穆帅秉明德，叡尃明型，虔敬朕祀以受多福，协龢万民，虔夙夕，烈烈趄趄，万姓是敕，咸畜百辟胤士，趡趡文武镇静不廷（亲文公、秦武公的实际战果。秦目前安于这样的现状），柔燮百邦，于秦执事，作淑龢〔钟〕厥名曰甚邦，其音铣铣雝雝孔煌，以邵格孝享以受纯鲁多釐，眉寿無疆，畯疐在位，高引有庆，匍有四方，永宝宜（秦公祈愿能够在现有秦国的领土之上，再能够将对殷商的四方即蛮夏的统治变为现实）。（参中国社会科学院考古研究所编辑《殷周金文集成释文》第一卷，香港中文大学中国文化研究所，2001 年，第 238 面，编号 270）

此外秦公镈（秦公镈有以前出土的秦公镈和新出土秦公镈两种。这里指的仍是老的秦公镈，我们在前文也有提及。新的秦公镈我们称之为"新出土秦公镈"中也有类似的铭文。其开篇部分有"秦公曰：不（丕）显朕皇且（祖）受天命，又（有）下国（我们得到保证能有下国）。"关于十二公，（）内讲了"确认了目前安于现状的现实和将来必将统治蛮夏的事实"。这是因为讲述了皇祖们的功绩，明确表述了对"下国"的统治。

也就是说由于皇祖的神秘之力，得到了保证能够统治"下国"。在这个"下国"之下，有目前已经处于统治范围的秦地，以及将来会纳入统治范围的"蛮夏"，即"四方"。

正如前文所言，据说秦与赵拥有共同的祖先。赵国所统治的地盘在山西北部，一如前文所述，《左传》中记录了山西南部与夏王朝的遗址有关系的内容。我们已经知道根据秦律，秦国女子所生之子为"夏子"。上述秦公篹中也提到秦王在大禹居住过的地方建了家宅。这种理论大概就是将夏王朝的遗址设定到秦国领土的东面，然后通过祖先传承将其对该地区的统治正当化。所谓蛮夏，指的就是那群自封为夏王朝后裔的中原一带的国家，他们其实根本就不是夏王朝的子民。

这里需要大家注意的是铭文中没有提到"天下"，而是"下国（域）"。这应该是由于"天下"这一词汇还尚未成熟，或者还没有出现的原因。

值得一提的是秦公镈中铭文中所使用的字并不是"或"或者"域"，而是"國"（国）。正如前文所提到的，这个"國"（国）字是到了战国时代才出现的。西周时代以来的城市都被称作"邦"，围绕着"邦"而出现的一定的领域在西周以后被称为"域（或）"。随着领土国家的出现，人们对包围这一领域的分界线更为关注，其结果就是出现了"國（包围着或）"（国）这个字。

新出土秦公镈中的"蛮方"　除了前文所涉及的秦公镈，还有另一个新
"域""百蛮""四方"　出土的秦公镈。其铭文内容如下：

> 秦公曰：我先祖受天命，赏宅受国（以上为先祖的功绩。
> 神秘之力）。烈烈昭文公、静公、宪公，不坠于上，昭合皇天，
> （以）虩事（蛮）方（以上为三位君主的功绩。神秘之力的使用
> 与实际战果）。公（秦公）及王姬曰：余小子，余夙夕虔敬，朕
> 祀，以受多福，克明厥心，盭龢胤士，咸畜左右趩趩，允义翼
> 受明德（秦公目前为止的功绩。实际成果）。以康奠协朕国。盗
> 百蛮，俱即其服（对于得到保证将为自己统治的地区，祈愿实
> 际成果）。作厥酥钟，灵音铣铣雖雖，以宴皇公，以受大福，
> 纯鲁多釐，大寿万年。秦公其畯龡在位，膺受大命，眉寿无疆，
> 匍有四方（祈愿能成功。对于得到保证将为自己统治的地区，
> 祈愿实际成果），其康宝。（参中国社会科学院考古研究所编辑
> 《殷周金文集成释文》第一卷，香港中文大学中国文化研究所，
> 2001 年，第 237 面，编号 269）

文章结构与秦公簋、秦公镈（旧）非常相似。

使百蛮归顺自己大概类似于匍有四方。百蛮指的是人，而四
方指的是土地。蛮方大概指的是马上前来归顺的方国，这并未
归顺的百蛮都是属于四方的。

关于这个青铜器的时代有两派见解。一种见解认为由于铭文

中出现了邵文公、静公、宪公，此三公分别对应于《史记·秦本纪》中的文公、竫公（《秦始皇本纪》为静公）、宁公（《秦始皇本纪》为宪公），因此该青铜器成于宁公之子武公的时候。另一种观点认为该青铜器铭文与前文介绍的秦公簋、秦公镈铭文极其相似，因此应该是这些铭文中的"十二公"之后的文物。历来人们认为"十二公"之后应该是春秋末期，但是笔者再次研究了相关青铜器之后认为"十二公之后"应该是战国中期以后了。

不过，实际上目前还不能确定这个青铜器是春秋前期武公时期的还是之后的文物。新出土的秦公镈铭文虽然言及"宅"，却只字未提"禹"。大禹相传是夏王朝的始祖。秦公簋、秦公镈（旧）中提到了"蛮夏"，这个"蛮夏"的"夏"大概就是夏王朝的夏。战国时代的一个特点便是各诸侯国都高举着复兴夏王朝的大旗。新出土的秦公镈中未见战国时代的词语"夏"，这就说明了该青铜器的铭文使用的是一种更古老的体裁。

不过在铭文中也的确见到了"义"字，这个字一般认为是具有战国时代特色的字。这是个值得注意的地方。不过即使相同的词语，在不同时代其含义也各有不同。例如"德"字，在西周时代（德是一种咒力、灵力）和战国时代（与现代意义的"德"意思相近）的意思就大相径庭。这段文字中的"德"做哪种理解都是可以的。相同的，"义"的意思根据时代不同有所出入也不是不能理解的。因此仅仅靠一个"义"字，是不能断定该青铜器的时期的。

何尊中的"中域"　　　　　　一如前文所述，周有两大都市，首都镐京（宗周）和陪都雒邑（成周）。前者在周的大本营陕西一带，后者震慑着殷商故地。大本营有周王坐镇，雒邑有周公把持，形成了一个支撑周王朝的体系。

前文介绍的青铜器都有一个共同的认识——周的势力范围从宗周一带延伸到了成周一带。

这个以陕西一带为主、雒邑一带为辅的想法后来发生了变化，这就是武王死后，由雒邑的周公辅佐年幼即位的成王的体系。

周成王的即位是应支撑周王朝的姬姓一族的要求。同样，周公旦承担辅佐重任也是应族人的要求，但是没有人要求周公直接继承王位。青铜器何尊是西周初期的文物。这个青铜器记录了一个特殊时期的历史——武王驾崩后，周公辅佐年幼的成王，将其置于雒邑之地进行培养。

唯王初迁宅于成周（雒邑）。（以下二字不清晰），（在宗周）复禀武王礼福自天。在四月丙戌，王诰宗小子于京室曰：昔在尔考公氏克逨文王。肆文王受兹大命。唯武王既克大邑商（殷），则（于首都镐京一带）延告于天曰：余其（迄今已）宅兹中国，自之乂民。乌呼！尔有唯小子亡识视于公氏，有爵于天。彻令敬享哉！（参中国社会科学院考古研究所编辑《殷周金文集成释文》第四卷，香港中文大学中国文化研究所，2001年，第275面，编号6014）

这里讲述了成王迁宅于雒邑，以及回顾了武王时期的事情。在回顾武王时期时用了"中域"一词。

在西周青铜器世世代代都会不知疲倦地将文王受命和武王掌握殷商故地"四方"的内容写入铭文。这点我们在前文也有所涉及。

文王的"匍有上下"（获得知晓天地呼应的力量）不断被强调，其意思是指文王手握陕西之地。因此周王朝每代都会确认同一个事实——周是以陕西为大本营（中域），在此前提之下将其统治延伸至河南一带。

前文提到了《左传·昭公九年》中的"中国"（中域）。这个"中国"就是受上述何尊铭文中的"中域"影响的说法。

各文化地域上的王朝交替

从天下的视点论霸者的交替

以上就是西周的世界观。我们可以确定这个世界观后来作为基本的观点得到了战国时代秦国的继承。

秦国原本是从甘肃方面东进至陕西渭水，占领了渭水一带西面，最后将东部也一起纳入其势力范围（参考图1、图2）。如此一来，西周王朝的王都一带就成了秦国的囊中之物。所以，如果我们将新石器时代的文化地域中的中原地区一分为二来论述，就可以把盘踞于陕西一带的"大国"的交替作为一个问题来讨论。在这片土地上，"大国"从周变成了秦。

晋国从山西汾水地区将势力范围向外延伸，成为横跨山西、河南的第一大国。在划分势力范围的意义上，制造了王朝的交替。

在山东方面，齐国仍旧稳坐头把交椅。这一带没有出现王朝交替的现象。不过，齐国对周的诸侯施加的影响力越来越大，最后成为连周也不能无视的存在。对这些诸侯施加新影响的则是晋国。晋国的抬头使得齐国没能够在河南一带制造出王朝交替的情况。

在湖北方面，原本只是弱小部族的楚国向外扩张，最终将湖北一带纳入了版图之中。虽然西周时代的情况尚不清楚，不过这一带曾经也确实出现过王朝交替的情况。

在江苏方面，春秋中期以后，吴国势力开始变大。虽然之前的状况尚不清楚，不过这一带也确实有过王朝交替的情况。吴国后来还向邻国出兵，攻陷了楚国的都城（公元前506年），甚至向中原诸侯也施加了不小的压力。

吴国最后灭在了越国手中（公元前473年）。越国以浙江为大本营一路北上，最终将吴国置于其统治之下，并且越国还继承了吴国的势力范围。我们也可以将这个理解为长江下游地域发生的王朝交替。

传统观点认为霸者的交替主要是齐、晋、楚、吴、越的五霸。但是从上述情况看来，这种观点是有偏差的。

因为霸者更替的观点是从天下的视角来看的，而且对于周王朝而言，问题在于到底是什么样的地域的大国与此有关系。这个观点是在以周为中心来整理诸国的关系，认为各地的大国是比周略低一等的，所以才说是霸者的更替。

战国时代的霸者观与这个霸者更替的观点是截然不同的。虽然各国在议论霸者时也已经开始讨论天下的问题，但是他们都有一个共通点，即"还欠缺作为王者的一些资格"。因为他们想说在各个领土国家首次称王的人才是真正具有王者资质的人，所以对于霸者的评价都是要低于王者一等的。无论是这片领土过去的统治者，还是敌对势力自认为正统的祖先，都一视同仁，都低于王者一等。如何将自己国家的特别领域定义为天下中的特别存在，这是议论的基础所在，而不是传统观念中的天下的霸者是为了维护周王朝的统治才进行更替的。

春秋时代周王朝的王都　如果我们将周王朝看做统一天下的王朝，那么周王朝的王都就是这样的——西周时代王都位于陕西镐京，进入春秋时代后搬到了中原的雒邑。关于周王朝王都的变化，历代都是用"东迁"这个词表示的，即周的王都向东迁移。

然而实际上这段历史应该是周的诸侯发生分裂，出现了拥护镐京的周王即周携王的势力，以及拥护雒邑周平王的势力，两军兵戎相见，最后平王势力得胜。

西周时代，雒邑扮演的一直都是为了将中原地区纳入势力范围而存在的陪衬的角色；但是等到平王即位后，雒邑变成了王都，西周时代的王都所在地陕西被人遗弃了。

在这个时代，汉字开始不断地传播，在诸国生根发芽。

此时出现了将周王朝是以雒邑为首都的王朝作为前提来讨论历史的想法。这时候我们可以关注一下很早以前的记录。这就是本书前面介绍过的《逸周书》等古籍。《逸周书》写到了周武王向东远征，结果征服了"（殷商的）四方"。虽然平定了这个"四方"的周王朝，但"四方"这种说法是商王朝的说法。

周还在商的统治下当小国的时候，周人还不会汉字。周是在灭商的过程中继承了商的文字。因此对于商人的表达方式首先是囫囵吞枣地接受下来。"四方"这种商人的说法也被原汁原味地继承了下来。

因此在西周初期的金文中也出现了"四方"一词，其意思是武王征服了商的四方。

这个"四方"并不是作为围绕西周王都一带的地域被提及。但是作为记录流传了下来，等到了春秋时代周王就搬到了"四方"附近居住。这样就让人产生了一种周王朝的周围有四方的错觉。

这个情况的变化一直流传到了战国时代。

战国时代位于中原的韩国便开始了对这个"四方"的再利用。因为韩国本来就位居中原地区，所以这种说法对他们而言是再合适不过的了。一如前文所述，《左传》一面将陕西之地称为"中国（域）"，另一方面却又说是"西土"。这种观点也被沿用到了《史记》里。后来甚至出现了将商以来的"四方"改为"四表",还认为文王的"上下匍有"中的"上下"就是河南一带的文献（《尚书·尧典》）。

西汉首都在长安（西安），但东汉却定都于洛阳。从东汉时代开始，古人便开始给各种古籍经典作注。结果自然而然地，古书中出现的"四方"被理解成了东西南北。后来有读者理解到了"四方"原本的意思，于是我们才可以重新讨论"四方"的意思。即古书中出现的"四方"并非东西南北，而可能是"四个国家"的意思。不过按照传统的解释方法，将"四方"解释为"东西南北"的注释还是普遍存在的。

在这种传统的解释方法背后，隐藏着统一帝国的观点。如果想把商王朝看做是统一天下的王朝，那么按照原意来解释"四方"就很不恰当了，所以必须解释成拥有广域印象的东西南北。周王朝的迁都又为这一解释提供了有利的证据。如果周王朝的都城一直都在镐京，留下更多能明确其与四方之间关系的史料，估计现在也不会有这种误解了。然而周迁都雒邑一事为后人错误地解释"四方"提供了方便，这个错误甚至还波及后人对周王朝统治地域范围的认识。

汉字的魔力

**使周站在权力顶点的
青铜器铭文**

我们现在知道汉字是商王朝使用的文字，并且后来为周王朝所继承。

周王朝从商王朝那里继承到了在青铜器上铸刻铭文的技术后，也严格保密，从未泄露与他人。周王朝就是在这样一个状态下把刻有铭文的青铜器赏赐给诸侯的。而接受封赏的人也并不知道汉字的意思。不过，如此代代接受封赏后，诸侯们也渐渐开始懂得汉字的意思了。然而即使他们懂得汉字的意思，也不懂得在青铜器上铸刻铭文的技术。因为不懂，所以也不会制作。有的诸侯国即使能制造青铜器，上面也没有铭文。

这个铭文内容正是将周王朝推向权力顶点的功臣。记录了这些内容的青铜器被代代封赏给诸侯。

西周末期，周王朝王都一带陷入混乱，周王手下的工匠们也离散到了各地。这才使得在青铜器上铸刻铭文的技术传到了各地。

在那些已经熟悉汉字的国家，人们已经将汉字作为自己的东西开始使用。广域的汉字圈逐渐形成。对于各国而言，从不识汉字的时代流传下来了很多青铜器。虽然很大一部分青铜器都已经长眠于地下，却也的确是存在的。当这些诸侯国用已经成为己物的汉字来整理这些青铜器时，他们看到的是称颂周王朝之伟大的铭文内容，并代代流传下来。这些诸侯国越是解读这些文字，便越发觉得周王朝是拥有至高无上权威的存在。

从军事力量的角度而言，周王朝的势力是日渐衰敝，但是从青铜器铭文表述中读取的内容来看，周王朝的权威反而越发崇高。这就是春秋时代的特点。

代代受封获赐青铜的诸侯，主要是从河南一带到山东地区的诸侯。在这些诸侯国心中，他们认为周王朝处于最高的位置。这个观点是很难改变的。因为这些国家都是在汉字魔力的统治之下。

与此相对，那些青铜器上并没有记载着自己与周王朝关系的国家，或者即使有记载也只是些只言片语的国家，或者根本不存在青铜器的国家，它们自始至终都不曾把周王朝放到心中第一的位置上。因为这些国家并不属于汉字圈，也没有受汉字魔力的影响。

长江中游地区的楚国和下游地区的吴、越之地对于周王朝的权威就表现得很冷淡。所以，他们很早就开始自封为王。不仅如此，他们还让那些变成自己统治范围的周的诸侯们铸造青铜器，铸刻铭文来记载自己与这些诸侯国的关系。他们与周王朝相抗衡，展示着自己作为第一权威的骄傲。

我们在前文讨论了一下春秋时代与日本古坟时代的一些共通点。在古坟时代之前，汉字就传到了日本。具有代表性的例子就是刻有"汉委奴国王"的金印，但是这个"汉委奴国王"是中国的汉字。

在邪马台国时代，大和政权将铜镜赏赐给各地。这也是许多学者讨论的焦点。其实这与西周时代赏赐诸侯国青铜器极其相似，并且受到赏赐的国家都并不认识汉字，这点也是一样的。

后来受封赏的国家渐渐开始认识汉字，这点也是相同的。

古坟时代，人们制造了刻有铭文的铜镜。不过，这些铜镜都是模仿中国铜镜所制，所以那时的日本人也未必懂得汉字的意思。后来也出现了在铁剑上铸刻铭文的现象，其内容大概记载着大和朝廷为权力中心之类的东西。铭文对系谱也有简单的记录，这点也与西周时代金文的部分内容相似。

到了飞鸟时代，人们对汉字的理解能力得到了很大的提高。这样一来，我们将飞鸟时代与春秋时代相比较后会发现，其实两者有许多共通之处。后来佛经也传到了日本。通过研究佛经，人们对汉字的理解能力又发生了质的飞跃，日本也进入了文字社会。

经过白凤时代，关于律令制度的讨论也基本收官，接近尾声。由于两者有很多相似之处，我们也可以把后来的这个时代与中国的战国时代相提并论。

只是在进行上述问题的讨论时，有些必须注意的地方。虽然同为汉字，但是中国战国诸国的语言最后同化为汉语，成为同一种语言。日本的语言确与汉语有着天壤之别。汉语与日语两种语言之间的差别之大，以至于两者不能简单进行比较。这是不言而喻的事实。

汉字跨越语言的壁垒，传入并扎根于日本和朝鲜半岛，我们即使要拿日本文书行政的开始和中国相对比，那也已经是距中国战国时代一千年以后的事情了。

从有史可考的开始使用汉字的商王朝到战国时代文书行政开始，其间约经过了一千年，而从战国时代开始文书行政到日本与朝鲜半岛开始实施文书行政，其间也大约经过了一千年。

四处生根的汉字 春秋时代是汉字在中国大地上四处扎根的时期。因此各地都留下了不少汉字记录。与此相对，西周时代，周王朝独占了青铜器铭文的铸刻技术，所以各地几乎没有记录留下来。

不过西周时代与春秋时代从社会结构而言并没有太大的差别。我们可以认为这两个时代最大的区别就在于汉字是否已远播四海，而社会结构基本相同。都是以城市国家为基础的社会结构。大国与小国的关系基本是没有变的。

由此我们可以得出一个结论，即研究春秋时代就能弄懂西周时代。西周时代几乎没有留下关于地方诸侯国的记录，而春秋时代则留下了不少。因此我们可以通过研究春秋时代的史料来想象和推测西周时代地方诸侯国的状况。

如果说我们可以通过从战国时代的史料中剥除后人附加上去的内容来还原春秋时代的真实状况，那我们也可以如法炮制，还原西周时代的社会状况。

春秋时代被定义为一个古代的理想王道衰落的时代。但与此同时，随着汉字在各地的生根发芽，周王的权威也被推向了不可动摇的顶点。

春秋时代的意义还不仅于此。因为这个时代为我们提供了很多珍贵的史料。通过这些史料，我们可以为后人伪造的"王道"时代洗褪浓重的脂粉，还原一个真实的时代面目。

被理想化的周公旦与太公望

周公旦

周公旦是西周初期的人物。他先于春秋时代的孔子推行理想的王道政治，被后世奉为圣人。然而这个所谓的理想王道政治其实并不存在。战国时代的王者为了效仿古人的理想，证明自己才是具有正统性的王者，所以将周公旦变成了一个能够提供佐证的材料。

那么周公旦究竟是个怎样的人物？周公旦是周克商后被委任来统治雒邑的人物。但是周的氏族组织是由好几个血缘集团构成，然后必须从这里面选出一个君王。甲骨文研究结果显示商王朝是从这种血缘集团中轮流选出君王的。西周则是从特定的血缘集团中选出历代君王。这种特定的血缘集团仅限于构成周这个国家的氏族组织的部分成员。当人们从这个血缘集团中选出君王的时候，其他血缘集团的首领则要举行确认的仪式。对周来说，举行这种仪式的族长就是周公旦。

周公旦是构成周的氏族组织的重要一族的族长，而周公旦的一族承担着这种重要的责任，对陪都雒邑进行统治。这一族每一代的族长都称为周公。

到了西周末年，周王朝分裂（公元前770年），东面的周拥护平王，西面的周则拥护携王。出现了两周并立的局面后，状况就发生了改变。因为周平王即位之地成了雒邑。西面的周被东面的周灭亡后（公元前579年），陕西一带仍然处于混乱之中，最终脱离的周的统治。在雒邑出现了周王与周公并存的局面。如此一来，雒邑一带的统治者就变成了周王，周公便退居二线，成了周王身边的辅佐者。维持周公生活的城市被定于近郊，这和其他春秋大国给予辅佐者的待遇相比并没有多大的区别。

周公的地位从西周时代殷商故地的统治者变成了雒邑统治者的辅佐者。

周在新石器时代以来的文化地域中，已经无法再维持将中原地区分为东西二区进行统治的体制了。

周公的角色是这样变化的，等到了战国时代，周公旦的血脉便失传了，于是在周王一族中出现了新的一族来顶替周公一职。周王的都城被攻陷后短暂的几年间，新周公的一族继承了周的传统。西周灭亡是在公元前264年，而周公之国的灭亡时在公元前255年。

根据《史记·鲁世家》的记载，周公旦之子被分封于鲁国。本书前面的部分也提到过这个话题，只是，这个所谓的周公之子可能不是周公真正的孩子，实际上被分封到鲁国的恐怕只是周公旁系的族长。鲁国是为了牵制同样位于山东的齐国而分封的。

太公望

　　周公旦的实际人物形象和传统观念大不一样，太公望的实际情况也同样与传统观念大相径庭。太公望也是西周初期的人物。

　　实际上《史记·齐世家》中描写太公望与周文王相遇的记载有三个。其中一个是脍炙人口的故事：

> 吕尚盖尝穷困，年老矣，以渔钓奸周西伯（文王）。西伯将出猎，卜之，曰"所获非龙非彲，非虎非罴；所获霸王之辅。"于是周西伯猎，果遇太公（吕尚）于渭之阳，与语大说，曰："自吾先君太公（季历）曰'当有圣人适周，周以兴'。子真是邪？吾太公望子久矣。"故（因为是太公所望）号之曰"太公望"，载与俱归，立为师。

　　这段故事中奇妙的一点是太公望吕尚一个人四处巡游。当时是城市国家的社会基础成型的时代，那个时代并不是一个毫无门路的人能够无所防备地四处巡游的时代。吕尚是族长，一族之长困窘老迈，还四处游荡。这个说明本身就非常荒唐（这个情况倒是和电视剧里的水户黄门与实际上的德川光国出入很大的情况类似）。那时候还是不存在货币经济的时代。

　　第二个故事如下：

> 或曰，太公博闻，尝事纣。纣无道，去之。游说诸侯，无

所遇，而卒西归周西伯。

这段故事中也有很不合理的地方，就是游说诸侯一段，这里明显就是模仿游说家游说各国君王的手段。不过还有一个地方值得注意，那就是这段故事与第一段故事不同，这段故事中提到了"尝事纣"。

如果从这层意思上讲的话，那么第三个故事就更显得莫名其妙了。

或曰，吕尚处士，隐海滨。周西伯拘羑里，散宜生、闳夭素知而招吕尚。吕尚亦曰"吾闻西伯贤，又善养老，盍往焉"。三人者为西伯求美女奇物，献之于纣，以赎西伯。西伯得以出，反国。言吕尚所以事周虽异，然要之为文武师。

这里面"隐海滨"的说法也很奇怪。吕尚是一族之长，根本没有需要隐遁的理由。他如果隐遁便会失去维持生活的粮食。如果说他是被自己的族人流放，那还说得过去。不过周文王将这样的流放之人招到自己的帐下，未免也有些不合情理。只是这里还是有地方值得注意，即吕尚是在海滨居住。这里的海滨指的应该就是山东。吕尚本为山东的族长，他与周相配合共同攻打商。

我们在前文介绍了《逸周书·世俘解》，其中也有关于吕尚的记载。武王对臣服于商王朝的四方诸地区宣布"成辟"（即位）

后便开始向两国交界处进军，这时太公望就出现了。太公望坐拥山东，他与周同时发兵，对商进行两面夹击。

这样考虑后，我们就可以确认周王将周公分封于鲁的理由的确是为了牵制大国齐了。

此外在故事中我们还能看到太公望从商王手中解救了西伯侯（文王）的内容。从文王时代开始山东的齐与周的关系日益紧密，这使得商王嗅到了危险的味道。于是商王决定软禁文王。这样考虑前因后果还是比较合理的。

此外，我们还可以从商王软禁文王一事与太公望解救文王一事中了解周和齐都有外派人员到商朝为官。由此我们也可推测在商纣王的时候商的势力范围是波及非常广大的一片地区——东起山东，西至陕西。后来商王的统治最终还是在这东西两端的夹击中走向了灭亡。

领土国家进程中大国权贵与小国权贵的差别

孔子与鲁国权贵　　　　春秋时代是城市国家的时代，随着铁器的逐渐普及，农地得到了整理，并且出现了井喷式的增加，形成了许多新的城市。来自五湖四海出身各异的人们聚集到城市，产生了新的人际关系。

孔子正是出生于这样的时代。

如前文所述，孔子传道的地方最早是鲁这个城市，然后随着追随者不断增多，孔子的教导也向邻近的地方传播开去。然而在这传播的过程中，孔子的观点渐渐走样，孔子的弟子们所展开的主张也不再是基于城市国家制度的讨论。他们讨论的出发点是领土国家的官吏统治制度。

　　孔子门下聚集了许多优秀的才子，这些才子们又培养出了许多自己的弟子，原始儒教就这样传播开去。因此在孔子的思想中有一些东西是为了迎合新的时代需求而产生的观点。但是另一方面，在孔子出生的时代还没有开始派遣官吏到地方进行直接统治的文书行政制度。随着文书行政制度的施行，为了有效地处理诸事，还需要建筑法律体系，而这时候还没有"律"（律令）这样的法律体系。

　　许多学者研究证实，现在的《论语》分为两个部分，即比较古老的部分和新加上的部分。从比较古老的那一部分，我们可以窥见孔子所处的时代。而从新的部分，则能读出孔子的弟子们所附加的观点。

　　城市国家时代的孔子被设定为生长于领土国家的圣人。这是鲁国权贵们的观点。

　　战国时代的一些领土国家都对孔子进行评价，并加以利用，其代表者就是齐国。齐国的田氏在春秋时代只不过是齐国有权势的大夫之一，但是田氏后来却摇身一变，成了齐国的国君，到了战国时代开始称王。齐国为了给自己称王的举动加上权威，于是便利用了孔子的名声。

　　齐是盘踞山东的大国。齐国曾与西周携手两翼夹击商，帮助西周灭商。在春秋时代，早已有一些大国强国开始吞并周围的小国，将其下设为县，并逐步推行完善官僚制度。齐国吞并了周围的许多小国，因此齐国有权势的大夫所坐拥的县便越来越多。这些有权有势的大夫大权在握，甚至比一些衰敝小国的国君还更有权力。

　　田氏便是这种手握大权的大夫，因此春秋时代的田氏后来就被作为一国之主论及。

　　与此相对，鲁国原本是为了牵制齐国而存在的大国，但是在吞并周围小国并下设为县的意义上，鲁国没有像齐国那样成为大国。因此鲁国的权贵们手中所掌握的县也几乎等于零，与田氏相比较，其手中的权力也是可想而知的。

　　尽管如此，在国家之内有君主和大夫之间的关系。鲁国与有权势的大夫之间的关系是传统的城市内部的君主与权贵之间的关系。因此如果我们对鲁国状况比较了解，则可以加以有效利用，这样我们就能找到线索理清城市内部的人际关系。

　　当我们探讨历史意义的时候，齐国田氏的意义和鲁国权贵的意义则自然泾渭分明。

　　然而，一般人们看待鲁国有权势的大夫与齐国的田氏时，其视线高度都是相同的。如果要说这种相同点在何处，那就是在这种视角下，齐国田氏与鲁国权贵大夫都一样是属于官僚阶级。但是如果我们从这个角度来看，我们不仅很难看透春秋时代的田氏所掌握权势的大小，以及在后来成为了领土国家君主的成长过程中的权力者的实际状态，更无法将春秋时代鲁国权贵大夫与君主之间的关系看做传统的城市国家内部的抗争关系来理解。

就日本而言，成长为律令国家权力者的藤原氏或苏我氏等，这类地方的"国"的权贵们不应混为一谈，应分而论之。

提供了问题视线的是上述企图利用孔子为自己正名的人们。是一种将出生于城市国家的孔子设定为出生于领土国家的圣人的理论所提供的视角。

战国时代齐国朝廷将孔子与齐国田氏相提并论，加以利用。而在鲁国的论述中，孔子曾经侍奉过的季氏是最有权势的人，他是连鲁国君主都得让步三分的人物。古人用"弑"来表示地位低的人杀害地位高的人。在齐国的《公羊传》中，只要有正当的理由，大夫"弑君"也是理所应当的事情。《公羊传》沿用这种理论对鲁君企图"弑"季氏进行了说明。不过原本属于臣下的季氏便拥有与君主相当的地位，而堂堂的鲁国国君却降级成了普通的大夫阶层了。这种解释暗示鲁国君主已经丧失作为君主的资格，而将这种暗示托于孔子名下，其目的在于使人联想起此事（鲁国君主已经丧失作为君主的资格早有预兆）。

这个"弑"的例子可以与我们在前文提及的"获麟"的话题相提并论。孔子被设定为鲁国的圣人，他所扮演的角色就是协助证明齐国圣人田成子的正统性。这是证明田氏正统性的环节之一。

因此这就需要大家理解一个问题，即类似这种说明都有其背后的故事。

鲁国三桓

虽然都是利用孔子来展开对前代历史的说明，但是强调和齐国不同正统性的其他国家也不可能展开与跟齐国一样的理论。这些国家需要根据自己论点的需求来对孔子的相关故事进行加工才行。

虽然同为战国时代有权有势的大夫，晋国的权贵大夫们准备了一套与齐国田氏截然不同的论述。晋国的权贵大夫们和齐国田氏一样开始掌握越来越多的县，并且后来发展成为了国家的主人。魏氏、赵氏、韩氏后来不仅取代了晋国君主之位成为诸侯，最终还成功称王。这三家瓜分了晋国，史称"三晋"。战国时代，魏氏、赵氏、韩氏的王国三分中原地区的东部。包括中原地区西部的秦国，其他的地域正统也基本上成功实现了将一个文化地域变成领土国家。因此如果说到三分，则不能模仿其他证明自己地域正统性的"形式"。对于魏氏、赵氏、韩氏而言，强调"三分"是证明自身统治正当性的不可或缺的证据。

于是对田氏毫不吝惜溢美之词的孔子的定位被完全否定。这三家的论点中，孔子对齐国田氏等根本不屑一顾，与孔子相关的鲁国权贵大夫们实际上也有个"三"的问题。成书于韩国的《左传》便对"三"的问题进行了论述，最后创造出了证明韩氏正统性的"形式"。

鲁桓公（前712—前694）的后人分为三家，史称"三桓"。这三家分别为季氏（季孙氏）、孟氏（仲孙氏）、叔孙氏。这三家联合起来放逐了鲁哀公。而孔子曾经就侍奉于这三家中的季氏。

虽然这三桓因"三"而成为话题，但实际上鲁国还有其他强势的权贵们，而那些权贵们也是鲁侯的子孙。例如孝公（前795—前768）的子孙中有臧氏（臧孙氏）。然后还有来自宋国的孔氏一族。尽管如此，《左传》只将注意力放到了三桓的问题上。

之所以要将三桓作为问题来讨论，其本意记录在《左传》哀公二十七年。这部分也是统括《左传》最后的部分。在这部分中提到了三晋（魏氏、赵氏、韩氏），对三家分晋的局面如何形成，做了详细的说明。

鲁之三桓放逐了鲁国君主鲁哀公。孔子也参与了这个政治事件。与此相对，晋之三晋三分了晋国。在比较鲁国与晋国这两个极其相似的政治事件时，孔子变成了一个至关重要的角色。

在《左传》中，我们可以四处看到孔子的预言。然而《左传》在介绍这些预言的时候，总会加上一些别人的预言作为补充。而且在《左传》中，孔子的预言总是被修正，反而是其他人的预言最后成为现实。也就是说，在《左传》的记录中，孔子的预言从未说准过。

与孔子相关的一件大事就是三桓放逐了鲁国君主。这个构图中隐含着一个事实——那个无法做出准确预言，即无法洞悉未来的孔子与三桓放逐鲁侯这件事有关。《左传》也就通过这个方法来暗示鲁国的"三"根本不是真正的"三"。

于是在这种"形式"中出现的"三桓"的背后是隐藏了一些事实的。但是历代的解释都将这些作为历史的事实，原封不动地接受。并且，与前面齐国田氏相似，无论三桓还是三晋都是各自国家的强势大夫。三晋在大国晋之下，掌握好几个县，后来发展成为了战国时代的一国之君。与此相对，鲁国三桓手中的县几乎为零，其所能行使的权力与三晋根本无法同日而语。如果我们只是对《左传》中所示之"形式"囫囵吞枣不求甚解，那我们是不可能看出这一层的历史意义的（也没有意识到孔子在这里的历史意义）。

任何一个国家都有权贵大夫

鲁国的权贵大夫多与孔子一起被论述，从这个现象我们再次确认了前文的说明是非常重要的。另一方面，鲁国权贵的存在本身也给我们推测城市国家的人际关系提供了一些头绪和线索。

前文我们已经讲过商王朝、周王朝的家族构成。这两代的族人都是由多个血缘集团构成的。我们也讲到了王的一族所派生的旁系。那我们自然也能想到其他国家应该也有类似的情况。因为要说明类似的问题没有在其他国家发生过就更是难上加难了。

因此存在权贵一族，这个事实在西周时代的诸侯或商代诸侯，甚至更早以前的城市国家都存在过。而对于这个事实，我们可以通过春秋时代鲁国的记录来搜寻蛛丝马迹，进行探明。

这里再次重申一点，即将一些权贵与孔子相提并论这一举动反映了战国时代和汉代以后人们对孔子的看法。所以除了城市中有权贵的存在这点，其他后世性很强的个人的发言内容都不能放在孔子的时代来进行论述。就像我们一般不把电视剧《水户黄门》中的台词当做历史上水户光国真的讲过这话一样。

《春秋》使用的材料　　　《春秋》的记录是以逾年称元法来排列年代，如果我们从《春秋》中抽出各国君主驾崩的记录，便能算出这些国君的在位年代。《史记》的编撰者就是这样计算年代，并将《春秋》的记录誊写到《史记》中去的。

与《春秋》计算年代的方法相同，这时候计算年代都根据逾年称元法来推算。

《史记》中除了有这些来源于《春秋》的年代记录，还有许多"并不是源于《春秋》的年代记录"，这些年代记录大多以立年称元法来推算。因此根据这种称元法推算的年代记录与逾年称元法推算的年代记录之间就会出现时间差。

这些"并不是源于《春秋》的年代记录"恰好证明了，留下这些记录的国家曾经编写过编年史书。

《春秋》也是成立于这些编年体史书之上的。现在我们认为主要的材料是齐国与鲁国的编年史书。

在成书于战国时代的《公羊传》中，记录了成书时间几乎相当的《春秋》的相关内容。例如《春秋》庄公七年有这样的记载："夏四月辛卯夜，恒星不见，夜中星陨如雨。"对此《公羊传》有如下记录：

"不修春秋"曰："雨星不及地尺而复。"君子修之曰："星
陨如雨。"何以书? 记异也。

在这个记录的前后都记载了鲁侯夫人姜氏与齐侯私会的事。
关于这个，我们在前文已经有所涉及，姜氏是齐侯的妹妹。夫人
姜氏除了和其兄齐侯私会，有些记录还暗示了她与其父齐侯也私
会。在田氏朝廷编撰的书籍中，有着非常明显的贬低春秋时代姜
姓君王的记载。而在贬低姜姓君王的记录中穿插着关于"不修春
秋"的记录。但是并不是因为"不修春秋"被作为话题提及，我
们就能断定这是《春秋》之前的编年史书。不过"不修春秋"这
个话题本身也是个很有趣的东西。

因为这里给我们提供了一个《春秋》的蓝本，认为《春秋》
是在修订"不修春秋"的基础上成形的。

本书已多处讲到《春秋》并非孔子所作，但是作为《春秋》
的编撰材料，应该有一些编年史书存在于孔子的时代。虽然这些
编年史书与孔子是否真的有所关联，我们不得而知，但这些史书
确实存在。当时不仅在鲁国，许多国家都有编年史书。正是有了
这样的背景，"不修春秋"才被作为话题提及的。

圣德太子的时代　这里想要把日本的圣德太子作为参照进
行一下比较。圣德太子的时代，从汉字传
播的观点来看相当于从春秋时代到律令时代的过渡期。在这个时

代，日本的史书《日本书纪》成书（推古二十八年〔620〕）。根据记载，当时圣德太子（皇太子）与苏我马子（嶋大臣）进行了讨论，留下了《天皇记即国记臣连伴造国造百八十部并公民等本记》。这部史书是模仿《史记》结构而编成，被定位为《日本书纪》的前身，但其具体内容不详。

到底当时的史书是怎样的内容，学者就此展开了各种各样的讨论。

日本实际的政治交往对象是当时的中国王朝，圣德太子的时候是中国的隋王朝。隋王朝保存了《史记》以来历代的天下史书。在春秋时代末期——孔子的时代，日本还没有和保存这种天下史书的国家建立政治关系。因此将春秋时代末期的孔子时代的中国与圣德太子时期的日本相比较是一件非常困难的事。这点是大家需要记住的。但是就史书、编年体史书的出现这点而言，比较孔子时代的中国和圣德太子时代的日本还是有其意义的。

这个题目对于我们理解日本律令政治时期为何没有采取科举制度也能提供一定的启示。科举制官吏开始正式主导政治还要等到唐宋变革的时期。即使文书行政完全扎根于中国社会，在那之后一千年以上的漫长岁月中，我们还看不到科举官吏的身影。

科举制的实施和成熟与以天下为对象的出版业的发展（这也不是一朝一夕之事）有着不可分割的关系。

在讨论这几点问题时，本书所涉及的时代就不能无视了。

刻板印象与多样化的视点

探究"事实"背后的事实　　有这样一个词——刻板印象（Stereotype），其意思是约定俗成的形式或常见的做法。不过里面也有另外一层含义，即大多数人在没有确切证据的情况下所抱有的幻想出来的常识。由于这种常识的背后是大多数人共同的认识，所以很多情况下大家都不会对它产生怀疑。

因此某些"事实"一旦扮演打破某种刻板印象的角色之后，反而得不到人们的承认。因为人们容易安于现状，会下意识地满足于幻想出来的常识，不愿改变。所以种种"事实"只能面对如此残酷的命运。

尽管如此还是有一种刻板印象是以"事实是神圣的"为内容的。对事实疏于分析就是由这种固有观念造成的。

在本书中，笔者向大家展示并介绍了这种号称"事实是神圣的"刻板印象的内容，同时也跟大家说明了现代人的战国时代之前的历史常识其实跟真正的"事实"相去甚远。

在现代人的历史常识中，关于战国时代之前的这段历史，大家基本上是从《史记》和东汉以后的经典注释中了解的。当然这些注释和解释也非常多，其中对现代人历史观影响最大的主要是被称为宋明理学的这一派学问。清代的考证学和日本江户时代的学问也深受其影响。

清朝考证学的目的是摆脱宋明理学的束缚，回归古文。但该学派的回归也仅仅到了东汉的注释便止步不前了。表面上看起来，清朝考证学派好像是将东汉时代的天下观回溯到了三代；但是事实上他们所理解的天下观与东汉时代或明代并没有多大差别。

这类注释和解释有一个共通点，即将汉代以来的汉民族聚居地视为中国，同时强调这个区域的整体性。与此相对，战国时代之前的中国是作为每个新石器时代以来的文化地域主张其独立性的重要阵地而存在的。而各国在这个阵地上创造出来的刻板印象在各国所作的史书中均有体现。

本书便是向读者介绍了战国时代诸侯国各自不同的刻板印象，以及各国史书中各不相同的夏、商、周三代观。

之所以给"事实"加上了引号，就是为了提醒大家这些所谓的"事实"其实只是一种刻板印象而已。

本书的目的是为了拨开迷雾，探究"事实"背后真正的历史。"事实"是通过前人的史书展现给后人的，查阅起来也很方便。但实际上就连确认这些"事实"是否真实也十分困难。所以我们不得不承认通向历史真相的是一条既漫长又坎坷的道路。

虽然同为刻板印象，不过如果我们更专注于分析战国时代的史料，我们还是能发现新石器时代以来的文化地域间的共通之处。这与研究汉代的刻板印象相比，还是能让我们更接近历史的真相。本书的宗旨也就是确认这些无法否定的"事实"是否真实存在过。

　　本书也提及了这些"事实"背后的事实。不过这些对"事实"的推想今后还需要不断地进行补充和修正。

皇帝的"天下"与周边国家的领土

　　半个世纪前，铃木俊和西嶋定生共同编著的《中国史的时代区分》（东京大学出版会，1957 年）出版，其中收录了前田直典的《东亚古代的终末》。前田直典是个才子，但战后不久便英年早逝，前田的这篇不太为世人所知的文章被收录到《中国史的时代区分》中。

　　前田的观点如下。中国古代统一国家的形成经历了战国时代，直到公元前 3 世纪秦统一六国才得以完成。日本和朝鲜古代是在公元后 4 世纪才出现统一国家，和中国相比至少要晚七八个世纪。在东北亚，鲜卑于 2 世纪，高句丽于 3 世纪末才出现了统一的国家。

　　前田还认为中国古代终结于 9 世纪左右，朝鲜、日本是在 12 世纪到 13 世纪才完成同样的历史进程。这时中国与朝鲜、日本之间的差缩短到了三至四个世纪。而到了近世，日本的历史进程就赶上了中国。

　　当时学界研究的焦点是对社会构造的把握，以及探索其发展的层次。前田的观点认为在东亚，中国的发展最为超前，落后的其余东亚各国也基本上重复中国的历史进程，不过后来中国周边各国追赶的速度不断加快。

前田认为，在对最早的时代进行划分时，官僚制度（由官僚对地方进行统治）是一个重要的标志，"国家"（领土国家）的成立便是比较的对象。

本书中也继承了前田的这个观点。本书是把通过文书行政实现的对地方的统治与律令的保持分别放在"东亚册封体制"出现前、出现后以及该体制的转型期来进行定位和说明的。最早提出东亚册封体制的人正是将前田的成绩介绍给世人的西嶋定生。

但是前田之后一直占据主流位置的观点并没有考虑到中国与朝鲜半岛、日本之间的领土差距。本书中对此提出了异议。问题的焦点是新石器时代以来的文化地域，我们需要将这些文化地域作为前提，方能讨论战国时代及以前的历史。这些文化地域跟日本差不多大。考虑一下日本弥生文化和续绳文文化并存的情况，我们就可以知道文化地域其实是受人的活动范围限制而产生的区域。

正如前田的继承者西嶋定生所述，"东亚册封体制"是从描述统一国家中国与周边国家关系开始的。但是西嶋所着眼的儒教经典均成书于更早的战国时代。在这个战国时代，各个国家都以新石器时代以来的文化地域为前提，极力主张各自领土国家的正统性。夏、商、周三代的历史也在这个框架中，以各国的理论为基础得以论述。这些主张和论述也反映到了儒教经典之中。

为了避免读者的误解，此处还需赘言——此处并不是说超越了文化地域的领域不在我们的讨论范围之内。首先战国时代的汉字圈已经被当做与"天下"的范围相等，而且就在汉字圈出现之前，随着物物交换的发展，物资融通的范围也不断扩大，形成了一个相当广域的空间。即使在日本即东北亚通过文书行政的形式加入到汉字圈之前，各种物资就在东亚这个巨大的舞台上得以流通和交换。这个广大的领域自然有它的讨论价值，但我们也不能因此便无视新石器时代以来的文化地域的存在。

本书虽然基本上继承了前田以来的观点，但是却非常重视"天下"这个广阔领域和新石器时代以来的文化地域之间的差别。笔者以此为前提，就极其细微但却非常重要的关键部分提出了异议。

本书还有意地避开了对所有王朝史观的介绍，也回避了对承认这些王朝史观的理解有误的观点的介绍。

王朝史观认为传说中的三代都是天下太平的理想王朝。在这种王朝观念中，成型于战国时代至汉代的各种制度都可以追溯到遥远的过去进行讨论。这是好的一面。但是相反，这种观念也容易和停滞史观相提并论，认为从古至今社会都没有变化，处于停滞的状态。

所谓的王朝史观也好，与其互为表里的停滞史观也罢，这些观点都不能帮助历史学家揭开历史的真面目。本书对这两种史观进行说明，并多处对相关"事实"进行了介绍。

作为一个摆脱停滞史观束缚的有效方法，我们将铁器的普及等各种现象作为指标，来理清历史发展的脉络。前田的研究中甚至还大胆地提出：这些指标在我们对几个不同国家进行比较时也同样适用。

但是这个大胆的见解中隐藏着一个巨大的陷阱，那就是中国皇帝的国家是以天下这个广大的领域为前提的，而在这个广大领域形成之前，各国是以自己新石器时代以来的文化地域的独特性为前提的。前田的观点中完全忽视了这点，而本书就是为了唤起大家对这个要点的注意。

中国正史中反映出来的体制观是将中国皇帝统治所及的地区视为特别的存在，其周围的地区则是野蛮之地。然而那些周边国家也都在国家形成的过程中，慢慢出现了与中国不同的独自的体制观。如果我们拿中国的正史来讨论国家关系，就只能看到以中国皇帝为中心的体制观，而忽视了其他国家的体制观，对于同时代的日本与朝鲜半岛的体制观也会视若无睹。并且同样以中国的正史来讨论中国历史，则最终只能看见以中国皇帝为中心的体制观，而忽视了战国时代各个领土国家中形成的体制观。

值得注意的一点是，战国时代的国家领域与同时代周边国家的领土存在一个共通点——其面积仅为一个或最多两个新石器时代以来的文化地域那么大（虽然战国时代有三家分晋，将一个文化地域再次细分，但各国在对特别地域的设定上几乎都是类似的想法）。

正因如此，本书在前田理论的基础上，将铁器的普及、通过官僚制进行的地方统治、文书行政的开始等作为基准来进行考虑，然后在本书中提出了将中国的战国时代与日本的律令时代进行比较的观点，进而对律令时代准备期的孔子所处的时代与日本圣德太子所处的时代进行了论述。史书、神话、爵位，这三方面的比较结果都非常有趣。

江户时代的儒家学者的中国古代史观

众所周知，日本的律令制度日渐衰落，最终只剩下一个有名无实的空壳，但是其"形式"还是保留了下来。到了江户时代，这个"形式"得到了利用，成为支撑幕藩体制的重要理念。藩有大有小，其大小和中国古代城市国家的面积大同小异。在这些藩中谋生的儒学家当中，出现了将日本称为"中国"而非"日本"的人。他们想要复兴形成于律令时代的特有的中国—夷狄观。山鹿素行、浅见絅斋、佐藤一斋等为藩或幕府效命的儒学者都将日本视为"中国"。律令实施领域的传统依旧形成了一种"形式"。其结果是比起那些将中国皇帝统治疆域作为讨论对象的学者，江户时代的儒学者们更像那些生活于战国时代领土国家的学者，仅将某个特定的有限的领域定义为"中国"。

《论语·子罕》中有这样一段："子欲居九夷。或曰：陋，如之何？子曰：君子居之，何陋之有？"（孔子感叹道之不行，透露出了想要去东方九夷定居一事。有人问他："九夷是风俗僻陋的地方，你怎么在那里待得下去？"孔子回答道："如果有德的君子去那里定居，就能将野蛮之地变成礼仪之邦。何陋之有呢？"）（宇野哲人）。对此，京都派儒学者伊藤仁斋有这样的观点：即使是夷狄，只要懂得礼仪，也能成华，相反华若丧失礼仪，则会沦为夷狄，舜和文王原本也是夷狄之人，而且孔子是心系九夷之地的，这个九夷具体在何处虽然不清楚，但估计孔子指的是像日本这样的地方。伊藤仁斋的观点正是把日本作为中心来考虑问题的。虽然大概没有人会支持伊藤仁斋的这个观点（穗积重远），但联想到本书中的观点，便可知伊藤的"玩笑"似的想法并不是空穴来风的。

《论语·子罕》里的这段内容讲的是孔子对中原地区失望，想要去东方的齐国。这段话可以读解为战国时代领土国家的正统性主张。齐国利用孔子制造出了一些证明自己正统性的"形式"。对此，本书已提供了不少材料进行说明。伊藤仁斋仅仅通过将《子罕》中的"九夷"替换成为日本，这就让他的观点和领土国家的正统性主张联系到了一起。

江户时代的学者们大多都受中国皇帝统治下的宋明理学的深刻影响，但对于作为自身所处的藩或日本，基本都是站在日本这个领土国家的立场上来看待问题的，而非中国皇帝统治下的广袤领域。

中国古代史观与城市国家的视点

日本、朝鲜半岛、越南与中国皇帝的国家的区别之处主要在于领土大小的不同。作为与此相关的话题，本书中提到了金属货币的出现。战国时代形成了以整个天下为基础的交易网，促进了货币的流通。

　　只要把地点转移到日本，就能很容易地明白其含义。我们知道古代日本曾经打算将唐代的货币制度移植到日本本土，因此铸造了日本自己的货币；但是这些货币并没有广泛流通起来。在日本，最早开始广泛流通的是宋钱。宋钱这种货币的适用范围非常之广，不仅包括中国皇帝直辖的国家，还包括以其为中心的广泛的经济圈。

　　随着货币的发展，印刷技术得以提高，出版文化也兴盛起来。得益于这种出版文化的蓬勃发展，科举制度也逐渐固定下来。但是日本并没有科举制度，这是因为日本没有相同的文化基础。

　　不过在日本，人们的购买力逐渐增强，促进了出版文化的发展。在江户时代，许多中国的出版物也发行到了日本，成为各藩的儒学者们学习的工具。同时日本也出现了自己的货币。

　　因此，在日本、朝鲜半岛、越南和中国的学者之间形成了一个共通的平台。尽管如此，由于国家制度、社会制度以及国土规模的巨大差异使得各国环境迥异。在这些不同环境下，各国学问的发展，例如对中国古代的认识也会有所不同。

　　第二次世界大战后，增渊龙夫将春秋战国时代的山林薮泽作为蕴藏盐铁等矿物资源的载体进行了一番讨论，认为随着战国时代货币经济的发展，这些重要的山林薮泽也成为支撑君主权力的经济基础。其讨论的出发点便是"盐铁论"。而在更早的江户时代，学者大田锦城的研究中也曾论及过山林薮泽（《吾窗漫笔》"商鞅之言云云"）。不过，大田深受自己所在藩的观点的影响，其讨论对象是城市国家时代的山林使用。我们可以很轻松地认为这是认识的不同造成的。但是本书叙述难以讨论的史前历史时，这里正好有个不可忽视的视角。这个视角就是对城市周边这一有限空间的重视。今后在做城市国家时代的研究时，需要我们再次利用这一方法。

在日本和韩国等大小不一的现代国家中，也有像日本各藩一样主张各自独特性的空间。日本用"お国ぶり"（国）来表示这种空间。日本史中这种国的状况一般是以比较易懂的形式来表示的。然而在中国历史中，我们很难看清楚其状况。能看见的只是与日本领土大小相媲美的，即继承了新石器时代以来的文化地域传统的监察区或军事区对自身独特性的主张。例如，清王朝时期，汉族致力于地方分权的时候，各文化地域便开始发挥其独特性。我们从狮子等的具体造型就能窥见一斑（台湾宜兰县有河东堂狮子博物馆）。至于为何不见日本藩国大小的地域主张独特性，可能是人们对此不屑一顾，或者根本就不存在这样的地域。在思考这个问题时，对春秋时代城市国家，即对本书中所述最早将汉字据为己有的各城市国家进行具体讨论是非常有意义的。在进行讨论之际，日本的国家状况多少具有一些参考价值。

在人与人相互关联的历史社会中，有村庄，有统领村庄和小城市的大城市（即城市国家），有统领大城市的"大国"，大国中有通过官吏统治地方的领土国家（与现代日本或韩国差不多大），然后还有将这些领土国家进行统一后的更大的国家（现代的中国或欧洲）。我们在谈论现在时，有上述这么多的空间存在。这些空间不仅存在，而且世界上爆发的种种纷争其根源也在于这种社会所生成的各种扭曲。

在本书涉及的时代中，除去战国时代的部分主要是城市和农村的时代。城市和农村是人与人交往的最小社会单位。正因如此，它们能为我们提供有效的信息来矫正我们认识中的扭曲部分。我们重新追溯这些最小单位的历史，利用人类发展至此的经验，培养能够冷静和理智地观察这个社会扭曲之处的眼睛。这对于解除在世界各地存在的误解可以做出不可估量的贡献。

但是凡事都是知易行难。在文字还是祭祀工具的年代，我们能很轻易地了解到祭祀的一点一滴，却很难把握每个人内心的林林总总。到了文书行政的时代，我们很容易看到领土国家的冠冕堂皇，却很难了解每个人的真心实意。本书在研究时强调应慎用历史记录，对于重要的城市和农村，也用了很多委婉模糊的说法。为了揭开历史的面纱，需要脚踏实地的长期的研究和努力。最后，我还在思考：为了解除各种误解，我们踏踏实实地进行研究，在这过程中，我们是否能对伊藤仁斋的"玩笑"一样的观点（说法很谦虚）和大田锦城的研究进行合理的定位？这些便是我此时此刻的想法。

研究之路永无止境，吾将上下而求索。

附录

主要人物略传

夏禹与殷商汤王

禹是行神，即旅行之神。战国时代，天下的物资流通变得昌盛，人的移动变得频繁，道路也更加完备。在这道路网间行走的人们的保护神便是禹。所以禹是跨天下而活动的。从而形成了大禹经巡天下的故事。另外，新石器时代以来文化地域概念深入人心，形成了各地域间不同的治水神话。这是与战国时代铁器的普及相应而生的。不同地域的治水神各有特色，而其中也出现了把行神禹和治水相结合的说法。这个带有地域性的治水之神禹和天下行神的禹相重合，从而形成了天下的治水神禹的传说。尽管大禹成为天下的治水神，他也有地域的局限性，又成了在文化地域概念下创造出来的夏王朝的始祖。在天下的治水神禹传说的影响下，汉代人眼中的夏王朝成了天下的王朝。在这种意义上，相对于不管是时代上还是地域上都有着多种变化的传说中的人物禹，殷商的汤虽说是被理想化了的，但却是实际存在的人物。他在甲骨文中被称作大乙，在战国时代的金文中被称作成汤。

周文王与武王

推翻殷商王朝的是周武王，在武王之前奠定了王朝稳固根基的是周文王。周人在武王时继承了殷商的汉字文化，并定下了武王的王号，追号父亲为文王。而在此之前周王被殷商称为周侯。周文王得了天命，能知道天地之呼应，并拥有"德"这种符咒力、灵力。继承了德的武王依其天命，征服了称为殷商"四方"的领域。文王得天命，武王支配殷商之"四方"，以后代代彰显其丰功伟绩。以此为基础，战国时代以后也创造出了继承周王朝权威的"形式"，从此文王和武王成为了象征式的人物。武王以后历代的西周王继承的都是德这种符咒力、灵力和对"四方"的统治。德的意思渐渐地被一般化，而革天命（革命）更加吸引人们的注意力以后，一直因得天命而被称道的文王也就更加突出了。

周公旦与周成王

公元前 1022 年周武王驾崩后，殷商的残余势力在各地兴起了叛乱。周公旦团结周的族人，渡过了这一难关。周公在周族当中是支撑王室一族的别族族长。因此，他并没有自己称王，而是在雒邑（洛阳）地区辅佐周王。幼小的成王曾一时寄身于周公身边而定居于雒邑。关于武王征伐统治的殷商"四方"，其统治的关键就是雒邑，而掌控雒邑的就是周公一族。在所谓的东迁的混乱以后，雒邑成为周王的王都，曾经的殷商之"四方"才改由周王自己统治。周公的都城也迁到附近的别处，在礼仪上辅佐王。因为周公旦没有成为周王，战国时代以后，成了扮演判断王德有无的圣贤的角色。这种理论上的角色演变为理想化的"事实"，后来常被作为革命的象征来议论。

共伯和与周宣王

公元前 841 年，因周王朝内部争斗，周厉王被流放。之后执掌政务的人是共伯和。因雒邑有周公一族，于是共伯和便与其达成协议，在幼小的宣王正式即位之前，政事由共伯和一手掌管。当时曾一时改厉王放逐之年为"元年"，但不久又因承认其幽闭期间也算做在位，因此恢复了厉王纪年。公元前 826 年，厉王去世，宣王即位，始称元年。因之前的情况与周公旦和成王的关系十分相似，因此从战国时代起，共伯和的时代也被定义为圣贤的时代。效仿成王的观点使得战国时代的各国的王取名为"成王"，效仿宣王的则取名为"宣王"。效仿"成王"的国家说"宣王"不是在正月元旦改称的元年，以此贬斥宣王；而效仿"宣王"的国家也诋毁成王。及至汉代，人们甚至不知道共伯和是个人名，将"共和"当做是圣人周公和召公两者交互执政的理想时代。"共和国"的译语，也是从该"共和"的意思而来的。

周幽王与平王

与王朝的创始人被理想化相反，被理想化的君主消灭的君王则备受诟病。商纣王和传说中的夏桀王皆是如此。周王朝从诸侯对立到分裂为镐京（西安附近）和雒邑（洛阳）两大阵营，直到不久后镐京王朝毁灭。造就分裂开端的周幽王一直都备受指责。都说商纣王是被叫做妲己的美女迷住了心窍。与其相似，周幽王也被说成是被一个叫做褒姒的美女迷得神魂颠倒。褒姒也渐被赋予了妖女的形象。另一方面，平王在雒邑重新建起了周王朝，作为君主受到了一定的好评，甚至有观点将东迁王都至雒邑一事评价为革命性的事件。在《史记·孔子世家》中，记载了有鲁国的叛乱者公山不狃想要起用孔子，孔子也打算前往，于是说："如有用我者，吾其为东周（东迁事件）乎？"

五霸

新石器时代以来，各文化地域出现"大国"，甚至有了进出邻近文化地域的情况。曾经为殷商和周这种城市国家独有的文字——汉字在春秋时代得以广泛使用，周的统治地域的"大国"君主向周王称"侯"，并用汉字确认其诸侯地位，而其他地域的"大国"君主则称"王"以对抗周王。这样到了战国时代，在各地域开始了文书行政的领土国家为了追溯历史，对敌对领土国家的君王加以诽谤，给春秋时代有名的君主贴上了独有的标签。齐国的孟子为了诽谤被自己辅佐的田氏逐下王位的姜姓君主，以及敌对诸国的祖先，称齐（姜姓）桓公、晋文公、秦穆公、宋襄公、楚庄王为夏、商、周三代（三王）的罪人。楚国的荀子为了只褒扬所仕的楚王，对于楚王的祖先庄王和已灭亡的国家，他列举了齐（姜姓）桓公、晋文公、吴王阖闾、越王勾践，说他们是"信立而霸（立信就能成为霸主）"（只剩下了楚王未归入此类）。

孔子

孔子，公元前552年生于鲁，公元前479年死于鲁。他过着亡命生活的同时，培养了很多弟子，这些弟子以及弟子的弟子们活跃于战国时代的政界。春秋末期城市不断增加，城市间的人口移动也变得频繁，用传统形式培养的人际关系来管理城市已经越来越困难。于是孔子论述了世间要想以新的人际关系为基础治理城市都需要注意哪些方面。他的弟子们渐渐成为领土国家官僚的代言人，他们编撰了孔子言行录，其中有比较久远时期的东西，也有弟子们所处时代的内容，这两种内容混杂在一起。作为其言行录之一留存下来的《论语》也不例外，有将仁者、智者、勇者列出加以称颂，或单独强调勇等这些为城市刚刚出现的游侠式辩的旧内容；也有突出强调仁，为战国时代的大国中央立场代言的新内容。后世的官僚们站在自己的立场上解释讨论《论语》。

老子与墨子

春秋时代城市数量增加，思想家们开始以城市为舞台展开辩论。战国时代文书行政得到发展，各领土国家的中央对地方城市实施官吏统治以后，地方受制于中央，各国的中央形成了以正统君主为最高权力的具有很强独立性的论点。各国家的正统君主，有从大夫层发迹的，也有春秋时代各地域的大国君主的末裔。前者称赞以发迹论理为背景的圣人政治，倡导革命。后者则站在否定发迹的立场上揶揄圣人政治。领域小的国家继续以城市为舞台的展开辩论，强化小国的立场。谈论上人的宇宙观的《老子》思想揶揄圣人政治，并在楚等地流行。为了让上人层不凌驾于君主之上，因此对于上人们，都让他们去谈论与政治无关的世界。对于中人以下的阶层，则施以法治，便可使国家安泰。至于天地在遥远的彼方监督着世人的说法则是战国中期以后才有的了。老子被假托为春秋时代的人，但他是否实际存在，尚不能确定。就小国立场进行辩论的则是《墨子》。墨子提倡抵抗大国侵略保卫国家的和平主义。形成该理论的核心思想是兼爱，解释为不分人我的爱，这是以小国的同族意识为基础而形成的思想。但是另一方面《墨子》对法的严格运用则是战国时代的内容了。当人们以天下为议题进行议论成为主流后，《墨子》的学说便逐渐衰落了。位于天下中央的官吏以儒家学说为基础议论政治时，《老子》学作为与官吏世界保持一定距离的思想，世代备受后人的尊重。

孟子、荀子和韩非子

孟子生于邹，所仕君主为齐威宣王（前356—前320年在位）。也曾在公元前312年的马陵之战后，向魏惠成王（前370—前319年在位）讲解自己的理论。据说孟子学于孔子的孙子子思。他认为仁义比利更重要，并主张人性善，强调君主应该善于抓住人心。其言行录《孟子》中，以事实说明了魏惠成王没有当王的能力，而齐威宣王才具有王才。《孟子》的开首有一段驳斥魏惠成王的话，用"五十步笑百步"（逃了五十步的人没有资格笑逃了一百步的人）的比喻，让人认识到魏惠成王的治绩并没有提高很多。提倡性善者是以上人、中人、下人中的中人以上为问题出发点，后来仕楚的荀子，将重点放在中人以下，主张性恶，并讨论了刑的重要性。后来发展了这一观点的是荀子的弟子韩非子。他生于韩，仕于秦，提倡以法确立秩序。

战国四君子

随着以官僚体制为基础的文书行政制度进一步发展，包括后发迹的家系在内的各王统逐渐固定下来。随之，王位的继承就开始强调要有王德，而不仅仅是依据血缘关系的继承。这样，既是王的近亲又集一族和臣下的崇敬于一身的人就被放到了微妙的位置上。他们有成为王的资格，却处于辅佐君王的位置上。这些人当中也出现了很多为了不让国家灭亡而号召结盟的人。汉代以后，人们对秦始皇的评价一落千丈，其中特别值得注意的就是对抗秦的各国的圣贤们。《史记》中介绍的齐国的孟尝君、赵国的平原君、魏国的信陵君、楚国的春申君，他们都是各国的宰相，并作为战国四君子而名扬天下。齐国的孟尝君，为了齐国促成抗秦同盟，却被齐湣宣王疏远驱逐国外。可惜结果却事与愿违，最终齐湣宣王成了把国家推向灭亡深渊的人。其他三人，在秦成为决定性的威胁以后，违背魏王之意完成对秦同盟，使秦的东进受到了一时的抑制。结成同盟后，信陵君无法重返魏国。

魏惠成王与孙子

战国时代随着铁器的普及，城市不断增加，官吏阶层有了更广泛的基础，文书行政得以进一步发展。为加强中央对地方的统治，律令制度得以不断完善，中央集权型的官吏组织也发展得更为成熟。最早的一位王——作为君临于这种新的官吏组织之上的王——便是魏惠成王。魏在《史记》中被作为国名介绍，但它本来是个氏名。魏氏在春秋时代发展成为晋国有权势的大夫，和赵氏、韩氏一起三分晋国。公元前403年，魏文侯得到周王的承认，确立了诸侯的地位。文侯（文）之子是武侯（武），然后是惠成王（惠王加成王）。从文侯到武侯、再到成王，这种文→武→成的君位继承，其实是仿效古时周的文王、武王、成王。魏惠成王自称夏王，是为追溯夏王朝被殷商王朝所灭，殷商王朝又被周王朝所灭的历史，表示自己要复兴夏王朝的“形式”。使用的历为夏正，这也是仿夏王朝所做。他举行仪式要求周移交权力，遭到诸国的反对，并大败于以齐为首的联合军。这一战役被称为马陵之战。为齐国赢得胜利的是孙膑。田氏一族以孙膑的名字冠名《孙膑兵法》，以被看做孙膑同族的孙武之名命名了《孙武兵法》（即所谓《孙子》）。

齐威宣王、湣宣王和宋王偃

战国时代的国君有几个人把周宣王作为复兴周王朝的名君来颂扬，并效仿他而取名叫做宣王。其中最先称宣王的是齐威宣王（威王加宣王）。他在马陵大破魏惠成王，打碎了其逾年称元的野心，而他自己在公元前338年采用逾年称元法，宣称自己是天下之王。他的儿子湣宣王（湣王加宣王）也是宣王。湣宣王在同族孟尝君的辅佐下，将齐发展为天下数一数二的强国。但是他后来没能很好地任用孟尝君，攻打宋的战略失败后，招致其他国家介入，最终致使齐陷入灭亡的深渊。宋是殷商的末裔，宋王偃利用殷商旧有的制度，自称地上之帝。齐湣宣王就是以此为由攻打宋国的。宋王偃虽被齐所杀，但是殷商末裔抵抗强烈，其他企图占领殷商故地的国家也都陷入泥沼化的战争当中无法抽身。而得渔翁之利的是远道进军而来的秦国，他跟着楚的背后占领了湖南、湖北等地，奠定了天下第一强国的基础。齐威宣王（威王加宣王）、湣宣王（湣王加宣王）的事迹在《史记》中记录成了威王、宣王、湣王三人的事情。造成此错误最大的原因是把威宣王称王前与称王后混淆了。威宣王有称王前的在位年（A），称王后的在位年（B），它们之间有一整年（C）。《史记》把（C）作为威王的年代（这本身是正确的），（B）作为宣王的年代（这本身是正确的），把他们分别独立成为二人，造成了毫无道理的年代错位。因此只要明白潜宣王也是宣王，再回头整理，年代矛盾就能轻松解除了。

秦昭襄王与屈原

秦昭襄王（前 307—前 251 年在位）继承秦孝公时代商鞅变法的遗产，起用将军白起等人将秦的领土扩大到天下的半壁江山。秦始皇又利用这份广阔的领土遗产，实现了天下统一。灭周是昭襄王时期的事（公元前 246 年。东周也在公元前 255 年灭亡）。虽然因各国的联盟，昭襄王被困在函谷关以内，但他细心经营惠文王时公元前 316 年征服的四川，把当地治理得反比粮仓地带的军粮还要充足。而后，他从湖南之西攻打楚，接手了楚国的大本营湖北、湖南等地。这时，楚地名族屈氏中的一人——屈原在洞庭湖投水自尽。楚人的抗秦运动和屈原礼赞相结合，这使屈原成为后来人们长期尊崇的对象。集楚地诗歌而成的《楚辞》也多被认为是屈原之作。

伯夷、叔齐的传说

战国时代诸国之王，都试图利用夏、商、周三代的历史，来解释自己对国家领域支配的正当性。三代都以新石器时代以来的文化地域为限，讨论有限的领域。那时为了配合宣扬王朝正统性的主张，有的言论夸耀血统否定革命，也有的议论从大夫层发迹权威不断上升最终实现以下克上的。在讨论对周的继承问题时，有的只以文王为焦点，将武王之后全部否定，有的把文王、武王以来的较长时期作为问题讨论。另外，还有的否定周灭殷商的说法。伯夷、叔齐的传说就被用于最后列举的否定说法。伯夷、叔齐两兄弟是孤竹君之子，兄伯夷觉察出父亲想让弟弟继承王位，于是在父亲死后让位于叔齐而逃走，叔齐也欲让位于哥哥伯夷而逃走。后来武王想要征伐殷商时，兄弟二人谏诤不可反臣之道，武王没有听从。待到周得天下后，他们为吃周的俸禄感到耻辱，隐身于首阳山，最终饥饿而死。这个传说是想否定革命思想，后世也有人指责其内容荒唐无稽，但也有很多人褒扬他们不肯在二朝为官的高洁节操。

吴太伯的传说

战国时代，把自己所属的新石器时代以来的文化地域放在特别的位置上，把汉字圈看做天下，将这一特别地域与其他地域相区别的观点尤为盛行。一方面把自己以外的地域看做野蛮之地，另一方面特别看待汉字圈并加以解释的趋势愈发高涨。这种趋势引发了一个结果：创作神话，使他国君主的祖先诸神的位置低于自己的神灵。例如，中原地区将楚的祖先神置于尧之下等。同样的意识下，形成了长江下游的吴的祖先出自周一族的传说。与伯夷、叔齐的传说有些相似，说是太伯、虞仲将周的君主之位让与弟弟季历而逃到野蛮之地荆蛮之地。《史记》中，世家的第一位记载的就是吴太伯。像宜侯矢簋一样，我们一直以殷商故地往东的地域来讨论封建的青铜器却在江苏省出土，从这类事情可以看出周初封建活动的余波以遗物流入的形式出现在长江下游。主张吴是周室之长的话题可见于《左传·哀公十三年》。这到底是吴的真正的主张（开始是吴主动创作传说并加以利用），抑或只是《左传》采用的话题（为了贬低吴而制造的话题），我们不得而知。这一话题甚至波及后进入汉字圈的日本，出现了天皇是吴太伯子孙的说法。但是，这原本是将汉字圈特别看待的意识和他国比自己低等的意识相混合出现的话题，因此在日本也遭到了嗅到后者味道的人的反对。虽然可以想象，秦始皇时人徐福横渡到日本的传说也是出于同样的背景，但是这被当做归化人、渡来人的话题处理，并没有受到十分重视。

历史关键词解说

甲骨文与金文

甲骨文是龟甲兽骨文字的简称。殷商时代，甲骨文的制作首先是使龟甲、兽骨成型，然后在甲骨上钻凿一定数量的孔穴以便于之后烧灼出裂纹。把甲骨放在火上烧灼，龟甲就会产生开裂，占卜者通过观察裂纹状况来占卜吉凶。占卜之后，刻写在甲骨上的卜文就是所谓的甲骨文。卜文中记载了祭祀占卜时用到的人名以及各种术语。这些甲骨文不仅是殷朝祭祀活动的重要一环，也关系到国家的长治久安。金文是指刻在青铜器上的铭文。青铜器是使用陶范（印模）浇铸的，陶范由外范、内范组成，内外范之间则用铜液浇铸。外范或者内范上通常有雕镂的凸字，因此使用陶范制成的青铜器上的文字像是刻上去的。凸字的制作首先是在模型上写字，然后把字体部分抠出，从而制成凹版。另外还要抠出外范、内范的某一部分，用稀的黏土再填上，最后用凹版压在上面就制成了凸字。这种方法说起来很简单，但是只在殷商和姬周之间继承，并未向外泄露。周对甲骨文不感兴趣，而对金文则虚心学习继承。周朝的一些诸侯国以及长江流域等地区的大国，虽然这些国家分属不同文化地域，但是都表现出对青铜器的浓厚兴趣，从周王朝的衰落开始，直到公元前8世纪，金文制作技术不断外流，以至各国都争先将其据为己有。就这样，虽然在春秋战国时代已经形成了广域的汉字文化圈，但是在商周时代，汉字只不过是用于祭祀的符号罢了。

天命与德

天降其命。获得天命的王会得到一种神奇的咒力——德。"德"被统治者代代相传，从而得以永保天命。在周王朝，文王因受天命，获得了通晓天地的灵力；武王因继承了文王所具有的"德"，拥有了平定四方的力量并最终灭殷商。这种力量还让其部下誓死追随。到了成王即位，受天命所得的力量一再被验证，发起叛乱的殷商余党们以及山西地区的民众被一一平定。天命又被表现为"敕命"，文王取得的天命就被特意强调为"上天的恩赐"（逨盘）。在春秋时代的楚国，自称王的楚成王好像也曾称自己是受了天命的。周的"德"逐渐衰落，直到战国时代，"天降命"才被重新提起。随着这一理论的大众化、一般化，到处都是宣扬自己是受天命的有"德"之人。结果，"德"成了各诸侯国得以称王的基本资格（不久又演变成更广泛意义上的人格）。原本作为咒力的"德"指的是一个王应有的"德"。后来依靠"德"平定殷商的说法也得了变化，新的说法变成了：让普天之下所有不受王统治的野蛮地区也能受到"德"的感化。通过征伐带到新领地来的"德"在官僚体制下，即便没有征讨也得以传入；在各诸侯国实力均衡的前提下，即便不去讨伐他国，"德"也会被传播到各地。直到秦始皇统一中国，"王"这一称呼也随之变为"皇帝"，皇帝的领土与之前的天下已然不再等同。此后，"德"也被强加上诸如上面关于野蛮地区受"德"感化的说法，"德"庇护的范围也超出了之前的天下之外很多了。不过，直到王莽时代才参照记载了战国时代说明"天命"和"德"的典籍，提出新的说法——皇帝的领土与之前分属天下一小部的王的领土是等同的。不过这已经是很多年以后的事情了。

"文武之胙"（祭肉）

周灭商，文王因受天命，获得了通晓天地的灵力，并拥有了"德"；武王因继承了文王所具有的"德"，彰显了平定四方的力量。文武对"天命""德"的继承受到后代的追捧，并且把这样一种继承当做一项礼仪被延续下来，即所谓的"文王、武王之胙（祭肉）"，也就是践"文武之胙"的祭祀礼仪。据说祭胙（祭肉）本身就是作为一种用来留住祖先灵力的祭祀礼仪而被广泛推行。所谓的胙阶是指为了践胙而修建的阶梯。《论语·乡党》中有云："乡人傩，朝服而立于阼阶"，这里说的就是一般意义上的祭肉。魏国的惠成王和秦国的惠文王不仅继承周朝的权威，还利用了"文武之胙"。践"文武之胙（祚）"的礼仪即所谓"践祚"的说法以及王位继承乃至皇位继承的继承礼仪也被后代延续了下去。即魏、秦之后建立的诸侯国通常认为"文武之胙"对王朝权威的继承起不到什么作用，只是把其作为一般意义上的祭肉谈论。上面引用的《论语》中的一小节所讲的一般意义上的祭肉也有一定的意义可言。

桀纣

位处中原的大国"商"被陕西的"周"所灭后，世人并不热衷于去诽谤"商"最后一个统治者帝辛（纣王），而是对周文王的受天命、获得通晓天地的灵力以及周武王镇压四方的魄力大肆宣扬。但是，直到战国时代"革命论"的兴起，有一种说法认为，"周灭殷"也是一场革命。虽然现在天命确实降到了西周，但是在以前的殷汤时代也曾受到天命的眷顾，此后由于王的德性衰退，天命才转向了西周（命被"革"了）。殷商时代，象征王的德性已经衰退的人物是商纣王。一旦"革命论"成立，也就有理由说明殷商的建立也是经由革命实现的。这样一来就成就了殷商之前的关于夏王朝的传说，夏禹受天命，但是到了夏桀时，王的德性衰退了，最终夏被殷汤王灭掉了。于是就有"殷鉴不远"之说，即夏代的灭亡，就是殷代的前车之鉴。这种说法也是在"革命论"的背景下产生的。

周易

"易"是作为一种占卜方法，起初的形式是经过数次占卜来推算某件事情是否发生。表示某件事发生或者不发生的符号以及表示由发生到不发生、或者由不发生到发生这两种变化的符号都可以接连在甲骨上从而形成甲骨文。甲骨文记录下了这一占卜方法的原始面貌。到了战国时代，占卜次数以三次为宜，用来表示变化的符号也逐渐消失，变化的内容通过总结三次占卜的结果用文言文做出说明。用"—"代表发生（阳），用"――"代表不发生（阴），从中任选一种，反复三次，组成八种形式。这八种形式统称为"八卦"。周易是以八卦为基础，并对此作出了系统说明。周易对八卦的说明逐渐变得复杂，开始重视由八卦两两相叠形成的六十四卦。用八卦表示方位的方法共有两种，一种是战国时代以来的后天方位，另一种是三国时代开始启用的先天方位。

阴阳五行

殷商时代，占卜的基础是在发生和不发生这两者中的选择。到了战国时代，上述两种变化变为阴（――）、阳（—）这两种抽象的概念。另外，殷商时期，还有根据十个太阳的神话（十个太阳每天轮流穿越天空）制成的十个符号，后来演变成十干。战国时代，十干两个一组被分成了五份，分别代表五个阴阳，也是五个元素，即所谓的木、火、土、金、水五行。后世，日本人创造的汉字日本式读法（训读）中，阳的读音是"え（兄）"，阴的读音是"と（弟）"。日本的"木のえ（阳木）"、"木のと（阴木）"、"火のえ（阳火）"、"火のと（阴火）"、"土のえ（阳土）"、"土のと（阴土）"、"金のえ（阳金）"、"金のと（阴金）"、"水のえ（阳水）"、"水のと（阴水）"就相当于中国的十干。"甲"在日文训读中读作"きのえ（木のえ，阳木）"、"癸"读作"みずのと（水のと，阴水）"，都是从上面而来的。另外，把五行分配到四个方位（南方属于火，东方属于木，北方属于水，西方属于金，土掌管中央）就形成十二个方位。并且，五

行按照顺序排列还有所谓的"五行生成论（水→火→木→金→土）"，按照顺序循环相生（例如燃木生火）就形成"五行相生论（木→火→土→金→水）"，而循环相克（例如土可以拦阻水）的就是所谓的"五行相克论（木→土→水→火→金）"。

十二支

　　十二支的起源问题仍是未解之谜。很多时候，十二支会和十干一起被提到。因为"十干"是根据十个太阳的神话制成的十个符号，所以有一种说法认为，十二支是根据月亮一年的十二次阴晴圆缺制成的符号（表示十二个月亮）。到了殷商时代，开始和十干一起出现，并且根据十二和十的最小公倍数而组成六十个组合。从殷商时代开始，六十干支就用来纪日，并延续至今。十二支纪年法从战国时代开始，到了汉代一直到现在则采用六十干支纪年法。根据这个方法，六十年为一个周期，也有了"六十花甲"的说法。在古代国家的文字记录中出现的六十干支纪年则成为遥远后世的新闻。汉代以后，不同的动物（如鼠、牛、虎……狗、猪等）入主十二支，并被后代继承了下来。

春秋列国

　　新石器时代不断发展、不断壮大的村庄周围被围上了城墙，于是出现了城市。城市一般拥有数个村落。虽然这些城市经历过动荡，也被外族人侵过，但是基本上都走到了春秋时期。春秋中期以后，铁器逐渐普及，城市数量也迅速增加，城市居民的迁徙活动也愈加频繁。以大国为中心的各地方受大国派遣的官吏管辖。在受到大国中央的直接统治之前，这些城市都有各自拥戴的君主，俨然成为一个国家。这些国家便是所谓的春秋列国。殷商时代使用的汉字为周王朝继承。周王朝统治者把刻有铭文的青铜器赏赐给各个诸侯，而制作这种青铜器的技术仍由周朝独占。西周后期，这种技术与汉字一起被传到了各地并牢牢地扎下了根。因此，只有根据这些拥有汉字的诸侯国及周的记录，我们才能了解那些由城市发展而来的国家的历史。从汉代流传下来的零散记录来看，在《史记》中记载的十二诸侯年表中，除"周"和"鲁"以外，剩下的十二个诸侯国被单列出来并记述了其历史。《史记》中特别列出那些国家即所谓的"春秋列国"。对司马迁来说特别注意记述方法的背后未必和国家的大小有关。

王者和霸者

　　在各地陆续出现拥有数个村落的国家之后，新石器时代以来的文化地域里出现了把这些国家纳入自己势力范围的大国。"商"就是这样的大国，他们使用汉字，把自己的首领称为"王"，他国首领则被称为"方（诸侯）"或"羌（外族）"。灭掉殷商、继承汉字的周也把自己的首领尊为"王"，其他国家则成为"诸侯"。春秋时期，汉字在各地扎根之后，黄河流域的各诸侯国仍然维持着对周称臣、尊崇周王的体制。但是，在汉字新传入的长江流域，出现了尊称自己国家的首领为王的国家。战国时期，在新石器时代以来的文化地域内，形成了一个乃至三个国家，各国首领都各自称王。因为战国时期的王们都各自认为自己才是独一无二的存在，所以他们有必要去贬低春秋时代之前的大国，并且把继承了汉字的商和周放在特别的位置上，强调自己才是继承商、周权威的不二之选。把商和周的开国之祖理想化尊为"王者"，而诸侯大国的首领们则被贴上"霸者"的标签。对此，还附带着这样的说明，霸者不是依据"王道"而是用"霸道"让对方臣服，指出了王者和霸者的不同。

盟书

在很久以前的太古时代就有所谓的"盟誓"存在。但是，在文字出现之前是没有"盟书"一说的。春秋时期，汉字被广泛传播并扎根于各地，随之也出现了盟书。盟誓是在神灵前许下誓言的一种祭祀形式。盟书又称"载书"，其中的"载"有追溯和祭祀的意思。"盟"的意思是降"明（祖先之灵等灵力）"于"皿（器皿）"。盟誓的内容被记录在盟书上，参加者回国后要去祭祀场所对盟书加以确认，具体由祭祀官负责。祭祀官中，专司文字之职的被称为"史"。到了战国时期，"史"则被重新划为中央官吏和地方的下级官吏。中央和地方是靠文书行政联系为一体。而支撑文书行政的则是作为法律体系的"律令"。在战国时期的国家中央，盟誓、盟书被轻视，不再重要，而且提出签订盟书的霸者往往被看成势弱的一方。没有盟书的商、周时代则被理想化成王者的时代。另外，还有"执牛耳"这一说法。从盟誓方式的地区差异来看，有的说执牛耳是主盟国的权利，也有的说是弱势一方的权利，而"执牛耳"这一成语是出自前者。

律令

在西周，"令（命）"是天降的。除天命之外，在城市里发挥作用的是"习惯法则"。人们在祭祀场所约定某项事情并获得认定。春秋时期以后，铁器的使用逐渐被普及，田地、城市的数量增加，于是人们频繁往来于不同的城市之间。为了通过文书行政把这些不同来历的人整合起来，对新规定的需求就变得日益迫切起来。这种新的规定以"律"的形式出现并形成体系化是在战国中期。当时，命令是指相当于天子的王所做的裁断，并作为一种"律令"和"律"一起起到很大作用。"刑"曾经也是依据习惯法则来判定的，但是到了"律令"开始起作用后，"刑"也开始按照其相关规定来实行。直到行刑的审判制度也逐渐得到完善。过去，判决罪行是在祭祀场所进行的（法的本义就犹如这里的判决），但是后来变成根据"律令"来判决犯人。这一法律体系有效地把中央和地方联系了起来。虽然律令法律体系得以建成，但是原则上来讲，"命"是继承了天命传统的"命"，把上天的声音具象化了；"律"则被认为是宇宙秩序（音律体现宇宙秩序）的具象化。

爵位

从城市发展来的国家拥有自己的君主，帮助君主管理国家的有辅佐官员以及门客。国家由大城市、中小城市以及村落组成。君主居住在大城市，下面的中小城市和农村也不乏有势之人。这些有势的权贵与君主之间形成一种虚拟的亲族关系。殷商作为睥睨天下的大国，用"伯"来称呼方（诸侯）国。在周朝，辅佐王的官员被称为"公"，中小城市的有势之人则被称为"伯"。一般社会成员则被称为"子"，也有人被称为"男"。如果其他文化地域的使者来出访本国的话，以"子"的礼节招待。汉字一传到各诸侯国，周朝的称呼方法就随之广泛深入到各地。周朝的"伯"和"男"这两个称呼之间，出现了趁着东迁的混乱状态移民到东部地区的"侯"。中央为了更好地统治地方，对爵位进行了完善。站在诸侯国的立场上，在过去的"公、伯、男、子"这四个称呼中间加进了诸侯的"侯"并设定了等级。于是就形成了所谓的五等爵位（公、侯、伯、子、男）。以此为理念基础，战国时代，真正让爵位得到完善的是秦国的十七等爵（大秦帝国建成后，发展成统治天下的二十等爵）。

郡县制

春秋中期开始设县。起初设置的县与诸侯国一样有着很强的独立性，但是后来逐渐被纳入中央的统治、管理之下。在大国之下设置的"县"是诸侯国君主以及大夫们自身的权力基础。如果大夫们成功掌控县，他们的子孙在不久就会变成战国时代领土国家的君主；如果诸侯国君主获得了县的掌控权，则他们的子孙也会在战国时期成为领土国家的君主。从文字信息这点来看，西周时通过赏赐青铜器来传达信息；春秋时期，随着广阔的汉字圈的形成，用来确认盟书所列盟誓内容的各国的祭祀场所也就成了信息传达的场所。中央向各县，即已灭亡的诸侯国的祭祀场所派遣官员，以此形成文书行政往来。用来支撑文书行政的法律体系便是"律令"，律令的出现则是文书行政完善的具体表现。曾经在祭祀场所担任文字记录的"史"成为中央和地方的官吏。随后出现了新的方法代替以分封安抚小国的做法——给予臣下一定的身份即爵位，并且这种做法日渐完善。在通过授予爵位得到保障的身份中出现了相当于一个县的一把手的职位。统治者充分利用边境防备及小国兴衰交替，以保证小国不会独立出去。以新石器时代的文化地域为母体形成的传统统治领域日渐扩大，人们对新的统治领域进行划分统治，就形成了"郡"。在被侵略地区，"郡"是指身份低下的人居住的偏僻地区，是一种带有讽刺意味的表达方式。当时，开始以郡的统治规模为前提授予臣下爵位，爵位体系也随之扩大。秦始皇统一中国后，将其文化领域划分为三十六个郡。到了汉代，爵位体系进一步扩大，让天下的部分郡独立出来，成为诸侯国以谋取天下太平。

铁器和牛耕

现在，学者仍未弄清楚人类从何时起开始使用畜力。为了有效地让畜力在田地里发挥作用，人们需要把田地整理成方形。近年考古学家接连发现的古代稻田遗址中，属中国古代的稻田备受瞩目。位于长江下游流域的草鞋山马家浜文化遗址以及中游的城头山遗址的稻田都是在自然形成的洼地上开垦的原始水田。这些水田被整理成方形与铁器的普及不无关系。春秋中期以后，铁器在全国普及，自然形成的土地形态也发生了变化，它们被人们用铁制工具区划成大块的适宜耕种的田地，并开始借助牲畜的力量进行耕种。当时土地区划用到的面积单位在后来的很长一段时间里一直被继承使用。六朝以后，度量衡的标准发生了变化，因此一个面积单位代表的数值也有了改变，而且古人开始用新的数值表示面积单位，并固定下来不再变化。耕作方法、水利技术有了进步和发展，出现了培养秧苗的秧田，人们利用插秧的方法在水田里种植水稻。

诸子百家

从城市发展来的小国灭亡后，由大国中央派来的官吏接手管理。之后随着中央官吏统治的发展，形成了上级官吏、下级官吏以及处于被统治地位的平民三个阶层。这三个阶层不是一成不变的，具有相互渗透的流动性。在战国时期，这种阶层论受到了充分重视，并出现了上人、中人、下人的说法。每个独霸一方的诸侯国为了其统治的需要，对上人、中人以上、中人以下以及下人都做了详细论述。虽然儒家阐述的是政治思想，但是孟子却是主张以中人以上阶层为论述对象的"性善论"，而荀子则论述了以中人以下阶层为对象的"性恶论"。法家思想则主张制定法令以统治中人以下阶层的国民。道家的哲学思想只是集中在上人阶层，强调"无为自然"。尽管如此，中人以下阶层由于受到法令的约束，国家也能安享太平。在国家间的战争、外交活动中起到主要作用的人被称为"纵横家"；研究兵法的人被称为"兵家"；擅长诡辩之人被称为"名家"。因为这些流派分管不同的领域，所以可以在同一个国家共存。另外，还有像墨家那样站在小国和城市国家的立场上为他们辩护的人。但是在大秦帝国统治不断强化的过程中，墨家走向了衰落。后来通过科举出仕的官吏们以古代思想家的思想为蓝本进行讨论时，每个人要阐述多种思想，强调哪家之说就成了问题。为此，后人就只好说战国时期的思想家倡导了各种不同的思想。这种说法与共处、共生的诸子们的实际状况相比，发生了很大的变化。战国时期，诸子们聚集在各国的首都，回答王的问题。此间，闻名于后世的要数齐国城内的居住区"稷下"。稷下背负着后世学者的理想，成为人们谈论的对象。

针灸和导引术

我们从原始医术中，很难找答案来解释什么是如何产生的、又如何为医学发展做出贡献的。只是在新石器时期，用于治疗的器具只有石器、木器、骨角器等。虽然后来出现了青铜器，但是青铜的质地非常柔软，不能被制成尖细的针。而针是伴随铁器的普及才出现的。战国时期，与经脉相关的知识丰富起来，用针刺激穴位的治疗方法开始出现。另外，根据出土的汉代前期的文物，导引术的知识体系在汉代已经形成。导引是利用呼吸，由意念引导动作，并调和体内之气的身体疗法，通过导引可以治愈疾病。

铸造货币

商周时期，人们把青铜熔液用长柄勺子样的东西制成饼状青铜胚，并运往各地。后来随着青铜胚运量的增加并且流通中的交易货量也越来越多，于是人们开始把铜饼细分成一定重量的铜币，用来帮助计算流通过程中各方获得的利润。中原地区最早出现的是"布钱（铲币）"，刚出现时体积比较大。之后，物品流通越来越频繁，流通区域也越来越广阔，体积比较小的货币也随之出现。并且在中原地区以外的其他地方也出现了相同重量的货币。中原地区使用的铲币模仿了青铜农具的形状，而山东、河北一代的刀币则是仿照刀子制成的。长江中下游地区的楚国使用的蚁鼻钱，是把青铜铸成了颗粒状。在秦国使用的是圆形钱币。虽然这些货币形状各异，但是它们大体上都是依据一定的质量标准铸成的。各国都是遵照各自的重量单位来确定钱币的质量标准的。在楚国也使用黄金作为货币，把板状的黄金适当地细分成小块，依据重量判断价值。各国的重量单位都是以上面提到的由铜饼细分成的铜币重量为基准制定的，而且因为计算时的进位也有法则可依，相互间的换算也比较容易。因此，虽然每个国家使用的货币从表面看来都很有个性，事实上却是单个国家的货币都可通行于天下。秦二世时，秦朝推行货币统一，但仅限于形状上的一致，并一度让经济出现混乱。不过，自此战国时期各国形色各异的货币消失了踪影。

季节和历法

从事农业的人必须能够感知季节的变化。因此，自从有了农业活动，就有了原始的历法。为了解季节，就必须设定一定的基准。在没有文字的时代，月亮盈亏就成为身边最便利的基准。月亮每年经历的盈亏次数大约有 12 次，但是这 12 次并不能正确表示"一太阳年"，所以如何得出季节更替和月亮盈亏的关系就成了古今东西人们所关心的事。原始社会时期，从立春开始往后数十个月为一段，就是所谓的十月历法。到了开始使用汉字的周朝，记录十一月的时候，写的是"十月又一"。这也是把前十个月与其他月份区分开来的做法。新石器时代以后，人们对季节和月亮盈亏关系的了解也仅限于制定了冬至过后就是正月的基准。因此，有的认为一年有十二个月，也有的认为是十一个月，更甚者有时还有十四个月的说法，没有严密的历法。到了殷商时代，人们把祭祀祖先的三百六十的周期与历法结合了起来；周朝则把十二次的月亮盈亏分成四部分并加进历法。这些都让人们对季节有了更为深入的了解，但是偶尔也出现了把一年分为十四个月的历法。公元前 4 世纪时，人们计算出从冬至到次年冬至的时间为 365.25 日，并且通过制定二十四节气来感知季节变化。此外，古人还制成了影响未来的历法。不仅限于太阳和月亮，木星的运行也与历法有关。这种高难度的历法在广阔的汉字文化圈中成形。它虽然依靠的是共同的知识，但是同时也反映了在新石器时代以后形成的不同文化地域独自的见解，他们都认为各自的历法才是至高无上的存在。根据整理记录结果表明，古代的月是三十天的大月和二十九天的小月交互轮流出现，古人也发现偶尔多出一个大月计算的日期更为准确。于是人们在特定的一年的某个小月上加了一天变成了大月，并且成功测定出大小月排列的循环周期为 76 年。作为各国共通的大小月排列方式，七十六周期的起点应该订成公元前的哪年哪月哪日？根据季节变化和月亮盈亏的关系，每二、三年要插入一个闰月，那么这个闰月要怎么插？对于这些，各国都在努力显示与别国的不同。因为强调不同，每个国家的历法都是独一无二的。历法是正统的象征。秦始皇统一中国后，秦国的历法就成为全国的历法。之后，历法计算以及闰月的添加变得较为严密，但是西汉武帝时期的历法过于看重概念上的东西，反而导致了常数计算的误差越来越大。

合纵连衡

"合纵"，即"形成纵（从）向联合"；"连衡"，即"形成横（衡）向联合"。所指的问题不外乎是形成纵向（南北）联合来对抗秦国的汹涌进攻，或是与秦国结成横向（东西）联盟来保全自己的国家。不过，上述状况是出现在秦国把手伸向了楚国根据地湖北、湖南并对其进行压制的公元前278—公元前277年以后。在此之前的状况是：魏、齐、楚、秦等国都自认是天下第一的正统，周王朝被卷入了争夺战并走向衰亡，结果各诸侯国组成了相互对抗的国家联盟。这里的联合用的是"纵"和"合"，在说法上与上面表述的"合纵"具有不同意思，并且以公元前278—前277年之后秦国的强大为前提，追溯到公元前278—前277年以前，也有关于"纵"的用例说明。因此，如果我们把这些都理解成公元前278年以后的说法，就不能很好地理解国家的对抗关系的。

战国七雄

战国时期以新石器时代以来的文化地域为母体培育出了领土国家。位于中原地区的赵、魏、韩三国、山东的齐国、河北的燕国、陕西的秦国、从湖南和湖北到淮水一带的楚国都自封为王，成为新的领土国家。这七个国家在《史记》的《六国年表》中都有记载。这里所说的六国是除秦国以外的六个国家。一览表中，除上述六国外，还加上了始自西周的周王朝以及后来实现天下统一的秦国，共计八国。汉代以后，按照《史记》的说法，战国时代被称为"六国之世"。另外，东汉以后，对秦始皇的评价跌到谷底，有观点称不应把战国时代的秦与周相提并论，应该让秦与其他六国处在同一位置，于是就有了"战国七雄"的说法。在周和战国七雄之外，战国时代的国家还有中山、越和宋国。

革命和禅让

西周灭商后，就开始倡导"天命"思想，即文王因受天命，获得知晓天地呼应的力量；武王因继承了文王所具有的"德"，拥有了平定四方的力量并最终灭商。战国时代新出现的王们也认为自己是天命所归，并宣称"曾经降在周朝的天命发生了改变"。"德"性不再是王的专属，而是成为圣贤（君子）普遍拥有的品格。并且，还出现了以"德"感化周围人的说法。什么样的人才算是圣贤呢？其判断的基准随着官吏品质的变化也在不断变化。王朝的更替也被说成是一种革命。革命发生之时，从形式上来看，旧王朝的最后一位皇帝自动退位，并把皇位让给新王朝的创始者。如果参照古代的规范，继承王位的不是皇子而是有德之人。天命发生改变之后，有德之人的"德"成为新的王德。后来，把王位传给有德之人的做法用"禅让"这个词来表示。相反地，以武力讨伐并放逐暴虐君主的做法被称为"放伐"。但是革命的时候，往往在现实和理想之间寻求折中点，所以在形式上仍是采用了禅让的方式。近代以后，英语中的"revolution"被翻译成了"革命"一词并被广泛使用。历代争论的革命也演变成了朝代更替、君主易姓的所谓"易姓革命"。

参考文献

本书是按阅读顺序、根据内容介绍参考文献。所介绍的书和论文的内容并不一定会成为本书内容，但关联密切，请对比阅读。另外，本书制作了关键词一览，希望它们能够为您的阅读提供提示，帮助您深化理解。

序章

（1）松丸道雄，《殷商周国家的构造》，《岩波讲座·世界历史（四）》，岩波书店，1970 年

（2）松丸道雄，《殷商》，《世界历史大系　中国史 1》，山川出版社，2003 年

（3）平势隆郎，《春秋与左传——战国史书所描述的"史实""正统"与国家领域观》，中央公论新社，2003 年

第一章

东亚册封体制

（4）西嶋定生，《皇帝支配的形成》，《岩波讲座·世界历史（四）》，岩波书店，1970 年。《西嶋定生东亚史论集一·中国古代帝国的秩序构造与农业》，岩波书店，2002 年

（5）西嶋定生，《秦汉帝国——中国古代帝国的兴亡》，《中国历史（二）》，讲谈社，1974 年，讲谈社学术文库改订，1997 年

（3）平势隆郎，《春秋与左传》（同序章）

（6）平势隆郎，《龟碑和正统——领土国家的正统主张与数种东亚册封体制观》，白帝社，亚洲史选书，2004 年

世界与中国

（7）安部健夫，《中国人的世界观念——政治思想史试论》，哈佛·燕京·同志社东

方文化讲座委员会，1956 年。后《元代史研究》摘录，创文社，1972 年

(8) 渡边信一郎，《中国古代的王权与天下秩序——从日中比较史的观点出发》，校仓书房，2003 年

(9) 平势隆郎，《中国古代正统的系谱》，《第一届中国史学国际会议研究报告集·中国的历史世界：统合系统与多元的发展》，东京都立大学出版会，2002 年。特别参考注 35

(10) 平势隆郎，《中国古代的预言集》，讲谈社现代新书，2000 年

(11) 平势隆郎，《苏醒的文字与咒术帝国：古代殷商周王朝的素颜》，中公新书，2001 年

(3) 平势隆郎，《春秋与左传》（同序章）

(6) 平势隆郎，《龟碑和正统》（同第一章）

汉代的封印工作

(10) 平势隆郎，《中国古代的预言集》（同第一章）

第二章

《逸周书》

(12) (晋) 孔晁注，《逸周书》，《百部丛书集成》，抱经堂丛书

(13) 黄怀信、张懋镕、田旭东撰，《逸周书汇校集注》，上海古籍出版社，1995 年

(14) 高智群，《献俘礼研究（上、下）》，《文史》三五—三六，1992 年

褒姒的传说·西周的灭亡

(15) 贝塚茂树，《贝塚茂树著作集 1》，中央公论社，1976 年

摄政时期的象征

(16) 平势隆郎，《左传的史料批判式研究》，《东京大学东洋文化研究所报告》，汲古书院，1998 年

西周金文的月相→第五章 天文历法
东迁的推移

(17) 贝塚茂树、伊藤道治，《从原始到战国》，《中国历史》第 1 卷，讲谈社，1974 年

(15) 贝塚茂树，《贝塚茂树著作集 1》，（同前）

(18) 尾形勇、平势隆郎，《中华文明的诞生》，《世界历史（二）》，中央公论社，
    1998 年

第三章

韩的神话等
(3) 平势隆郎，《春秋与左传》（同序言）

第四章

秦的领土主张
(19) 白川静，《白鹤美术馆志（金文通译）》，第 199 卷，补第 16 卷，白鹤美术馆，
    1971，1979 年
    ◆秦公簋（旧）、秦公铸，一般认为出现于春秋后期，但这是受簋等"新郑铜
    器"错误编年观的影响产生的。相关器皿也可见于战国时代。

齐的领土主张
(20) 白川静，《白鹤美术馆志（金文通译）》二一五，白鹤美术馆，1982 年
    ◆叔尸铸（叔夷铸），一般被认为出现于春秋后期，但这是受"新郑铜器"等
    错误编年观的影响产生的观点。如，其相关器皿"庚壶"就有铺首（手握部分
    的装饰）的兽面，那就是战国时代的器物。

魏的《竹书纪年》
(21) 方诗铭、王修龄，《古本竹书纪年辑证》，上海古籍出版社，1981 年
(22) 平势隆郎，《新编史记东周年表——中国古代纪年研究序章》，东京大学东洋文
    化研究所，东京大学出版会，1995 年
    ◆尤其是《索隐解释表》。在注释中出现诸国诸君主的年代，可以一览作注者
    是如何进行操作的。

今本《竹书纪年》
(23) 王国维，《今本竹书纪年疏证》，前揭（21）方诗铭、王修龄书所收
(24) 平势隆郎，《今本〈竹书纪年〉的特点》，《九州大学东洋史论集》二〇、1992 年

楚国的领域

（16）平势隆郎，《左传的史料批判式研究》（同第二章）

（25）谷口满，《灵王弑逆事件始末——古代楚国的分解（其二）》，《史流》二三，北
　　海道教育大学史学会，1982 年

加上说

（26）内藤湖南，《大阪町人学者富永仲基》，《内藤湖南全集》九，筑摩书房，1969 年

中山的领土主张

（10）平势隆郎，《中国古代的预言集》（同第一章）

汉代继承三代的"形式"

（27）平势隆郎，《〈史记〉2200 年的虚实——年代矛盾之谜与隐藏的正统观——》，
　　讲谈社，2000 年，（后文也参照本书）

（3）平势隆郎，《春秋与左传》（同序章）（后文也参照本书）

《后汉书》（现行《后汉书》的部分内容）

（28）长泽规矩也编，和刻本正史《〈后汉书〉二》，古典研究会，汲古书院，1971—
　　1972 年

（29）渡边义浩等译，《后汉书》四，《全译后汉书》四，汲古书院，2002 年

文武胙

（30）丰田久，《关于周天子与文武之治的赐予——成周王朝及其礼仪的意义》，《史
　　观》一二七，早稻田大学史学会，1992 年

第五章

《尚书》

（31）星野恒校订，《毛诗·尚书》，《汉文大系》十二，富山房，1911—1912 年，1975
　　年增补

（32）赤塚忠译，《书经·易经（抄）》，《中国古典文学大系》第一卷，平凡社，1972 年

（33）池田末利，《尚书》，宇野精一、平冈武夫编《全译汉文大系》一一，集英社，

1976 年

(34) 松本雅明，《原始尚书的成立》，《松本雅明著作集》七，弘生书林，1988 年

(35) 松本雅明，《春秋战国时期尚书的发展》，《松本雅明著作集》十二，弘生书林，1988 年

(36) 高津纯也，《战国时期书篇的发展——以再论松本雅明说为中心》，《史料批判研究》六，史料批判研究会，2004 年

殷商始祖传说

(37) 白鸟清，《殷商周感生传说的解释》，《东洋学报》15-4，东洋学术协会，1926 年

(38) 出石诚彦，《关于上古中国的异常出生说话》，《民俗》4—4，1929 年

(39) 森三树三郎，《中国古代神话》，大雅堂，1944 年

(40) 小寺敦，《上海楚简关于〈子羔〉的感生传说——从战国时代楚地域的〈诗〉传播观点出发》，《史料批判研究》六，史料批判研究会，2004 年

周礼

(41) 本田二郎，《周礼通译》，秀英出版，1977 年

(42) 平势隆郎，《〈周礼〉及其成书国》，《东洋文化》第 81 卷，2001 年

作为行神的禹

(43) 工藤元男，《睡虎地秦简所见的秦代的国家和社会》，东洋学丛书，创文社，1998 年

(44) 《战国时期秦的领域形成及交通路》，平成三年度科学研究报告书，《由出土文物看中国古代社会的地域研究》，1992 年。中文本，《秦文化论丛》第六辑，秦始皇兵马俑博物馆编，西北大学出版社，1998 年

(45) 《战国时期楚国领域的形成及交通路》，平成五年度科学研究报告书，《再论〈史记〉〈汉书〉及古代社会地域研究报告》，1994 年

甲骨文

(46) 岛邦男，《殷商墟卜辞研究》，中国学研究会，1958 年。汲古书院，1957 年

(47) 陈梦家，《殷商墟卜辞综述》，中国社科院考古研究所编，考古学专刊甲种第 2 号，科学出版社，1956 年

田猎说

(48) 松丸道雄，《关于殷商墟卜辞中的田猎地——殷商代国家构造研究》，《东洋文化研究所纪要》第 31 卷，东京大学东洋文化研究所，1963 年

殷商代史

(1) 松丸道雄，《殷商周国家的构造》，岩波讲座《世界历史》四（同序章）

(2) 松丸道雄，《殷商》，《世界历史大系·中国史 1》（同序章）

(49) 松丸道雄、永田英正，《中国文明的成立》，《图解版世界历史》第 5 卷，讲谈社，1958 年

帝乙、帝辛时期的祭祀→甲骨文

天文历法

(50) 新城新藏，《东洋天文学史研究》，弘文堂书房，1928 年。中华学艺社，1933 年。临川书房，1989 年

(51) 饭岛忠夫，《中国历法起源考》，冈书院，1930 年。第一书房，1979 年

(52) 平势隆郎，《中国古代纪年研究——从探讨天文与历法说起》，东京大学东洋文化研究所，汲古书院，1996 年

第六章

秦之东进

(22) 平势隆郎，《新编史记东周年表——中国古代纪年研究序章》（同第四章）

汉字的传播

(48) 松丸道雄，《关于殷商墟卜辞中的田猎地——殷商代国家构造研究》，（同第五章）

(53) 西嶋定生，《东亚世界与日本》，《西嶋定生东亚史论集》第 4 卷，岩波书店，2002 年

(3) 平势隆郎，《春秋与左传——战国史书所描述的"史实""正统"与国家领域观》（同序章）

盟书

(54) 滋贺秀三,《关于中国上代刑罚的一个考察——以誓与盟为线索》,《中国法制史论集·法典与刑罚》,创文社,2003 年

(55) 平势隆郎,《春秋晋国"侯马盟约"字体通览·陕西省出土文字资料》,东洋学文献中心丛刊别辑 15,1988 年

(56) 平势隆郎,《苏醒的文字与咒术帝国——古代殷商周王朝的素颜》,中公新书,2001 年

(57) 吕静,《关于盟约中载书的一个考察》,《东洋文化》第 81 卷,2001 年

孔子与《公羊传》等

(3) 平势隆郎,《春秋与左传——战国史书所描述的"史实""正统"与国家领域观》,(同序章)

获麟

(58) 公羊注疏研究会,《公羊注疏译注稿》,汲古书院,1983—1989 年

(59) 岩本宪司,《春秋穀梁传范宁集解》,汲古书院,1988 年

(60) 岩本宪司,《春秋公羊传何休解诂》,汲古书院,1993 年

(61) 岩本宪司,《春秋左氏传杜预集解》,汲古书院,2001 年

(10) 平势隆郎,《中国古代的预言集》(同第一章)

孔子实像

(62) 宫崎市定,《论语新研究》,岩波书店,1974 年。《宫崎市定全集》第 4 卷,岩波书店,1993 年

(63) 和辻哲郎,《孔子》,岩波文库,1988 年

游侠

(64) 宫崎市定,《中国古代史论》,平凡社,1988 年
     ◆收录第二次世界大战前的论文。

(65) 增渊龙夫,《中国古代的社会和国家——秦汉帝国成立过程的社会史研究》,弘文堂,1960 年。新版,岩波书店,1996 年。

五霸

(66) 宇野精一，《孟子》，《全释汉文大系》第 2 卷，集英社，1973 年
　　◆请参考原文
(67) 金谷治、佐川修，《荀子（上下）》，《全释汉文大系》第 7—8 卷，集英社，
　　1973，1974 年
　　◆请参考原文
(17) 贝塚茂树、伊藤道治，《从原始到战国》（同第二章）

第七章

合从连衡　孟尝君

(68) 同整理小组编，《马王堆汉墓帛书参》，文物出版社，1975 年
　　◆包括《战国纵横家书》。有照版
(69) 工藤元男、早苗良雄、藤田胜久译注，《战国纵横家书·马王堆帛书》，朋友学
　　术丛书，1993 年
(70) 藤田胜久，《史记战国史料研究》，东京大学出版会，1997 年
(18) 尾形勇、平势隆郎，《中华文明的诞生》（同第二章）
(27) 平势隆郎，《〈史记〉二千二百年的虚实》（同第四章）

三星堆文化

(71) 西江清高，《从史前时代至初期王朝时代》，松丸道雄等编，《世界历史大系
　　中国史》第 1 卷，山川出版社，2003 年
(72) 宫本一夫，《从神话到历史》系列，《中国历史》第 1 卷，讲谈社，2005 年

屈原与《楚辞》

(73) 桥川时雄，《楚辞》，《东洋思想丛书》第 9 卷，日本评论社，1943 年
(74) 星川清孝，《楚辞的研究》，养德社，1961 年
(75) 藤野岩友，《巫系文学论》，大学书房，1951 年
(76) 竹治贞夫，《楚辞研究》，风间书房，1978 年
(77) 石川三佐男，《楚辞新研究》，汲古书院，2002 年
(78) 藤田胜久，《史记战国史料研究》，东京大学出版会，1997 年

平原君、信陵君、春申君

(79)《史记》，中华书局标点本，1959 年

(80)《越绝书》附札记，百部丛书集成原刻影印，艺文印书馆，1966 年

(81)《越绝书》乐祖谋点校，上海古籍出版社，1985 年

第八章

诸子百家

(82) 贝塚茂树，《诸子百家——中国古代的思想家们》，岩波新书，1961 年

(83) 贝塚茂树等译，《诸子百家》，《世界古典文学全集》第 19 卷，筑摩书房，1965 年

(84) 小仓芳彦，《诸子百家论》，《岩波讲座〈世界历史〉》第 4 卷，1970 年

郭店楚简

(85) HIRASE Takao, "The Ch'u Bamboo-Slip T'ai-isheng shui from Kuo-tien Considered in Light of the Emerging Debate about T'ai-sui", *Acta Asiatica* 80, 2001（《古典学的再构建》，东京大学郭店楚简研究会编，《郭店楚简的思想史研究》第 1—5 卷，东京大学文学部中国思想文化学研究室，1999 年

(86) 郭店楚简研究会编，《楚地出土资料与中国古代文化》，汲古书院，2002 年

(87) 平势隆郎，《王莽时期有关木星位置刘歆说的复元及其关联问题》，《日本秦汉史学会报》第 5 卷，2004 年

《庄子》

(88) 阿部吉雄、山本敏夫、市川安司、远藤哲夫，《老子　庄子（上）》，《新释汉文大系》第 7 卷，明治书院，1966 年

(89) 市川安司、远藤哲夫，《老子（下）》，《新释汉文大系》第 8 卷，明治书院，1967 年

(90) 金谷治译注，《老子》，岩波文库，1971 年

(91) 赤塚忠，《庄子（上、下）》，《全释汉文大系》第 16—17 卷，集英社，1974、1986 年

《周易》

(92) 渡边千春，《周易原理》，自家，1921 年

(93) 藤村与六，《易的新研究》，关书院，1932 年

(94) 津田左右吉，《左传的思想史研究》，《东洋文库论丛》第 22 卷，1935 年。《津田左右吉全集》第 15 卷，岩波书店，1964 年

(16) 平势隆郎，《〈左传〉易与三统历》，《左传的史料批判式研究》(同第二章)

历→第五章　天文历法

铁器

(95) 窪田藏郎，《铁的考古学》，《考古学选书》第 9 卷，雄山阁出版，1973 年

(96) 潮见浩，《东亚初期铁器文化》，吉川弘文馆，1982 年

医学

(97) 北京中医学院主编，夏三郎译，《中国医学史讲义》，燎原书店，1974 年

文字

(98) 松丸道雄解说，松丸道雄等译，《甲骨文、金文——殷商、周、列国时期》，《中国法书选》第 1 卷，二玄社，1990 年

(99) 裘锡圭，《殷商周古文字中的正体和俗体》，《中国古文字及殷商周文化学术论坛——以甲骨文、金文为主题》，东方书店编，1989 年

(100) 平势隆郎，《关于战国时代六国文字中"勺"等的略化》，论集编辑委员会，《论集　中国古代文字与文化》，汲古书院，1999 年

第九章

度量衡与制度

(101)《汉书》，中华书局标点本，1962 年

(102) 小竹武夫译，《汉书》，筑摩书房，1977—1979 年

(103) 罗福颐，《传世历代古尺图录》，新华书店，1957 年

(104) 小泉袈裟胜，《历史中的单位》，综合科学出版，1974 年

(105) 小泉袈裟胜，《度量衡》，《物与人的文化史》第 22 卷，法政大学出版局，1977 年

（106）平势隆郎，《数的秩序与九、六、八》，《考古学 Journal》，第 500 期，2003 年

商鞅

（107）镰田重雄，《秦汉政治制度研究》，日本学术振兴会，1962 年

（108）西嶋定生，《中国古代帝国的形成与构造——二十等爵制研究》，东京大学出版会，1961 年

（109）好并隆司，《商君书研究》，溪水社，1992 年

郡县制

（65）增渊龙夫，《中国古代的社会和国家》（同第六章）

（16）平势隆郎，《左传的史料批评式研究》（同第二章）、特别参看第二章

原始水田

（110）研讨会实行委员会事务局编，《水稻种植起源探索研讨会——中国草鞋山古代水田水稻种植》，1996 年

（111）全日空 ANA 机内志，《翼之王国》，2003 年 3 月号

（112）唐津市教育委员会编，《菜田遗迹——唐津市菜田字松圆寺所在地绳文、弥生时代水稻种植遗址调查》，唐津市文化财调查报告五，1982 年

铁器普及与农耕

（113）木村正雄，《中国古代帝国的形成——形成基础条件特考》，不昧堂书店，1965 年

（114）原宗子，《古代中国的开发与环境——〈荀子〉地员篇研究》，研文出版，1994 年

（115）原宗子，《"农本"主义与"黄土"的产生——古代中国的开发与环境 2》，研文出版，2005 年

（116）平势隆郎，《关于春秋战国时代楚国领域的扩大》，《日中文化研究》第 7 卷，勉诚出版，1995 年

夏子

（117）工藤元男，《中国古代文明之谜》，光文社文库，1988 年

（43）工藤元男，《睡虎地秦简所见的秦代的国家和社会》，（同第五章）

楚国的爵位

(118) 李开元，《汉帝国的成立与刘邦集团——关于军功受益阶层的研究》，汲古书院，2000 年

金属货币

(119) 加藤繁，《中国货币史研究》，《东洋文库论丛》第 56 卷，1991 年

　　◆战前的研究

(120) 林巳奈夫，《战国时代的重量单位》，《史林》，第 51 卷，史学研究会，1986 年

(121) 松丸道雄，《西周时代的重量单位》，《东洋文化研究所纪要》第 117 卷，东京大学东洋文化研究所，1992 年

(122) 江村治树，《中国古代青铜货币的诞生和发展——刀钱与布钱文本的特性》，《综合文本科学研究》第 1—2 卷，2003 年

(52) 平势隆郎，《夏正、楚正和称元法》，《中国古代纪年研究——从探讨天文与历法说起》（同第五章）

殷商代田猎到秦始皇巡行

(48) 松丸道雄，《关于殷商墟卜辞中的田猎地——殷商代国家构造研究》（同第五章）

(43) 工藤元男，《睡虎地秦简所见的秦代的国家和社会》（同第五章）

(123) 鹤间和幸，《秦始皇——传说与史实的缝隙》，吉川弘文馆历史文化图书室，2001 年

(124) 藤田胜久，《司马迁之旅——重访〈史记〉中的古迹》，中公新书，2003 年

第十章

文武称扬的表现

(125) 丰田久，《关于周王朝的君主权构造》，松丸道雄编，《西周青铜器及国家》，东京大学出版会，1980 年

眉县青铜器

(126)《文物》2003 年 6 期（相关论文七篇）

(127) 陕西省文物局、中华世纪坛艺术馆编，《盛世吉金——陕西宝鸡眉县青铜器窖藏》，北京出版社，2002 年

秦公镈等

(19) 白川静,《白鹤美术馆志（金文通译）》, 第 199 卷, 补第 16 卷（同第四章）

中域等

(3) 平势隆郎,《春秋与左传》（同序章）

汉字与咒术

(128) 白川静,《中国神话》, 中央公论社, 1975 年

(11) 平势隆郎,《苏醒的文字与咒术帝国——古代殷商周王朝的真面目》（同第一章）

不修春秋

(129) 中江丑吉,《中国古代政治思想》, 岩波书店, 1950 年

(130) Joachim Gentz "Das Gongyang Zhuan-Ausle-gung und Kanonisierung der Frublings-und Herbstannalen（Chunqiu）", Otto Harasowitz, Wiesbaden 2001

皇帝的天下领域形成及周边国家的国家领域形成之差

(4) 西嶋定生,《皇帝支配的形成》, 岩波讲座《世界历史》四（同第一章）

(131) 前田直典《东亚古代的终结》, 铃木俊、西嶋定生编,《中国史的时代区分》, 东京大学出版会, 1957 年

(6) 平势隆郎,《龟碑和正统》（同第一章）

江户时代儒学者对中国古代史的认识

(132) 木村英一、铃木喜一等译,《论语、孟子、荀子、礼记（抄）》, 平凡社, 1970 年

(133) 宇野哲人,《论语新释》, 讲谈社学术文库, 1980 年

(134) 穗积重远,《新译论语》, 讲谈社学术文库, 1981 年

(135) 伊藤仁斋,《论语古义》, 关仪一郎编集, 服部宇之吉、安井小太郎、岛田钧一监修,《日本名家四书注释全书》, 论语部壹, 东洋图书刊行会, 1933 年等

中国古代史认识与城市国家之眼

(62) 宫崎市定,《论语新研究》（同第六章）

(136) 松本雅明,《关于诗经诸篇形成的研究》, 东洋文库, 1958 年。《松本雅明著作集》第 1、2 卷, 弘生书林, 1986 年

(137) 白川静,《诗经——中国古代歌谣》, 中公新书, 1970 年

其他

（138）渡边卓，《古代中国思想研究——〈孔子传的形成〉与儒墨集团的思想与行动》，创文社，1973 年

（139）武内义雄，《老子原始——附诸子攻略》，弘文堂书房，1926 年

（140）武内义雄，《论语之研究》，岩波书店，1939 年

（141）金谷治译注，《论语》，岩波文库，1963 年

（142）金谷治译注，《荀子（上下）》，岩波文库，1961—1962 年

（143）金谷治，《孟子》，岩波新书，1966 年

（144）金谷治译注，《庄子》，岩波文库，1971—1983 年

（145）金谷治，《管子研究——中国古代思想史的一个面向》，岩波书店，1987 年

（146）金谷治，《孔子》，《人类的知的遗产》第 4 卷，讲谈社，1980 年

（147）蜂屋邦夫，《读老庄》，讲谈社现代新书，1987 年

（148）蜂屋邦夫，《孔子——中国智慧源流》，讲谈社现代新书，1997 年

（149）户川芳郎、蜂屋邦夫、沟口雄三，《儒教史》，《世界宗教史丛书》，山川出版社，1987 年

（150）池田知久，《马王堆汉墓帛书五行篇研究》，《东京大学文学部布施基金学术丛书》第 2 卷，汲古书院，1993 年

（151）池田知久等，《〈马王堆汉墓出土帛书周易〉二三子问篇译注二》，东京大学马王堆帛书研究会编，1997 年

（152）池田知久等，《〈马王堆汉墓出土帛书老子乙本卷前古佚书历法〉论篇译注》，东京大学马王堆帛书研究会编，1998 年

（153）池田知久等，《〈马王堆汉墓出土帛书老子乙本卷前古佚书历法〉四度篇译注》，东京大学马王堆帛书研究会编，1997 年

（154）池田知久，《郭店楚简老子研究》，东京大学文学部中国思想文化学研究室，1999 年

（155）池田知久，《郭店楚简儒教研究》，汲古书院，2003 年

（156）小野泽精一，《韩非子（上、下）》，《全释汉文大系》第 20、21 卷，集英社，1975、1978 年

（157）町田三郎译注，《韩非子（上、下）》，中公文库，1992 年

（158）金谷治译注，《韩非子》，岩波文库，1994 年

（159）富谷至，《韩非子》，中公新书，2003 年

（160）高本汉著、小野忍译，《左传真伪考》，《支那学翻译丛书》第 6 卷，文求堂书店，1939 年

(161) 小仓芳彦，《中国古代政治思想研究——左传研究笔记》，青木书店，1970 年

(162) 小仓芳彦译，《春秋左氏传（上、中、下）》，岩波文库，1988—1989 年

(163) 镰田正，《左传的成立及其展开》，大修馆书店，1992 年

(164) 小仓芳彦，《春秋左氏传研究》，《小仓芳彦著作选》第 3 卷，论创社，2003 年

(165) 平冈武夫，《经书的成立》，全国书房，1946 年
改版时附题为"天下的世界观"，创文社，1983 年

(166) 内野雄一郎，《秦代经书经说的研究》，东方文化学院，1939 年

(167) 内野雄一郎，《汉初经书学研究》，清水书店，1942 年

(168) 日原利国，《春秋公羊传的研究》，创文社，1976 年

(169) 日原利国，《汉代思想的研究》，研文出版，1986 年

(170) 安居香山、中村璋八，《经书基础的研究》，汉魏文化研究会，1966 年。国书刊行会，1976 年

(171) 安居香山，《经书与中国的神秘思想》，平河出版社，1988 年

(172) 安居香山，中村璋八编，《重修纬书集成》，明德出版社，1971—1992 年

(173) 浅野裕一，《孔子神话——作为宗教的儒教的形成》，岩波书店，1997 年

(174) 浅野裕一，《儒教：羡憎交织的宗教》，平凡社新书，1999 年

(175) 浅野裕一，《古代中国的语言哲学》，岩波书店，2003 年

(176) 浅野裕一，《诸子百家——生存于春秋战国的热情与构想力》，讲谈社，2000 年

(177) 泷川龟太郎，《史记会注考证》（附"史记资料"），东方文化学院东京研究所，1932—1934 年

(178) 武田泰淳，《司马迁——史记的世界》，讲谈社，1965 年

(179) 池田四郎次郎原著，池田英雄校订，《史记解题　史记研究书目解题》（后者为明德出版社于 1978 年再刊），长年堂，1981 年

(180) 佐藤武敏，《司马迁之研究》，汲古书院，1997 年

(181) 藤田胜久，《司马迁及其时代》，东京大学出版会，2001 年

(182) 傅斯年，《论所谓五等爵》，《中央研究院历史语言研究所集刊》第 2 本第 1 分，1930 年。《傅斯年全集》三，联经出版事业公司，1980 年

(183) 王世明，《西周春秋金文中的诸侯爵称》，《历史研究》1983 年第 3 期

(184) 珠葆，《长安沣西马王出土"鄅男"铜鼎》，《文物与考古》1984 年第 1 期

(185) 陈槃，《春秋大事表列国爵制度及存灭表撰异》，《中央研究院历史语言研究所专刊》第 52 卷，1967 年

(186) 顾颉刚，《古史辨》，上海书店，1992 年

历史年表

本书所列年表中，中国年代部分根据的是平势隆郎《新编史记东周年表——中国古代纪年研究序章》（东京大学东洋文化研究所，东京大学出版会，1995年）、《中国古代纪年研究——天文与历法的探讨》（东京大学东洋文化研究所，汲古书院，1996年）。世界史年代根据桦山弘一等编《世界历史2·中华文明的诞生》（中央公论社，1998年）、《世界历史5·希腊与罗马》（同前，1997年）。

公元前221年之前的历史记载存在许多年代矛盾之处，如关于《史记》中记载的历史，可以进行讨论的有2900处，而有超过830处在年代上存在矛盾。这个数字并不正常，必须进行系统的再整理。上述拙作之中，前者是进行系统整理而得出的结果，后者是在其基础上，通过对历法的探讨确定出的殷末、西周时代帝王在位年代。

拙作关于《史记》的年代整理，针对每处记述矛盾年代的产生过程，都进行了逐一探讨。且对任何一个产生矛盾的原因，都进行了数十、数百次的探讨才最终确定结论。这是本书的一大特征。也可以说，本书对为什么修正的年代是正确的、为何原来的年代是矛盾的，都进行了阐述说明，这同前人研究仅从自己的研究出发得出结论而否定他人的做法存在巨大差异。

公历（公元前）年代	中国	世界
1750		古巴比伦颁布《汉谟拉比法典》
16世纪	《编年记》从此年记至始皇三十年（夏朝灭亡？）	
1068	殷汤王即位	
1065	周国君主季历逝世，其子昌（后追封为文王）即位	
1044	殷王文丁逝世，殷王帝乙即位。（之后，在帝辛逝世的公元前1023年之前可根据周祭〈360天为周期的祭祀的相关记载〉进行年代划分）	
1034	殷王帝乙逝世，殷王帝辛（纣王）即位 周君主昌（文王）逝世（在位三十五年），其子发（武王）即位。是年正月丙子日（据历历前1034年1月29日）为满月（望）。《逸周书·小开解》中记载，文王在三十五年正月丙子拜望。	
1024	周武王伐纣，进行牧野之战。齐国太公（太公望）助周。	
1023	周武王攻破牧野，商朝灭。武王十二年，周将"殷之四方"归于治下。	
1022	周武王逝世（在位十三年）。周公旦称王摄政。不久，殷商余党联合同姓一族，率准夷共同作反。后殷商故地封给康叔（卫国之始），殷商后裔的微子启（长子口）受封宋国于来（宋国之始）。同年，山西汾水一带举起反周旗帜，为镇压叛乱，唐叔虞受封于晋（大国晋之始）。	
1009	周成王即位。取代周公旦（摄政在位十三年）称王摄政	
1002	周成王逝世（称王摄政八年，在位八年），康王即位（后至平王时期，存在问题的年代可以通过对西周金文历法的研究进行排列。存在问题的日期中有的具备年在位的年以及月相〈四分月盈亏的用语〉，日干支等的，也有如以及"辰在～"〈朔日的前一天的日子〉等属定性较强的表述的）	
998	开始营造雒邑。秦始造都周原	迁都耶路撒冷
993	周康王逝世（在位十年），昭王即位	
985	周昭王南征不复（在位九年），穆王即位	

确认周昭王逝世。那年发生日食，此为穆王十年。

关于这一年，存在以下三个年代记事的问题。①因为穆王在位四十六年，昭王与穆王年代重合，出现"穆王十年，昭王确认死亡，四十六年，穆王死去"的记载。因为有将其误认为"穆王十年开始，经过四十六年死去"，因此有"穆王五十五年崩"的记载。《史记·周本纪》中就记载为，穆王立五十五年崩。②《竹书纪年》中《周纪》之后，是《殷纪》《周纪》中殷文丁的朝代，周文王即位。而在文王即位开始那年，将文丁的年代代（虽然文丁在位年代不明，但确定周文王即位第四年，殷文丁逝世）。殷王帝乙在位的二十二年，殷王帝辛在位的第十一年（帝辛十一年为止是殷纪）。那一年周武王即位。《竹书纪年》进入《周纪》，以及周武王以后周王的年代简单相加后刚好是一百年（武王在位十三年，周公在位十三年，成王在位八年，康王在位十年，昭王在位九年，穆王在位十年时确认即复原其框架）。虽然《竹书纪年》没有流传到现世，还是可以根据注释大概复原其框架。现存的注释中就有一条是"自周（文王）受命至穆王已百年"（并非公元前1068年至公元前976年相减的差）。③《竹书纪年》中有"昭王九年，南面而不复，穆王十年，确认昭王死亡。"这一年出现日食，天地昏暗。"的记载。按注释中穆王十年时周昭王仍在位（十九年）来计算，就会有"周昭王十九年，天大曀，雉兔皆震"的记载。穆王十年（儒略历）五月三十一日癸未朔确定出现了日食。

976	
940	周穆王逝世（在位四十六年），共王即位
903	周共王逝世（在位三十年），懿王即位。是年发生日食（儒略历七月三日己卯朔）。由于此次日食发生时间有误，因此出现了两次日出。《竹书纪年》（虽然只是根据其注释）中有"懿王元年天再启"（《开元占经》三引等）的记载。
876	周懿王逝世（在位二十八年），孝王即位

年	事件	
863	周孝王逝世（在位十四年），夷王即位	
854	周夷王逝世（在位十年），厉王即位	
841	周厉王被流放（在位十四年），共伯和摄政（所谓共和）。厉王虽后来解除流放，但是从此没有从政，只是一直沿用其年号	
826	周宣王即位。这一年自共和元年（公元前841年）已经历十六个年头。战国时代对历史的认识中，有将共和作为宣王代之前之国家如同使用了逾年称元法，也有将这一年作为宣王第十六年解释的国家（宣王没有使用什么年称元法。对成王的特别定位的国家坚持十六年之说，而将宣王进行特别定位的国家则采用十五年之说。	
823	秦仲伐猃狁（戎）被杀。秦宣王召回秦仲之子庄公。（参考公元前324年，公元前255年）	
781	周宣王逝世（在位四十六年），幽王即位	
779	周幽王三年，晋文侯即位。《竹书纪年》由此从《周纪》进入《晋纪》。《竹书纪年》的注释中有《史记》集解释等"）周本纪集解释等"）自武王灭殷，以至幽王，凡二百五十七年"。武王灭殷时发生在武王三十二年（公元前1023年），次年武王去世，是灭约的第一个年头。此后君王及在位时间为，周公十三年、成王三十八年、康王三十年、昭王十六年、穆王四十六年、共王三十八年、懿王二十四年、孝王十四年、夷王十年、厉王三十四年、共和十六年（不是十五年的说法，而是十六年），幽王四年、幽王三年。将上述年代相加，得到共二百五十七年。（并不是公元前1023年与公元前779年相减的差。）	
776		雅典，第一次奥林匹克盛会
773	郑桓公三十三年，幽王任命郑桓公为司徒。郑桓公是周宣王的弟弟，其封地在西周。那年他为建立郑据点从雒邑东迁（中原郑国之始）	
772	周幽王被杀（在位十年），携王即位	

770	周平王在东都雒邑即位。由此周分裂为东周和西周。《左传·昭公二十六年》正义）中提到平王到申侯、鲁侯、许文公立平王于申，因原本就是太子，所以称天王。与此相对，携公翰在一年前拥立王子余（携王）。因此，周翰二王并立。携王、平王的对立始于此年。
769	秦襄公十二年，襄公在讨伐周的外族途中为戎、犬戎（战国以后通常记为戎、在到岐战时战死。秦文公即位。
762	西周携王十一年，携族的虢季氏子组用携王子的年号制作了青铜盘。（虢季子氏组盘）
759	晋文侯二十一年，文侯杀掉西周携王。当时虢氏一族归顺于周平王一方，形势上东周占有绝对优势。当年，属于虢氏一族的携季子伯以东周王的纪年制作青铜盘。虢季子伯盘），并歌颂了讨伐岐狁（也许甚至包括讨伐西周年的词句）的功劳。
754	秦文公十六年，文公收周余民而有之，封地一直到岐，将岐以东献给东周。东周将岐以西封给秦。（陕西大国秦之始）
750 年代	古代腓尼基人创造希腊字母文字
745	晋文侯逝世，其子昭侯即位。文侯的弟弟成师赐封曲沃。（曲沃桓叔）
724	曲沃庄伯（桓叔之子）杀晋孝侯（昭侯之子）。此后晋的本家同曲沃一族的对立成为常态。战国时代韩王一族离开了庄伯丁。
721	亚述国王萨尔贡二世灭以色列
719	秦宁公二年，秦迁都平阳
679	齐桓公始盟诸侯。（山东大国齐开始觊觎中原）
678	曲沃武公（庄伯之子）杀掉晋侯缗，灭掉本家，取代晋国的君主由旁系曲沃一族继承。另外，《左传》等对晋宗家的君主使用"公"来称谓，对曲沃成为战国时代君主所称的用"公"称谓，是因为这些资料为战国时代所作，青铜铭文中则都使用"侯"

年份	事件
651	齐桓公在葵丘集聚诸侯结盟。（当时，周王赐给齐桓公文武胙的事情成为战国时代讨论的话题。很多时代认为齐桓公"文武胙"变是贬义。〈不是赐给王者，而是给给霸者〉）
638	宋襄公率诸侯迎击楚成王，惨败。（泓水之战。湖北的大国楚成为威胁中原的一大力量）
632	晋文公率诸侯败楚（城濮之战。防止长江中部流域的大国楚的北进）。诸侯在践土会盟。（此晋文公不是公元前759年的晋文侯）周封给晋黄河以北的领地。（山西大国晋从此雄踞中原）
612	新巴比伦王国和米底人攻占亚述都城尼尼微
606	楚庄王伐陆浑之戎，到达雒，在周都郊外举行观兵式，问鼎的大小轻重。（长江中部流域的大国楚，威胁原来周国的权威是事实，但是既然是质疑周的权威，本来可以问德行的，可楚却向鼎之轻重——这种说法有可能混入站在中原各国立场对楚国进行讽刺的观点）
597	楚军打败由晋率领的诸侯军队（邲之战）
594	雅典梭伦改革 新巴比伦
586	巴比伦之囚（1538年）
566（约）	孔子诞生于鲁国 释迦牟尼诞生
555	波斯帝国成立
552	
546	雅典庇西特拉图僭主统治
509	罗马共和时代开端
506	吴王阖闾的军队攻陷楚国都城（长江下游的大国吴攻入中游大国楚的国都）

年代	事件	世界
496	晋的强势范氏族和中行氏在同其他氏族拼争中战败，依靠齐国的力量而坚守在朝歌进行抵抗（从上一年开始的争斗。两氏族在朝歌进行抵抗，后于公元前490年从朝歌逃亡齐国。在这场战争中立下了侯马盟书和温县盟书）	
490		第二次波希战争
482	吴王夫差在黄池同晋率领的诸侯会盟（长江下游的大国同中原大国争夺主导权。代表晋的是赵氏宗主赵简子）。由于越王勾践攻克吴地，吴王收兵	
481	齐田成子（田常）杀掉幽禁的齐简公（围绕这个事件，战国时代的各个国家的历史观有着非常大的区别。田氏称王"获麟"，在齐国解释为喜事，而其他国家作凶兆解释。"获麟"指捉到麒麟，可以做庆事也可以作为凶兆解释）	
479	鲁国孔子逝世	
478		雅典，提洛同盟建立
473	越王勾践杀夫差灭吴（越成长江下游的强国该地域王朝交替）	
471	越分别同齐、晋率领的诸侯在徐州会盟（长江下游的大国越、山东大国齐、中原大国晋开始对主导权的争夺。传说当时越向周进贡，周赐予越文武胙。这个传说中，包含着武胙不是赐给王者而是赐给各霸者前是赐给霸者的负面解释，因此成越王的做法令人不解）	
451	晋赵氏、韩氏、魏氏（三晋）消灭知氏。（公元前453年知氏同韩氏、魏氏一起攻赵氏，但是451年韩氏、魏氏倒戈追随赵氏。此后，晋国政事由三晋决定）	雅典，伯里克利主持颁布《市民法》
450		罗马《十二铜表法》公布
431		雅典，伯罗奔尼撒战争（—前404年）
403	赵、韩、魏三家分晋，周承认三者列为诸侯	
399		雅典，苏格拉底逝世
390		高卢人入侵罗马

年代	事件	世界大事
388	齐太公田和（齐有姜齐太公〈太公望→前1024年〉和田太公两位）得到周天子承认，接替自西周以来姜姓君主成为齐地的新君主	
385	楚悼王逝世。进行变法的吴起被杀	
380	魏王翳从越的故地（浙江）迁都至吴旧郡（苏州）	
375	韩哀侯灭郑，并迁都至郑	
367		罗马制定《李锡尼—绥克斯图法案》
351	魏惠成王自封为夏王（并制作使用了代表夏王朝的历法），率诸侯向周施压。（"逢泽之遇"。逢泽是公元前1023年武王伐纣时开始渡黄河的场所，是"伐纣"的象征）	
347		柏拉图去世
343	已经称为夏王的魏惠成王，接受了周赐子的文武胙。（文武胙是周文王和武王的祭祀用肉，是代表继承文武权威的"形式"。否定该仪式的国家认为，这并不是象征受封者，而只是赏赐霸者宣告受让周的权威（夏王与周王权威相重）	
342	以齐为中心的联合军在马陵打败魏成军，打击了魏要称霸天下（试图采用逾年称元法）的心志。（虽然年代不详，但记载其后孟子谒见了魏惠成王）那时，齐威宣王率诸侯合于"逢泽"，魏举行过时的仪式失去意义（合于"逢泽"后，魏宣布了自己作为夏王的权威）	
338	齐威宣王称王，该年为元年。（历史上首次使用逾年称元法。象征自己继承周朝的权威）同年，秦孝公逝世，主张变法的商鞅被杀	喀罗尼亚战役，马其顿击败希腊，称霸亚平宁。
335	秦惠文君接受周的文武胙赏赐。（文武胙有所变更。意为得到周同样威的象征，进入称王的准备阶段。）同年，秦首次发行圆钱币（与当时其他国家的青铜货币相区别）	
334	魏惠成王称王元年（重新使用逾年称元法）	亚历山大三世东征开始
330		马其顿灭波斯

年代	事件	世界
329	楚威王大败越王无强，在徐州击败齐军（奠定了楚国在长江下游的优势地位。其后，越求助于齐国，迁都于山东南部半岛琅琊，以齐国为后盾，对抗楚国。当楚国使用"楚正"制作历法，强调楚王的权威。）	
326	韩宣惠王首次称王（使用逾年称元法）	
324	秦惠文君首次称王（惠文王），惠文元年（使用逾年称元法。采取夏代历法和楚国历法的折中体——颛顼历。兼具夏代楚王和楚王的权威。《史记·老子韩非列传》中记载出现"始秦与周合（参考公元前823年），合五百岁（第五百年，即本年）而离〈秦称王〉，离七十岁（再过七十年，即公元前255年）而霸王者出〈周灭亡〉焉"的预言。这个预言是魏惠王自封为王的公元前三五一年〈孔子去世后的第一百二十九年〉产生的）是迎合了魏惠成王的册封失败而编造出的故事	
322	齐威王封薛地给靖郭君田婴（孟尝君之父）	
318	秦独自举行"逢泽之会"，宣布拥有夏王的权威（参考公元前351年的魏国和前342年齐国的做法）。诸侯合纵攻击秦国	
约317		月护王（旃陀罗笈多）振兴孔雀王朝
314	燕王哙将政务交给宰相燕文侯子之，仿效周公和成王的旧事试图将太子封王（自封代表周王的权威），但在封谁为太子问题上导致政权分裂，在次年导致齐军介入，齐军入侵，燕王哙与子之逝世。国家陷入灭亡的危机，但尚存	
312		塞琉西王国诞生
304		埃及托勒密王朝诞生
301		伊普苏斯之战，安提柯一世战死，亚历山大大帝的领地被分割
约297		埃及建立亚历山大图书馆
296	在齐的协助下，赵灭中山	

年代	事件	世界
288	燕、赵、楚、魏、韩联合进攻秦国（苏代的"合纵"。孟尝君也参与其中。按照秦历计算，上一年还没有齐。东帝齐（齐王）、西帝秦（秦王）受割于五国联盟。在之后相当长的时间里，秦国没能进入东部国家，而是将军队开在南方灭蜀，确保粮食生产）	
286	齐湣王伐宋，宋王偃被杀。其后各国军队介入未地，陷入混战。混战波及齐国，公元前285年，齐王都陷落（燕将乐毅战功卓越），湣王次年入齐。在苗的湣王敖攻入苗的楚将杀死	
280	齐将军田单新立本，迎回齐王	
278	秦攻陷楚国郢都。第二年，秦征服湖北、湖南一带（军队由蜀向下冲进湖南的动作作较大）。楚王逃到了淮水流域，重整态势。那时传屈原已自投汨罗江。（之后，秦成为占据半个天下的国家）	
264	秦灭两周（西周）民向邻接东部的周公之国（东周）求助	古罗马和迦太基的第一次布匿战争开始（一前241年）
260	秦在长平大破赵军。传说经过此战，赵国消耗了45万兵力。后秦包围赵国都城邯郸（这时，赵国的历法正值年末，而秦国已经进入新年）	
258	楚国派遣宰相春申君挽救赵国。当时赵国宰相平原君。这时春申君、信陵君、平原君之"合纵"形成。魏安釐王畏惧秦，而反对派出真正的援军。信陵君之后无法返回魏国以进入新年，之后秦军暂时停止东进	
257	楚国灭鲁（当时鲁仍然使用一贯的立年称元法。这是采用逾年称元法的《春秋》不是鲁国的编年体史书的证据）。当年，楚消灭了在琅琊的越国	
255	秦灭东周（参考公元前324年）	
250	春申君受封吴（楚）之地（后称东楚。此地后为楚义帝的领地。以淮水一带为中心的地域为"西楚"），是《西楚霸王》项羽的领地	

年	事件	
238		阿萨息斯王朝，帕提亚（安息国）诞生
237	楚考烈王逝世，立幽王。春申君被谋杀。春申君任命兰陵县令，荀子被解任。 荀子由齐入楚。荀子的学生中李斯和韩非子活跃于秦。	
231	赵国北部发生大地震（秦历新年），第二年发生大饥荒	
230	秦灭韩（赵由于地震和饥荒，无法派出援军）	
229	秦俘获赵王迁（秦历新年）。赵王子嘉在代国自立为王	
227	燕王派荆轲刺杀秦王政（秦始皇）失败。秦进攻燕国。燕王喜逃到辽东（秦历新年）	西西里岛成为罗马的第一个行省
225	秦灭魏	
224	秦灭楚（此时，楚国依然使用立年称元法）。楚昌平君自立（昌平王，昌平君是秦国的称呼，昌平王是楚王的自称）	
223	秦灭楚昌平君。吴（越）故地（东楚）的越君（越君，是秦对其的称呼，越王是其自称。越君与楚的关系不明）自立为王	
222	秦灭越君（越王）。秦消灭入代人的赵。秦灭入辽东的燕	
221	秦灭齐。秦二世《史记》中记载秦二世灭卫是年代错误所致。此时，卫仍使用的是立年称元法）天下统一	

注

* 《春秋》一直被认为是鲁国的编年体史书，但这种观点是错误的。《春秋》是采用逾年称元法对事件进行排列的编年体史书。因为逾年称元法在《公羊传》等书中是对王的制度进行议论时提到的。而鲁国是诸侯国，一直使用的是立年称元法。可参见公元前338年、前326年、前324年、前257年、前224年、前221年等。有关《春秋》的材料，可参考本书第十章"《春秋》使用的材料"一节。关于爵位，可参见本书第六章"爵位标签"一节。战国时代的历法与《春秋》的比对，请参考本年表前言部分所列拙作。

* 关于青铜器铭文所列的"月相"为何会存在、二十四节气开始后为何又会消失、朔望等表示定点的用语为何后世仍然存在等问题，请参考本书第二章"西周金文的月相"一节。另外关于后代的缘起，以及同后来的比较等，请参阅《苏醒的文字与咒术的帝国》（中央公论新社，2001年）第42—44页。

* 我将包含"月相"的条件限定性较强的历日记载，全部置于与季节的对应关系比如今还缺少严密性的观象授时的历法上，在注意与青铜器编年相关的前、中、后三期区分的基础上进行了年代排列。所得结果请参考本年表前言所述拙作以及本书第二章"西周金文的月相"一节的内容。关于"月相"的表述一般都会稍有不同，商周青铜器的官方作坊有很多，因作坊（包括都市）采用不同的文字或表达方式导致差异。关于这个问题，请参考本书第360页。关于我们已经根深蒂固的观念问题，请参考本书第362页。

CHUUGOKU NO REKISHI (2) TOSHI KOKKA KARA CHUUKA E
——IN SHUU SHUNJUU SENGOKU

© Takao Hirase 2005

All rights reserved.

Original Japanese edition published by KODANSHA LTD.

Publication rights for Simplified Chinese character edition arranged with KODANSHA LTD.
through KODANSHA BEIJING CULTURE LTD. Beijing, China.

本书由日本讲谈社授权广西师范大学出版社发行简体字中文版，版权所有，未经书面同意，
不得以任何方式作全面或局部翻印、仿效或转载。

著作权合同登记图字：版权登记号 20-2012-043

图书在版编目(CIP)数据

从城市国家到中华：殷周 春秋战国 / (日) 平势隆郎著；周洁译.
—桂林：广西师范大学出版社，2014.1（2019.10 重印）
（中国的历史 02）

ISBN 978-7-5495-4156-0

Ⅰ.①从… Ⅱ.①平… ②周… Ⅲ.①中国历史–研究–商周时代
②中国历史–研究–春秋战国时代 Ⅳ.①K221.07②K225.07

中国版本图书馆CIP数据核字(2013)第162700号

广西师范大学出版社出版发行

　广西桂林市五里店路9号　邮政编码：541004
　网址：www.bbtpress.com

出 版 人：张艺兵

全国新华书店经销

发行热线：010-64284815

山东鸿君杰文化发展有限公司

开本：787mm×1092mm　1/32

印张：15.5　字数：258千字　图片：56幅

2014年1月第1版　2019年10月第10次印刷

定价：52.00元

如发现印装质量问题，影响阅读，请与出版社发行部门联系调换。

现代中国

哈 萨 克 斯 坦

俄

蒙

阿尔泰山脉

准噶尔盆地

乌兹别克斯坦
吉尔吉斯斯坦
塔吉克斯坦
阿富汗
巴基斯坦

天 山 山 脉

乌鲁木齐
吐鲁番
库车 焉耆
哈密

额济纳旗

喀什
阿克苏

新 疆 维 吾 尔 自 治 区

莎车

塔 里 木 盆 地
塔 克 拉 玛 干 沙 漠

敦煌

白

嘉峪关
祁 酒泉
连 张掖

山

武威

西宁

昆

仑

和田
民丰

山

西宁

脉

青 海 省

兰州

青 藏 高 原

西 藏 自 治 区

拉萨

四 川 省

乐山

尼

泊

尔

不丹

印

度

印 度

孟加拉国

大理 昆明

云 南 省

印

度

缅

甸

老挝

泰 国